ホーキング Inc.

HAWKING INCORPORATED

Stephen Hawking and the Anthropology of the Knowing Subject

HÉLÈNE MIALET

エレーヌ・ミアレ［著］
河野純治［訳］

柏書房

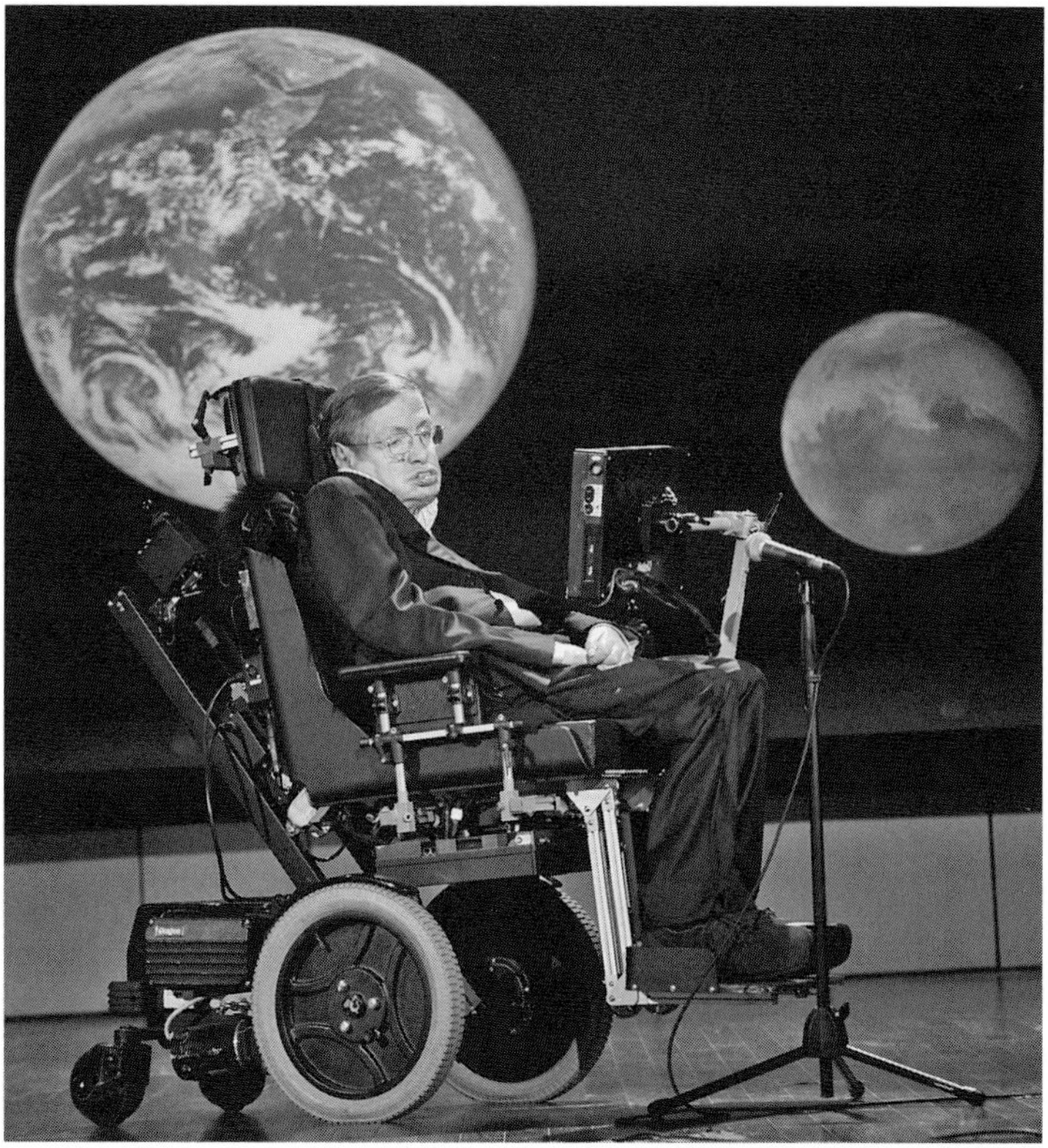
写真 1：天使ホーキング。（NASA／ポール・E・アラーズ提供）

写真 2：ホワイトハウスのミレニアム・イヴニング・レクチャーで講演するホーキング。
（ウィリアム・J・クリントン大統領図書館提供）

PHYSICAL REVIEW D **72,** 084013 (2005)

Information loss in black holes

S. W. Hawking
DAMTP, Center for Mathematical Sciences, University of Cambridge, Wilberforce Road, Cambridge CB3 0WA, United Kingdom
(Received 22 August 2005; published 18 October 2005)

The question of whether information is lost in black holes is investigated using Euclidean path integrals. The formation and evaporation of black holes is regarded as a scattering problem with all measurements being made at infinity. This seems to be well formulated only in asymptotically AdS spacetimes. The path integral over metrics with trivial topology is unitary and information preserving. On the other hand, the path integral over metrics with nontrivial topologies leads to correlation functions that decay to zero. Thus at late times only the unitary information preserving path integrals over trivial topologies will contribute. Elementary quantum gravity interactions do not lose information or quantum coherence.

DOI: 10.1103/PhysRevD.72.084013 PACS numbers: 04.70.Dy

I. INTRODUCTION

The black hole information paradox started in 1967 when Werner Israel showed that the Schwarzschild metric was the only static vacuum black hole solution [1]. This was then generalized to the no hair theorem; the only stationary rotating black hole solutions of the Einstein-Maxwell equations are the Kerr-Newman metrics [2]. The no hair theorem implied that all information about the collapsing body was lost from the outside region apart from three conserved quantities: the mass, the angular momentum, and the electric charge.

This loss of information was not a problem in the classical theory. A classical black hole would last forever and the information could be thought of as preserved inside it but just not very accessible. However, the situation changed when I discovered that quantum effects would cause a black hole to radiate at a steady rate [3]. At least in the approximation I was using the radiation from the black hole would be completely thermal and would carry no information [4]. So what would happen to all that information locked inside a black hole that evaporated away and disappeared completely? It seemed the only way the information could come out would be if the radiation was not exactly thermal but had subtle correlations. No one has found a mechanism to produce correlations but most physicists believe one must exist. If information were lost in black holes, pure quantum states would decay into mixed states and quantum gravity would not be unitary.

I first raised the question of information loss in 1975 and the argument continued for years without any resolution either way. Finally, it was claimed that the issue was settled in favor of conservation of information by ADS-CFT. ADS-CFT is a conjectured duality between string theory in anti–de Sitter space and a conformal field theory on the boundary of anti–de Sitter space at infinity [5]. Since the conformal field theory is manifestly unitary the argument is that string theory must be information preserving. Any information that falls in a black hole in anti–de Sitter space must come out again. But it still was not clear how information could get out of a black hole. It is this question I will address here.

II. EUCLIDEAN QUANTUM GRAVITY

Black hole formation and evaporation can be thought of as a scattering process. One sends in particles and radiation from infinity and measures what comes back out to infinity. All measurements are made at infinity, where fields are weak and one never probes the strong field region in the middle. So one cannot be sure a black hole forms, no matter how certain it might be in classical theory. I shall show that this possibility allows information to be preserved and to be returned to infinity.

I adopt the Euclidean approach [6]—the only sane way to do quantum gravity nonperturbatively. One might think one should calculate the time evolution of the initial state by doing a path integral over all positive definite metrics that go between two surfaces that are a distance T apart at infinity. One would then Wick rotate the time interval T to the Lorentzian.

The trouble with this is that the quantum state for the gravitational field on an initial or final spacelike surface is described by a wave function which is a functional of the geometries of spacelike surfaces and the matter fields

$$\Psi[h_{ij}, \phi, t], \tag{1}$$

where h_{ij} is the three metric of the surface, ϕ stands for the matter fields, and t is the time at infinity. However there is no gauge invariant way in which one can specify the time position of the surface in the interior. This means one cannot give the initial wave function without already knowing the entire time evolution.

One can measure the weak gravitational fields on a timelike tube around the system but not on the caps at top and bottom which go through the interior of the system where the fields may be strong. One way of getting rid of the difficulties of caps would be to join the final surface back to the initial surface and integrate over all spatial geometries of the join. If this was an identification under a Lorentzian time interval T at infinity, it would introduce

1550-7998/2005/72(8)/084013(4)$23.00 084013-1

写真 3：フィジカル・レヴュー誌に発表されたホーキングの論文の扉。

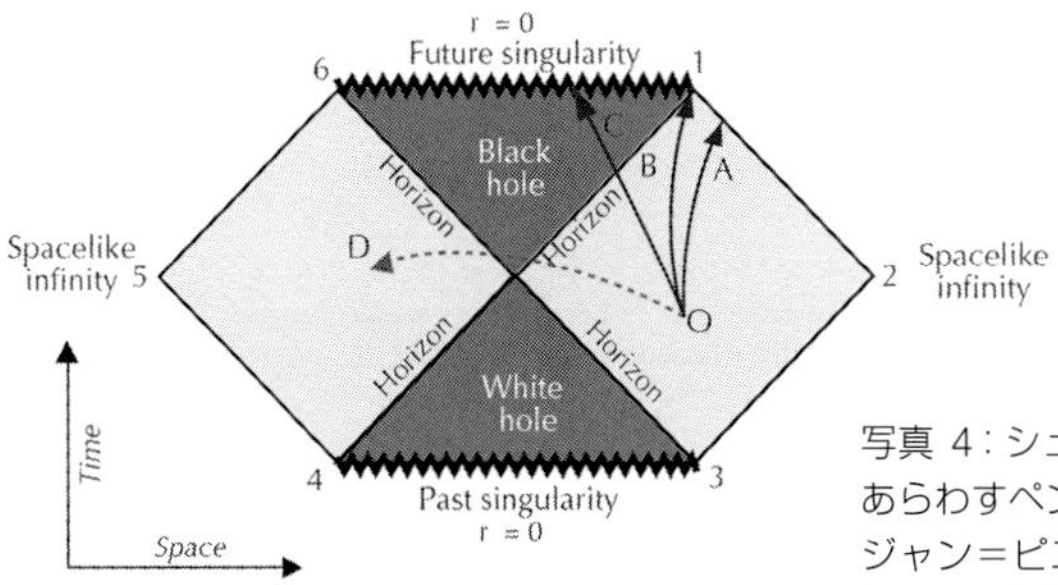

写真 4：シュワルツシルト時空をあらわすペンローズ=カーター図。ジャン=ピエール・ルミネが描いたもの。（ジャン=ピエール・ルミネ提供）

写真 5：BBCホライズンのドキュメンタリー映画『ホーキングのパラドックス』のサムネイル画像。（BBC提供）

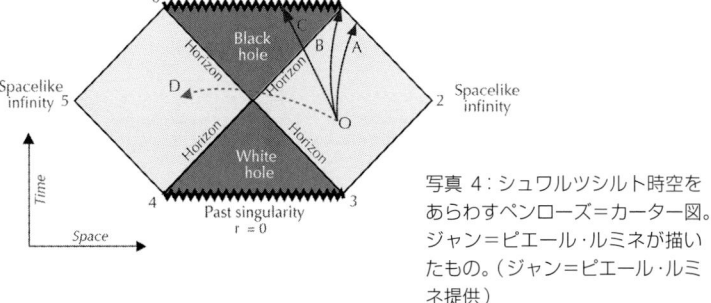

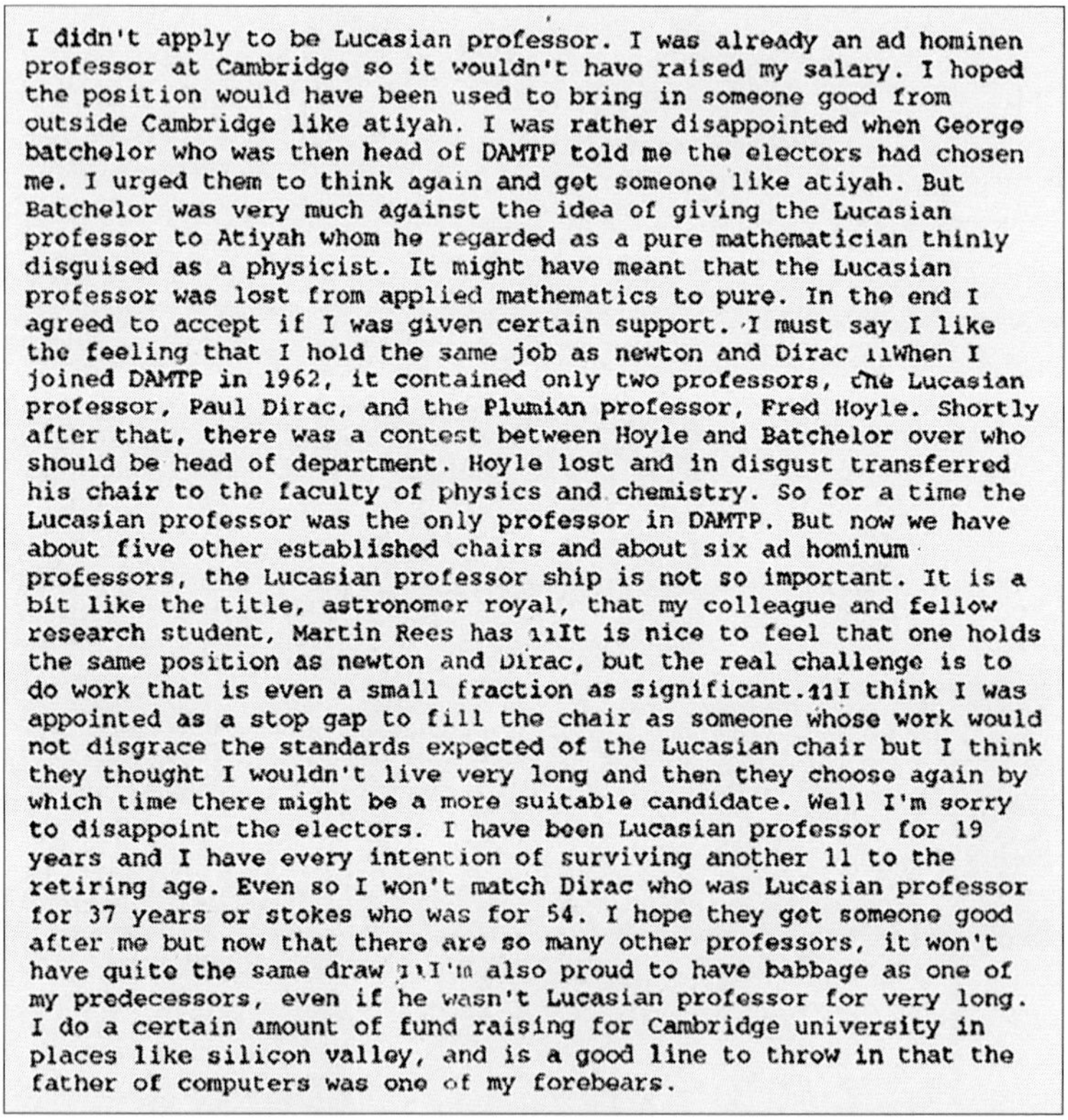

I didn't apply to be Lucasian professor. I was already an ad hominen professor at Cambridge so it wouldn't have raised my salary. I hoped the position would have been used to bring in someone good from outside Cambridge like atiyah. I was rather disappointed when George batchelor who was then head of DAMTP told me the electors had chosen me. I urged them to think again and get someone like atiyah. But Batchelor was very much against the idea of giving the Lucasian professor to Atiyah whom he regarded as a pure mathematician thinly disguised as a physicist. It might have meant that the Lucasian professor was lost from applied mathematics to pure. In the end I agreed to accept if I was given certain support. I must say I like the feeling that I hold the same job as newton and Dirac 11When I joined DAMTP in 1962, it contained only two professors, the Lucasian professor, Paul Dirac, and the Plumian professor, Fred Hoyle. Shortly after that, there was a contest between Hoyle and Batchelor over who should be head of department. Hoyle lost and in disgust transferred his chair to the faculty of physics and chemistry. So for a time the Lucasian professor was the only professor in DAMTP. But now we have about five other established chairs and about six ad hominum professors, the Lucasian professor ship is not so important. It is a bit like the title, astronomer royal, that my colleague and fellow research student, Martin Rees has 11It is nice to feel that one holds the same position as newton and Dirac, but the real challenge is to do work that is even a small fraction as significant.11I think I was appointed as a stop gap to fill the chair as someone whose work would not disgrace the standards expected of the Lucasian chair but I think they thought I wouldn't live very long and then they choose again by which time there might be a more suitable candidate. Well I'm sorry to disappoint the electors. I have been Lucasian professor for 19 years and I have every intention of surviving another 11 to the retiring age. Even so I won't match Dirac who was Lucasian professor for 37 years or stokes who was for 54. I hope they get someone good after me but now that there are so many other professors, it won't have quite the same draw 11I'm also proud to have babbage as one of my predecessors, even if he wasn't Lucasian professor for very long. I do a certain amount of fund raising for Cambridge university in places like silicon valley, and is a good line to throw in that the father of computers was one of my forebears.

写真 6：著者の質問に対するホーキングの回答のプリントアウト。

写真 7：ホーキング・アーカイヴ。（ローレン・カッセル撮影）

写真 8：ホーキング像を見つめるホーキング。（エレーヌ・ミアレ撮影）

写真９（左）：黒板の前のホーキング像。（エレーヌ・ミアレ撮影）
写真10（右）：黒板の前のホーキング本人。（『ホーキング、宇宙を語る』フランス語版の表紙）

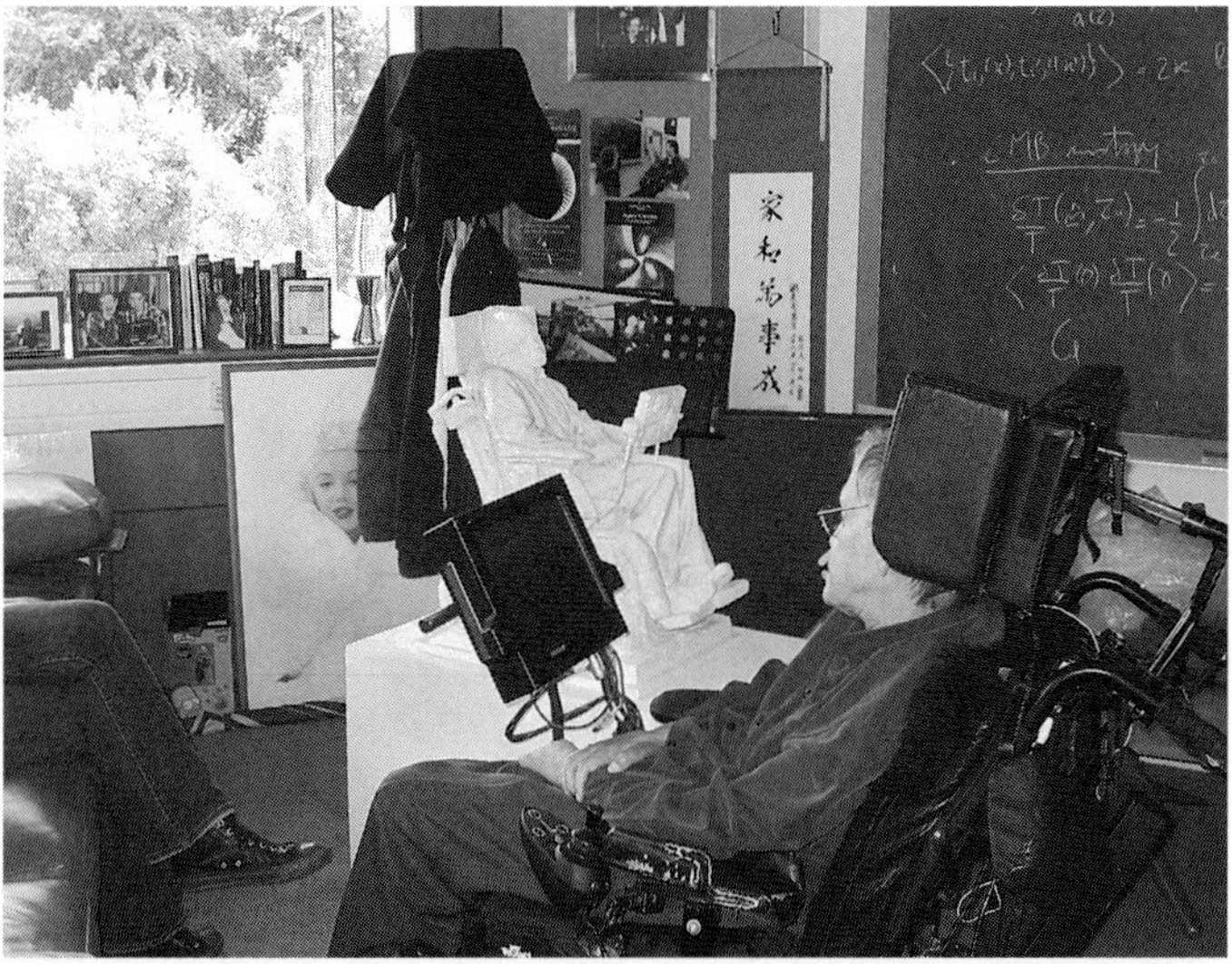

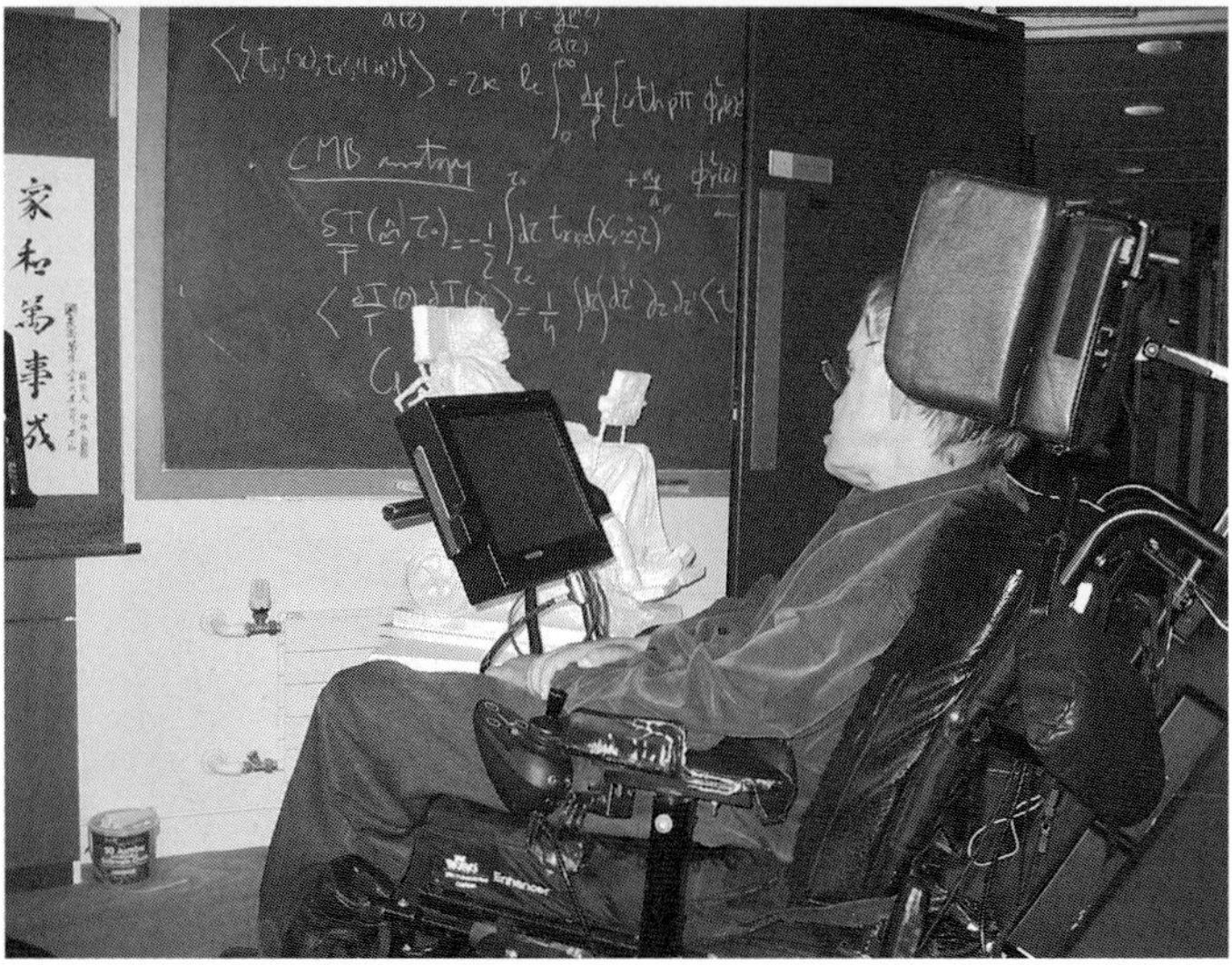

写真11（上）：背景にマリリン・モンローの写真が見える。（エレーヌ・ミアレ撮影）
写真12（下）：黒板の前のホーキング像を見つめるホーキング。（エレーヌ・ミアレ撮影）

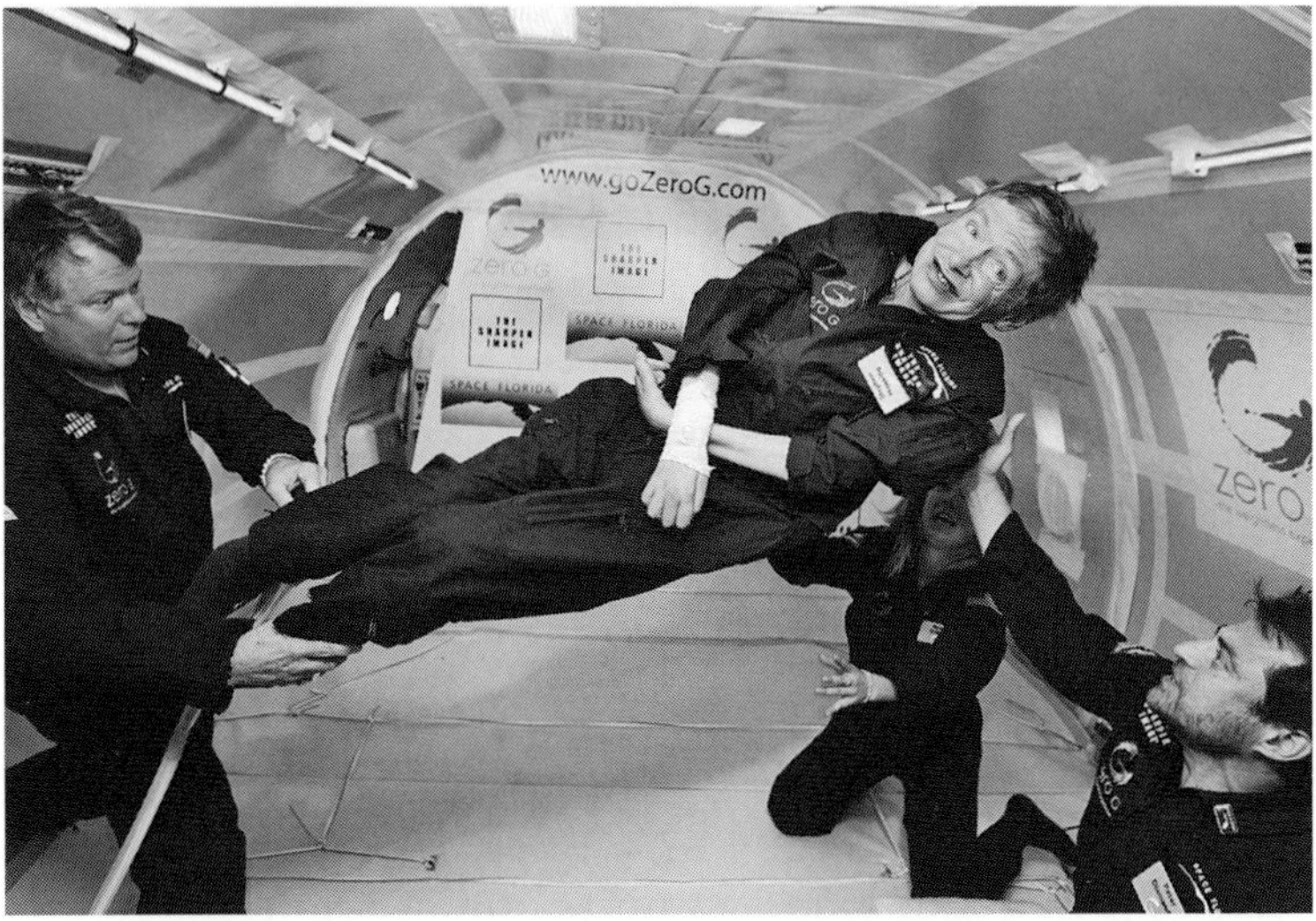

写真13：無重力フライト。（NASA／ジム・キャンベル提供）

ホーキングInc.

目次

はじめに 7
第一章 アシスタントと機械 21
第二章 学生たち 83
第三章 図 117
第四章 メディア 141
第五章 ホーキングの存在を読む――控えめな男へのインタヴュー 211

第六章　永遠の始まりに――ホーキングをアーカイヴ化する　246
第七章　考える人――ホーキング、ホーキングに会う　304
結論――くりかえされる疑問～範例から暗号文へ　332
エピローグ　344
謝辞　346
訳者あとがき　350
原註　394
参考文献　405

ホーキングInc.

HAWKING INCORPORATED
Stephen Hawking and the Anthropology of the Knowing Subject
by HÉLÈNE MIALET

Japanese translation rights arranged with
The University of Chicago Press, Chicago, Illinois, U.S.A.
through Japan UNI Agency, Inc., Tokyo

はじめに

まず前置きとして、ジョン・ロックが『人間知性論』(1)の中で提案した思考実験から始めようと思う。実験は次の謎かけに基づいている。科学者の眼窩《がんか》に収まっているのが眼球ではなく顕微鏡だったら、どんなことが起こるか？　答え：そのような人工の眼を備えた科学者は物事の本質に到達するだろう。なぜなら、「物質的な事物の微細な質感や動きがわかるようになり、おそらく多くのことについて、内部構造を知ることができるからである」だが同時に彼らは天使にもなるだろう。なぜなら「普通の人々とまったく異なる世界にいるからだ。（彼ら科学者には）普通の人々と同じに見えるものが何一つないだろう。そして万物に関して眼に見える部分の知識が普通の人々とは異なるはずである」ロックはこうつけくわえる。「ゆえに、私には、科学者とそれ以外の人々が眼で見る対象について議論したり、色に関して情報を伝え合ったりできるとは思えない。両者の眼にはまったく違うものが映っているのだから(2)」したがって、科学者は神に近づくいっぽうで、人間から遠ざかる。なぜなら人間はもはや科学者と意思の疎通ができなくなるからだ。というわけで、ロックは次のように結論する。

われわれはある理由によって……次のように想像する。霊魂は大きさ、形、部分の配置が異なるさまざまな身体を持つことができる——それはわれわれの身体よりも遙かに優れているとはかぎらない。そのときの目的や、思考の対象の状況に応じて感覚器官や認知器官を作ることができるのだ。いずれにせよ、天使が身体を持っていることもあるという仮定に、驚くことはない。古代キリスト教の学識豊かな教父たちの何人かも、天使が身体を持っていると信じていたようだ。そして確かなのは、天使たちの存在の状態やあり方がわれわれにはわからないということである。[3]

だが、何かの手違いか偶然であろう、私は天使を発見したようだ。彼は顕微鏡の眼は持っていないが、合成音声の声を持っている。身体を動かすことはできないが、代わりに車椅子とコンピューターを持っている。スティーヴン・ホーキングはこれまでの人生で数々の試練を経験してきた。始まりは一九六三年、彼が二一歳のときである。筋萎縮性側索硬化症《ALS》（ルー・ゲーリッグ病とも呼ばれる）という全身の筋肉が縮んでいく難病を発症した。[4] 一九八五年、肺炎にかかり気管切開手術を受けた結果、完全に声を失った。これらの試練を乗り越えてきたスティーヴン・ホーキングは、天使になる運命にあった。たしかに、車椅子に乗ったホーキング教授と宇宙をつなぐものは何もないように見える。いや、あるとすればただ一つ、彼の精神だ。そのことは一般の刊行物で、次のように伝えられている。

物質を凌駕《りょうが》する精神：スティーヴン・ホーキングは車椅子にいながらにして宇宙を駆けめぐる。

スティーヴン・ホーキングは創造の核心を探る：彼の科学的才能は、重い障害を持つ身体から飛翔し、宇宙の最も不可解な謎を解き明かそうとする。

《テレグラフ・サンデー・マガジン》[5]

宇宙を駆けめぐる：車椅子の物理学者スティーヴン・ホーキングは、事実上、自身の身体に囚われた囚人でありながら、その知性によって、宇宙の遙か彼方まで到達することができる。

《リーダーズ・ダイジェスト》[6]

神の心を読む：車椅子の生活を余儀なくされ、話すことさえできない物理学者スティーヴン・ホーキングは、宇宙を説明する大統一理論を探求している。

《タイム》[7]

逆境にもかかわらず――あるいは、何人かが示唆するように、その逆境ゆえに――彼は登り続けるだろう。足では行けないところまで、彼の精神は飛翔するだろう。

《ニューズウィーク》[8]

『スティーヴン・ホーキング――天才科学者の光と影』[9]

スティーヴン・ホーキングは、孤独な天才という伝説的な人物像を体現している。[10] 彼はまた、デカルト合理主義の伝統からわれわれが思い描くようになった「完璧な科学者」の典型でもある。ただ「座って宇宙の謎について考える」男。身体から解放されたこの知性は、俗な心を乱すあらゆる事柄（感情、価値、偏見）から自由のように見える。だから、宇宙の究極の法則について沈思黙考し、理解することができる立場にあるのだ。

ホーキングは、人々の科学に対する認識を支配する理念の象徴となっている。すなわち、科学は公平無私な科学者たちによって実践され、その科学者たちは、自身の身体が存在する政治的、社会的、文化的な空間を超越し、純粋にして完全な精神世界に生きることができる、という考え方だ。科学史家のスティーヴン・シェイピンは次のように指摘する。「手工芸品の製作者とは異なり、普遍的な知識を作る者は工房に縛《しば》られない。猟師や漁師とは異なり、獲物の動きに左右されない。弁護士や医師とは異なり、依頼人や患者が来るのを待つ必要はない。スポーツ選手とは異なり、仕事が身体的状況によって左右されることはない。哲学者は、世の中のうるさい束縛や要求からの究極の自由を体現している。どこへ行こうが行くまいが、わが家にいるのと同じようにくつろいでいる。このような社会からの解放は、彼の完全性を象徴的に証明している[11]」

科学史家、科学人類学者、科学社会学者らは長年、このような人間像を拭い去ろうとしてきた。たしかに、異なる分野、学派、方法論を同じ旗の下に集めるのは難しいように見えるが、少なくとも、知識の働きについて語るときに、合意点を見つけることはできる。共通点の一つは、孤独という認識に対して、つねに反対する立場をとっていることだ。われわれは次のように教えられている。知識の生産は孤独な仕事ではなく、集団的——社会的——事業である、と。科学者による、科学者に関する記述の中に「**孤独**（独り）」という言葉が出てきたら、それは（意図的か否かはともかく）

知識の検証の必要上なされた「隠蔽」にすぎない。そこでは助手の存在が隠され（シェイピン、シバム）、会話が消し去られ（ラトゥール）、記憶が改変され、伝説が流布される（シェーファー）[12]。このような集団的な知識の生産は、正当化の文脈（ポパーはすでに反証実験におけるその役割を強調している）[13]のみならず、発見の文脈にも特徴的に見られる。こうした孤独に対する疑問の背後で問題になるのが、知識を生み出す人々の認知操作（注意、記憶、解釈などの認知的プロセスのこと）の特殊性である。孤独は、知識が作られる過程へアクセスすることを禁じ、他者（分析家あるいは民族誌学者）の同席を禁じる。たとえアクセスが可能だとしても、見るべきものは何もなく、一人の人間が沈思黙考しているか、「思索者」が考えを紙に書きとめているだけである。物質的、社会的なものは、この文脈のどこで登場するのだろうか？　紙、ペン、本、同僚たちは何をしているのか？　そして考えはどこから出てくるのか？　このような禁欲的あるいは孤独な知の主体というイメージは、修正されなければならない。科学がじっさいにどのように作られているかを理解するには、禁じられた領域に踏みこみ、科学的事実の構築に関わる手順、技術、会話を追跡しなければならない[14]。知る者の眼、手、文脈を追跡しなければならない。この必要不可欠な仕事を経て初めて、われわれは次のことを知ることができる。すなわち、科学者一般が――そして、とくに形式主義者や理論家（頭だけで仕事をするとされている人々）や例外的な天才たちが――科学だけに特有の「方法論」や「合理性」を用いて思考しているのかどうかを。

思考を社会史的な視点でもう一度見直し、人間と人間でないアクター（行為者）からなるネットワークにおける認識力を取り出してみせることによって、われわれの知識の特殊性の基盤になっていると古くから考えられてきたさまざまな二項対立に対して、疑問を投げかけることができる。合理的な精神を持つわれわれ西洋人と、未開の雑多な思考様式を持つその他の人々という二項対立。われわれ自身の文化内部における、理論的な知識を持つ人々と、持っていない人々という二項対立[15]。科学界における大物（天才）と小物（技術者）という二項対立。そして最後に、人間と人間以外、ヒトと機械という二項対立。「アクター・ネットワーク理論（ANT）」として知られる科学社会学の学説によると、これらを前もって明確に区別することは難しい。したがって、多数のアクターすなわち記号論用語で言う**行為主**《アクタン》と、それらが持つ能力は、知識生産の過程において中心的な問題である[16]。そしてもちろんこの考え——物体に行為主体性を付与するという考え——は、現代の社会理論と科学研究において依然として最も議論を呼ぶ仮説の一つとなっている[17]。

科学的な実践を知識の再分配として理解すると、そこにはさまざまな新たな難題があらわれる。たとえば、もしも知識が、生み出された場所——学説によって精神の場合もあれば、脳の場合もある——から取り除かれてしまうとしたら、知識の起源に関する問題は、またしても謎に満ちたものとなる。「〜の概念を最初に考えた人」とか「アインシュタインが一般相対性理論を発見した」と言うとき、それは俗説になってしまうのだろうか、それとも帰属というプロセスの成果にすぎないのか？　心理学についてはどうだろう？　通常は少数の科学者の頭脳にしかない優れた認識力（非凡な才能、創造性、専門性など）をどの程度まで外に取り出してみせることができるだろうか？知性を、無形の精神から知的身体に移すというのは、新たな神秘化にすぎないのではないか——ロラン・バルトがその著書『神話作用』の中でいみじくも述べた、アインシュタインの頭脳の神話的才能を起源とすることと基本的に変わらないのではないか？　知識の再分配という仮説によって個人の中で結晶化したもの――天才、知的能力、認識、科学――は、環境の中に解放され、最終的には、生まれもった個性をすべて空っぽにすることによって個人の個別特異性は解消する。もしも科学技術研究者たちが、知識生産のプロセスに一人の生身の科学者をふたたび投入するとしたら、たしかに、その科学者は一つの「集合的」身体（の一部）を形成する主体である。相対主義的社会学に見られるように、主観性はすなわち社会的なものである。[18] あるいは、アクター・ネットワーク理論の場合に見られるように、この主体は行為者たちの代弁者となる。ラトゥールが書いているように、パストゥールは精神を付与された身体ではなく、「いやむしろ、身体を遙かに超越し、他の身体と互いに影響し合っている。彼はたくさんの要素を組み合わせたものであり、それらの要素が互いを結ぶリンクを通じて偉大な研究者パストゥールを生み出すのである」[19]。というわけで、人間アクターの定義とその特殊性がふたたび中心的な問題となる――じっさいのところ、人間と非人間で構成される集合的身体の観点から見た場合、個人はどうなるのだろうか？（ミシェル・カロンとラトゥールの用語を使って）アクター・ネットワークと呼べばいいのだろうか？　それとも（ダナ・ハラウェイの用語を使って）サイボーグと呼べばいいのだろうか？[20]　これらは私が本書の中で取り組んだ疑問の一部である。

そのために私はスティーヴン・ホーキングを研究対象に選んだ。スティーヴン・ホーキングが興味深いのは、彼が科学技術研究を構成する規則に反するすべてを体現しているように見えるからである。それは理性的な精神のみによって科学的知識を生産する可能性だ。ホーキングは思考の極端な状態の例となっている。孤独、純粋な精神、比類なき知性、論証の説得力、完全無欠の天才。しかし、ホーキングのような科学者の精神の中に特殊な認識力を見つけようとする前に、こうした特徴付けに異議を唱え、じっさいに彼らがやっていることの特殊性を説明すべきだと主張する人々がいるかもしれない。そのような人々に私は問う。どうやって？「まず、視線を追う必要がある」そう言われたら、私はこう答える。「この人は頭を動かせません」「ならば手の動きを追跡すればいい」「ああ、それも無理ですね。もう何十年も前から手を使えませんから」「話す言葉でもいい」「どうやって？　声が出ないんですよ！」それでも**この人は思考し**、学説を生み出し、本を出版し、会議を開き、天才と呼ばれている。[21] だが、じっさい**彼は何をしているのだろうか**[22]？

　この疑問が重要なのは、知の主体が昔から、単独の、肉体を持たない、合理的なアクター（行為者）を連想させるからである[23]。じっさい、「水槽の脳」（現実世界は脳が見ている幻想にすぎないという説）というイメージは、われわれの現代神話のきわめて強力な一部をなすようになっている。この神話によれば、それは「集団から離れた精神」であり、われわれを異質で「優れた」存在にするものだ。それは帝国主義を正当化し（文明人対野蛮人）、われわれ自身の社会の階層を正当化し（専門家対素人たち、知識人対労働者たち）、研究室内の階層を正当化し（科学者対技術者たち）、存在論的階層を正当化した（人間対非人間たち）[24]。知識の生産を社会的・物質的集団によると考える近年の科学技術論の脱中心化的分析と一致させるように、私はさまざまな方法で知の主体を再度、概念化した[25]。そのいっぽうで、引き続き個人と事象の個別特異性にも取り組んだ。そして、新たな方法論を発展させ、新たな理論的手段の提案を試みた。それによって、階層そのもの、および階層を特徴づけ、正当化する単独の、肉体を持たない、合理的なアクター（行為者）の神話を見直すのである。

極端なケースとしてホーキングを選んだのは、自立した天才という概念を乗り越えられるか――だとしたら、どこまで乗り越えられるか――をこの眼で確かめたいと思ったからだ。大規模な民族誌的調査と一〇〇人を超える人々へのインタヴュー（ホーキング自身、アシスタント、看護師、大学院生、同僚、他の物理学者、ジャーナリスト、映画制作者、公文書館員、芸術家、身体障害者向けコンピューター・プログラムおよびハードウェアの設計者）を基に書かれた本書は、「知の主体」の民族誌的研究として、ホーキングのおかれているきわめてまれな状況を論じるものである。この恵まれたケースを論じることによって、天才、個別特異性、アイデンティティ、主観性、身体性（または心身問題）、分散型行為主体性、社会技術ネットワーク、科学の実践、形式主義、言語、認知、創造性、専門性、そして人間性の未知の領域に関わるもっと大きな疑問に取り組む。したがって本書『ホーキングInc.』はスティーヴン・ホーキングに関する本ではない。つまり、一人の男について書かれた伝記ではない[26]。これは経験哲学の書である。さらに言えば、スティーヴン・ホーキングの人生と仕事について民族誌的に記述することによって、彼という存在の構成要素と彼のアイデンティティの創造と維持について理解できるかもしれないが、本書はけっしてホーキングの「真の」姿を伝え、彼の「本質をとらえる」といった類の本ではない。むしろ本書の主要なテーマの一つは、ホーキングがどういう人間で、どのような状況におかれているのかを、果たして知ることができるのか、その可能性について疑問を投げかけることにある。このことは、使用された資料の多様性と、本書の構成に反映されている。

『ホーキングＩｎｃ.』は七つの章に分かれている。各章では、それぞれ仕事に取り組む異なる集団への扉が開かれ、その集団についての説明によって、実行、発表、思考、表現、会話、記念、具体化を担う行為者《アクター》（の生産活動）を理解することができる。第一章ではホーキング教授が研究室から出て公の場に登場するまでの過程を追う。私はここで能力のネットワーク――コンピューター／シンセサイザー（音声合成装置）／個人秘書／大学院生アシスタント／看護師――について詳細に説明している。このネットワークが声と動きを奪われた人を「誰もが知っている天才」に変えるのである。そこでわれわれは、ホーキングの能力が環境に取りこまれ、再分配され、私が「拡張された身体」と呼ぶ舞台装置ができあがるまでの作業を追い、続いて、ホーキングのアイデンティティが創造され、維持され、次々に再生産される様子を追う。第二章では、ふたたび研究室に戻り、ホーキングの拡張された身体の別の部分について述べる。それはホーキングが研究を行い、学説を生み出すことを可能にするヒト、モノ、機械を基盤とする大規模ネットワークである（すなわち学生／同僚／コンピューター）。ここでは、ホーキングの科学論文が生み出される過程を追い、「純粋科学」のあらゆる基本的な側面――思考、証明、計算、発見と正当化の文脈、研究成果の受容――が研究室全体でどのように取り入れられ、分配されるかを追う。ホーキングの仕事の内容は本書において重要な役割を果たしているが、私はそれについてまとまった説明を行うつもりはない。すでに他の人々がやっているからだ[27]。むしろ、インタヴューと、彼の研究生活に関する広範なテキスト情報を基に、彼の作業の進め方について説明する。第三章では、ホーキングを特異な存在にするプロセスを追うため、さらに一歩踏みこんだ分析を行う。じっさい、「ホーキングは幾何学的に考えている」

とよく言われる。この意味を理解するため、私はふたたび、ホーキングがそうすること——つまり図という「義肢《ぎし》」を用いて思考すること——を可能にする能力のネットワークを再現する。これによって、おそらく、ある種の理論家たちが思考する方法（視覚的か分析的か）や、とくにホーキングがどのように考えているかについて、多少なりともわかるはずである。第四章では、ホーキングの最近の仕事をテーマにしたBBCの科学ドキュメンタリー番組『ホライズン』をめぐるやりとり——そして番組の制作過程——に焦点を当てる。ここでは、メディアが——科学者本人といっしょに——この集団的身体を、集団から離れた頭脳へと変えていく様子を明らかにする。さらに、科学ジャーナリストによる論評やインタヴュー、および科学ジャーナリストへのインタヴューを細かく分析し、ホーキングの天才科学者としての地位がどのように築かれているのか、そのメカニズムを指摘する（すなわち、自伝的記述の統一、メディアによる科学者の身体の表象、自身の神話構築への科学者の介入など）。またここでは、科学者自身が——自分の文章や他の科学者たちとの関係、自分の仕事などにおいて（意図的であれ、意図せずにであれ）——その不自由な身体を使い、自分のアイデンティティの集団的構築に自ら参加する姿を見せる。そのアイデンティティとは、完璧なデカルト的主体すなわち身体なき精神である。さらにわれわれは、文章や出演映像が使用され、質を高められ、（本人や他人によって）再文脈化された結果、書かれた人工物の果てしない繰り返しと積み重ねを経て、一定の身体的、知的、個人的資質を持つ一人の人間という比較的統一されたイメージができあがるまでの過程を追う（たとえば笑顔、ジョーク、生存における妻の役割、幾何学的思考力など）。第五章では、初めてホーキング教授と直接会い、ホーキング「に関する」語りの複数性が、対面接触ではありえない安定したアイデンティティを生み出していることを知る。われわれは彼に近づけば近づくほど遠ざかっていくようである。もはや彼が「誰」で「どこ」にいるのかわからない。一人の人間について考えるときに通常用いるすべてのカテゴリー——身体、機械、精神、相互作用、会話、テキスト、発話——がぼやけてしまう。彼の存在の中にホーキングを見つけることはこれまで以上に難しいように思える。アイデンティティが混乱したり断片化したかと思えば、すぐにまた再構成されるからだ。そこでわれわれは、ホーキングが使用する機械が、三つの異なる身体を統合する過程を追う。私はそれらの身体の特徴を次のように表現する。「集団化された自然の身体」、「自然化された集団的身体」、そして、「ケンブリッジ大学で数学のルーカス教授職を務める神聖なる身体」だ。第六章では、ホーキングの身体がさまざまな関心の源となり、環境に分散され、それとは逆の動きによって、彼の存在と個別特異性が形成される過程を見る。じっさいここで私は、ホーキングの(さまざまなバージョンの)アイデンティティに関心を持つある集団がケンブリッジで存在を拡大し、同時にホーキングが、そのプロセスを通じて、自分の身体をケンブリッジの街の内外へ分散させていることを明らかにする。そのために私は、常設ホーキング・アーカイヴの創設の過程を追う(支援者はインテルの創業者ゴードン・ムーア)。ホーキングのコンピューターのように、現在、司書の集団が「ホーキング」が生み出したもの(そして彼を題材にして生み出されたもの)に眼を通して、「彼の」書いたものを分類・再編・保存しようとしている(たとえば、唯一無二のものかどうか、書かれたものか語られたものか、個人的なものか、そうでないものか、といったことを判断しなければならない)。ここでは、ホーキングがコンピューターに依存しているため、保管・保存すべき（すべきでない）デジタル情報に関する基準作りが可視化されている――そして、言うまでもなく、よい手本となっている。最終章では、まったく思いがけない場面を目撃する。ホーキングが**ホーキング**[28]（今後**ホーキング**と強調する場合は、「天才ホーキング」の意味）の彫像と対面するのだ。この彫像はケンブリッジ大学の応用数学・理論物理学科（DAMTP）の玄関を飾るために造られた芸術作品である。この章では、対面の際に起こったことを詳細に記している。彫像の存在によって、そこにいる誰もが（ホーキング、同僚、アシスタント、彫刻家）、「本物の」ホーキングと彼の「似姿／コピー／表象」を比較する――両者を分け、構成する境界線を確かめる――ことができた。

　本書を貫く方法論は、ホーキングの存在に踏みこむ可能性、そして、彼に近づき、あるいは彼から遠ざかる可能性によって構成されている。ロックの比喩を使うなら、本書では、科学者ホーキングだけでなく、民族誌学者である私もまた、ある種の調節可能な顕微鏡を装備している。そのおかげで、われわれは対象に自由自在にズームイン、ズームアウトできる。ゆえに、第一章で紹介するホーキングの物理的な存在すなわち彼とその能力は、彼の周囲の人々やアシスタントたちへの一連のインタヴューから再現されたものであり、ホーキング本人には**話を聴いていない**。第二章と第三章では、たとえば学生や、抽象化を可能にする図形など、彼を創造し、構成し、拡張する他の存在を追う。第四章では、彼についての記述および本人による記述を検討し――メディアによるテキストとイメージの拡散と反復を通じて――ホーキングの資質や才能が出現する過程を見る。第五章では、われわれはホーキング自身の**存在に**[29]踏みこむが、同時に、彼の表象は消えてしまう。次に、ホーキングがカントロヴィッチの式を用いて、自身の神聖な身体の構築に参加し、それと同時に彼の生身の身体が消える過程を追う。第六章では、われわれはケンブリッジの街をさまよい、彼の存在が都市の設計や新しい図書館の建設の根拠となっていることを知る。そして、この環境が、「彼の」論文、書籍、研究対象が広まる経路のトレーサビリティ（追跡可能性）を通じて、彼が身体を分散させることを可能にする過程を検討する。第七章では、彼が自身の表象、つまり、できたばかりの彫像を観察する様子を観察する。言い換えれば、私は本書の全体を通じて、さまざまな有形物を記述しようと試みている（機械、アシスタント、ホーキング自身、学生、同僚、図、ジャーナリスト、論文、映画、書籍、私自身の存在、文書館員《アーキヴィスト》、芸術家、都市の建物、文書館《アーカイヴ》、彫像）。これらはすべてスティーヴン・ホーキングを構成するもの——すなわち彼の存在を構成するものだ。これらすべてが彼の存在を維持し、拡張し、逆に彼を指し示している。つまり、彼が思考し、行動し、存在することを可能にすると同時に、彼を個別的な存在にしている。その意味で本書は、個別性についての書であり、それゆえに、「**個人の存在**」を可能にするメディエーション（媒介）についての書でもある。つまり、私が「分散・集中された主体」と呼ぶものについての書である。

第一章

アシスタントと機械

人々の手や口を介して飛んでいこうとする者は、ずっと自室にとどまっていなければならない。

ジョアシャン・デュ・ベレー

一九九七年七月三日　ケンブリッジ

秘書はドアを少し開けて顔を出し、片足立ちで身を屈め、もう片方の足を事もなげに宙に浮かせたまま彼に尋ねる。「オックスフォードで会議を開きたいんですか?」

ホーキングが片方の眉をあげる。

彼女は回れ右して立ち去り、そうだって言ったわ、とつぶやく。

一九九八年二月二四日　オックスフォード

オックスフォードの市庁舎(タウン・ホール)では八〇〇人の人々が待っている。今宵、ラハイム協会の後援で、「アインシュタイン以来の最も偉大な科学者」スティーヴン・ホーキング教授が「『万物の理論』について講演する」。客席は聴衆であふれかえっている。時刻は八時。緞帳《どんちょう》はまだおりたままで、なかなかあがろうとしない。今夜すべてが聴衆の眼の前で明らかになるのだ。

ホーキングの拡張された身体について知る

ここに二つのシーンがある――ホーキングが片方の眉をあげるシーンと**ホーキング**が講演を行うシーン。二つの空間がある――ケンブリッジとオックスフォード。二つの時がある――一九九七年七月三日と一九九八年二月二四日。さらに二つの形式がある――日常生活の一部と公開講演の記述。並べられた二つの短いシーンはそれぞれ独立しているように見える。魔法もなければ謎もない。一方はオフィスでのホーキングを描き、もう一方はステージでの**ホーキング**を描いている。しかし、二つのシーンのあいだで、声と動きを奪われた一人の男を、誰もが知っている天才に変えるためには、膨大な量の仕事、時間、組織化が必要になる。この章では、ホーキングのアシスタントたちへの広範囲かつ詳細にわたる一連のインタヴューを紹介し、彼に行動する能力をあたえるための、ヒト、モノ、機械を基盤とする諸活動の総体について「厚い記述」（人間の行動について、ただ事実を記述するだけでなく、それがおこなわれた文脈まで説明する記述）を提供する(1)。この章ではまず、スティーヴン・ホーキングが機械やアシスタントなしでは行動できないことを明らかにする。アシスタントたちは、人間スティーヴン・ホーキングと天才物理学者**スティーヴン・ホーキング**のアイデンティティを維持し、安定させるため、日夜働いている。次に、このアイデンティティが、研究室から公の場に移動するあいだに複製され、再生産されるプロセスを考察する。記述を進める中で、私は言語、コミュニケーション、志向性、行動、アイデンティティ、存在に関連した問題を検討する。

ぼやけた境界線：精神の内側と外側

■機械は何をしているのか？

一九六三年、スティーヴン・ホーキングは筋萎縮性側索硬化症《ALS》を発症した。一般にルー・ゲーリッグ病として知られる病気だ。現在は完全に麻痺した状態で、車椅子の生活を余儀なくされている。一九八五年には肺炎の合併症のためにとうとう声も失った。治療に必要な気管切開を受けたのが原因だった。リヴィング・センターというコミュニケーション・プログラム（ワーズ・プラス社のウォルト・ウォルトスが設計、提供）とスピーチ・シンセサイザー（音声合成装置：スピーチ・プラス社が設計、提供）のおかげで、ホーキングはコミュニケーションと読み書きができる。彼はこのシステム全体を簡単なスイッチ（コミュテーター）を使って自分で操作できる。誰かにそれを手のひらに載せてもらい、彼が指で包みこむようにするのだ。[2] この装置は、高感度のオン・オフ・スイッチで構成され、これでカーソルを動かすようになっている。カーソルは自動的に上下に移動するので、ホーキング教授はスイッチを押して単語を選択することができる。言いたいことが完成したら、それをスピーチ・シンセサイザーに送信する。車椅子にはこのシンセサイザーと小型のＩＢＭ互換パーソナル・コンピューター（ケンブリッジ・アダプティヴ・コミュニケーション社のデヴィッド・メイソンより寄贈）が取りつけられている。これらの装置は車椅子の下部にあるバッテリーで動いている。コンピューターにもバックアップ用の内蔵バッテリーが備わっているが、もし必要になったとしても最大で一時間しかもたない。コンピューターのモニターは車椅子の肘掛けに取りつけられている。[3] ホーキングは書いたものを発話することもできるし、ディスクに保存することもできる。後でプリントアウトすることもできるし、呼び出して一文ずつ発話することもできる。彼はこう言った。「このシステムを使って、私は一冊の本を書き、数十の科学論文を書いた。一般向けの科学講演もたくさんやった」[4] 彼のホームページによると、これまたワーズ・プラス社が作ったEZ Keys《イージーキーズ》と呼ばれるインターフェイスを介してウィンドウズ95も使えるという。このプログラムを使うと、デスクトップ上に表示された選択候補を通じて、スイッチ一つでマウスを操作できる。また、イコライザーと呼ばれるプログラムに見られるのと同様のメニューを使って文章を書くこともできる。[5]

ホーキングは発話する能力を失っている。だが、それでも彼の「言う」ことは、書いた文という媒体を通じて聞くことができる。[6] 健常な個人がコンピューターを使用するときは、キーボード上に指を走らせたり、(指や手で) マウスを動かすことができ、画面は静止している。しかしホーキングの場合、身体が静止していて、画面のほうが眼の前で展開する。彼はクリックでその動きを止めて言葉を選択する。具体的には、コンピューター上で単語を書くために、ホーキングは次の四つの異なる手順を踏む。まず、画面の上半分または下半分に表示される文字を選択する。選択した半画面にその文字で始まる一連の単語が表示される。それから適切な行、列を選び、最終的に目的の単語をクリックして選択する。ホーキングは今やひじょうに経験豊富な熟練ユーザーとなっている。プログラムの発明者であるウォルトスは言う。「ホーキングは一秒間に一〇の手順を行うことができます――私には速すぎて見えないほどですよ!」[7] たしかに彼の操作はすばやいが、イコライザーとEZ Keysにもユーザーの時間を節約する多数の視覚的、機械的な戦略が備わっている。たとえばイコライザーの画面下部には、最も頻繁に使用される三六の英単語が並んでいる（I, to, the, and, butなど）。いちばんよく使われる単語は一行目の先頭にあり（興味深いことにI［私］という語である）、その次によく使われる単語は一行下の右側に出てくる。こうして最も頻繁に使われる語は、あまり頻繁に使われない語よりも簡単な操作で呼び出せるようになっている。(8)

イコライザーとEZ Keysは執筆プロセスを加速させる機能をほかにも多数提供している。「単語完成機能」「単語予測機能」「次単語予測機能」などがそれである。たとえば、「infinite（無限の）」という単語を使いたい場合、まず頭文字のiを選択する。単語表示が自動的に変わり、iで始まる最もよく使われる単語六語が表示される。もし「infinite」が出てこなければ、次の文字nを選ぶ。するとinで始まる最もよく使われる単語六語が表示される。リストに「infinite」があれば、その番号（たとえば4）を選択する。そうすると画面上に単語「infinite」があらわれる。そこでプログラムは予測の第二段階、いわゆる「次単語予測機能」に切りかわり、ユーザーが最近「infinite」という語の後にいちばんよく使っている六つの単語を探し出す。次に書きたい単語、たとえば「space（宇宙）」、が表示された六語の中にあれば、その単語の番号を選ぶだけでいい。すると今度は、「space」の後に最もよく使われている六語が表示される。(9)ウォルトスは言う。「それは……自動的なプロセスです。このプログラムを使うと、文を作るとき、自分で単語を最後まで綴ることはあまりありません。単語予測機能が単語を出してくれるからです。そしてほとんどの場合、次の単語を書こうとする必要もない。すでにそこに表示されているからです。単語はすべて選択するだけでいいのです」[10]このプログラムはユーザーの言葉のパターンを学習するのだ。「ただ書きたい単語を選ぶだけで、後はEZ Keysがタイピングしてくれます」[11]別の言い方をすれば、「このプログラムは（ユーザーが）次にどの単語を使おうとしているかを当てようとしている」わけである。[12]

イコライザーにも「単語予測機能」と「次単語予測機能」があるが、EZ Keysほど強力ではない。表示形式が異なり、語彙《ごい》も少ない。前述のとおり、単語は画面上に横並びに表示される。横並びに表示された単語をアルファベット順に確認するのはひじょうに面倒なので、表示される順番は使用頻度や最近使われた語順に基づいている。しかし、ウォルトスが言うように、「使用頻度順よりもアルファベット順のリストの方がずっと調べやすい……もしも電話帳に自分が使った電話番号がすべて使用頻度順に並んでいたら、……目的の番号を見つけるのにたいそう苦労するでしょう」[13]EZ Keysでは、縦にアルファベット順に表示された単語が六行並んでいる（三行［上、中、下］、一行あけ、三行［上、中、下］という形）ので、四行が均等に並んでいるイコライザーよりも、すばやく単語を選ぶことができる。われわれの眼と脳は、三つずつのグループに分かれた情報を効率よく処理できる。EZ Keysは明らかにこのことを利用して設計されていた。視覚と認知の観点からすると、こちらの方が楽なのだ。

どちらのプログラムも日常的に使われる文、コメント、間投詞の保存が可能なので、日常の会話中に、すばやく呼び出して使うことができる。イコライザーには、あまり多くはないが、数ページ分の決まり文句のリストが搭載されている。「失礼、今、何とおっしゃいました？」「ありがとうございます」「そのボトルを取っていただけますか？」「吸引をお願いします！」といったフレーズである。いっぽう、ＥＺ Ｋｅｙｓにはインスタント・フレーズ機能というものがあり、次の七つの選択肢が用意されている。Ｆ１——結びの言葉、Ｆ２——会話、Ｆ３——間投詞、Ｆ４——あいさつ、Ｆ５——侮辱的表現、Ｆ６——相手に関する質問、Ｆ７——応答[14]。さらに、何十万ものフレーズや文章を保存し、家族、スポーツ、個人的に必要としているもの、食べ物、ジョーク、趣味といった項目別に分類しておき、それらをすぐに呼び出すことが可能だ[15]。

ウォルトスによれば、この装置が身近な話題に反応するときの仕組みは、個人の会話の場合と基本的には変わらないという。その意味で、テーマやフレーズの機械化、標準化、反復は、機械の仕組みよりも言語の仕組みと深いつながりがある。録音によると、

自分がよく話す話題になったら、……たとえば自分がスポーツ・ファンで、お気に入りのチームがあるとして、……そういう話題になったときに全員が話すことができる場合、私たちは同じことを何度もくりかえし言う傾向があります。特定のお気に入りの選手がいる場合は、……たとえばX選手だとします。「おい！　モントリオール戦の彼のプレーを見たかい」とか……「敵選手に対するあの動きはすごかった」とか……同じセンテンスを何度も何度も使うでしょう。ＡＬＳ患者の場合、それを保存できます……お気に入りのチームに関するコメントをすべて保存しておいて、いつでも必要なときに呼び出して、すぐに言葉として発することができるのです[16]。

ALS患者がいちばん困るのは、何か新しいことについて話す必要が生じたときである。手持ちのレパートリーが使えないため、一から文を作らなければならないからだ。最大の問題はスピードである。「どんなに工夫しても、なかなかスピードアップできません。通常私たちは一分間におよそ一五〇～二〇〇語のスピードで話します……最も優れたスティーヴン・ホーキングのような人なら、かなりのスピードで言葉を探せますが、それでもおそらく最速で一分間に二〇語くらいでしょう」(17)

EZ Keysには「略語展開」という機能もある。この機能を使うと、よく使う単語やフレーズ、瞬間的発話などを略語にして利用できる。(18) じっさい、われわれの音声によるコミュニケーション方法で特徴的なのは、中断である。会話しているとき、対話者によって話を遮られることが多い。また、会話の途中で電子メールのチェックなど、何か他のことをする場合もある。この戦略はさまざまな異なるプラットフォームでのコミュニケーションを可能にする。

私が何か文を作ろうとしているとします……たとえば「私はCDが欲しい」とか……「私は「CDが」というふうに言葉を並べはじめる……そのとき誰かが部屋に入ってきたので、文を作っている途中で「こんにちは、元気ですか（Hello, how are you）」と言いたい場合、「HH」を選択する。すると「こんにちは、元気ですか？」(という音声が出る)。(その後) その言葉は消去され、作っていた文に戻る。私たちはこれを瞬間的発話略語と呼んでいます。何でも略語化できるので、後はそれがただタイピングしたい言葉なのか、すぐに発話したい言葉なのかをプログラムに指示すればいい。瞬間的発話の代表例は「GM」、つまり「おはよう（Good morning）」

です[19]。

コンピューターはまた、この機能を介して電話を受けたり、ファイルをプリントアウトしたりと、さまざまな仕事をこなすことができる。ＥＺ Ｋｅｙｓも家の内外での多種多様な活動を可能にする。モデムかファックス・モデムを使えばメッセージの送受信やウェブの探索もできる[20]。

ホーキングは現時点で、おそらくイコライザーの最後にして唯一のユーザーだろう。このプログラムは彼が最初に使いはじめた一九八五年以来、ほとんど変わっていない。ＥＺ Ｋｅｙｓに比べると、かなり制約が多く、メモリーも少ない（一六ビットで設計されている）ので、語彙《ごい》数《すう》が大きく制限される。表示に関して言えば、イコライザーはフル・スクリーン表示なのに対して、ＥＺ Ｋｅｙｓは他のソフトと同時に実行することからスクリーンのごく一部、通常は画面の右上隅しか占有しない。ウォルトスは次のように強調する。「ＤＯＳウィンドウで実行するイコライザーは、いかにも旧式の古色蒼然たるプログラムで、文字が大きいなど、時代遅れのＤＯＳインターフェイスを使用しています。現代のソフトウェアとはまったく似ても似つかぬしろものです[21]」それに対してＥＺ Ｋｅｙｓはオールインワンの統合型コンピューター・アクセス・システムである。ユーザーは実行中の作業を、音声通信を行うためにわざわざ中断する必要がない。そしてＥＺ Ｋｅｙｓは、単語検索のための機能（時間節約機能）を数多く提供している。これらのすべての理由から、ウォルト・ウォルトスは次のように述べる。

ほかには誰もイコライザーを使っていません……（ホーキングから）最近、イコライザーに変更を加えるよう求められたとき、うちのエンジニアリング・マネージャーは、あちこち探し回って、まだプログラムのファイルとソースコードが入っているコンピューターを見つけなければなりませんでした。なぜなら会社にはコンパイル版のディスクしか残っていなかったからです……もう何年も誰も使っていません。もう一度言いますが、使っているのはホーキングだけなんです。EZ Keysに比べると、恐ろしく効率が悪いからです。（……）発表された当時は、とびぬけて効率のいいプログラムでしたが、それが書かれた一九八〇年代初頭以降、私たちはたくさんのことを学んできました。（……）今日の基準から言えば、このプログラムはもはや恐竜並みに古いのです[22]。

イコライザーの機能には制約があるのだから、プログラムを変更し、全面的にEZ Keysを採用すべきだという圧力があるにもかかわらず、ホーキングはけっしてイコライザーを手放そうとしない。ウォルトスは私にこう語った。「彼は（イコライザーを使った方が）速いと信じています。おそらく、**使い方が頭にしっかり入っている**ので、（イコライザーの方が）快適だと感じる、と言った方がいいでしょう。しかし、直接観察した私が言うのだから間違いありません。（イコライザーを使っているときの方が）断然遅い——彼の妻も、かつてアシスタントを務めた学生たちも同じ意見です。（……）でも、そのことをスティーヴン・ホーキングに言っても無駄です。**彼は絶対に認めようとしないのです**[23]」ウォルトスは言う。「きっと、もうおわかりでしょうが、スティーヴンがイコライザーを頑固に使い続けることに、私はいらだっています。なぜかと言うと、それが彼の生産性を低下させていることがわかっているからです。さらに、相手とのやりとりが遅すぎるのを見た人々が、ワーズ・プラス社のせいだと考えるからです――イコライザーは私たちの最先端のシステムからかけ離れたものだというのに[24]」だが、「むろん、私たちとしては彼に喜んでもらいたいので、彼の求めに応じています[25]」

その何年か前、ある夕食会の席で、インテル社のアンディ・グローヴ会長がホーキングに、彼のコンピューターに搭載されているマイクロプロセッサーの種類を尋ねた。ホーキングは知らなかった、とウォルトスはふりかえる。インテル社の二人のエンジニアが調べてみると、同社のプロセッサーは一つも組みこまれていなかった。「ああ、それは絶対だめですよ」とグローヴは言い、すぐにウォルトスに連絡して、ホーキングが最新テクノロジーを使うための特別な新しいコンピューターを二台作りたいと説明した。こうしてホーキングはあらゆる機能を備えたウィンドウズの最新バージョンを使えるようになった。つまり、ウォルトスは新たにイコライザーのウィンドウズ版を作らなければならなくなったのだ。

彼はそのときまでずっとDOSシステムを使っていましたが、私たちはそうではありませんでした。だからたいへんでしたよ。スイッチを読み取れるようにするだけでも、いろいろとやるべきことがあり、……彼がスイッチを押しているタイミングを正確に把握する必要がありました。（これが）なかなかうまく行かず、困り果てていると、インテル社はわれわれを支援するためエンジニアの小チームを派遣してくれました。インテルのエンジニアとうちのエンジニアのできることの中から、ついに、ウィンドウズ環境でこのシステムを動かす方法を探し当てました。しかし、じつのところ、私たちが短時間でウィンドウズ・システムに切りかえ、DOSに別れを告げるのを後押ししたのは、ホーキングからの要求だったのです。それはたぶん、八〇年代後半、一九八九年か九〇年のことです。今は正確に思い出せませんが。（……）彼はその後、ふたたびアップグレードして、今はもっと新しいマシンを使っているでしょう。知ってのとおり、テクノロジーは日進月歩だから、五年前に開発されたものが、今では時代遅れになっていることも多いのです。彼はたいへんなヘビー・ユーザーなので、動きが速くて、いろいろなことができる、可能なかぎり高性能のシステムを使いたいと思うでしょう(26)。

スティーヴン・ホーキングは一五年以上にわたってこのシステムを日夜使い続けている。「じっさい、今では彼の身体の一部です」とウォルトスは言う。「だから、何か気に入らないことがあると、私たちに、こうしてほしい、ああしてほしいと伝えてくるのです(27)」どうやらホーキングはアイデアの宝庫らしい。「彼は長年にわたって、優れた提案をたくさんしてくれました……それはおそらく、ほかの誰よりも熟練したユーザーだからでしょう(28)」彼の提案はウォルトスやワーズ・プラス社のユーザー担当者に直接、電子メールで送られてくるか、彼自身かアシスタントからイギリスの代理店に連絡が入る。これを見ると、ホーキングのコンピューター・システムの定期的なメンテナンスや変更が、彼を支援する企業の技術革新を後押ししていることがわかる。企業はたいていの場合、自社製品の宣伝としてホーキングが望むものを提供するが、技術革新のプロセスへのホーキングの関与や抵抗は、彼のアイデンティティの構築に重要な役割を果たしている。ある意味で、その技術は「彼の」アイデンティティなのである。

現在（二〇〇二年一一月二七日水曜日）、ホーキングはウィンドウズＸＰへの切り替えを切望しているが、今のところまだ踏みきることができない。イコライザーを使い続けたいのなら、ウィンドウズ95か98かミレニアムにとどまるしかない。ウォルトスはまたしても、イコライザーを新しい言語で一から書き直し、ウィンドウズＸＰで動かせるようにしなければならないだろう。

たった一人のために、たいへんな大仕事をすることになります……現在、どうするか検討しているところです。インテル社からやろうという申し出を受けています。といっても資金提供の申し出です。インテル社には、というか、これまで話をしたインテル社の社員の中には、じっさいにこの仕事を難なくやってのけるだけの知識や経験を持つ人はいないでしょう……長年、インテル社のたくさんのエンジニアとつきあいがあるし、知ってのとおり、いっしょに仕事をしてきましたが、この仕事については、従事する時間がひじょうに少ないので、彼らは熟達するまでには至っていません。たいていの場合、一時的に派遣されてくるだけで、すぐに他の場所へ行ってしまう。しかも、たいてい常勤ではありません。彼らにとっては枝葉の仕事にすぎないのです[29]。

スティーヴン・ホーキングの声もまた長年にわたって変更が加えられてきたが、それらはいつも大きな難題だった。なぜなら、彼の声は一九八六年の声だからだ。スピーチ・プラス社という会社の製品で、会社はすでに存在しない。デジタル・イクイップメント・コーポレーション（DEC）社が開発したDeck Talkという音声合成装置にひじょうによく似ていた。当時から現在に至るまで、入手可能なものとしては最高品質の「声」だと考えられている。この二社が開発した声はほとんど同じように聞こえる。「両方の成人男性の声を聞き比べたとしても、たぶん、ほとんどの人が区別できないでしょうし、どちらもスティーヴンが使っている声だと思うでしょう。ところがスティーヴンには違いがわかるんです」とウォルトスは言う[30]。そして、一九八七年、ホーキングがバークレーに来て講演した当時のことをふりかえる。このときはまだスピーチ・プラス社は健在だった。同社のエンジニアたちがバークレーを訪れ、音声を改善する新しいチップセットを持ってきたとホーキングに伝えた。無料でそのチップを組みこみたいという。ホーキングの声をアップグレードしようとしたのだ。「そうしてエンジニアたちがチップを組みこむと、彼は使い始めるなりこう言いました。『これは私の声ではない……**私の声を戻してもらいたい**』だから、彼は本当にその声と自分を同一視しているのです。声がアイデンティティになっている。もちろん、かなり旧式のテクノロジーになりつつあるのですが[31]」イギリスの企業数社が、イギリス式のアクセントで発話できる、イギリス人用の音声合成装置を提供しようとしたことがある。しかし、彼は自分のコンピューターの時代遅れの（DOSの）外観に愛着を示しているのと同様に、今使っているアメリカ人男性の声にほんのわずかな変更を加えることさえ拒否し続けている。ふたたびウォルトスは言う。「彼は自分がすでに持っている声と、他の音声合成装置のあいだにある、おそらくあなたや私には聞き分けることが困難な、何かきわめて独特なものを気に入っているのです[32]。彼はスピーチするとき、……自分のアメリカなまりについて謝りますが、これはいつものオープニング・ジョークの一部になっています。そうやって謝っておきながら、そのアメリカなまりの声を手放したくないようです[33]」

明瞭な言葉や発音は、いかにも天才らしい理性的な思考を思わせる。ウォルトスはこう語る。「スティーヴンは英語の使い方をひじょうに熟知しているので、いわゆる『電文体』のような話し方はしたくないと思っています。電文体というのは、単語をたくさん省略する、一九五〇年代のテレビ番組に出てきたアメリカ先住民の『私、食べ物、欲しい』のような話し方のことです[34]」このことについてはホーキングも次のように述べている。「人の声はとても重要だ。不明瞭な発音で話すと、『こちらの方はお砂糖を入れますか？』などと言われて、知的障害がある者のように扱われる可能性が高い。この音声合成装置は、私がこれまで聞いた中で、ずば抜けてできのよい製品だ。イントネーションをさまざまに変えられるので、ダーレク（BBCのテレビ・ドラマ『ドクター・フー』に登場するミュータント）のような話し方にならずにすむ。唯一の問題はアメリカなまりになることだ。しかし、現在この会社はイギリス版を開発中である[35]」たしかに新品の声、より自然で人間らしく、表現豊かで、わかりやすい声、もしかするとイギリス人のアクセントでも発話できる声が手に入るかもしれない。けれども、そうなると、彼のアシスタントの言葉を借りれば、もはや世界中の誰も「あっ、スティーヴン・ホーキングだ」とは思わず、「ああ、ボイスメールだな、と思うだろう」。皮肉なことに、アメリカなまりが、このメディエーション（媒介）を、さらに引き立たせている[36]。

今、インテル社はホーキングのハードウェアの声、つまりプリント回路基板の特徴を採取し、それを彼が使用するソフトウェアに変換している。たとえば彼が新しいハードウェアでウィンドウズXPを使いたい場合、一五年以上前に作られたプリント回路基板を組みこむのはきわめて困難だろう。インターフェイスがひじょうに扱いにくいうえに、プリント回路基板はもはや存在しない会社の製品なのだ。ウォルトスは言う。「彼は二つ（声を）持っています。つまりバックアップがあるのですが、もしもそれが壊れたら、困ったことになるでしょう。声がなくなってしまうのですから。だからその声をソフトウェアに変換しておけば、すべてがずっと楽になります。電力も食わないし、場所も取らない。マシンをアップグレードするときに、古いマシンから新しいマシンにとても簡単に移し替えることができるのです[37]」そのためにはEZ Keysとイコライザーも書き換えなければならない。つまり、新しい声で動作させるようにプログラムの一部を書き直すのだ。目標はシステムを「若返らせ」、もっと使いやすくすることだ。ホーキングはもうすぐこの声を手に入れることになる。それは彼一人のためだけに作られたものだ（商業的可能性は皆無である）。こうして彼は自己のアイデンティティを維持できるだろう。ここでわれわれは、知的システムとそのユーザーの共同製作を眼にすることになる[38]。

これらのコンピューター・プログラムの多機能性もまた、ホーキングの生活環境にまで拡張されている。ホーキングの自宅ほど通信回線に接続された家はほかにあるまい。ウォルトスによれば、「わが社の顧客であるALS患者の大半は、赤外線制御の限られた環境制御システムしか持っていません。私たちはこれをUコントロールと呼んでいます[39]」。オプションのUコントロールⅡシステムを使えば、ユーザーは換気扇を回したり、好きなCDをかけたり、照明を暗くしたりできる。しかし、ホーキングの場合、ここでもまた、イコライザーを介してこのタイプの環境制御システムを使うことはできなかった。そのためワーズ・プラス社はプログラムに変更を加えなければならなかった。彼が別のプログラムを使って信号を無線送信機に送り、さまざまなモーターや制御装置を動かせるようにするためである。

現在、スティーヴンは、看護師に用があるとき――通常、彼女は裏手の自室に控えています――自分のいるところまで来てもらいたいときには、環境制御信号を送って、彼女の部屋のドアを開けます。それが彼女への合図になるのです。自室のドアが開くのを見て、彼女は（ホーキングが呼んでいることを）知ります。……彼は数年前に新しい家を建てましたが、家全体にこのような作動装置が設置されています。じつに驚くべきことです。（……）重い身体的障害を抱えているのに、彼はきわめて自立した生活を送っているのです[40]。

ホーキングはEZ Keysを介してインターネット上を検索し、マイクロソフト社のオフィス、ワード、エクセルを使い、ソリティアで遊び、電子メールをやりとりし、技術論文を書き、自宅の環境を調整／変更している。息抜きをしたり、連絡を取ったり、会話をしたりしたいときには、イコライザーを使うようにしている。

明らかに、ホーキングは車椅子でも、デスクトップ・コンピューターでも、まったく同じことができるようである。違うのは、デスクトップがモデムではなくネットワークに接続されていることくらいである。ゆえに、デスクトップの方が電子メールやウェブをかなりすばやく操作できる。[41] ホーキングは以前は両手でスイッチを操作していた。片方の手が使えなくなる前、彼は二つのスイッチを同時に操作できた。そのときは、もっぱら本人の都合で、誰かと話すときには、たいてい車椅子の方のコンピューターを使い、同時にデスクトップの、おそらくワープロで仕事をしていた。今では片手しか使えないので、ワープロと音声アプリケーションを切りかえるために、いくつか余分な手順を踏まなければならない。二〇〇〇年後半、まだ動かせる方の手にも力が入らなくなり始めた。そのためホーキングは、ウォルトスが開発した（赤外線／サウンド／タッチ）スイッチを使い始めた。これによって、ほんのわずかに頬を動かすだけでも、スイッチを作動させることができる。[42]

■アシスタントたちは何をしているのか？

・ホーキングをイエス（またはノー）に変える。

スティーヴン・ホーキングとコミュニケーションをとるときには、彼を知らない場合はコンピューター画面の合図を読み、彼を知っている場合は身体言語（眉や口の動き）で表現される合図を読むことになる。これがアシスタントたちが彼と対話する方法である。ホーキングはアシスタントから対応の選択肢を提示され、イエスかノーかで答える。このことと彼のコンピューターの二値論理のあいだに奇妙な対称性を見ることができる。コンピューターもまた文や単語の選択肢を提示し、それをホーキングがクリックするのである。また、ホーキングと技術者たちの相互作用と、ホーキングとコンピューターの相互作用にも顕著な類似性があることに気づく。どちらも同じように動くように訓練またはプログラムされているように見える。それぞれがスティーヴン・ホーキングに一連の選択肢をあたえ、そこからホーキングが選び、その後、技術者、看護師、コンピューターがそれを実行する。ホーキングのアシスタントのすることは、コンピューターのそれとほぼ同じである。違うのは、コンピューターがホーキングの微妙な指の動きに反応するのに対して、アシスタントは彼の微妙な眼の動きに反応することだ[43]。

「スティーヴンに対しては」と大学院生のアシスタントは言う。

たいてい……会話が一方的になります。イエスかノーかで答えられる質問をするんです。じっはこれは習得された技術、つまり、覚えられるものです。だから彼がすることといえば、……イエスなら眉を上げ、ノーなら上げない。それだけです。「あまり気が進まない」（と言いたげな）顔をすることもありますけど……要は、じっさいにスティーヴンがコンピューターを使って何かを言わなくても、比較的短時間でじゅうぶんな会話ができるということです。**的確な質問をしさえすればね**。そして、それは習得できるものなんです……スティーヴンが何も言わなくても、完全な会話ができるんですよ。私がやってるんですから！……その土台としては、お互いを知っていて、お互いの考えていることがある程度わかっている、そして、長いあいだいっしょに仕事をしてきたということがあります。つまり……スティーヴンとは会話することができる。その会話で言葉を発することはほとんどないけれども、双方が相手の望みをよくわかっているのです[44]。

ホーキングの看護師たちもこのようにして彼とコミュニケーションをとっている。やはり、次のような一連の質問をするのである。「手を変えましょうか?」「身体を持ち上げますか?」「行きたいですか?」そして彼がイエスまたはノーと言う。もしも、頭に浮かぶありとあらゆる質問を出し尽くしてもまだ「彼の言う」ことがわからず、何らかの理由で彼がコンピューターを使用できない場合、看護師たちはアルファベット二六文字が書かれたスペリング・カードを使う。普通は三文字か四文字で彼の望みがわかる。「看護師たちにはそれでじゅうぶんわかるので、彼は望んだとおりのことをしてもらえるのです[45]」

「一方的な」会話を「完全な」会話にするために、ホーキングのアシスタントたちは、あらゆる対面相互作用がそうであるように——ただし相手がホーキングの場合、その度合いは大きくなる——彼の反応を予想し、彼の文を完成させ、ときには彼に声をあたえる[46]。彼らはコンピューターと同じことをしている。より迅速に文章を作れるようにユーザーを支援するさまざまなオプションを提供するわけである。ユーザーのパターンを学んだ、と言ってもいいだろう。コンピューターと同様に、ミスも犯す。ホーキングが不満を示すので、そのことがはっきりわかる。つまり、彼が何か別のことを言おうとしていることもあるのだ。しかし、コンピューターと違うところもある。ホーキングのアシスタントたちは彼の言おうとしている文を予測して完成させるだけでなく、ホーキングに能力を投影し、彼にその能力があるものと考える。しかしその能力の大部分は彼らの労働の成果なのだ。その点でホーキングの役割は、精神分析的状況における精神分析医の役割と比較することができる。同様に、実験者が研修中の学生カウンセラーになりすました場合に関するハロルド・ガーフインケルの論考がここでは関連してくる。たとえば、分析医（カウンセラー）は患者の質問に対して、内容など考えずに、事前に準備されたイエスとノーを順番に答えていく。患者たちはカウンセラーの仕事を（ホーキングの周りの人々のように）ほとんどやってしまう。それにもかかわらず、セラピーの成果はカウンセラーのおかげだと考える。(47)たいていの場合、ホーキングはコミュニケーションをとるのに人工音声を必要としない。アシスタントは次のようにふりかえる。

よくこんなことがありました。朝、コンピューターを車椅子に設置しなおしたとき、音声の接続を間違ってしまった――違うプラグに接続してしまったのです。だから音声が出ませんでした。それから……四時間ぐらいして、彼が仕事を終えました。そのときになって初めて、彼の音声が接続されていないことに気づいたのです。その日一日、一度も音声を使わなかったからです（笑）。デスクの前に座り、デスクトップ・コンピューターの音声を使っていて、車椅子の方のコンピューターをまったく使わなかったか、でなければ、ぜんぜんしゃべらなかったのです。だから……彼は建物から出るときまで気がつかなかった。「じゃあまた」と言おうとしたら、何も言えなかったんですよ(48)（笑）。

この短い引用で想起されるのは、身振りは言葉と同じくらい――ときには言葉よりも遙かに――優れたコミュニケーション手段だ、ということである。さらに、発話は重度障害者にとって主要なコミュニケーション手段だと一般に考えられているが、教授や管理職の大部分がそうであるように、ホーキングも「話す」より書いている時間の方が長い。「私たちはふだんどのように時間を過ごしているでしょう？」とウォルトスは言う。「私は一日の多くの時間を読んだり書いたりして過ごしています。電子メールや仕事の書類などです。読むことと書くことが、話すことと同じくらいコミュニケーションの重要な一部となっているということを、私たちは認めざるをえません。（……）声を持っているからといって、四六時中話していたいというわけではないのです(49)」

・イエスをホーキングに変える

デヴィッド・グードはその著書『言葉のない世界』の中で、形式記号言語をまったく持たない子供たちが、自分たちで構成し、周囲に張りめぐらされた複雑な能力の網に囚われたとき、どのようにして身体コミュニケーションを行うかについて考察している。ホーキングは形式言語には恵まれているものの、声を失っており、身ぶり言語もほとんど使えない（少なくとも訓練を受けていない者の眼にはそう見える）ので、表現することができない。これまで見てきたように、ほかに選択肢がないため、ホーキングはほとんどいつも、アシスタントたちによって、ただ提示されたメニューにイエスかノーかで答えるだけの人間に変えられている(50)。それと同時に、彼の特殊な状況が、人間と機械を基盤とする環境の機械化——階層化、標準化、習慣化——をもたらす(51)。つまり、ホーキングから発せられたイエスまたはノーが行為として実現されるためには、アシスタントたちは彼と相互に作用できなければならない(52)。そのためには、ある種のコツや技能を学ぶ必要があり、それは時間をかけて習熟して初めて身につくものだ。そのいっぽうで、今度はホーキングが旅行し、話し、考え、講演することができるように、彼らは組織化されていなければならない。この能力ネットワークの状況次第で、イエスまたはノーという答えにはたくさんの異なる意味が含まれる可能性がある。その意味で、言語は個人のものであるのと同様に、この集団のものでもある。

このように、メディアによって描かれる孤独な天才という姿とは異なり、ホーキングは企業上層部の管理職に似ている。そしてその企業は、明らかに彼の拡張された身体となっている。ウォルト・ウォルトスはこうした見方を認める。彼は言う。「ホーキングはおそらく究極の管理職です。なぜなら、物理的になされることは万事、他者を介して実行しなければならないからです。そしてそれこそが管理の定義なのです[53]」さらにこうも言う。「そう、管理職の仕事は主に意思決定です。そして……意思決定を行うときには、あれこれ思考を巡らせますが、さほど言語化する必要はありません。だから、つまり、何時間もかけて、いろいろなことを考えるかもしれませんが、最終的にはただ、イエスかノーかで答えるだけなのです[54]」

曖昧になる境界：私的で公的な自己

■秘書（または個人アシスタント）：外部世界を翻訳する

応用数学・理論物理学科の相対性理論グループの秘書はホーキングのＰＡ（個人アシスタント）でもある。彼女は、ホーキングに対する、およびホーキングに関するあらゆる依頼の窓口だ。看護師チームの募集・採用の責任者も務めている。[55] 他のアシスタントたち（看護師や大学院生のアシスタント）と同様、彼女もまた、時間をかけて、ホーキングと相互に作用する独特の方法を作りあげてきた。彼女はホーキングが話すのを待たない——彼女は彼の眼を見るだけで答えがわかるからだ。たいていの場合、彼は何も言わないし、言う必要もない——彼女は彼の眼を見るだけで答えがわかるからだ。言葉を覚える前の子供と同じように接しているのだ。特別難しいことではない、と彼女は私に言う。自分には子供が四人いるからだ、と。[56]「外部」世界との交渉も彼女の仕事である。たとえば、私の訪れた日、彼女はホーキングに、著名な教授から届いたチリで開かれる会議への招待状を見せなければならなかった。行けそうにないことはわかっているが、「ボスは彼ですから」。そして「自分がボスだという気持ちにさせないといけないんです[57]」と彼女は言った。しかし、もしもホーキング教授が行くと（眼で）答えたらどうなるのだろう？　行く、というこの簡単な一語つまり合図で、彼女はこの先一年半にわたって、ありとあらゆる準備を整えなくてはならない。つまり、たった一語を車椅子に座ったホーキング教授本人に変換し、音声合成装置を介して、客席を埋め尽くす熱狂的なチリの科学者たちに語りかけさせるのである。[58] 彼女は言う。「もちろん、この招待状が誰かほかの人、たとえばあなたか私に届いたとしたら、私たちは『ああ、そう。じゃあ来週、飛行機で行きましょう』と言えるでしょう。そして、空港行きのバスに乗り、着いたら飛行機に飛び乗るだけです[59]」

しかし、当然ながら、ホーキングにはできない。彼がどこかに行く場合、どんなに些細《ささい》なことでも彼女が見落とすことは許されないだろう。移動に関することや、コンピューター・システムを装備した車椅子につきものの安全上のありとあらゆるやっかいな問題に関することもあれば、旅費に関すること、そして何より、科学的な面に関することもある。彼女は、ホーキングが会うことになっている著名人全員と連絡をとり、どんな質問をするつもりなのか、知っておかなくてはならない。ホーキングが事前に回答を準備できるようにするためだ。その狙いは、さまざまな予期せぬ口出しをできるだけ最小限に抑えることにある。このように、ある意味でスティーヴン・ホーキングは、正式な会合に参加するときは毎回、「事前にプログラムされている」のである。[60]「講演のタイトルだけでなく、細かい点に至るまで、すべてが事前に用意されているのです」と彼女は言う。「もし向こうで著名人と会うことになっていたら、つまり、彼が『こんにちは。出席できて光栄です。ご招待、ありがとうございます』と挨拶する必要があるとしたら、そのような挨拶をするために、彼はそれも準備しておかなくてはなりません。ですから、どんなに些細なことでも隅から隅まで事前に調べて整理しておく必要があります。その作業が私の仕事の大半を占めています[61]」

彼女はホーキングの旅行の手配にくわえて、彼の著書『ホーキング、宇宙を語る――ビッグバンからブラックホールまで』が発表されてから毎日のようにファンから届く何十通もの手紙を保管する責任も負っている。ホーキングは手紙をけっして眼にすることはなく、手紙そのものに気づいてもいない。もし読むとなると、毎日、起きている時間すべてを費やさなくてはならないからだ。彼女はメディア関係の責任者でもある。たとえば、ジョン・グリビンとマイケル・ホワイトがホーキングの人生と功績に関する一般向けの本を書いたとき、執筆に必要なホーキングのあらゆる個人的な情報を彼らに提供した。もちろん、『スティーヴン・ホーキング――天才科学者の光と影』を書いているとき、彼らはホーキング本人にじっさいには一度も会っていない。このように、彼女はメディアとコミュニケーションをとり、メディアからの要請をさばきつつ、「その種の関心を適切なレベルに」抑える必要もあるのだ。

テレビ番組への出演依頼は引きも切らないが、返事はほとんどノーになるだろう。だが、もしもイエスと返事をしたとしても、当日、列車に乗ってロンドンへ出かけるだけ、というわけにはいかない。その場合、彼女は世界をホーキングのもとへ連れてくることになる。しかし今回はホーキング「本人」である。そして、ホーキングを「事前にプログラム」するだけではなく、テレビ番組も「事前にプログラム」する必要がある。テレビ・クルーが大学の学部棟にいるホーキングのもとを訪れる。あるいは彼女が学部の近くにある障害者が利用可能な場所を見つけておく。「出演できるとしても、ごくわずかな時間しか取れないでしょう。ですからクルーには集中してやってもらう必要があります[62]」こうして力関係は逆転する。たいていの場合、インタヴューを受ける側は、撮影に何時間もかかったのに、出演時間はたったの二分、という目に遭う。しかし、ホーキングにとって、そのようなことは不可能である。彼は事前に準備しておかなければならない。秘書は、ジャーナリストたち自身がホーキングから何を聴こうとしているのか正確にわかっていることを確認する。ホーキングが完全かつ速やかに統合された姿で、彼らが指定したところに登場できるようにするためだ。「なぜなら彼が三つか四つの質問に答えるだけでも、何日も何日もかかるからです。ですから、インタヴュー、とくにテレビのインタヴューを受けるとなると、ものすごく時間がかかります。やはり**細かい準備が必要だからです**[63]」興味深いことに、この表現もまた、ホーキングが行動することを可能にしつつ同時に自己の役割を消すまたは最小化するという、この集団の活動を示している。

だが、彼女にとってこの仕事で大いに気に入っているところは、何でも自分ですることができ、誰からも何をしろとか、どうしろと言われないところだ。「なぜなら、彼は典型的な学者で、管理上の事柄についてはあまり知りたがらないからです。それと、身体が不自由なので、世間の人が普通にしていることをすることができないからです。何であれ、やるべきことについては、私を信用して任せてくれています。ですから、じっさいに仕事をするときには、かなり自由に、自分の好きなようにやっています。ですから、**優先順位をつけたり決めたりするのは私なんです**……私はそうした自由や、責任や、多くの人が不可能だと考えることに挑戦するのを、楽しんでいます(64)」では、この仕事の好きではないところはどこだろう？　「彼はとても気むずかしくて、とても要求が厳しくて、とても自己中心的で……（私のテープレコーダーを指さして）これ、止めてもいいかしら？(65)」ある程度は次のように言えるだろう。ホーキングのハンディキャップによって、通常は隠されている、地位に伴う管理上の負担を他人に肩代わりさせる学者の習慣や、権限を部下に委任する管理職の習慣が明らかになる、と。私がインタヴューした四肢麻痺患者の若者デヴィッドは、次のように述べている。

僕と同じように人を使っている人はたくさんいます。秘書に向かって「コーヒーが欲しい」とか「図書館からこれこれの本を借りてきてくれ」と指示するでしょう。その人たちは障害者じゃない。あるとき、用があって人を呼んだら、こう聞かれました。「何か欲しいですか？」それで僕は「コーヒーを持ってきて。それからトーストも」と答えました。どんな大金持ちでも、僕のように手厚い世話を受けている人はそうたくさんはいないことに気づきました。**王様でもないかぎり、人々が自分の手足となって世話をしてくれるなんてことはないでしょう。**そうして見ると、ある意味で、必要なことはすべて他人にしてもらっているのです。贅沢な気分になれますよ。「コーヒーが欲しい」とか「今夜、ベッドで何か食べたい」とか「背中を洗って」なんて言えるのは、いいものです。[66]

ホーキングの場合、この委任のプロセスには追加的な段階がある。彼は（王様のように）身体の世話をしてもらっているが、公私の境目は曖昧だ。彼の能力は、他の誰よりも分散している。すでに見たように、秘書はホーキングの関心やできることにしたがってデータを分類、整理しているが、同時に、彼の私生活の世話も引き受けている。たとえば、彼女はホーキング個人の財務管理と法律問題も担当している（後者はおそらく離婚および看護師との再婚を含む婚姻問題のことであろう）。そのほか、息子の学費を支払い、海外旅行を手配し、公園に連れて行き、学校へ迎えに行く、といったことも秘書の仕事である。

■大学院生アシスタント：ホーキングの翻訳を工学的に実行する

ホーキングが所属する人間と機械の集団を、私は「拡張された身体」と呼ぶ。これはホーキングの生身の身体と名声の変化に合わせて変化し続ける。ホーキングの環境を変えたコンピューターは、今もアップデートされ続けている。彼はコンピューターを介して、「話す」ことも「書く」こともできる。だから学生たちはアシスタントや看護師の役目から解放され、ふたたび学生に戻ることができる。そして看護は看護師の仕事になった。二四時間体制で看護を行うために四人の看護師が雇われた。学部の秘書は彼の個人アシスタントとなり、主に管理運営業務を担当している。その後、とくに『ホーキング、宇宙を語る――ビッグバンからブラックホールまで』が発表された後、彼の名声によって生み出された膨大な仕事量に一人では対処しきれなくなったため、彼女はＧＡ（大学院生アシスタント）を雇えるようになった。資金はケンブリッジ大学が出してくれた。仕事は「ハンディキャップゆえに教授には困難なあらゆる領域で補佐する」こと。たとえば、旅行の手配を引き受けてもらうのだ[67]。

　ＧＡには物理学、数学、コンピューター・サイエンスの素養が必要だ。もっとも、ホーキングの研究テーマについては必ずしも素養がなくてもかまわない。「研究の仕事ではありません」と元ＧＡの一人は言う。「スティーヴンの研究を手伝うわけではなく、その研究を主題とする専門的な講演の公開用資料やスライドの作成を手伝います。数学の学位があると役に立ちます[68]」もう一人のＧＡ、クリスは次のように断言する。「これはもっと技術的な仕事です……スティーヴンに関わる技術的な側面の仕事を一手に引き受けています。（……）そこにはんだごてがあるでしょう。これはとても実務的な仕事です。数学ではなく技術の授業で学ぶようなたぐいのことです[69]」この仕事には「たくさんの設備、たくさんのコンピューター操作、たくさんのメディアが関わってきます」。つまり技術的な仕事や支援業務、旅行の計画なども含まれる。そんなわけで、新しい志望者は通常、次の人々の面接を逐次受けることになる。ＰＡ（個人アシスタント。ホーキングの拡張された身体の記憶部だ）、学部のコンピューター責任者、現在のGA、そしてスティーヴン・ホーキング自身。[70]そして、以下のことに関して同様の質問がくりかえされる。コンピューター経験、「物事をすばやく理解する」能力、旅行や大きなイベントを企画した経験、[71]障害者の世話をした経験（ホーキングはかつて帰宅前に理学療法を受けていた）。クリスはこう語っている。「ホーキング教授を抱きあげるんですよ！　ほんとに、落っことしたらたいへんです」[72]そして、ストレス、長時間労働、他の人々との緊張した共同作業に対処する能力。けっきょく、クリスは自分が選ばれた理由について、障害児の世話をした経験があったからだと考えている。その前のGAのトーマスは、「ホーキングと一緒にいても緊張しないから」だと考えている。[73]さらにトーマスはこうつけくわける。「ホーキングは、すべてを安心して任せられると言っていました。旅行するとき、彼にはそういう人間が必要だったのです。ちょっとだけ無理を通す必要がありますから」アシスタントはスポークスパーソンにもなる。著名人に会える機会もあったりして、ときにはおもしろく、魅力的な部分もあるが、やはりひじょうにストレスの多い仕事（とくに旅行中）である。クリスは言う。

この仕事は全般的に、あることをしていても次の瞬間には別のことをしている。それからまた最初にしていたことに戻る、というふうです。言ってみれば、途切れることなく作業を切りかえ、すぐに次のことを始められなければならない——Aのことをやっていても、ぱっと切りかえてBのことを始めてそれを終わらせ、またAに戻る。Aの仕事はずっと続けるわけです。だから、一つずつ仕事を片づけていくのではなく、取っ替え引っ替え馬を乗り換えるんです……たとえば今朝のことですが、私はスティーヴンの旅行のために旅行保険を検討していました。すると奥さんから電話があって、彼のラップトップ・コンピューターの画面が少しおかしくなったというんです。こういうときはとにかく何とかしないといけない。僕はすぐに電話を切って、途中まで急いでスティーヴンを迎えに行かなくてはなりませんでした。本当に重大な問題なので、彼をここまで連れてきて、コンピューターを修理し、それを車椅子にふたたび取りつけてから、元の旅行保険の仕事に戻りました。そして……大事なのは、その前に自分が何をしていたか、ちゃんとわかっていなければならないということです。でも、それは小さなことで、大したことではありません。うーん、体力も大事ですね。だって、きょうは三六時間ぶっ通しで働いてますから(74)。

これがGA（大学院生アシスタント）がたいてい一年で辞める理由である。クリスは仕事の定型化された面を強調し、こうつけくわえる。「まったく進歩がなく、ずっと同じだからです」アシスタントはロボットにならないように抵抗しなければならない(75)。さらに、ホーキングのGAたちにはたいてい自分の野心がある。彼らは辞める前に求人を募集し、後継者を訓練する責任を負う。

GAと看護師の仕事のあいだには、比較的明確に定められた境界がある。ときにはGAが看護の手伝いをすることもある。しかし、ホーキングの身の周りの世話はほとんどが看護師の仕事である。歯を磨き、食事を食べさせ、髪に櫛を入れ、服を着せる。GAが看護の手伝いをできるなら、看護師もまたコンピューターの電源を切ったり入れたり、電源のソケットを差し替えたりといった基本的なことならできる。とても簡単なことだからだ。しかしそれ以上複雑なことはできない。クリスは言う。弦理論会議のとき、「(コンピューターが)おかしくならないように万全の態勢で臨んだのに、何度も呼び戻されて、五分も離れられないんです[76]」もちろん、アシスタントはたまに休みを取ることもできるが、いつでも駆けつけられるようにしておかなくてはならない。看護師は明らかにホーキングの周囲の中で最も重要な一員だが、仕事の継続性を保つのに、全面的にＧＡに依存している。

ＧＡ(大学院生アシスタント)とＰＡ(個人アシスタント)の仕事にも、比較的明確に定められた境界がある。彼女(ＰＡ)にはホーキングが会議に行くのか、行かないのか、行くとしたらいつ行くのか、何をするのか、誰と会うのかを把握しておく責任がある。しかし、航空便の予約(ホーキングは三、四人の看護師を同行する必要がある)と毎日の旅程については「全部、大学院生アシスタントが担当します。旅行に同行するのは彼(ＧＡ)ですから[77]」。仕事の性質はアシスタントが誰かによってある程度変わってくる。人が違えば得意分野も違うからだ。電話を取るのが好きな者もいれば、そうでない者もいる。コンピューター・システムの改善は得意だが、事務作業は苦手だという者もいる。しかし、全般的に見ると、役割ははっきりしている。クリスは言う。

(ホーキングが)「よし、やるぞ」と言えば、それは僕の問題になります。僕が対処しなければならない。**実行する仕事です**。彼が何かに対してイエスと言えば、それは僕の担当領域になる。それまではまったく僕の問題ではない。外から人が来てスティーヴンに何かを依頼したい場合、頼む相手はＰＡです——彼女は外界との窓口ですから……僕もときどき窓口になることがありますけどね。誰かから電話があって、僕が出たとします。おもしろそうな話だったら、最初から最後まで自分でやるでしょう。でも普通はスティーヴンがやると同意しないかぎり引き受けません。(78)

クリスの次の言葉から、人間と機械からなるこのネットワークがひじょうによくできた組織であることがわかる。「彼女（PA）が辞めるとき、**システムは影響を受けるでしょう**……でも基本的には、誰があの仕事に就いてもあまり大した違いはないだろうと思います。空席にならないかぎりはね……支援業務の観点からすると、問題はない。でも個人的な観点からすると、僕は彼女には辞めてもらいたくない。とても仕事ができる人なので、いなくなったら仕事が山のように増えますよ(79)」

GAの仕事の一つに講義用の図表の準備がある。「スティーヴンの講義では……僕はスティーヴンの後ろに座ります。（……）他の教授は自分でスライドを交換しますが、言うまでもなくスティーヴンにはできません。そしておそらくスティーヴン・ホーキングであることの利点は、誰かほかの人が代わりにスライドをやってくれるだとか、そういうことでしょう……後ろに座ってね。それで、まだ完成していなかったんです。いろいろとその……疑問点が多くて(80)」しかしこのときもまたホーキングはうまく説明できない。そこでGAが何かを描くと、ホーキングはノーと答える。次にGAが別のものを描くと、ホーキングはイエスの合図を送る。このプロセスについて、クリスは詳細に説明してくれた。

これをやるときは、お互いに本当にいらいらします。スティーヴンは「円筒を描いて欲しい。それから上と下のあいだに矢印を描いて欲しい」と言うんですが、それを言うのにとてもとても長い時間がかかるので、あまりきちんと説明できないんです。それで僕が何かを描くと、彼が「そうじゃなくて、こういう図だ」と言う。一つの図を描くのに信じられないほど時間がかかります。かなり専門的な図の場合はとくにそうです。こんなグラフがありました。始まって、上昇して、また下に戻って、曲線になって、それから二本の線のあいだに閉じこめられる。彼は（学生の）ハーヴェイにこう言いました。「有効ポテンシャルのグラフを描け」それでハーヴェイは何かそのように見えるグラフを描くように求められていると思ったのですが、スティーヴンはまったく別のグラフを求めていたんです。スティーヴンはひどくいらだっていました。基本的にそういう説明はしたくない……学生にグラフを描くように求めたのは、自分が求めるものを骨折って説明したくなかったからなんです。でもけっきょく説明せざるをえなくなり、ちょっと腹を立てていました。僕の落ち度ではありません。私に腹を立てていたのではなく、ハーヴェイに対してちょっとむっとしていたのです。自分の教え子ですから。教え子なら当然、グラフを描けるはずなのに……じっさいのところは、スティーヴンが講義で何を話すべきか（について）、彼らは議論していたんだと思います。**物理学者同士ではよくあることでしょう。**ハーヴェイは有効ポテンシャルの本当に正確なグラフを描いていたんです。彼は**スティーヴンがそのことを言っているのだと思った**からです。（ところが）スティーヴンは別のことを言っていたんです。[81]

ホーキング教授が毎日受け取る多数の電子メールに返事を出すのもＧＡの仕事だ。「スティーヴンの電子メール・アカウントは二つあります。公的なアカウントと個人のアカウントです。公的アカウントについては……**これも僕の仕事です**[82]」一般的な科学の質問に関するものには、時間があって、可能ならば、大学院生アシスタントが返事を書く。書けないときにはサイエンス・ネットに転送される。「サイエンス・ネットは、一般の人々からの科学的な質問に回答することをビジネスにしています[83]」ホーキングの研究分野に関わる科学的問題についてホーキングの意見を求める電子メールに対しては、ロスアラモス国立研究所（現在はコーネル大学）のウェブサイトを紹介する。このサイトにはホーキングの論文すべてがリストアップされている。「HEP－TH（高エネルギー物理学理論アーカイヴ）に入って、ALL YEARS（全年）を選んで、HAWKING（ホーキング）と入力して検索すれば、一九九一年以降にホーキングが投稿したすべての科学論文を入手できます[84]」ホーキングの研究の特定分野に関する（ＧＡが重要だと判断した）電子メールはホーキングの学生たちに転送し、問題点を明らかにしたり、誤解を正したりしてもらう。クリスは言う。「ごく特定の分野の、僕の知っていること──理にかなった疑問で、誰かがそのごく細部について明らかにしようとしている場合──スティーヴンの学生の誰かに転送します。学生は返事を書いて、たとえば次のように説明します。『いいえ、あなたは何もかも勘違いしています』とか、『ブラックホールのエネルギーや放射のエネルギーの仕組みはこうではなく、こうなんです。それはよく見られる誤った考えですよ』とか[85]……」誰もが、あるいはほとんどの人が、何らかの形で返事を受け取る。「『スティーヴンなんて完全な──じゃないか』みたいな、ひどく罵倒するような電子メールが届くこともあります。

その場合は返事を出しません[86]」

本人の名前のアドレスあてに送られたものであっても、ホーキングが電子メールに返事を書くことはめったにない。あるとしても例外的な場合だけだ[87]。たとえば、ある日、アシスタントが深刻な内容の電子メールを受け取った。ＡＬＳ患者の女性からで、自殺したいという文面だった。このメールはホーキングの個人アドレスに転送された。親しい同僚、家族、友人にしか知らされていないアドレスだ。彼はすぐに返信した。「彼は誰かが自殺しようとしていることに胸を痛めました……そういう人たちが（自分に）助言を求めてくることにも胸を痛めました[88]」「当然ながら、みんな、ホーキング本人からの返事を期待しています」クリスはふりかえる。「ある人からこんな返事が届きました。『スティーヴンの意見が聞きたいのです。下っ端のお役人の意見など要りません。あなたがどう思おうと、私の知ったことではない』その後、僕はその人を無視しました。うんざりしました。実際問題、ビル・クリントンに電子メールを出したとして、本人が読んでくれると思いますか？　clinton@whitehouse. gov にメールを送ったら、向こう側にビル・クリントンがいて、読んでいると本当に思いますか？　読んでいるわけがない[89]！」同様に、ホーキングはコンピューターに内蔵された電話も持っている。「新しいものなので、まだうまく機能していませんが……彼はデスクトップ・コンピューターを介して、デスクの電話で話すことができます。使えるようにちゃんと接続してあります。でも……取締役というものは電話を持っていても自分で出たりはしません……出ません。電話が鳴ったら、普通は（ＰＡか）僕が出ることになっています。必要とあれば、看護師が出ることもあります。でも、スティーヴンが電話に出ることはありません[90]」

一般の人々がホーキング本人の意見を知りたいと思ういっぽうで、近しい同僚たちはアシスタントをホーキングの拡張された一部だととらえる傾向がある。外国語を話す本人ではなく通訳者の顔を見て話しかけるのと同じである。「ええ、まあ、教授たちもみんなちゃんとわかってるんです。スティーヴンの個人アドレスにメッセージを送らなきゃいけないってことは。でもそのことを忘れているようで、けっきょく僕のところに送ってきますね。だから僕はそれを中継するわけです[91]」

そして最後に、ウェブページに磨きをかけているのもGAである。「何であれDAMTP, cam. ac. uk, user Hawkingというアドレスのウェブページがあったら、それは僕です[92]」もちろんこの「僕」は毎年入れ替わるが、アドレスは同じままだ。そしてウェブページはしばらく変わっていない。いや少なくともサイトの構成は変わらない。GAはページのさまざまな部分を更新する。たとえばホーキングが招待された最新の会議のタイトルや、ホワイトハウス滞在中に撮られたスティーヴン・ホーキングとビル・クリントンの写真、アニメ『ザ・シンプソンズ』に登場したホーキングの絵などを追加する。しかしここでも同じ疑問が浮かぶ。誰が決めるのか？「ああ、そうですね。まあ基本的には、**サイトをどうするかはスティーヴン次第です。ええと……うん、いや、普通はウェブサイトに何を載せるかについては、スティーヴンとあまり話し合うことはないですね。**何か思いったことをする場合は別ですが[93]」思いきったこと！たとえば、ホーキングが掲載を望んだ『Brief History of Mine（ホーキング、自らを語る）』というページに変更を加えるとか。「最初に載せてから五年くらい経ってますね。変える予定はありません。変えるとしたら、スティーヴンに相談しますよ[94]」

また、入手可能になっている新しい障害者支援技術を探すのもＧＡの仕事である。設備の保守もＧＡの担当だ。たとえば、インテル社が新しくしたホーキングのソフトウェアの声をインストールする。なぜソフトウェアの声なのか？　なぜなら、とクリスは言う。「この三年か四年のあいだに、ほかの人たちはみんなソフトウェアの声に切りかえているんです。というか、僕もソフトウェアの声をすでに入手しています。みんなが持っているなら、うちもそうしたっていいでしょう？　難しいのは、彼らしく聞こえるソフトウェアの声を手に入れることでした。ただのソフトウェアの声でいいなら簡単です。ただ、その声を彼が使えるようにすればいい。でもそれではスティーヴンらしく聞こえないんです[95]」ホーキングの古い声はロンドンの科学博物館で展示されることになる。そう説明して、彼はホーキングの新しい声がどのように聞こえるか、じっさいに聞かせてくれた。ホーキングの声が室内に響きわたった。

ハムレットは言いました。「私はクルミの殻に閉じこめられていても、自分を無限の宇宙の王だと見なすことができる」思うに彼が言いたかったのはこういうことです。私たち人間には、とくに私の場合、身体的に大きな制限があるけれども、私たちの精神は自由に宇宙全体を探索することができる。そして、スタートレックでさえ恐ろしくて足を踏み入れないような場所にも果敢に赴くことができる。しかし、宇宙は本当に無限なのでしょうか、それとも、ものすごく広大なだけなのでしょうか？　小さくなることはあるのでしょうか、それとも、ただ永続するのでしょうか？　私たちの有限な精神は、どうすれば無限の宇宙を理解することができるのでしょうか？

それを試みること自体、うぬぼれなのではないでしょうか[96]？

■旅行

スティーヴン・ホーキングのスティーヴン・ホーキングとしてのアイデンティティは、この拡張された身体（の協調と調和）が正常に機能することに左右される。ある地点から別の地点へ移動し、オックスフォードの会議で一般の聴衆を前にしたときも、ホワイトハウスでビル・クリントンや招待客を前にしたときも、ポツダムで物理学者たちを前にしたときも、それは同じである。この能力のネットワークによって、イエスかノーかの返答を実行に移すことができる。「この会議に出席したいですか？」という質問にイエスと答えることで、地球のこちらの端からあちらの端まで旅をすることができる。そのためにはただ、ぴくりと眉を動かすだけでいいのだ。秘書とアシスタントがすべての段取りを整える。彼らは事前にショーの準備をする（科学的な部分も含む）。拡張された身体の一部である秘書はケンブリッジに残り、その他（GA、四人のうち三人の看護師、場合によっては妻、車椅子、コンピューター、バッテリー、音声合成装置）は彼のパフォーマンスの最初から最後まで、ずっと一緒だ。アシスタントの主な役割は、ホーキングの生身の身体と各種技術装置のメンテナンスを確実に行うようにすること、そして、未知の事態に備えること。ホーキングが巻き上げ装置で飛行機に乗りこむあいだ、GAは車椅子を分解する。最初にバッテリーとコンピューターがホーキングの後に続き、その後、車椅子が続く。あるいは、これらは後に残って、次の飛行機を待つこともある。GAの主な役割は集団的身体――ホーキング／機械／声――のこの部分を維持管理することだ。たとえば、以前じっさいにあったように、もし到着したときに車椅子がないと、事態はひじょうに複雑になる可能性がある。そのような問題からわかるのは、ホーキングと技術装置が今や統合された一個の人間だということだ。

「バッテリーを（飛行機に）載せるのを拒否されたんです」とアシスタントは説明する。「それで機内で言い争いになった。……向こうはバッテリーを載せるわけにはいかないと言うんですが……（こちらは）いや、当然載せるべきだろう、載せてもらわないと困る、だって**僕たちのための便《びん》なんですから**……スティーヴンにはバッテリーが必要です。そのことに議論の余地はない……話せないとまずいでしょう。そうしたら向こうはバッテリーを僕から取りあげようとするんですよ、まったくひどい奴らだ。認められていることはわかっているんです。なのに向こうはバッテリーは認められていないと言う。で、僕がバッテリーを見せると、それを取りあげようとするんです。それで僕は怒りを爆発させてしまった。スティーヴンはそれをひどくおもしろがっていました[97]。

元妻のジェーンはふりかえる。

看護師、アシスタント、学生の助けを借りていても、そのような遠征はどれも、言いようもないほど神経をすり減らすものでした。荷物は二〇個から三〇個もあるし、次々に不測の事態が生じるので、きっとヒマラヤ遠征なんか子供のピクニックに思えたことでしょう。私たちが長い行列の流れを止めてしまうと、チェックインの係員は、荷物の多さと、**車椅子に座っている華奢《きゃしゃ》で、それでいて威圧的な人からの、明らかに不可能な要求に、**驚きといらだちを隠せない様子でした。すでに座席が決まっていても、スティーヴンの要求は絶対でした。急いで別の座席を手配し、スティーヴンが選んだ席に、彼とアシスタントたちが座れるようにしなくてはならないのです。航空会社が通常どのような方針で障害者を扱っているかなんて、彼はあまり考慮しませんでした。彼には彼の考えがあったからです。彼は何があっても、車椅子を自分で動かして飛行機のドアまで行くと言い張りました。そうしないと、途中で大事な部分を壊されるかもしれないと思っていたんです。そこまで行って、初めて車椅子の分解を許可するのです。さまざまな部品の扱いについて厳格な指示を出しました。彼自身は、機内に運びこんでもらわなければなりません。彼が指定した座席が、やっぱりよくなかったということが、たびたび起こりました。彼は座席の変更を求めました。それから、グルテンを含まない食事――もちろんそういうものが用意されているとして――について客室乗務員に詳しく説明できるようにラップトップ・コンピューターをセッティングしておく必要がありました。飛んでいるときには、ほとんど問題は起こりません。ただ、薬を飲みこむのに何度も白湯を持ってきてもらわなくてはなりませんでした。その後、スティーヴンが自分で気圧計を買って、客室の与圧を確認できるようになるまではね。燃料節約のために客室与圧を最小にするなんて、ひどい航空会社です。飛行中にはたいてい、スティーヴンから機長にメッセージが雨あられと浴びせられます。私たちの誰かが乗務員に伝えるんです。客室与圧を高度六〇〇〇フィート（一八〇〇メートル）の大気圧と同じにしてくれって。こうした要求はどれも、一つ一つを取ってみれば筋が通っていて、正当なものと言ってもいいでしょう。でも、次から次に出てくると、どんなに忍耐強い旅仲間でも、神経がすり減ってしまいます(98)。

バッテリー、コンピューター、声はホーキングの身体の延長となっており、それがなければ彼は物事を実行することができない(99)。会議では、アシスタントがホーキングの食事、車での移動、迎えてくれる人々やメディアへの対応を担当する。アシスタントはホーキングの私生活を守り、機器を管理する。ホーキングが痙攣《けいれん》を起こしたら、すぐにその問題を解決する。トーマスは言う。「主な問題の一つは、あまり自分の時間がないことです。なぜなら毎晩、待機していなければならないからです。何か問題が起こったら、すぐに駆けつけなければいけません(100)」しかし、パフォーマンスが始まるとすぐに、拡張された身体の人間の部分は消えてしまう……それがふたたびあらわれるのは、必要な時間と場所だけである。

ぼやける境界：「新しい」ものと「知っている」もの

■オックスフォード、一九九八年二月二四日：ホーキング、万物理論について「語る」

オックスフォードの市庁舎（タウン・ホール）では八〇〇人の人々が待っている。今宵、ラハイム協会の後援で、「アインシュタイン以来の最も偉大な科学者」スティーヴン・ホーキング教授が

「『万物の理論』について講演する」。客席は聴衆であふれかえっている。時刻は八時。緞帳はまだおりたままで、なかなかあがろうとしない。今夜すべてが聴衆の眼の前で明らかになるのだ。

　ステージはがらんとしている。いるのはＧＡのトーマスだけで、ラップトップ・コンピューターの向こうに立ち、各種電子機器のプラグをコンセントにつないでいる。そこにマイケル・ジャクソンの友人にしてアドバイザー、ラビ（ユダヤ教指導者）のシュムリー・ボーテイヤクが登場する。照明が暗くなる。静寂。「史上最大の天才：スティーヴン・ホーキング教授」の登場を宣言する声が聞こえる。車椅子が彼のために特別に作られたスロープを登る。スティーヴン・ホーキングが車椅子に座り、プロジェクターの下にいる聴衆の方を向いている。彼の背後にはホワイトボードがあり、そこに図が映し出されることになっている。彼の右手にはトーマスが控えている。ラビがステージを去る。会議が始まる。その後の二時間、どこからともなく聞こえる声に同調して、次々に図が映し出される。何もかも静かだ。すべての眼が釘付けになっているこの身体だけが、宇宙の統一理論について「語って」いる。照明が明るくなり、質問の時間になる。質問は事前に準備されたものではないが、ショーは続けなければならない。教授が時間をかけて回答を作っているとき、ラビのボーテイヤクがアシスタントに、ホーキングのコンピューターの仕組みを説明するよう求めた。ふたたび拡張された身体が見えてくる。看護師が来てホーキングの脚の位置を変え、去っていく。トーマスは慎重に、かつ整然と、ホーキングが自分のコンピューターと声をどのように使うのかを説明する。白いスクリーンには、ホーキングのコンピューター画面が拡大されて映し出され、宇宙の起源の話に取って代わる。聴衆は、単語をすばやく選ぶカーソルの動きを眼で追う。ホーキングはあいかわらず動かず、静かである。ホーキングは時間をかけて回答を作っている。聴衆がざわつく。どこからともなく聞こえる声が、三つか四つの質問に対して回答する。そのほとんどが神に関する質問だ。ラビのボーテイヤクがショーの終わりを宣言する。喝采《かっさい》の嵐の中、ホーキングはステージを去り、看護師が後に続く。トーマスは電子機器の片づけを済ませ、その後に続く。その次の会議はホワイトハウスで開かれる。「ミレニアム・イヴニング」のため、スティーヴン・ホーキング教授はビル・クリントンや著名なゲストの前で講演することになっている。「想像力と変化：次の千年における科学」と題する講演で、科学とテクノロジーはいかにして人間の知識を形成し、また人間の知識によって形成されるか、について語る。この会議はケーブル・テレビ、衛星放送、BBC、インターネットで生中継される。今回は、拡張された身体は見えないままである。聴衆からの質問とホーキングの回答のあいだの時間を埋める必要はない。今回はすべて細心の注意を払って事前に準備されている。ホーキングと**ホーキング**は完全にシンクロしている[101]（口絵写真2参照）。

■ポツダム弦理論会議　一九九九年七月：「クルミの殻の中の宇宙」

同じシンクロのプロセスは、一年後、ポツダムで開かれた国際弦理論会議でも見ることができる。ホーキングは、しばしばくりかえされる決まり文句で講演を始めた。「**私はこの講演をコンピューターと音声合成装置を使って行います。今ではこの声が自分の声だと思っています。たとえ変ななまりがあるとしても**（笑）」彼がその次に語る言葉は、ちょっと聞き覚えがある、いやもっとよく知っているもののように思える。「ハムレットは言いました。『私はクルミの殻に閉じこめられていても、自分を無限の宇宙の王だと見なすことができる』思うに彼が言いたかったのは……」それはまさしく一か月前、GAと二人きりでケンブリッジのホーキングのオフィスにいたときに聞いたのと同じ言葉だった。現在、この一節は彼の著書『クルミの殻の中の宇宙』（邦題『ホーキング、未来を語る』）に再録されている。

三日後、質問は「その場で」受けるのでもなく、ケンブリッジで事前に受け取るのでもない。大学院生アシスタントが記者会見の前にジャーナリストたちから提出された質問を集め、選別するのだ。一五の質問が三つに絞りこまれる。興味深いことに、質問の内容はいつもだいたい同じである。GAは言う。「そうした質問の答えは、ちゃんと調べれば自分で見つけられます——スティーヴンに尋ねる必要はない……（彼らは）スティーヴンにしか答えられない質問をしているつもりなんです。僕を含むこの建物にいる人間なら誰でも答えられるような質問ではなく(102)」

このときGAはホーキングに質問を選んでもらうのではなく、自分で選ぶ。彼はポケットから質問を取り出し、私に読んでくれる。「八〇年代初頭、あなたは新たな千年紀には『万物の理論』（TOE：theory of everything）のようなものが確立されているだろうという希望を表明されていました。かなりの進歩にもかかわらず、あなたにはほとんど基礎しかわかっていない。しかも弦理論はまだ完全に初期です」GAは読むのをやめて意見を挟む。「これはドイツ語で書いたものを英語に訳したもののようですね。かなりまずい訳です」それからまた質問を読む。「TOEについて、どう予想されますか、（……）新たな千年紀の始まりにある現在、それはどのような状態ですか？」アシスタントが説明を入れる。「まあ要するに『TOEを見つけられると信じているのか？』

と言いたいのでしょう。このことについて、スティーヴンは公開講演を何度もやっています。ビル・クリントンの前で行われた『ミレニアム・レクチャー』という権威ある講演で、スティーヴンはTOEの発見について二五年後と言っています。スティーヴンがこの質問に回答するなら、たぶん、公開講演の最終段落を引用して言うだけでいい[103]」アシスタントはつけくわえる。「こういうまぬけ――こういう質問はやっぱり時間の無駄です。ジャーナリストにとっては時間の無駄じゃないですよ、ジャーナリストの質問に答えるんですから。でもスティーヴンにとってはじっさい時間の無駄です。ほんとに、ちょっと調べればいいことなのに[104]」

アシスタントが二番目の質問を読む。「『粒子理論と重力理論が今日に至るまで統一されていないという事実は物理学者にとって不満足なものかもしれません……』」GAが意見を挟む。「粒子理論と重力理論はまさに万物の理論のことなので、これまた愚問ですね」彼は質問の先を続ける。「『しかしながら、じっさいこれはどちらかと言えば小さな問題です。なぜなら両方の理論にはブラックホール以外、接点がないからです。いつかTOEが発見されるとして(クリスは『また同じ質問だ』と言う)、それで(一般庶民の暮らしの)何が変わるというのでしょう? いくつかの教科書が変わるだけではないのですか[105]?』」

クリスは言う。「第一と第二の質問は基本的には同じ質問です。これらの質問はじっさい(物理学者Xに)選別してもらったものなので、その彼でさえ、同じ質問を二つ通してしまったわけです。ええと、さらにこう続きます。『万物の理論の探求は世界中の理論物理学者の注目を集めています。そのいっぽうで物理学者の中には、そんなものは……(クリス:ちょっと待って。何のことだろう?

……Charlentry〔charlatanry「いんちき」の誤り〕。そんな言葉はないな。とにかく続けます）だと明言する人もいます。たとえば、サー・ジョン・マドックスは[106]……』「というわけで」とクリスは結論する。「この質問は『われわれはTOEを見つけることができるのか？』この質問は『TOEの発見でどのような影響があると思うか？』、そしてこの質問は『TOEを探求することに価値があると思うか？』（よし〔笑〕）すべての質問に一回で答えることができます……おそらくスティーヴンは、講演の最終段落を引用して、それを『ダー』と読んでしまえばいい。そしたらジャーナリストたちは熱狂して――『ワオッ』てなことになるでしょう」さらにわれわれは、回答がホーキングだけでなく、アシスタントたちによってもリサイクルされる過程を眼にする。彼らはホーキングの回答を保存している。他の質問に回答するのに利用するためである。[107]

・ホーキングの「回答」

ジャーナリストたちが今か今かと待っている。ホーキングが車椅子に乗って登場する。さらに三人の物理学者が来て彼の隣に座る。静寂。記者会見が始まる。[108]

司会者：どうもありがとうございます。では質問に行きましょう。いくつか提出された質問がありまして、それにスティーヴンが回答を用意しました。彼は最初にそれらの質問に答えられると思いますので、私が質問を読みあげます。（GAの説明を確認して）これらの質問は、よく出される質問と類似のものかもしれません。では第一の質問をスティーヴンに読みます。「八〇年代初頭、あなたは新たな千年紀の初めには万物の理論のようなものが確立されているはずだという希望を力説しておられました。かなりの進歩にもかかわらず、われわれはまだほとんど基礎的なことしかわかっていません。それに弦理論はまだ完全に初期の段階です。TOEについて、どのように予想されますか？　新たな千年紀の始まりにある現在、それはどのような状態ですか？」

スティーヴン・ホーキング：**一九八〇年に私は言いました。二〇世紀末までに完全な統一理論が発見される可能性は五分五分だろう、と。この二〇年間に、われわれは大きな進歩を遂げましたが、まだまだゴールは遠いようです。ですから、その教訓は、今後二〇年間に完全な統一理論が発見される可能性は依然として五分五分だが、その二〇年は今始まるのだ、ということです**[109]。

司会者：わかりました。次の質問です。「粒子理論と重力理論が今日に至るまで統一されていないという事実は物理学者にとって不満足なものかもしれません。しかしながら、じっさいこの助言に含まれる問題は、どちらかと言えば小さなものです。なぜなら両方の理論にはブラックホール以外、接点がないからです。いつか万物の理論が発見されるとして、それで（一般庶民の暮らしの）何が変わるというのでしょう？　いくつかの教科書が変わるだけではないのですか？」

ホーキング：**私たちは、ほぼ極限状態にある物質を支配する法則をすでに知っています。しかし、**

それらの法則がなぜそうなっているのか、どのように組み合わさっているのかについては知りません。最初の極限状態に適用できる法則もわかっていません。ですから、宇宙の起源、あるいはなぜわれわれがここにいるのかについてもわからないのです。これは人類が歴史を通じてずっと知ろうと努力してきたことです。完全な統一理論が発見されても、大きな物質的な利益はもたらさないかもしれませんが、古くからの疑問に答えを出すことになるのです(110)。

司会者：わかりました、どうもありがとうございます。さて、スティーヴンが回答を準備してきた最後の質問です。「万物の理論の探求は世界中の理論物理学者の注目を集めています。そのいっぽうで物理学者の中には、そんなものはいんちきだと明言する人もいます。たとえば、サー・ジョン・マドックスがそうです。そのような批判に対して、どのようにお答えになりますか？」

ホーキング：理論物理学者は、物理とはまったく無関係な数学ゲームで遊んでいると非難されてきました。理論が実験によって検証できないからだというのです。しかしそれは真実ではありません。われわれはすでにマイクロ波背景放射のゆらぎにおける量子重力効果を観察していますし、ＬＨＣ（大型ハドロン衝突型加速器——ＣＥＲＮ加速器）が始動したときには超対称パートナーを観察できるものと期待しています。さらに、理想的な隠れた余剰次元の仮説が正しいとすれば、ありとあらゆる実験的検証が、利用可能なエネルギーによって実行できます。量子重力は本物の物理学です。実験によって検証可能なのですから(111)。

司会者：どうもありがとうございました。ではここで質問を受けつけようと思います。最初の質問は、こちらの方《かた》から、どうぞ。これから受けつける質問は、ホーキング氏に同席しております科学者のみなさんにお答えいただきます。

おそらく驚くにはあたらないことだが、ホーキングが講演を行い、本人がこれら「三つ」の質問に答えた翌日、世界中のメディア（BBCニュース、フロリダ・トゥデイ、ディザレット・ニュース、プリンストン・イン・ザ・ニュース、エイケン・スタンダードなど）が「彼の回答」を何度も何度も再利用する。(112) もちろん、こうして最も頻繁にくりかえされる発言の権威の所在は、この単一の個人に局限されなければならない。この意味で、われわれは社会認知システム、人間と非人間で構成されるネットワーク、適応性に富んだマシンを追跡してきた。これらの目的は、発言の権威を確立するために発言の所在を局限することにある。人は「ホーキングは言う」というように、パフォーマンスと発言を同時に構築する。ラトゥールとウールガーが『実験室の生活』の中で述べた逆行をわれわれは眼にする。そこではすべての様相が消えるがゆえに発言が事実としての権威を獲得する。(113) さらに、集団的労働がこの発言を作り出しているのだが、発言が評価されて事実になった後には分裂が生じる。われわれはその集団が発言の結果だと考え、その逆だとは考えない。このことによって奇妙な逆説が提示される。われわれがくりかえしたり、再利用したりするのは、ただユニークなもの、オリジナルなもの、本物に価値をおいているからなのだ。(114)

・ディザレット・ニュース、一九九九年七月二二日：ホーキングは「語った」

ホーキング、統一理論の証明を待つ

ドイツ・ポツダム（AP）――スティーヴン・ホーキングは今なお、物理学者たちが弦理論――宇宙を説明する、いわゆる「万物の理論」――を証明するだろうと確信しているが、自分が考えていたよりも時間がかかるかもしれないと語った。

弦理論会議に出席したこの世界で最も有名な物理学者は、自分が一九八〇年代に発表した、この理論が二〇年後に証明される可能性は五分五分だという予測を修正した。

「この二〇年間に、われわれは大きな進歩を遂げましたが、まだまだゴールは遠いようです」と彼は語った。理論は証明される、というホーキングの見通しは変わっていないが、さらにあと二〇年かかるかもしれないと語っている。(115)

結論

科学社会学者、科学史家、科学人類学者たちは実験の再現に関与する複雑性を明らかにしている。この章で私は、研究室から公の場までの**スティーヴン・ホーキング**を再現することに焦点を合わせた。われわれは、眉のわずかな動きが、時間をかけ、紆余曲折《うよきょくせつ》を経て翻訳され、**スティーヴン・ホーキング**が一般聴衆に向けて「話す」までのプロセスを追った。私はホーキングがどのように「事前にプログラムされるか」を描いた。すなわち、受け入れの状況が秘書と大学院生アシスタントによってどのように選択、準備、翻訳されるか、逆に言えば、ホーキングが講演および回答を準備したのち、トリプティク（三連祭壇画）――ホーキング／コンピューター／音声合成装置――がどのように研究室から公の場へと運ばれるかを描いた。

より正確に言えば、私はホーキングを取り巻く集団が彼をどのように機械化するか、あるいは別の表現を使うなら、イエスかノーでしか答えられない一種のロボットに変えるかを明らかにした。いっぽうで、この集団がそれ自体ある種の機械であることも眼にした。この機械は、イエスかノーかを通じて「考え」、「動き」、「実行する」**ホーキング**を作り出せるように構成されている。彼のコンピューターにはメニューと選択肢が表示される。彼は指でクリックしたり、しなかったりして選択する。彼のアシスタントたち（秘書、看護師、大学院生アシスタント）もまた彼にメニューと選択肢を提示する。彼は眉をぴくりと動かしたり、動かさなかったりして選択する。全般的なレベルで言えば、彼のイエスかノーの答えが彼を地球上のある地点から別の地点へと移動させる。ミクロのレベルで言えば、彼を取り巻く機械と人間を動かすわけである。

解釈：書くホーキング

私は、このネットワークによって実行される翻訳や解釈という絶え間ない仕事を明らかにしてきた。機械だけでなくアシスタントたちもまた「彼の」動きを読み、解釈する。「彼の」言葉を完成させ、「彼の」文を完結させ、「彼の」沈黙を埋める。正しく理解することもあれば、間違った理解をすることもある。だが、どちらの場合でも、意味や言説、(相互) 作用が作り出され、それによって今度はホーキングがテキストを生成し、「講演し」、質問に「回答する」ことができるようになる。これらは再利用もされる——ホーキングや彼に質問するジャーナリストたちによって。これはその前の回答のくりかえしのように見える。それらの回答は、他のジャーナリストたちが (同じような) 会場で投げかける (同じような) 質問によって (再度) 生み出される。もしもコンピューターを取りあげられたら、ホーキングはメニューを選択してイエスかノーで答えるしかない。逆説的に言えば、彼に書く・話す可能性を提供する「自由」は、すでに述べたことのくりかえしと再利用によって制限される——それは彼に書く・話す能力をあたえ、その限界を定めるコンピューター・プログラムと、彼が同じ物語、逸話、質問への回答をくりかえすように仕向けるジャーナリストたちの両方に関して言えることだ。同時に、こうした話のくりかえしと標準化は、彼の**スティーヴン・ホーキング**としてのアイデンティティの構築に関与している。ここでは、書くというプロセスによって視覚的一貫性が可能となることがわかる。それはホーキング、GA、ジャーナリストたち、社会科学者が質問と回答を比較し、一方をもう一方に合わせることを可能にするのと同じ仕組みである。

ホーキングの拡張された身体：誰が何を担当しているのか？

一般の人々が考えていること——つまり、ホーキングが純粋な精神であるという考え——に反して、彼の生身の身体の役割がこのネットワークの活性化にとって重要なものとなっている。眉のわずかな動きや笑顔が集団を機能させる。集団はそれ自体が彼の身体の拡張された一部である。[116] じっさい、この集団のすべての人、すべてのもの（機械、声、アシスタントたち）が彼の身体の拡張された一部であり、同時にそれぞれが別々に彼の存在とアイデンティティの構築の一側面を担っている。たとえば、メディア対応を担当するもの、公開講演を担当するもの、機器を担当するもの、あるいは身体や知性を担当するもの、などなど。言うまでもなく、コンピューターやプログラムはホーキングの知的能力を拡張し、彼に論文を書き、会議に参加し、質問（事前に準備したものであろうと、なかろうと）に回答する能力をあたえることにより、彼が物事を実行することを可能にする。声には思考の道具としての書き言葉の要素が通常の倍あらわれている。じっさい、優れた思考は優れた言説となる。話せないホーキングの場合はなおさらそうである。同時にこの声は、公的人格に代わって語り、公的人格から発せられ、公的人格の存在を特徴づけるがゆえに、機械の役割をかき消す――われわれに忘れさせる。（ホーキングが書いたものであれ、他の誰かが書いたものであれ）すべての発言は事前に書かれたものだというのに。秘書はメディアに対応し、郵便物を分類して返事を出し、彼の会議の準備をする。GAは集団の機械部分すなわちコンピューター、車椅子、音声合成装置を担当する。GAはメディア対応も担っている。電子メールに返信し、電話に応対し、ウェブサイトを更新し、会議を開くことになれば航空券を予約し、画像や図表を用意し、ホーキング／機械／声の出発から到着までの移動と調整を確実に行い、宿舎や食事、記者会見、その他いろいろを手配する。彼の仕事はホーキングと**ホーキング**をシンクロさせることである。看護師たちはホーキングの身の周りの世話全般を担当している。

ホーキングの能力：行動する集団

ホーキングの能力は、部分的に周囲の他の身体に外在化され、分散化され、具体化される。たとえばコンピューターがなければ、ホーキングは書くこともできないし、彼を知らない人間とコミュニケーションをとることもできない。だがこのコンピューターは、その潜在的可能性を引き出すことのできるホーキングのような人のために作られている[117]。彼はマウスを動かせないので、代わりに画面の方が動く。手で書くことができないので、コンピューターが単語や文を完成させる――彼が次にどんな単語を使おうとしているかを「推測する[118]」。しゃべることができないので、コンピューターまたはアシスタントたちが彼に声をあたえる。アシスタントは、ホーキングのような人（大学教授で障害がある）の基準に従って選ばれる。そうしてアシスタントとコンピューターはこの利用者の思考や行動のパターンに自身を同調させる。彼らは唯一無二のホーキングを再現するという目標に向かって一丸となって仕事をしている――ネットワークの各交差点において微調整、調節、修正を行う。ほとんどの時間、アシスタント（および機械）はホーキングに何も相談せずに仕事をしている。秘書は彼が興味を持ちそうなことを自分で判断する（たとえば彼に招待状は見せるが、ファンレターは見せない）。GAはウェブサイトに何を載せるかについて多くを自分で決めている。ホーキングあての電子メールを分類し、再分配する（すでにホーキングの能力が外在化され記録されている場所、たとえばロスアラモスに）か、ホーキングの教え子の学生たちに送る。学生たちは「ホーキングの」理論を翻訳して回答する。ＧＡはジャーナリストたちから出された質問をまとめ、同じ質問か、違う質問か、などを判断する。言い換えれば、「彼ら」は予想し、計画し、完成させ、解釈し、判断し、分類し、行動するものたちである。しかしながら、こうした仕事すべての原点にいるのは、ホーキングただ一人のように見える。

ホーキング・マシン：ホーキングを再現する

これまで、男性、女性、機械で構成される集団の機能と配置を見てきた。最終的に、その密接な依存関係や行動の協調性が、動き、書き、話し、講演するアクター（行為者）を生み出すことを可能にしている。ホーキングの行動能力は、この集団の緻密《ちみつ》な連携に依存しており、ゆえに、彼の**スティーヴン・ホーキング**としてのアイデンティティもまたそれに依存している。この集団的身体すなわち彼の拡張された身体は、システムであり、適応性に富んだマシン（ホーキング・マシン）であり、企業（ホーキングＩｎｃ.）である。その目的は、天才の発言の真正性（まさしく本人のものだということ）を管理し、保全し、維持（追跡）することにある。それは「これまで誰も言ったことがないこと」をつくりかえす。そうして唯一無二のホーキングが再現される。われわれは、アイデンティティの構築に関与する「不変の可動物（個人や集団に伝えられ、あるいは複製されるが、意味や内容は固定され、文脈や状況によって変化しないもの）」を生み出す研究室を眼にする。[119]

広い意味で考えると、反復マシンであるホーキングの拡張された身体は、外在化された意識の一形態として見ることができる。そしてその意識は機械的で、自律的で、フロイトやラカンに倣《なら》って言えば、恒常的だ。われわれがときどきそうするように、ホーキングがたまに自分のことを忘れて他の誰かのために働く――つまり遂行性（発話することがその言葉で示された行為を遂行することになること）を超えて――のは不可能のように見える。彼が全能の注目の的であるのは、他者に大きく依存しているからにほかならない。ホーキングとは、外在化された自我の展開であり、その自我は対面のやりとりができる状況にはない。この観点から、われわれは、彼を構成する人工器官を考慮に入れなくてはならない。のちに見るように、一対一で対面しているときよりも、周囲でスタッフが仕事をしているときの方が、ホーキングはより「三次元的」――より「本物」――に見える（第五章参照）。

実例としてのホーキング

それでも、ホーキングがやっているのはじつは特殊なことではない、とも言える。むしろ、彼の障害は、通常は表に見えない学者たちの習慣を明らかにしている。彼らは地位に付随する管理職としての側面を他者に押しつけているし、管理職は話すことより書くことに多くの時間を費やしている。そして、イエスかノーかの簡単な応答で集団を指揮し、部下たちに権限を委任している（アシスタントが電話に答え、航空券を予約し、電子メールに返信する）。さらに彼の障害は映画スターたちの習慣も明らかにしている。彼らは自分のイメージのマーケティング担当者に権限を委任している。彼らの地位がそうした習慣の可能性を認め、逆にそうした習慣が、彼らの地位の確立と維持を可能にする。だが、ホーキングの場合、その能力は他の誰よりも分散化、集団化、具体化される。ホーキングの場合、言語は——そして知的能力、アイデンティティ、さらには自身の身体までもが——彼個人のものというより、人間／機械を基盤とするネットワークの一部となっている。たしかに、彼の身体はきちんと世話を受けている。だが、風呂に入れてもらい、服を着せてもらうところは王様のようであり、秘書がコーヒーを淹《い》れてくれるところは管理職のようであり、肩を掻いてもらったり、額をぬぐってもらったりするところは外科医のようである。このような身の回りの世話に、他の営み／アイデンティティ（王様、管理職、外科医）の一種の例示が見られるとすれば、ホーキングにはさらに追加的なレベルの権限の委任が見られる。[120]

他よりも分散化している

ホーキングは、話したり書いたりする手段であるコンピューターの「テキスト性（書き言葉としての言語特性）」に依存している。こうしたテキスト性への依存は、話すことと書くことの境界線を曖昧にし、ゆえに、日常のその場かぎりのものと、保存されるべきものの境界線も曖昧にする。精神の内と外を隔てる境界線も曖昧だ。なぜなら思考の軌跡がコンピューターやアシスタントによって可視化されるからだ。このとき、書かれた言説が先にあり、それがすぐに音声に変換される（コンピューターの画面から始まり、最終的に、書かれたものとして永続する）。本人の言説——斬新さ、オリジナリティ（天才）――と、再現されたものの境界線も曖昧になる。再現とは、すでに見られたり、言われたりしたものである（再現が可能なのは、われわれが唯一無二のオリジナルなものに価値をおくからにほかならない）。そして最後に、私的人格と公的人格の境界線も曖昧である（たとえば彼の秘書は彼の私生活に関する事柄あるいは財務管理を担当している。アシスタントたちは会議の最中に突然、姿をあらわす。聴衆が見つめる画面には、講演中に表示される図表の代わりに、彼が操作しているコンピューターの画面が出現する）。

人間と非人間のアクター（行為者）からなるこの集団は、ホーキングが扱う情報を検討し、選定する。したがって、彼の眼の前に出されるのは、すべて事前に厳選されたものである。逆に言えば、この集団を介して、彼はさまざまな形態（記述、音声など）で自己の存在を拡張するのだ。そこでは集団と個人のあいだの往復を眼にすることができる。

ホーキングはどこにいる？

では、ホーキングはどこにいるのだろう？　ときには、ホーキングの上に**ホーキング**が重なっているのが目撃されることもある。たとえば、GAは言う。「公的な電子メール・アカウントは、『**僕です**』。ウェブページも『**僕です**』あるいは「僕らだって声を持っていたっていいでしょう？」あるいは、ホーキングの同僚たちは彼のアシスタントをホーキングの拡張された一部として扱うようになり、ホーキング本人に電子メールを送るつもりが、アシスタントに送っている。[121]ホーキングと

ホーキングがシンクロしていない瞬間が目撃されることもある。**ホーキング**あてに手紙を書いたのに、GAから返事が来るのだ。この場合、返事を受け取った人々は侮辱されたと感じる。彼らはホーキングからの返事が欲しいのだ（じっさいよくやることだが、もしもGAがホーキングのサインを代筆していたら、彼らは怒らなかっただろう）。あるいは、事前に準備していなかった質問に対して、回答を出すまでに時間がかかるとき、ホーキングは、ショーを続行するため、彼の沈黙で生み出された空間／時間を埋めるのを拡張された身体に任せる。別の言い方をすれば、彼の存在を示すものはどれほどあるのだろうか？　彼はコンピューターに保存されたテキストなのだろうか？　アシスタントのオフィスで話す声だろうか？　それともステージで演じるアクター（役者）だろうか？　ロスアラモス研究所のウェブサイトに登録された一連の論文だろうか——「ホーキングと入力すれば、論文が読める」？　看護師の部屋で開くドアだろうか？

個別特異性のあらわれ

では、彼の個別特異性はどこにあらわれているのだろうか？　おそらく、ホーキングの能力とアシスタントたちの能力は、完全に「交換可能」というわけではないと言える。このネットワークは個人のアイデンティティを作り出すように設計されているが、それはホーキングが自己の集団的構築に関与するときと、自分の行為主体性があらわれることを拒否するときである。ホーキングはウォルトスの開発したシステムを自分の都合のいいように使用する。彼はプログラムの変更を拒否する。そのため彼の古いプログラムは補強され、拡張されなければならない（今ではこのプログラムのユーザーは彼一人だけだというのに）。声を変えることも拒否する。今ではもっといいものがあるというのに。[122] 誰をアシスタントにするかを決めるとき、最終決定権を持つのは彼である。飛行機のどこの座席に座るかを決めるのも彼である。ステージにいるときは、自分の沈黙と、聴衆の期待をもてあそぶ。自分はアイデンティティの危機にあり、アメリカなまりを直したい、などと、ジャーナリストたちに冗談を飛ばす（そのくせ、直す機会があっても、ことごとく拒否してきた）。ウェブサイト上の経歴を変えたがらない。GAのオフィスで流される声で、明瞭に発音される談話の中で、自分の障害について冗談を言う。GAが予想したのとは異なる回答を選ぶ。[123] 自分について人々に憶えておいてもらいたいことを選ぶ。後で見るように（とくに第四章）、集団的なくりかえしの現象に抵抗するのは、ひじょうに難しいのだが。

じっさい、ホーキングはまったく予想のつかない人である。インタヴューを受けるか受けないかを、ホーキングがどのように決めるのかを知っているかと秘書に尋ねてみたところ、彼女はこう答えた。「全然見当もつきません。ノーと言うだろうと思っていたらイエスと言うこともあるし、間違いなくイエスと言うだろうと思っていたらノーと言ったりします」[124] 会議のとき、一般の人々を相手に遊ぶこともある。「ときどき、おもしろ半分で、わざと五分間待ってから、たったの一言で答える、というのは有名ですよ。聴衆はこれが大好きで、自然にどっと笑いが起こるんです。五分間待ってから、質問者に質問を聞き返す、なんていうことも一度ならずありました」[125]

アシスタントの反応を見ると、彼の考えを読むことがいかに難しいかがよくわかる。

僕はほかの人たちと接するときと同じように彼に接しようとしています。当然ながら、それは難しいことです。これまでにスティーヴンと普通の長さの会話を交わした回数なんて、片手で足りると思います。でも……彼はなかなか会話することができないんです……相手が誰であっても。かなり難しいことですから。でも僕自身はスティーヴンと、とてもうまくコミュニケーションをとれていると思います。今ではとても親しくなったと思いたいですね。いやむしろ、彼はどちらかというと僕のことが気に入ってるんじゃないかと、僕は思ってます。もちろん、本当のところはどうかわかりません。僕がいいと思っていることを、すべていやだと思っている可能性もあります(126)。

結論としては、ある種の分散した志向性について述べることができるだろう。たとえばアシスタントは自分がネットワークの一部になったような気になり始めている。「ウェブページは**僕です**」「僕らだって声を持っていたっていいでしょう?」この意味で、「なる」「行動する」「する」は集団の属性となっている。しかしながら、これらの分散のプロセスは相違も生み、アイデンティティの構築に関与する。つまり、これらを通じて、**ホーキング**とホーキングの個別特異性が見えてくるのである。この思考の筋道をたどって、次章以降に進もう。

第二章

学生たち

「重い障害があるのに、スティーヴン・ホーキングはどのようにして仲間の競争相手たち、たとえばロジャー・ペンローズ、ヴェルナー・イズリアル、そして（これから見るように）ヤーコフ・ボリソヴィッチ・ゼルドヴィッチよりも優れた思考と直感を働かせることができるようになったのだろうか？」とキップ・ソーンはふりかえる。「競争相手たちは手を使うことができた。図を描くことができたし、紙の上に何ページ分もの長い計算をすることができた。計算では、途中で多くの複雑な中間結果を記録しておき、前に戻って一つずつ検討し、それらを結びつけて最終結果を得るのだ。誰であれそのような計算を頭の中だけでやっている人を私は想像できない。一九七〇年代初頭までにはホーキングの両手はほとんど麻痺していた。図を描くことも、方程式を書くこともできなかった。**研究はすべて頭の中でやらなければならなかったのだ**」[1] この短い一節の中でキップ・ソーンは、優れた科学人類学者、科学社会学者、科学史家のように、物理学の実践について説明している。われわれの思いこみとは異なり、科学者は頭だけでなく手も使って考えている、ということをソーンは教えてくれる。つまり、科学者は図を描き、計算式を駆使する。それらはいつでも、どこでも再現することができ、何度も無限に結びつけたり重ね合わせたりすることができる。すべては長く骨の折れる計算を検証するためである。[2] おそらくだからこそブライアン・ロットマンは、数学を実践的行動――書かれた記号を操作する営み――として分析することを提案したのであろう。ロットマンは言う。「『記述される』もの――考え、シニフィエ（記号内容）、概念――と、それらが記述される手段――手書き――は相互構成的な関係にある。つまり双方が相手の存在の原因となっている。だから数学者は書かれたことを考えながら、同時に、考えたことを書くのである」[3] しかし、ホーキングのように、理論家が手を使えず、図を描いたり、紙の上に何ページ分もの長い計算をしたりしない――できない――ときはどうなるのか[4]？ 眼に見える跡がない理論的研究について、どんなことが言えるだろう？ ホーキングの仕事が眼に見えないことについて、本当に合点がいかないらしいソーンは、すべて頭の中でやらなくてはならないのだ、と結論している。これは世間一般の見方でもある。

車椅子の物理学者スティーヴン・ホーキングは、事実上、自身の身体に囚われた囚人でありながら、その知性によって、宇宙の遙か彼方まで到達することができる。

「宇宙を駆けめぐる」《タイム》一九八八年二月八日号

じつはホーキング自身も同じ結論に達している。「障害のある人が観測天文学者になるのは難しいでしょう。しかし、天体物理学者になるのは難しくありません。**なぜなら、すべて頭の中だけでやるからです。身体的な能力は必要ありません。**[5] 同じように、ジョン・グリビンとマイケル・ホワイトも次のように強調している。ホーキングは自分がALSだとわかったとき、「たまたま理論物理学を学んでいた。**じっさいに必要な道具は自分の頭だけ**、という数少ない仕事の一つだった。もしも実験物理学者だったら、彼のキャリアは終わっていただろう」[6]

この場合の理論とは理論的に作り出されるもの、つまり、頭の中だけで作り出されるものだ——実践、同僚、身体、場所、道具といったものとはいっさい無関係である。[7] この点でホーキングは、プラトンからカントに至る合理主義の伝統によって形成された知の主体という概念を、他の誰よりも受け入れているように見える。[8] しかし、どうしたらこのようなことが可能なのだろうか？　どのようにしてスティーヴン・ホーキングは**論理的思考力**のみで理論を生み出すことができるのか？　必要なのは「明晰な」頭脳だけ、というのは本当だろうか？　科学人類学者、科学社会学者、科学史家たちは科学的知識を**技術**や**書かれた文として集団が共同で扱えるようにしよう**と全身全霊を傾けて努力してきたが、ホーキングはその彼らが得た成果（もしくは立てた仮説）に異議を唱え、あるいは例外を設ける唯一の特殊なケースなのだろうか？[9] 私はここで、この疑問に答える試みとして、ホーキングが物理学を研究することを可能にしている能力のネットワークを再現する。

「彼は私たちがふだんやっていることをすべてやるわけではないので、私たちよりも考える時間があるのです」

身体を動かせる人にとってはたいてい当たり前のこと、ごく自然に思えること——朝起きて、顔を洗って、服を着て、食事をする――が、ホーキングにはひじょうに時間がかかる。家族と看護師を動員しなければ、日常のことをこなすのは不可能であり、ホーキングは彼らに全面的に依存している。逆に、少なくとも一部の人に言わせると、ホーキングは障害があるために膨大な時間を節約できる。それはまさしく家族や仕事に関わる日常の義務から「解放されて」いるからだ。子供の世話をしたり、勉強を教えたり、委員会に出席したりしなくてもいい。じっさい、学生や同僚たちの多くは、だからこそホーキングは実り多い仕事ができるのだと考えている。ある天体物理学者は次のように述べている。「あれほどの障害を持っていると、何かをしなければならない、たとえば鼻をかまなければならない、というだけでもものすごくたいへんです。だから、朝、誰かに服を着せてもらうのに時間がかかるし……食事をするのにも時間がかかる。つまり、あれほどの障害があると、日々の生活を送るのも容易ではないということです……そのいっぽうで、先ほども言ったように、学生に接したり、その種のことに関わる時間がおそらく人より少ないだろうから、かかった時間は相殺されます[10]」また、ホーキングの同僚の一人は次のように語った。

われわれの研究の目標は、万物を説明する方程式を探求することです。ある意味で、ひじょうに単純な目標です……だから、ある意味で彼の存在は、何というか、とても単純だと言えると思います。そうでしょう? 彼は他の人々がしていることをしていない。子供の面倒は見ないし、夕食は作らない。私はきょう遅刻しました。学校へ娘の様子を見に行っていたからです。彼はそういうことをしない。椅子に座って、コンピューターの前にいる。あまり話すことができないので、教えることもない。大学――われわれ全員――の義務であるお役所相手の煩雑な手続きに関わることもない。一日二四時間ずっと深く考えをめぐらせることができる。何かについての単純な説明を探求するには、理想的な環境です。うるさい音に悩まされたくないですからね[11]。

そして最後に、学生の一人は次のように述べている。「**おそらく**週末は（ずっとではないでしょうが）、たくさんの本を読んで過ごしているのだと思います。私の場合はテニスやサイクリングに出かけたり、子供の世話をしたりしていますが、彼にはそれができません。彼は本を読みます。ですから……ページをめくってくれる人がいるんです。でも……[12]」しかし、これらの活動ができないという事実は、彼がすべての世俗的、物質的条件から切り離された、ひたすら「考え」、「沈思黙考し」、「読む」だけの「純粋な精神」であることを示しているのだろうか？

第一章では、彼の拡張された身体の一部の基本的な役割について見た。人間と非人間からなる集団が「彼の代わりに」働き、彼が自分ではできないことを実行する。それによって彼は存在し、行動し、実行することができる。また彼が教えたり、委員会に出席したりしないことは容易に想像できる。他の人々が彼の代わりを務めているのである。しかしこれは他の教授たちにも当てはまることだ。だとすれば、果たしてこれは人よりも「考える」時間が多いことを意味しているのだろうか？彼の身体を維持し、アイデンティティを構築するという不可欠の仕事を担う人間と非人間からなるすべての「プロテーゼ（失われた身体部分の人工的補充物。義眼、義肢など）」は、精神あるいは、いわゆる「知的」作業に関してはは存在しない、もしくは不必要だということなのか？　言い換えれば、「出来のいい」頭脳さえあればいいのだろうか？　ここでふたたび問題となるのは、この**極端な**ケースにおいて、働いている思考を具体化し、集団化するプロセスである。**彼は**どのように**働いているのだろうか**？　研究室はどこにあるのか？　頭の中か？　コンピューターの中か？　オフィスの壁の内側か？　集団はあるのか、あるとすれば正確にはどのような集団なのか？　これらの疑問の答えを見つけるには、まず「**働く**」あるいは「**する**」とは（理論的に）何を意味するのか、**彼が**何に共感し、あるいは何に言及しているのかを理解する必要がある。そしてそのためには、手と指、眼、そして知識を生み出す人々の状況を注視する必要があるだろう。ホーキングはどのようにして周囲の人々（たとえば学生、同僚）とコミュニケーションをとり、周囲の人々はどのようにしてホーキングとコミュニケーションをとっているのだろうか？　どのような種類の情報がボディ・ランゲージや機械を通じて伝えられるのだろうか？　どのような種類の仕組み、ルール、陳述が生み出されるのだろうか？　ひょっとすると彼は、すべての集団的、物質的条件から切り離されているどころか、どの物理学者よりも具体的な存在だ、ということだろうか？

前章で検討した集団／拡張された身体（看護師／個人アシスタント／大学院生アシスタント／コンピューター）から離れ、もう一つの集団つまり拡張された身体の別の部分（コンピューター／学生／同僚）に焦点を移すことによって、私は引き続き、まず、ホーキングの能力の考えられる外在化について考察し、これらの分散化プロセスをどこまで掘り下げて描写できるかを問う。次に能力の個別特異性すなわち代替不可能性について考察する（そして彼の存在のあり方あるいは考え方に何か独特のものがあるか、その独特さはネットワークの特徴となっているかを確認する）[13]。そして起源の問題を考察する（アイデアは彼から出てくるのだろうか、それとも、厳選され、不純物を取り除かれたデータを彼が蓄積し、それを翻訳し直しているのだろうか？）。私はさらにこれらを補足するいくつかの疑問を検討する。われわれが能力の外在化と言うとき、それは（社会）認知的作業を他者に委任したり、楽にできるようにすることなのか、それとも彼の知的能力そのもの（つまりその働き）のことなのか？　彼の障害は彼を差別化している（つまり経験的に相違を作り出している）のだろうか、それとも逆に、理論家の仕事の仕方を例示しているのだろうか（学生にであれ同僚にであれ）？　たとえば、彼の仕事の仕方は、同じ病気を持つハワイ在住の社会学・人類学教授アルバート・ロビラード[14]や、盲目の地理学者レジナルド・ゴリッジ教授[15]とは、どう違うのだろうか？　最後に、個性／人間性の考えうる定義、「隠喩」としての、またそうでない場合の集団的身体の考えうる定義について、そして理論と実践、天才とアシスタント、人間と非人間の違いについても引き続き考察する。

病気の進行が物理学者の習慣を明らかにする

ホーキングが一日二四時間、看護師、秘書、大学院生アシスタントに囲まれて生活するようになる以前は、彼の学生たちが看護師やアシスタントとして働いていた。「スティーヴンの学生になると、『普通』の教授の学生よりも、ずっとやることがたくさんありました。つまり、当たり前のことですが……スティーヴンは人よりも多くの助けを必要としていました。（……）今では二四時間体制で看護されていますが、当時はそうではなかったので、いつも学生がかなり助けていたのです[16]」学生たちは同じ屋根の下で暮らし、交代でさまざまな仕事をした。グリビンは述べている。「支払われる給料に対して、学生たちは子守、秘書、雑用係の役割を果たすことが期待され、旅行の手配、子供の世話、講義スケジュールの作成、家周りの修理などを引き受けた[17]」ある学生は冗談半分に私にこんな話をした。「私は博士課程を半分終えたあたりで、誰もがそうであるように、自分は卒業できるだろうか、学位を取得できるだろうかと悩んでいました。ある日、私はかなり落ちこんでいて、スティーヴンにこう尋ねました。『もしも博士号を取れなかったら、赤十字の資格証明書を取りたいので推薦状を書いてもらえませんか？　何かできるように——（笑）』そうしたら彼はほんのちょっとだけニヤリとしましたよ[18]（笑）」

当時、スティーヴン・ホーキングの車椅子はまだ電動式ではなかったので、移動するときは学生に押してもらっていた。さらに、一九八五年に気管切開を受け、永久に声を失う前から、ホーキングは自分の意思を表現することがかなり困難になっており、彼が言おうとしていることを理解し、通訳できるのは、訓練を受けたごく少数の者だけだった。学術会議のほか、研究室で科学論文を口述筆記するときも、学生が彼の声を務めた。ホーキングが読書するときには、秘書か学生の一人が、本や論文を彼の前で支えていた。ときには拡張された身体が苦痛を表明することもあった。秘書は次のように述べた。「プリントアウトした紙の束を、彼が読み終わるまで、ずっと支えていましたよ。そうすると、**腕も背中もひどくこわばってしまいました**。彼は譜面台を持っていたので、その後は読むものを譜面台に載せて、彼が一ページ読み終わるたびに、誰かがめくるようにしました[19]」必要な情報を選びやすくするために、論文のリストを壁にピンで留め、ホーキングが時間をかけて調べられるようにした。また、ハーバードやプリンストンから届く大量の論文の予稿を一つずつ見せた[20]。彼はそれらをうなずく（またはノーと伝える）ことによって速やかにより分けた。「とにかくそうやって見せていくんです。すると彼は立て続けに『ノー、ノー、ノー』と答える。でもそのうち『よし、オーケー』というのがある。それは脇に置いておく（笑）。それからまた『ノー、ノー、ノー[21]』」。

機械は何をするのか？

現在ではコンピューターのおかげで、こうしたことはすべてホーキングが自分でできるようになった。さらに言えば、画面に原稿を呼び出してそれを読み、印刷し、彼個人の電子図書館に保存することができる。どの物理学者にも劣らず容易かつ効率的に。アクセスできない論文でも、スキャナーで取りこめばコンピューターで読めるようになる。今日では、何であれ新しい論文は（雑誌への投稿前あるいは投稿と同時に）直接、電子アーカイヴに送るのが一般的になっている[22]。ゆえに、誰が何を書いたか確認したり、タイトルと要旨に目を通したり、何であれ新しいことを見つけたり、厳選された論文にアクセスしたり、というようなことが、誰でもクリック一つでできるのだ。というわけで、コンピューターが学生に取って代わったわけである。「物理学の論文は現在すべてインターネット上にあります。ページをクリックしていけば三秒ほどで論文が読めるのです。何の不便もありません——**誰もがつねにインターネットを使っています。じっさい、たいていの場合、もう**

図書館に行く必要はありません。現在、論文はすべてインターネット上にあり、情報のほとんどがそこにあるのです」[23]ホーキングの学生の一人は言う。「意見の交換がきわめて迅速に行われ、コンピューター化されているということは、(ホーキングにとっては)どちらもひじょうに有益です」[24]新しい論文が電子メールで直接彼に送られてくることもある。[25]コンピューターのおかげで、スティーヴン・ホーキングは、他の物理学者と同じように、クリック一つでデータを利用することができる。彼は手の中の簡単なスイッチを介して、フィードバックを取得し、問題や興味深い疑問、有望な方法論を発見することができる。さらに、新たな答えを見つけるために、それらをひとまとめにすることもできる。

現在、ホーキングの学生は自分たちが彼を科学者としてとらえ、科学者だと認識していることを強調したがる。「大学院生アシスタントや看護師たちの認識とはまったく違います」[26]つまり学生たちは学生に戻ったのである。その間、私が拡張された身体と呼ぶもの、彼が全面的に依存している人間と非人間からなる集団は分裂し、増殖した。いっぽうに個人アシスタント/大学院生アシスタント/看護師がいて、他方に学生/同僚がいる。学生がホーキングの秘書や大学院生アシスタントとコミュニケーションをとるとすれば、純粋に組織上、管理上の観点からそうするのである。「そうだとしても、私たちにはじっさいあまり影響はありません」と学生たちは言う。[27]ある学生はホーキングと共同で論文を発表するたびに、その論文を秘書に送り、アーカイヴに収めてもらっている。ホーキングの居場所あるいは今後数か月間の滞在先を知る必要があるときは、大学院生アシスタントに問い合わせる。「つまり、いろいろなことについて、スティーヴンに予約を入れるわけです」[28]

ホーキングはふたたび「声」と一定の自立性を授けられた人間となった——コンピューターを使って自由自在にネットサーフィンをしたり、論文を読んだり、データを利用したりできるし、さらに文章を書いたり、人とコミュニケーションをとることもできるようになった——とはいうものの、彼はつねに学生たちとのきわめて緊密な協力関係の中で仕事をしている。彼がしばしば強調するように、学生たちは彼にとって最も緊密な共同研究者なのである。これは部分的には彼の障害に起因している。というのは、(以下に示すように) 計算を行うときには学生に頼っているからだ。だが、彼の障害によって理論物理学者独特の習慣も明らかになる。[29] 理論物理学は、孤独な思考の喜びに身を捧げられるどころか、集中した共同作業が必要な分野なのだ。[30] ホーキングの共同研究者の一人は言う。「(ホーキングと) 一緒に仕事をするのはどんな感じかとよく尋ねられますが、とくに違和感はありません。なぜなら**理論物理学では、いろいろな人たちと組んで仕事をすることがひじょうに多いからです。自分とはまったく異なる人たちですよ。**ホーキングについて言えば、それほど私と違うわけではないと思っています。あなたのように別の分野の人にはわからないでしょうが、**理論物理学というのはとても共同作業が多い**。だから言ってみれば、パートナーをしょっちゅう取り替えているようなものです (笑)。理解しにくいところです[31]」科学者というのはある意味で全員が「障害を持っている」と結論できるかもしれない。器具、機械、共同研究者のセットがないと、考えることができないのだから。そういう意味では、身体を動かすことのできない、あるいは「ジョイスティックとしゃべるコンピューターの付いた車椅子」に乗っている科学者と、さしたる違いはないのではないか？

物理学者のあいだでは電子メールを通じて共同作業を行うのが一般的になっているが、驚いたことに、ホーキングは学生たちと対面で（また並んで）仕事をすることを望む。マシンを使う場合でも、そうでない場合でも、彼は学生がいないと計算することも、図を描くこともできないのだ。じっさい、第三章で見るように、ホーキングの障害からわかるのは、数学および分析的推論では身体を動かせることが重要だということだ。これは、数学の記号を書き、コンピューターを使い、図を描くときには、動かせる身体が不可欠だということを思い起こさせる。[32] そのため、学生たちの役割は根本的に重要なのだ。

学生たちは何をしているのか？

ホーキングはふだん、定期的に顔を合わせる四人の学生に手伝ってもらっている。[33]「彼はいつでも、学生と一緒に過ごすことをいといません。ですから、たとえば四人のうちの誰かしらと毎日顔を合わせることになります。ほぼ毎日、少なくとも一人が彼と話をするのです[34]」四人はそれぞれ一年生、二年生、三年生、四年生である。通常、博士号は四年で取得できるので、一人抜けるたびに、一人が補充される。学生たちはたんにホーキングの手、脚、腕（ある意味で、彼が考えることを実行する身体）になるだけではない。特別優秀な学生ばかりである。ここには一つの不純なデカルト哲学がある。[35] ケンブリッジ大学には『Part III : Certificate of Advanced Study in Mathematics（第三部：数学高等学術研究検定』）という試験があり、地球上のありとあらゆる地域の学生が受験しにくる。その中から一〇〇人が選抜される。九か月の準備期間を経て、最も成績優秀な四人がホーキングの面接を受ける機会に恵まれる。そして最終的に一人が選ばれる。[36]

■ホーキングの研究範囲を拡大する

ホーキングは学生のスキルと自分との「共通」関心分野によって（第三部試験の結果からホーキングは学生の強みと弱みを知っている）、学生たちに異なる課題をあたえるが、その際、選択した課題が少しでも重なるようにしておく。このことで、学生たちが言うように、「研究分野を拡大」して「概観」するホーキングの能力を説明できるかもしれない。ふつう新入生は前任者と同じ研究課題を継続することになっている。

私は運がよかったのだと思います。スティーヴンに話しかけて、自分は**この**テーマに関心があると言ってみたところ、当時スティーヴンが共同研究をしていた他の学生が……**たまたま**同じテーマに取り組んでいたのですが、卒業間近だったのです。そのとき私はそれを知りませんでした。**だから私はちょうどいいときに、ちょうどいい問題を抱えて、ちょうどいい場所にいたわけです。**つまり私がこれに関心があると言ったとき、**たまたま空きができるところだったのです。**そんなふうに私は自分の課題を選んだのですが、いつもそううまくいくわけではありません。[37]

サイモンは、仮想ブラックホールとそれらが予測可能性にあたえる影響に関する問題を研究している。ラファエルは、量子宇宙論とブラックホールの増大について探求している。こちらは「スティーヴンのお気に入りの研究テーマの一つ」で、彼はいつもそれに取り組んでいると言われている。宇宙の起源と創造の過程に関わるテーマであり、まさに「聖杯」なのだ。[38]「じつのところ、後者のテーマを担当できて、とても喜んでいるんです。でも、そうですね、彼がこのテーマ（量子宇宙論）を担当する学生を探していて、私がこのテーマをやりたいと考えていたというのは、**ちょうどいい偶然でした**[39]」ボブは一般相対性理論の数学的定式化に、ピーターは「弦の真空の安定性」に取り組んでいる。学生たちは同じオフィスを共有し、多少の関わりはあるものの、知的交流はほとんどなく、ホーキングと直接やりとりしている。じっさい、彼らは他の学生が何に取り組んでいるか本当に知らないようだ。学生の一人は言う。「**うちの物理学研究室の仕事**は驚くほど交流が少ないのです。みんなまったく異なることに取り組んでいるというのが主な理由です。（……）スティーヴンは**フックみたいなもの**です。問題があればみんな彼のところに相談に行きますが、一人一人は彼の考えのまったく異なる側面に取り組んでいるのです[40]」このようにしてホーキングは自分が関わる分野を拡大している。このことで、彼の全体像を見る能力、そしてアナロジー（類推）を駆使する仕事のやり方の説明がつくかもしれない。[41]

　自分の学生に研究テーマを割り当てるという習慣は、それ自体、物理学では普通のことだ。学生は特定の問題に取り組むことによって自分の精神と身体を鍛えるのだ。つまり、そうやって研究者になるために必要なスキルや手段を学ぶのである。トーマス・クーンの通常科学やマイケル・ポランニーの暗黙知といった概念は、このことを示している。[42]とはいえ、学生たちの鍛えられ方は千差万別だ[43]。学問を習得させる方法として簡単な演習を好む他の博士課程の指導教官とは異なり、ホーキングはいつも学生をきわめて複雑な問題に取り組ませる。「スティーヴンは学生を最初から一番深い場所に突き落とすのです……私はものすごく大きな課題をあたえられました。ですから、とうてい最後までやり遂げることなどできません。学生のほとんどが、信じられないような課題を抱えています。根本的な問題です。普通はもっと上の方の人たちしか扱えないような問題です。でも（学生たちは）、**いろいろなアイデアや彼の考え方をこれらの根本的な問題に適応させなければならないのです**[44]」

分野が異なるように見えても、ホーキングの頭の中ではそうではないようだ。これらの課題への取り組みに、彼はある決まった方法を適用しようとする[45]。たとえば、どの共同研究でも最初に、同じ本『ユークリッド量子重力理論』を読むよう学生に指示する。彼がゲーリー・ギボンズと共同編集した論文集だ[46]。これによって表向きは学生に共通の基盤をあたえる——つまり、全員に共通の理解を持たせる——わけだが、そのいっぽうで、このテキストを物理学の「必読書」の一部に加えようという意図もある[47]。その後、各学生はそれぞれの問題すなわち前任者が残した結果に取り組まなければならない——それらの問題はホーキングの「発見」や「アイデア」のさらなる発展に関係している。学生たちは問題から結論を導き出し、その妥当性を「証明」もしくは「実証」し、他分野への応用を試みなければならない。

たとえばティムは、前任者サイモンの仮想ブラックホールの仕事を受け継いだ。ホーキングが七〇年代に取り組んだブラックホールの量子論に関する仕事の延長である。

当初、私が取り組んだ課題は……仮想ブラックホールという概念の研究でした。その概念は、量子系があって初めて、量子レベルでのゆらぎを得られる、というものです。量子重力では、それはブラックホールも含みます。ブラックホールはきわめて高密度のエネルギーの固まりです。あまりにも高密度なため、光さえ脱出できません。実際にはごくごく小規模に自然にあらわれたり消えたりしているのですが。だから**私たちの研究**の中心は、ブラックホールの背景にあるいくつかの考え方と、**ブラックホールがどのような結果をもたらすか**、ということです。そのような結果、つまり実質的にはブラックホールの蒸発がもたらす結果の一つが、情報が失われる可能性です。情報の喪失は量子コヒーレンス（干渉性）の喪失を意味します。完全な量子重力理論ではそれが絶対に起こるということを長年、**スティーヴンは実証しようと試みてきました**。しかし多くの人は信じていません。じっさい、あまりにも大胆な仮説だからです。だからこそ**彼は実証しようとしている、というか、私たちがそれを裏づける大いに説得力ある論拠を示そうとしているわけです**(48)。

いっぽうトーマスは、ホーキングの宇宙の起源の理解に関する仕事を推し進めている。より具体的に言えば、ホーキングが八〇年代にジム・ハートルとともに組み立てた宇宙の初期状態に関する提案の帰結に関わる仕事である(49)。「(ホーキングは）八〇年代初頭に量子宇宙論に関する重要な論文をいくつか書いています。**私たちは**これらの論文の中の**アイデアを**、より広大な宇宙論の枠組みで

発展させようとしているのです[50]」しかし今回、アイデアはシカゴでの会議で生まれた。「私たち（ホーキングと私）はシカゴに行きました。そのときアンドレイ・リンデも来ていると聞いたのです。彼はふたたびこの永遠の宇宙像について語りました。そして、どうにかこうにか、次のようなアイデアが生まれたのです。『たぶん結びつけてみるべきだろう。つまりこの永遠の宇宙像をもっとしっかりした土台の上に置くようにするのだ。基本的な量子論から予測してみよう』そうして第二の研究プロジェクトが始まり、私たちはシカゴから帰ってきました。**それが私のこれまでの努力の短い歴史です**[51]」しかし、結びつけることができるのは（フックである）ホーキングだけだった。トーマスは言う。「でも、両方を結びつけるなんてアイデアは誰も思いつかないでしょう。そしてスティーヴンはそんなアイデアを思いつくには理想的な人です。彼は不変の全体像について知っているので、こう言います。『ほら、この不変の全体像について、私たちの量子宇宙論の中に説明があるにちがいない』このプロジェクトはそんなふうにして二か月前に始まったのです[52]」

ホーキング教授はまさにポパー主義的科学像の化身のように見える[53]。学生の一人が指摘するように、彼は「何ができるかについての直感」、「アイデア」、「創意」を持っていて、それについてアシスタントたちがたゆまず証明に取り組み、数学的形式であらわそうとしている。教授は一人ではこれらの計算ができない。それは認識論学者たちがしばしば見落とす単純な理由による。数学をやるためには、頭だけでなく、方程式を書いたり、図形を描いたり、コンピューターを使ったりする一〇本の指が必要なのだ[54]。まったく動けず、車椅子生活を余儀なくされているスティーヴン・ホーキングは指一本しか動かせない。その一本の指を、彼とコンピューターをつなぐスイッチの上に、看護師がそっと載せてくれるのである。だが、コンピューターはそれ単独では計算することはできない。研究者が軽快かつ機敏に操作する必要がある。ホーキングの学生の一人、ラファエルは指摘する。

どうやってやるにしても、動かせる指が一〇本あるというのは、とても便利なものですよ。コンピューターを使う場合でもね。代わりに学生に計算してもらうのは、じっさい効率が悪いでしょうね。何をどうするのか、説明しなくちゃならないでしょう。でも、**自分でやるよりはずっと速くできます。そして、今のような立場にいれば、いつでも代わりに計算してくれる学生がいるでしょう**(55)。

ホーキングは単語を記号に変換するプログラムを使用している。計算はできなくても、文章を書くことはできるからだ(56)。とはいえ、そう多くは書けない。その結果、学生たちがほとんどの仕事をすることになる。しかし、これもまた物理学の世界では一般的な習慣だ。たいていの場合、博士課程や博士号取得後の学生たちが、技術的な作業の大部分を受け持っているのだ(57)。

■ホーキングのアイデアを翻訳する

・設計段階

プロジェクト設計の第一段階において、学生たちは最初のアイデアをホーキングのものと考える。

ホーキングは学生たちに二つか三つの論文を読ませ、ときにはモデルに従って計算をさせた後、各自の仕事に取りかからせることがある。ある学生は言う。「博士課程の最初に、ある研究テーマをあたえられ、こう言われました。『これはほかの学生がやったものだけれど、この……領域については見ておいた方がいいから。まず手始めにこれが必要だ。そしてその後、このモデルとあのモデルに従って計算を始めてもらいたい[58]』」別の学生は言う。「基本的にはただアイデアを伝えられて、二、三の論文と参考文献を教えられるだけでした。でも、**たいてい**彼は何ができるかについて直感的にわかっていて、それを数学的記述に変換するのが学生の仕事です[59]」

ホーキングは他の物理学者が間違っていることを証明するよう学生に指示することもある。そうやって自分の気持ちを奮い立たせているのだ、と言う人もいる。重要な物理学者を相手に議論したり、反論したり、相手が間違っていることを証明しようとしたりするのが好きである。ロジャー・ペンローズはふりかえる。

どうしてそうなったのか、正確には憶えていませんが……スティーヴンのところに入ったばかりの新入生でした。スティーヴンはその学生に取り組むべき課題を指示していました。**その課題というのが、私の研究成果が間違っていることを明らかにするというものだったのです。学生としては言われたとおりにやるしかありません**……あるとき私はスティーヴンのところへ何かの相談に行きました。終わって部屋から出てくると、その学生が外で待っていたんです。ちょっとそわそわしていました。で、私に近づいてきて、こう言うんです。「僕が今、何をしろと言われているか、わかりますか？」いや、まったく……おかしかったですね[60]。

議論の最中にアイデアが生まれることもある。この場合は、ホーキングと学生は並んで座り、このプロジェクトの背景にある物理現象と彼らの直感について、二か月間にわたって「話し合う」ことになる。「彼は私にアイデアを語ります。**私は彼を理解しようとしつつ、いくつかの事柄をつけくわえます**。そのような対話の中で、私たちはプロジェクトを組み立てていきます。ですからそれは、**物理学的直感と私たちの思考だけに基づいています**[61]」仕事の進め方は、「双方向」の科学的議論である。しかし、スティーヴンと科学的議論を交わすときには、忍耐強くなければならない。彼は一文を作るのにかなり時間がかかるからだ。ある学生はつけくわえる。「言葉選びにはきわめて慎重です。あることを記述するのにできるだけ語数を少なくしようとします。言うときに時間がかかるからです[62]」その結果、彼の書いた文は謎めいたものになる。「彼と話をするときはいつも、**すべてが仮面をかぶったままです**。まったく、あるいは、ほとんど**詳細**がわからないのです。**あとは学生に任せるつもりなのだろうと思います**。でも、もちろん彼はコンピューターを使って話ができるので、彼が望むことについて、話し合うことができます。ですから、提示したアイデアによって自分が言いたかったことを、言葉で記述することもできます[63]」

「彼は詳細に論じることができない」というのは、アシスタント、学生、ジャーナリストたちから何度となく聞かされる話だ。だから彼の周囲の人々はみんな自分で物事を明確化しなくてはならない[64]。ある意味でこれは科学技術研究にとってたいへん重要な暗黙知や具体化という概念に反している。しかしながら、彼らが取り組んでいる理論そのものが明確ではない、と言うこともできる。その点からすると、ホーキングが詳細に論じることができず、曖昧な説明しかできないのは当然である。[65]おそらくだからこそ、学生たちは口をそろえて、ホーキングとの仕事に慣れるのには時間がかかる、と言うのだろう。最終的には彼とのつきあいに慣れるけれども、そうなるまでには時間がかかるのだ。

トーマス：彼のことをもっとよく知れば、仕事をしやすくなるでしょうね。もちろん、彼を知るには普通よりもちょっと時間がかかります。

ミアレ：「彼を知る」とはどういう意味でしょう？

トーマス：そうですね、彼と気楽に接することができるようになることかな……彼が自分に期待することとか、彼が好む共同作業の仕方とか、そういったことについて気楽に考えられるようになることです。時間はかかりますが[66]。

別の学生に、スティーヴンのボディ・ランゲージを読み取れるようになったかと尋ねると、次のように答えた。

ああ、はい、完璧ですよ。しばらく経てば慣れますよ。スティーヴンはイエスと言いたいときには眉を上げられますし、ノーと言いたいときには首を横に振ることができます。最初は気がつかないんですが、すぐにわかるようになります。でも、私が彼と会話しているのを観察していても……私が質問して、『はい、わかりました』と言っているだけのように見えるでしょうね。どうして答えがわかるのかって？　でも、わかるんですよ……うなずいたり、首を振ったりしているのが。そう、限られてはいますが、間違いなくあるんですよ、ボディ・ランゲージが[67]。

今トーマスが取り組んでいる課題は、数学的な枠組みの中で定式化するのがきわめて難しいものだが、それさえできれば解決できる可能性がある。「でも、これらのアイデアを量子宇宙論の中で定式化するのはつねに難しいのです。**理論があまり明確化されていないため**、それを使って計算するのに苦労します。ですから**彼も私たちも**、これらのアイデアをあらゆるところで定式化しようとしているのです[68]」長い時間をかけて課題について思考をめぐらせ計算を行うこの段階で、トーマスは、必要なときにはホーキングに直接相談する。電子メールでやりとりするのは、プロジェクトが本当の最終段階に入ったとき、つまり、**彼らが**論文を書き始めてからだ。「私たちが今やっているプロジェクトは、数学的文脈の中で定式化するのがとても難しいのです。解決に向けて作業を始めることはできますが、**定式化のプロセス**の大半はじっさいにはスティーヴンが進めています。ニールも私も、みんなも基本的に彼について行こうとしているだけです[69]」

しかし、やはりトーマスには自分がホーキングの仕事の中で演じている役割が見えない。ホーキングの障害ゆえに、彼のオフィスが共同研究の中心になっているからだ。

スティーヴンの頭脳はそれだけで働くようになっているような気がします。方程式も、自分と話をする人間も必要ないのだと。しかし、そのいっぽうで、時間がかかるのも事実です。テュロックと私がプロジェクトについて彼に相談したい場合、オフィスに四時間も長居するということがよくあります。私たちは黒板に方程式を書き、プロジェクトのさまざまな側面について全員で話し合い、研究を進展させようとします。でも……それで行こうと……彼が言うことはめったにありません。かなり時間がかかることもあります。きっと、それを自分も楽しみたいとか、自分で何かを知りたいという気持ちもあるのでしょう(70)。

ゆえに、ホーキングは他の人々ができないことを実行する代理人だと考えられることも多い。たとえば「会話の方向を変える」ようなことである。「ですから、実り多い結果が得られるのは、たいていスティーヴンがいて、たとえばほかに二人がいて対話する場合です。この二人が対話して問題を理解しようとする。スティーヴンもそうする。スティーヴンの議論への貢献は**ひじょうにゆっくりしていますが、いつもひじょうに深いものです**。対話が継続する中で、スティーヴンは一分に一回、あるいは二分か三分に一回、発言します。**この発言が会話の方向をがらりと変えてしまうことがあります**(71)」あるいは同僚や学生たちが、アシスタントやコンピューターと同じように、メニューの選択肢を提示したり、イエスかノーかで答えられる一連の質問をしたりする。

しかし、全員が同じ言語で話すわけですから……その点、コミュニケーションはかなり楽ですね……でも言葉のやりとりはさほど重要ではありません。ユーモアのセンスがあるのはいいことです。仕事がスムーズに進みます。そしてスティーヴンにはひじょうに優れたユーモアのセンスがあり、ジョークを言ったりするので、仕事が楽しくなります。でも……彼とのコミュニケーションで困ったことは一度もありません。互いに相手のことがよくわかっているのだと思います。眼と眼でわかるんです。彼はイエスとノーは簡単に言うことができます。私にとってはそれでじゅうぶんなのです。私がアイデアを提案すると彼は言うのです。「いや、それは間違っている」私はちょっと考えてから、こう言います。「間違っているという理由はこれですか？」すると彼は言います。「イエス」とか「それで正しいのか？」とかなんとか。(72)

・**問題解決段階**

問題解決段階では、学生たちは簡単なトレーニングを受けるだけで、あとは各自の裁量に任される。この段階でトーマスはもう一人の博士課程指導教官ニール・テュロックと組んで仕事をしている。「自分は完全に独立していると思っています。自分の計算に関するかぎりはね。ホーキングと仕事をしていると、コンピューターの仕事やら何やらがありますけど……彼はただアイデアを出したり、物事を考えたりする場合には、とても助けになる存在です(73)」ホーキングのところへ来たばかりの学生クリストフは、ティムの後任として情報喪失の問題に取り組んでいる（まったく異なるアプローチ方法だが）。彼は歩き回る方が好きである。

言ってみれば、それがちょっと問題なんです。博士課程指導教官の目的は、学生を指導して何か役に立つことに取り組ませることにあるからです。**言ってみれば、スティーヴンはほとんど指導らしい指導をしません。とても深いことを教えてくれるのですが……**どちらかというと、私は自分が思いついた方向に自分で進んでいます。でも、この分野では初心者なので、たいてい壁にぶち当たります。（……）最初に……やるように言われたのは、ブラックホールの消滅における相関関数と、ブラックホール時空に関すること、それだけです。私はブラックホール時空が何なのかも知りませんでした。大学の授業で大ざっぱな概念は勉強しましたが、実際的なことは何も勉強していませんし、相関関数については、どうやって見つけたらいいのか、糸口さえつかめませんでした。**これらの言葉について、**以前に学んだ部分的な内容よりも、ちょっとだけ深い観点から、**一つ一つ**その意味を**把握していかなければなりませんでした。**そして、自分ではどうにもできない不可能なことに遭遇しました。私にはその計算ができなかったのです[74]。

あらゆる手を尽くしても、どうにもならない。そうなったときに初めて学生たちはホーキングに相談する。ホーキングはいとも簡単に問題を解決してくれることもある。クリストフは説明する。

だからまあそういうわけで、自分には理解できないとか、そんなふうなことを相談しました。そしたら、続けろとは言わずに、課題を変えてくれたのです。**別の理論で、無限の中で起こる別のあることについて計算するように言われました。**ところが、こっちの方がもっとずっと難しかったのです。それを計算することは不可能です。これまで誰も計算できなかったんですから。結局最初の計算のアイデアに戻ることにしました。そこでどうにか自分にもできる、自分にも理解できる計算をやっと見つけることができたのです。まだ、終わっていませんが。それは今はしまいこんでありますが、夏の終わりまでにはできるはずです。そのあいだに、その……言ってみれば、いろいろとほかのことに取り組んでいました。彼に見ておけと言われたこととか、自分がおもしろいと思ったこととかね。(75)

おそらくこれと同じことを、ホーキングは次のように述べている。「私はいつも複数の問題に同時に取り組んでいます。そうすることによって、一つの問題で行き詰まっても、他の問題では先に進むことができるのです(76)」これと同じ理由で、学生たちもまったく異なる課題に取り組んでいるのである。

学生たちは、一人で仕事を進めていると——課題が難しすぎるか、ホーキングに会えないかのいずれかの理由で——たいてい他の教授に相談することになる（課題があまりにも難しいので、相談相手はふつうトップクラスの有名教授だ）。それがきっかけでその教授と共同研究を始めたり、以前からの自分の関心や疑問を含む別の方向へ進んだりすることもある。(77)彼らはそうやって「進歩」するのである。学生たちは毎月、自分の仕事の成果をホーキングに提出し、新しいアイデアや研究課題を継続的に提供する。

そしてついに学生たちが答えを出し、最終段階に入ると、彼らはそれをホーキングに見せる。つまり文字どおり、彼の眼の前で結果を証明してみせるのである。担当する課題に何か月もかけて取り組んだ成果に対して、ホーキングは簡単なイエスかノーかで答える。

計算に取り組み、答えが出たら戻ってきてこう言います。「計算終了です。こんな答えが出ました」彼が同意すれば、私は次の段階に進めます。（……）同意しなければ、黒板の前に立って説明します。一つ一つ段階的に説明するので、彼は一つ一つの過程を**見ることができます**。彼がある過程に同意してくれないときは、私はこう言います。「なぜです？　何が問題なんです？」私が間違っていた場合は、わかりました、私はそこで間違っていました、と言います。そんな風にして進んでいきます[78]。

・執筆段階

執筆段階では、学生たちはふたたび完全に一人で仕事を進めることになる。彼らは仕事の大部分を受け持つが、アイデアの生みの親はホーキングだと考えている。ラファエルの場合がそうである。彼はホーキングと共同で二つの論文を発表した。第一の論文は自分自身で書いたのに対して、第二の論文では、ホーキングの話の一つからいくつかの要素を再利用した。この後、学生たちはホーキングと話し合ったが、全体としては大きな変更はなかった。「最初の論文は私が一人で書きましたが、アイデアはすべてスティーヴンのものでした。二つ目の論文もほとんど私が書きましたが、スティーヴンが以前に書いたり話したりした内容の一部も使いました。その話の要素を論文に再利用したわけです。書き上がったら、みんなで話し合って、スティーヴンがそれでいいと思うかどうか、それからもちろん、変更を求めるかどうか、といったことを検討します。でも、たいてい、大きな変更はありません[79]」のちにラファエルはつけくわえた。「そうですね、彼と仕事をすることの特権は、自分がこれから取り組む研究が、間違いなく独創的で、きわめて興味深いものになる、ということです。**ほかのものを再利用したり、ちょっと計算したり、ただそれだけで終わることはまずありません……**[80]」トーマスは執筆段階になって初めてホーキングと電子メールでやりとりするようになった。最終的には、書き上げた論文を、彼に送信する予定だ。ホーキングはそれをコンピューター上で読み、おそらく、意見を述べるか、修正を求めるだろう。

　クリストフはまだホーキングと共同で学術誌に論文を発表したことはないが、ダブリンの学会で発表された論文では共同執筆者を務めている。このような場合、仕事は「四本の手で」行われる。このとき、文を完成させたのはコンピューターではなくホーキングの学生だった。ホーキングが文を書き始め、学生が完成させる。あるいは学生がある文を提案し、ホーキングが表情で可否を伝える。

ミアレ：しかし、私には普通ではないように思えます。とても難しいような……彼が話そうとしていることをどうやって正確に予測することができるのでしょう。ひょっとして……

クリストフ：まあ、当然、研究課題が話題になるわけで、**その課題は私が担当していますからね。**

あるいは、

ミアレ：このマルダセナ教授の論文、読みたかったんです。
クリストフ：お薦めできませんね。
ミアレ：ええっ！　難しすぎますか？
クリストフ：まったくお薦めしません。でも、スティーヴンの論文なら読めますよ。そっちの方がもう少しわかりやすい。
ミアレ：そうなんですか？
クリストフ：（沈黙）……それを書いたのは私なので(81)（笑）。

論文が最終的に学術誌に発表されるとき、執筆者として掲載されるのはホーキングの名前だけである。学生については最終ページの一番下に電子メールのアドレスのみが掲載される。ここでは二重の運動が見られる。学生は「アイデア」をホーキングのものと考えるいっぽうで、すべての仕事を受け持っているからだ（口絵写真3参照）。

結論

この章では、スティーヴン・ホーキングが物理学を実践できるようにするための男女および機械からなる能力のネットワークを再現した。われわれはこの科学者が、よく言われるような肉体から遊離した精神などではないことを見てきた。それどころか、彼の障害によって、理論的研究を行うためには集団への組みこみが必要であることが明らかになった。ホーキングはその障害ゆえに機械や他の個人に自分の能力を代行させるしかない。だからこそ、彼はけっしてその障害によって例外的な人間、精神なき身体になったりはしない。障害はむしろ、通常は隠されているか見過ごされていることを明らかにする。たとえば、情報利用や共同研究の中枢としての道具(ここではコンピューター)および学生の役割を明らかにする。また、彼のたぐいまれな知的能力が生み出したと普通は考えられているものは、本当は彼の指定する方法で応用数学・理論物理学科によって選抜され訓練された集団が生み出した結果なのである。この集団が「彼の」発見を報告し、証明し、計算し、再文脈化し、拡大し、翻訳する。これらの発見は、多くの場合、ホーキングが以前に発表した論文を引用して明快に説明、詳述される(その論文もまた別の学生たちとの共同執筆によるものだ)。書き上がった「新しい」論文は、今度は彼のコンピューターに送られ、ふたたび利用、翻訳される。だが、ここに例外的なことは何一つ見あたらない。他の教授たちが同じようにして仕事をしていることは容易に想像できる。

さらに言えば、この純粋な精神は、けっして孤立しておらず、理論的研究の身体的・集団的実践という側面を明らかにする。また、研究室における学生と指導教官の階層構造、研究課題が割り当てられる方法(前任の学生が担当した仕事を継承させる)、学生のやった仕事が(実際の貢献度とは関係なく)指導教官の業績とされる著作のメカニズムも明らかにする。たしかに指導教官は、ある種の精神的な指導者や人生の教師といった役を務めている——この役割は、長年の経験を基盤とした直感、「全体像」を把握する感覚によって発達させた直感とつながっている。指導教官が課題を選び、何が興味深いかを判断し、「細かいこと」は学生に任せる。そしてその学生が、論文全部を書くわけではないにせよ、計算などを代行するのである。たいていの場合、論文の「著作者」は編集者にすぎない。

だが、さらなる委任プロセスの実行によって、ホーキングの障害が明らかにするのは、普通は存在するが眼に見えないものだけでなく、ホーキングの能力が他者のそれよりも遙かに集団化・具体化されているという事実である。じっさい、通常、運動操作と認知操作はすべて民族誌学者によって覆い隠されてしまう。科学者個人に関わることだからか、普通は（たとえば健常者の物理学者の場合）単一の身体に含まれるからである。だがホーキングの場合、それが眼に見えるのだ。運動操作と認知操作は実質的に外在化され、他の身体（技術者、アシスタント、機械、その他）に取りこまれている。このため、人や機械への技能の委任、複数化、再配分の仕組みを「見る」ことが可能だ。これは彼の（あるいは物理学者一般の）頭の働きを理解するためには不可欠のものである。

したがって、ホーキング研究室の再現はそれを構成する関係や習慣——誰が誰か、誰が誰に話すのか、誰が何を、どのように、なぜするのか——に基づいており、彼の身体の見えない部分を見えるようにした。だが、そこでやめることができるだろうか？　この学者の能力を、民族誌学者による再現——書いて組み立てる仕事——によって明らかになった集団の能力と置き換えることができるのだろうか？　偉大なる研究者**ホーキング**はこの意味で、ラトゥールが述べたパストゥールと似ているだろうか？　**ホーキング**とは、言ってみれば、彼の身体と精神からなる集団に相当するもの、あるいはその産物なのだろうか？(82)　ホーキングはコンピューターを介して論文を読んだり情報を利用したりすることができる。学生を介して正当化、計算、証明、執筆などの仕事ができる。そのいっぽうで、会話の方向を変えるのは、ホーキングのイエスとノー（そしてコンピューターを使った二、三の文）である。学生たちはそれによって先に進むことができ、どこで間違ったか、どうやって先に進むべきかがわかり、そのまま発表する、あるいは修正することができる。私はアクター（行為者）たちがつねに自分のしていることを見せるこのプロセス、すなわち集団の活動を明らかにした。「計算は私たちの仕事です」「私は彼が何を話そうとしているのかわかります。**なぜなら私が担当していることだから**」などなど。同時に、こうした仕事はすべて、特定の人物のアイデアと個別特異性から生じたものだと考えられる。「彼にはアイデアがある」「直感がある」つまり、「興味深い問題を見つけ、どのような解決法が考えられるかを推測する能力がある（だから問題解決のためにはどこに眼をつけるべきかがわかっている）」「彼には経験がある」「真に包括的な視点がある」「細かい計算ではなく、概念の観点から考える」この現象は、前章で検討した予測、完成、解釈、詳述といった作業によってある程度の説明はつく。学生たちは彼のすることを解釈できるよう訓練されているが、そのためには慣れることが必要だ。彼らは文を完成させ、翻訳し直し、他の教授から説明を受け、計算する。その他いろいろ。しかし、こうしたこともまた、チームの「長」を務めるあらゆる管理職、研究室長、あるいは経験豊かな科学者に共通する特徴ではないのか？　ウォルトスは企業経営者としての経験に基づいて、次のようにふりかえる。

そうですね、管理職はスペシャリストではなく、ジェネラリストだと思います。大企業の専門的な部門の管理職であっても、下で働く部下たちよりも、ジェネラリストとしての側面が強い。**上に上がれば上がるほど、ジェネラリストにならないといけない。全体像を把握し、あらゆる事柄同士がどのようなバランスにあるか、**あるいはあるべきかを考慮して組織を動かさなければならないのです。思うに、どこかで読んだ話ですが、私たちは若い頃の方が――アインシュタインが最高の仕事をしたのは二〇代だったというでしょう――若い頃の方が優秀でした。自分の若い頃をふりかえってみると、微積分が大の得意で、超難解な数学も軽々とこなしていた。今では数学なんて、もう何年もやっていません。**ジェネラリストとして、より一般的な概念の中で物事を考えるようになっています。**今、ホーキングも同様の進化を遂げたのでしょう。まだ運動能力があった二〇代には、方程式を解き、きわめて複雑な数学的関係の観点から物事を考えていた。それが今ではより概念的に考えるようになっています。たしかアインシュタインも同じような進化を経験したというようなことを言っていたはずです。ですから、きっとそこには何かあるのです。(83)

要約しよう。私はまず帰属プロセスを追うことから始めた。「彼は私たちがふだんやっていることをすべてやるわけではありません。**できないからです**（たとえば管理職としての仕事や教えること）。だから、私たちよりも『考える』時間がたくさんあり、そのためにはとにかく優れた頭脳が必要なのです」たとえ考える時間がたくさんあるとしても、理論を生み出すのは、優れた頭脳だけでなく、うまく組織化された研究室あるいは学部であることを私は示した。この意味で、ホーキングは、重い障害を抱えながらも、自ら選んだ分野で仕事をすることができる。必要な作業はすべて他者が実行してくれるからだ。ここでもまた彼の障害は、民族誌学者にとって、ある種の拡大鏡となり、普通は眼に見えないものを明らかにする。やるべきことを他者がやってくれるなら、障害は彼の仕事の妨げにはならない。ホーキング本人を含む一部の人々は、こうしたことが彼を理論物理学の分野でとくに優れた研究者にしているとまで考えている。次の章では、私の分析をさらに一歩進めて、ホーキングを個別特異化させる帰属プロセスを追う。私の観察は、私自身の推測の産物という部分もあるが、類似の（大学教授、管理職、物理学者の）習慣を覗き見る窓という部分もある。その観察によって以下について何か具体的なことがわかるかどうかを確かめる。この種の理論的な実践の働きについて。特定の理論家たちの考え方（視覚的か分析的か）について。とくにホーキングの物事のやり方について。ここでふたたび、別のブラックボックスを開けてみよう——彼は何をしているのか？　彼はどこにいるのか？　では研究室に戻ることにしよう。

第三章

図

ホーキング：私は自分の障害を色覚異常のような軽いものだと考えています。色覚異常の人は、交通信号や服の色を見分けるコツを身につけます。
ミアレ：あなたのコツは何ですか？
ホーキング：絵です。
ミアレ：頭の中の？
ホーキング：そうです。

著者によるスティーヴン・ホーキングへのインタヴュー、二〇〇七年七月

直感対微積分

「ホーキングとは彼の精神のことである」彼を特徴づけているのは彼の直感、興味深い問題を見つける能力、そしてどのような解決法が考えられるかを推測する能力である。これは、応用数学・理論物理学科の廊下で彼について同僚や学生に尋ねたときによく耳にすることである。「彼は計算が

できないので考えるしかない。論理的必然です！」とある人は言う[1]。彼には「計算の向こうにある」ものを見抜き、「近道」をする能力があるようだ。そのことについてジム・ハートルは次のように述べている。「スティーヴンはひじょうに頭脳明晰で……その明晰さはほとんど他の……理論物理学者の追随を許さないほどで、何が問題であり……どのように解決すべきかを**鋭敏**に理解しています。ですから、言ってみれば、彼には**計算の向こうにあるものが見えるのです**。たとえば、たいていほかの誰もが右へ行こうか左へ行こうか途方に暮れてしまうような場面でね。そのようなすばらしい才能は、**実験物理学ではないこの種の物理学ではとても役に立ちます**[2]」

この科学者にある知的能力は、彼が行っている物理学にまさにぴったりのようである。そのいっぽうで、他の多くの人々と同様、キップ・ソーンもまた、ホーキングの病気の進行と彼のものの考え方のあいだに直接的な相関関係を見ている。病気によって両手の自由を奪われ、それが必然的に、計算作業に必要な動作的操作能力も奪うことになった。逆説的に言えば、彼のハンディキャップによって、数学的な分析作業において動く身体の基本的な役割が明らかになった。「方程式を**書くこ**とができなければ、方程式を用いた長く複雑な計算をすることはまったく不可能です。それなのに、彼は驚くほど巧みに方程式を使うことができます。しかし、**同じ分野のトップクラスにいる大部分の人々と比べると、あまり巧みとは言えませんね**[3]」

人々も、ホーキング本人も、こう述べている。彼は自分のハンディキャップを強みに変えた。自分の限界を**回避する**方法を編み出したのだと。具体的に言えば、問題を定義し直し、解決策を**視覚化する**（**物理的**な姿形が**見える**ように）、あるいは問題が提起される枠組みを視覚化するのだ。このように、頭の中で方程式ではなくイメージ（形、幾何学的構造、高度なモデル）を操作することによって、問題を解決することができる。そんなわけで、幾何学的に変換できる問題については解決策を見つけるのは得意だが、この種の変換ができない問題についてはあまり得意ではない。キップ・ソーンは次のように私に語った。

そうですね、彼と他の大多数の人々との大きな違いは、彼が物事をひじょうに幾何学的に考えるということです。ほとんどの人は物事を分析的に解決します、方程式を使って。ということは、彼の場合、**ある種の問題、つまり幾何学的な形で定式化できるような問題の方がずっと早く解決でき**、ずっと深く、ひじょうに短時間で理解できるのです、他の誰よりも。ある種の問題は簡単にそのような形にならないので、彼がその種の問題で大きな発見を成し遂げる可能性は低くなります。たまに大発見をすることもありますが、その場合は、学生たちに指示して黒板に方程式を書かせ、それをじっと見ながら考えをめぐらす、という方法をとっているのです。(4)

ホーキングはこの見方を実証し、自分の考え方の正しさ——そして物理学を実践できるという事実——を証明しているように見える。そのために、以前のように理論の仕事をするのに身体は不要だと断言するのではなく、科学的方法と合理性の基礎とされている数学的言語を一掃する。ホーキングは書いている。誰であれ物理学をやるのに方程式など必要ない。なぜなら、基本的な考え方は言葉とイメージで説明できるからだ、と。

宇宙を支配する物理法則は通常、数学の方程式の形で表現される。ほとんどの人にとって、これが理解を妨げる大きな壁となっている。しかし、物理学における方程式は、予算に付ける補足資料のようなものだ。詳細な部分を気にする会計士にとっては重要だが、状況を全体的に理解するのには必要ない。**物理学における基本的な考え方は言葉と図で説明することができる。**（……）私たちが慣れ親しんでいる空間の三次元と時間の一次元で物体を想像するのですら難しいのだ。私たちの万物の統一理論に従って、さらに七つ以上の隠れた次元を加えるとなると、なおさらである。それでも、一般にこれらの次元のほとんどは無視できるもので、**私たちの頭脳によって視覚化が可能な二次元か三次元で物事を思い描けばいいのである。**だから、宇宙を支配し、形作っている基本的な法則と力を理解することは誰にでも可能だ、と私は信じている。[5]

眼、手、そして図

ここまでは、ひじょうに西洋的な理論的活動の概念の基礎となる前提に異議を申し立てるところはないように見える。その前提とは、理論は根本的に実践とは異なる、ということである。[6]だから、実験科学——とくに物理学——が手先の器用さ、専門的知識、器具、場所、正確な動作などが必要な具体的作業の所産とみなされるいっぽうで、[7]それとは逆に、理論的活動は頭の中で行う瞑想的、内省的な営みだけの所産だとみなされている。[8]この区別は、言うまでもなく人為的なものである。

理論化は、立ち入りがたい頭の中のプロセスの結果などではなく、――実験科学と同様に――具体的かつ組織化された能力の展開であり、その能力は、理論化のためのテクノロジーや紙の道具を駆使することに基づいている[9]。さらに言えば、頭の中での純粋に内省的な視覚化の結果と思われるもの――頭の中でのイメージ操作――は、少なくともホーキングにとっては、部分的には、二次元表現を見るという身体的活動に基づいている、ということを私は明らかにするつもりである。言い換えれば、障害によって課された限界を回避する能力――具体的には問題を定義し直して、解決策あるいは問題が提起される枠組みを視覚化できるようにする――は主として形があって具体的な「視覚化できる」手段に基づいている。その手段とは、図である。ホーキングの学生の一人は次のように述べている。「これらの図を使用することで、図の内側にとどまり、図の観点から考えることができ、なおかつ有効な科学的アプローチを行うことができます。言い換えれば、図は数学の方程式に相当するものです。じっさい、図は数学的です。そうなんです。ペンローズやファインマンによって図が発見されていなかったら、スティーヴンの人生は今よりもずっと困難なものになっていたでしょう[10]」

しかし、ホーキングが考えるために視覚的な媒体を必要とするという事実は、彼の**専門分野**の特殊な性質を際立たせている。自身の名を冠した図の発明者であるブランドン・カーターは次のように指摘した。

私の意見では……**物理学者の脳は（そのようにして）働く**のです。おそらくほかの人たちは違

うのでしょうが、普通の物理学者や数学者は物事を二次元で見ることに慣れています。眼がそうなっているからです。（……）たとえば、自動車が最初時速二〇キロで走っていて、それから加速して三〇キロになり、ずっと道を走っていって最終的に減速して停止した、というような話を聞かされても、私には憶えるのが難しい。位置図を描いてくれた方が、……それと同じ情報を含む図のイメージを記憶する方が私にはずっと簡単です。なぜなら図は速度が速いか遅いかを伝えているだけですから。

そしてこの視覚化の必要性は理論的な実践にはつきものだ。カーターは言う。「そんなわけで、私たちは文学研究者が黒板を使わずに講義をするのを見て、ひじょうに驚きます。私たちは……黒板や紙がないと、何一つ互いに議論することができません……私たちはそれに完全に依存しているのです――他者と対話するときだけでなく、自己と対話したり、自分のアイデアについて考えたりするためには視覚的媒体が必要です……その方がずっとよく視覚的に記憶できるのです……でも**スティーヴンの場合は極端で、**圧倒的というか、私たちよりもずっと依存度は高いですね[11]」したがって図は、数式に覆い隠された問題の本質を見抜く方法をホーキングに提供する。だが、ここでもまた、ではどうするのか？　という疑問が生じる。彼は同僚たちとは違って、手で方程式を書く能力を失っているだけでなく、図を描くこともできないのだ。そこでは学生たちの役割が根本的に重要だ。その役割を通して（彼の）論理的・視覚的実践を理解するのに必要な委任のプロセスを確認することができるからだ。

天体物理学者になることを選択したのは幸運だった、とホーキングは明言している。というのは「天体物理学者であるためには……**身体的な能力がまったく必要ないからだ**[12]」と。しかし、ここでは当てはまらない。考えるためには手が必要であり、それが無理なら、他の人の手を借りるしかないからだ。しかし何より必要なのは眼である――手が動き、書き、計算し、描くのを見つめる眼が必要だ。周囲を取り巻く人間／機械集団から情報を提供され、それを――眉を上げる（または上げない）ことによって――取捨選択する方法を確立したように、彼は眼の前に描かれる図から情報を得てそれを取捨選択することもできる。したがって眼は、個人、機械、理論化のための道具からなる能力ネットワークの統合と活性化の最重要ポイントとなる[13]。

ホーキングはよくペンローズ＝カーター図を見せてほしいと言う。ペンローズが一九六〇年代に考案した包括的な方法を直接応用したものである[14]。ホーキングの学生は言う。「小さな図の中に時空全体を**表現するこの技術**を、スティーヴンはつねに利用しています。ある宇宙、ある空間、アインシュタインの方程式のある解決法に関する話をすると、**毎回、彼は**ペンローズ図を**見せてくれと言います……それが視覚的だからです**[15]」

ここで少し立ち止まり、この科学者が扱う記述について考えてみよう[16]。この図にはどのような特性があるのだろうか？　何をするためのものだろうか？　あるいは科学者に何をさせるのだろうか？　ペンローズ＝カーター図は、「全宇宙」を有限の**イメージの中でとらえる**ことを可能にする手段である。そのイメージは、これから見るように、それ自体が、かなり複雑になりそうな方程式を直接翻訳したものである。宇宙の縮図という武器を持った科学者は、眼で見ることによって全宇宙を支配できる[17]。「私たちは無限の宇宙**について、**正確に言えば無限の時空について**語る**ことが多いのです。私たちのモデルの多くは無限の宇宙に関するものです。だからといって**それを無限の絵で表現するのはなかなか難しい**[18]（笑）。しかし、ペンローズ図が**優れているのは**……宇宙を変形させて……**無限の宇宙全体を有限な大きさの絵に描けるように**したところです。**有限な大きさの絵でありながら、無限の宇宙全体をあらわしているのです**[19]」

また、ペンローズ図の能力つまり「優れているところ」によって、科学者は宇宙全体の因果関係を一瞬にして知ることができる。言ってみれば、「誰が誰に話しかけ、誰が何について話しかけられたか、そしてなぜか」を見ることができる[20]。「さらに、この図の変形された宇宙では、光が進む経路は直線で描かれています。光より速く進むものはないからです。**このため異なる点がどのように結ばれているかを理解するのにとても役立ちます**[21]」この図があれば、近道をすることも可能だ。「ひじょうに実用的です。図の使い方をわかっている者にとってはとても強力な武器になります。**わざわざ四万回の計算をする必要はない。ただ見ればいいんですから**[22]」このように、図は、それそのものは答えではないが、発見に役立つツールである。「それは宇宙を視覚化したもので……特定の角度から（見た場合）、直感的に理解できます[23]」

言い換えれば、こうした全体的な視点――われわれが精神の力によるものと考える、つながり、近道、直感力――は、これらのツールが生み出したものなのだ[24]。たとえばジル・シャトレは、図は人工装具として機能しており、直感と思考を駆使する手段となる、と主張している[25]。彼はそれを「暗示」と呼ぶ[26]。しかし、ホーキングの知的特性はこれらのツールだけによって作られるのではない。

もしもホーキングの障害が彼の視覚的思考を妨げていないとすれば、視覚的ではなく分析的な考え方をする一部の物理学者は、視覚化をともなう作業をしなければならないとき、自分たちの方が「ハンディキャップがある」と言うだろう。その意味で、ホーキングの障害は、「図形的な」思考形式があることを明らかにしている。だが、すでに見たように、彼は手を使って方程式を書いたり、操ったりすることはできず、同様に、ここでもまた、こうした図を自分で描くことは不可能である。そこで、彼の学生が代わりを務めることになる。というわけで、彼と仕事をするためには、彼の身体言語を読み取る方法を身につけるだけでなく、図という言語で話したり書いたりできるようにもしなければならない。「ええ、はっきりしています。ある解決法、つまり**誰かが見つけた**ある特定の空間を（彼に提示する）ときは……毎回彼はまずペンローズ図を見せてくれと言います。しかし、もちろん、最初はじっさいどのように見えるかわかりません……アインシュタイン方程式の何々に対する解決法、なんてやつですから。でも、具体的な質問をされることがわかっているなら、答えられるようにしておかないといけません(27)」

仕事はけっして簡単ではない。デヴィッド・カイザーは次のように述べている。「ファインマン図は自動表現型の図式ではなかった。それは教えてもらい、実践するべき『約束事』であり、そのことはときに何よりはっきりとしていた(28)」ペンローズ＝カーター図を使うには読み方と描き方を習得しなければならない。ペンローズ＝カーター図を**読める**ようになるために、超人的スキルはまったく不要だ——じっさい重力の研究では標準的なツールとなっていて、大学院生なら誰でもそれを習得し、理論的観点から使いこなせるようになる(29)。学生は、それがなぜ使われ、方程式の中でどのように得られるかを知る必要がある。しかし、それは**じっさいに描く**こととはまったく別問題だ。その難しさは、まず空間の数学的方程式（つまり分析的解決法）を理解したうえで、それを図に翻訳できなければならない、ということに関係がある。つまり、図とはこの解決法の一つの考えうる翻訳なのだ。「方程式で理解している空間があるとします。この場合、方程式があるからこそ物事のイメージを構築できるわけです。しかし、その逆のことをするのは、あまりにも複雑すぎます[30]」

そして、新たに発見される空間の数だけ、対応する新しい図が存在する。ホーキングの学生はこのツールの柔軟性と、じっさいに使って習得（そして創出）する必要性を強調して次のように語る。「たぶん私は一五前後の異なる空間を記憶しています。それはじっさいに眼で見て、理解して、それを基に考えたからです。でも、また新しい空間が見つかったら……それをあらわす新たなペンローズ図があるのです。そして、**それを基に考え、やってみなければなりません**。本の中を探しても見つかりません。**空間を見つけたのがあなたなら**、本に載っている可能性はない[31]」また、彼はその前年のインタヴューでこう言った。「たとえば、スティーヴンが（他の学生の一人に）何かを見つけるように指示したのを私は知っています……空間、時空に関係したことです。そこには二つのブラックホールがあって、互いに加速し合う関係にある。これを視覚化し、眼で見えるようにするのはきわめて難しい。（……）**これは定義するのは簡単だけれども、解決するのが猛烈に難しい問題です**[32]」

要するに、視覚化できるようにするには、まず計算——頭の回転が速く、勤勉で、高度な訓練を受けた学生たちによる計算——がなければならない。これらの空間を「発見」し、それを図に変換するのは**彼ら**なのだ。計算と証明がアイデアや直感に先行しているように見える。これはポパーが主張したこととは正反対である。ある意味で、まるで（単一の精神によるものとされる）正当化して**はじめて**発見という文脈がくるかのようだ[33]。そんなわけで、ホーキングの能力は他の人々のそれより分散している、と言うことができる。彼自身は計算を行うことができないからだ。それゆえにわれわれは彼について——彼自身もそう言っているように——分析的というよりは視覚的だと言うのである。だが、ここでもまた同様に、可視化は彼が自分で描くことのできない図の使用に基づいている。それと同時に、ここで述べている図は、それをあらわす数学的方程式を発見した**後に**のみ描くことができるものだ。ゆえに学生は計算と図の**両方**について責任を負う。

ここにプロセスの複雑さがあるようだ。この点で、これらの図が完全にホーキングの障害に適しているように見えるところに着目するとおもしろい[34]。ファインマン図の強みは、たくさんの図を迅速に描くことができるので、図と代数のあいだに絶えずフィードバック・ループ（一行ずつの直接変換）があるところだが[35]、いっぽうペンローズ図は何ページにもわたる計算の結果であり、その計算は、すでに見たように、たとえホーキングにはできなくても、学生たちによって実行できるものである。一つの図は百行の代数に相当する内容をあらわすことができる[36]。ブライアン・ロットマンの主張によれば、図は「行動と経験を抽出し、『**その内容をすべて手を使って**活用、**伝達**できることを教えてくれる』……物理学者たちはこのことを誇りにしている」という[37]。**じっさい**、人が図を駆使する方法には実質的にさまざまな違いがあることがわかる。ファインマン図が計算を支援するために使われるただの補助具や人工装具であるのに対して、ペンローズ図は完全に計算作業の代わりになっている――必要な情報がすべて一つの絵の中にまとまっているのだ。「ペンローズ図は時空を特徴づける方法として、近似式の計算を百回くりかえすよりもよく使われる方法です……ペンローズ図は**似顔絵**として機能しています。**漫画**のようなものですよ[38]」

これが何ページにもわたる方程式からなる長い証明よりも、図の方が優れている点である[39]。ホーキングの学生は、因果関係の問題に関連して、こう述べた。「四万回の計算をしなくても、それを見ることができるのです[40]」ホーキングは新しい図を見せられるたびに、それを記憶することができる。「一度見れば、頭に入ってしまうのです[41]」このことに基づいて彼の生産性の高さを説明する人々もいる。

式を書くことができない場合、より正確に図を脳内に保持できるようになるし、いろいろな部分を注意深く見るようになります。そうなれば図を紙に描くのに大いに役立つかもしれませんね(笑)……きっとたいへんなことだと思います。たぶん、誰かに黒板や紙に図を描いてもらっておいて、後でそれを頭に入れるのでしょう。**たしかに複雑な方程式よりも図の方が記憶しやすいですから**[42]。

この意味で、ホーキングのハンディキャップは、ある種のいわゆる視覚的理論家に特有の推論形態を際立たせる。彼はそれを極端なほどに利用しているように見える。そのことについてある物理学者は私にこう語った。「ですからおそらくホーキングやその他の優れた物理学者たちは、さらに突っこんで、この種の図を何らかの方法で内在化し、もっとずっと強力なものにしているのでしょう[43]」

ホーキングはおそらく、図を記憶する作業を誰よりも徹底的に推し進めているのだろう。なぜなら図を描いたり、他の方法を選んだりすることによって、認知的作業を軽減できないからである。ブランドン・カーターが言うように、「彼は同じ境遇であれば誰もがそうすることを**しているだけだ**」。しかし、図を記憶するだけではだめだ。もしも記憶するだけだとしたら、何も起こらない。問題が持ちあがるたびに図を科学者の眼の前で準備し、描き直し、可視化しなければならない。なぜなら彼が求めるからであり、また学生たちが彼にたびたび要求されることによって、予測するように「訓練され」るからである。まったく、孤独な天才のイメージからはほど遠い。

図は、準備が進められる中で、つまり、ホーキングと学生のやりとりの中で、初めて形をなし、意味を持つ。そして、あたえられた問題に対応し、特定の瞬間に介在し、特定の個人に関係する。また、ブライアン・ロットマンはジル・シャトレの仕事に言及して、こう述べている。「思索の画像である図は、身体運動の結果である。その起源と、したがってその記述、働き、意味は動作と不可分である……」ロットマンがここで語っているのは「動作が他の動作を喚起する傾向」のことだ[44]。ホーキングのコンピューター画面に普通の図が表示されても役に立たないのは、そういう理由もある。コンピューターが選択メニューを表示し、あるいはアシスタントが質問してくれるから、ホーキングは眼のわずかな動きだけでコミュニケーションをとることができる。同様に、学生たちは彼の眼の前で図を描きながら、議論の基礎を整えるのだ。

そうです。でも、まるで……絵画の授業みたいですよ。先生が最初に言うのは、紙を出しなさい、ですからね。本当ですよ。紙を出すんです。何をするか？　オーケー、紙を一枚出す。どの筆を使うか？　オーケー、筆を出す。すると先生はすぐにあなたが筆、鉛筆、木炭などを持っているかどうかを確認します。**それをそこに置いて、準備を始めると、スティーヴンはこちらが何を話そうとしているか、すぐにわかります。そうして議論の基礎を整える**、というわけです[45]。

描き手は描くための素材を選び、科学者は計算をする基になる図を選ぶ。あるいは少なくともアシスタントたちが、「**計算設定**」に必要な素材を彼のために用意する。「描き手に『絵を描いてくれ』と頼むのと同じです。最初に**尋ねられる**のは、あるいは彼が**自問する**のは『どの紙を使おうか？』……そうして『キャンバスにしよう、ボール紙にしよう、石板にしよう』といったぐあいに素材が決まります。そうしてその素材の中で計算を行い、後でその上に図を描きます。だいたいそんな感じです[46]」ホーキングはカーター＝ペンローズ図を好んで用いる。なぜなら自分が検討しようとしている空間を直接的に表現したものだからだ。彼は図を使い、図を介し、図の中で考える。そしてわれわれは、この物理学者あるいは彼の分身が相互に作用あるいは接触するヴァーチャル・リアリティーの構築について議論することができる。エリノア・オックス、サリー・ジャコビー、パトリック・ゴンザレスは次のように述べている。

物理学の研究室では、研究者たちが、いかなる知覚能力によっても直接到達できない物質世界を理解しようとしている。この溝を埋めるために、彼らは**具体化された**解釈の旅に出るらしい。見たり触れたりできる二次元の人工物を横切り、あるいはその中を通る。その人工物は従来の方式を用いて（物理学）用語を象徴するものである。研究者たちは、そうして描写されたものにじっさいには触れないで、ただ身ぶりだけで、描かれた軌跡に沿って、あるいは特定の一点に向かって、ときにはかなり遠くまで（たとえば、テーブルの席に座ったまま）、その描写されたものの一部に到達することもある。この意味で、（彼らの）感覚運動的な身ぶりは、（考えうる）世界を表現するだけでなく、それらを想像したり仮想的に経験するための手段である。[47]

無限空間から宇宙にものを投げこむ

カーター＝ペンローズ図によって、ホーキングは自分がどの空間にいるかを確認し、その空間を規定する法則を把握することができる。その結果ホーキングは、何ができるかを知り、これから遭遇するであろう障害物を視覚化することができる。このとき物理学者は、理論化の絵の具が載ったパレットを渡された画家にたとえられる。と同時に、コースを予測できる地図を視覚化するレーシング・カーのドライバーにもたとえられる。それは明らかに旅と身体の動きの問題である。ホーキングの学生は次のように述べている。

Ｆ１ドライバーの誰かに、レース前に聞けば、まずコースの状態を知りたがるでしょう。コーナーがどうなっているかとか……コースを（見たいと思うでしょう）。**そうですね……Ｆ１ドライバーはコースの地図を欲しがるでしょう。そしてスティーヴンはペンローズ図を欲しがります。**その図で着想を得たり、考えをめぐらしたりすることができるからです。長い時間、瞬きをしたり、じっと眺めたりします。ずっとではありませんが。ときにはもっと複雑なこともしますから。でも、だいたい、眺めていれば、**そのような空間内で何が起こっているかを考えたり見たりする**ことができるのです[48]。

このように図を使って簡単な思考実験を行うことができる。シャトレはこう述べている。「図が廃れることはけっしてない。それが描くものだけに適応することを目的としたものなのだ。このような自立性が求められるがゆえに、図は思考実験に当然不可欠なものとなる[49]」ホーキングのインターフェイス設計者ウォルト・ウォルトスは、小説家が登場人物を想像するように、未来のユーザーの立場に立って考えた。彼は言う。

私はスイッチが一つしかないコンピューターの前で数千時間を過ごしました。けっして届かない相手に手紙を書き、……実地に試すためにね……、眼に見えない相手と模擬の会話を続け、……誰かが部屋に入ってきたら、想像の中である話題について会話を続けるのです。そうして私はスイッチを使い始め、彼らが（私の話を）遮ったりするような場面を想像しました。「話を最後まで聞いてください」と言いたいとします……作ろうとしている文の途中で、そう言えるようにしたかった。そこで私はそうする方法を考え出しました。私たちが瞬間的発話と呼んでいるものです。これらの戦略はすべて基本的には、言うなればユーザーになってみることによって生まれたものです[50]。

ウォルトスがユーザーをプログラム作成のための手段として考えているように、ホーキングは図の中に自分自身を入れたり出したりする。学生の共同研究者は言う。「ペンローズ図を使うと、**無限空間から宇宙にものを投げこんでみる**という思考実験を簡単に行うことができます――そうやって何が起こるかを見るのです。図を使えば頭の中でそれができるのです[51]」ここでは、身体の動きを示唆する言語構造によって、図は動的なものになる――「無限空間から宇宙に**ものを投げこむ**[52]」この構文において物理学者は、視覚表現とそれが指示する構築された世界のあいだの境界域に立たされる。

ここで示した例は、オックス、ジャコビー、ゴンザレスがいみじくも記述したことを裏づけているように見える。「この世界において、共同で解釈的な活動に従事する科学者は、話したり、身ぶりをしたり（あるいは想像したり）といった手段によって、構築された視覚表現の中に入っていき、言葉と身体を使って旅をする」何より、「この境界域では、主体（つまり研究者）と客体（つまり研究対象となる物理現象）のあいだに、明確な境界線が言語的には引かれていない[53]。さらに言えば、物理学研究室で話したり、身ぶりをしたり（あるいは想像したり）して、視覚表現の世界を旅する研究者たちは、言葉の上でも現実でも、解釈する主体になると同時に、解釈される対象にもなっている。「私の温度が下がるとき」（あるいは「無限空間から宇宙にものを投げこむ」）のような言い方は、科学者と研究対象の明確な社会的アイデンティティを解体し、両者が混じり合った不明確なアイデンティティを作りあげる。サイボーグのイメージがそうであるように、この結合した社会的アイデンティティは生物性と非生物性を合体させる。このアイデンティティが成長するのはすでにある世界ではなく、眼前の相互作用と、視覚的表現と、表現された物理学の世界のあいだの境界域である。(54)

さらに言えば、ホーキングの研究対象である有名なブラックホールそのものが思考実験であることを忘れてはならない。「ブラックホールが存在する**可能性**を示す証拠はある**ようです**が、天体物理学上の**眼に見える**ブラックホールと私たちが**モデル化**しているブラックホールには違いがあります。後者はきわめて完璧で、ひじょうに多くの対称性が含まれているのです(55)」ブラックホールは存在する可能性がある、と言われている。しかし、眼に見えるブラックホール、精巧な実験器具を通して見えていると**信じられている**ブラックホールと、モデル化されたブラックホール、つまり複雑な理論化ツールを用いて視覚化され、実験されるブラックホールには違いがあるらしい。そうして物理学者は、われわれの宇宙の数学的モデルを構築するのだが、そのために――分析的ではなく視覚的な物理学者の場合――頼りにするものとして、あるいは問題を視覚化し、計算を行うことができるキャンバスとしてある種の図を用いる。ある意味では、彼らはけっしてモデルから離れない、と言える。モデルから問題が作り出され、その問題から計算と図が生み出され、最終的にその図をホーキングが記憶するのだ。これは理論家——図および概念を作り出す人々——が構築する現実である。[56]だが、ホーキングの学生は構成主義、相対主義、現実主義を巧みに織り交ぜながら次のように述べている。「私は**われわれ**の宇宙を**構築**しようとしています。われわれの宇宙を**表現する**数学的**モデルを見つけよう**としているのです。**われわれの**宇宙です。**誰かの頭の中にある**宇宙ではありません。われわれの宇宙、**われわれが住んでいる宇宙**です[57]」

結論

本章ではまず、理論を行うためには、ただ優れた知性さえ持っていればよい、という一般通念から始めた。ホーキングはその障害ゆえに、この考えを裏づけているように見える。じっさい、ホーキングはそのように表現され、本人も自身についてそう語っている。何より「深い思考」「一挙に解決に達することを可能にする直感」「視覚化の能力」というのが彼の特徴となっている。手が使えないため、計算の過程を一行一行、明確に展開していくという分析的な作業を行うことができない。またファインマン図などのある種の図やコンピューターを使って複雑な計算をすることもできない。われわれはつい忘れがちだが、この種の計算能力は、あっちこっち、行ったり来たりでき、あるいは一歩一歩進んで行くことのできる動く身体と緊密な関係にある。[58]ホーキングの場合、それは不可能か、可能だとしてもあまりにも時間がかかる。これまで見てきたように、「ホーキングは詳細に論じることができない」という話は、本人、アシスタント、学生、同僚の発言に何度も出てくる。しかし、たとえハンディキャップ——身体を動かせないこと——のために、手やコンピューターを使って計算ができないとしても、視覚化という作業では制約を受けない。この視覚化に関しては、逆に一部の健常者の物理学者はおそらく、自分にとってはハンディキャップだと考え、あるいは実際にハンディキャップとして経験しているかもしれない。当然ながらホーキングは、つねにこの視覚化の作業には楽々と取り組んでおり、他の方法が使えないため、これを極端なまでに推し進めてきた、と言われている。その結果ホーキングは、集中的な計算作業を必要としない分野、視覚化可能な、つまり解決策または解決への道筋が**見える**形に再変換できるある種の問題の扱いをとくに得意とするようになった[59]。視覚化の作業には（頭の中にイメージを描くという）内省的な部分があるいっぽうで、基本的に図を用いるという部分もある——ホーキング自身は図を描くことはできない。そのため学生たちを動員しなければならない。そして学生たちは彼の言語に習熟する必要がある。彼らはアシスタントとして、**ボディ・ランゲージ**を通して（彼がイエスかノーかで答えられる質問をすることによって）、また、コンピューター上に書かれ、音声合成装置によって発音される陳述を読み取り、それを解釈あるいは予測することによって、ホーキングとコミュニケーションをとるようになる。しかしそれと同時に、計算の仕方、図の描き方も知らなければならない。ホーキングがそれらの中からある種の情報を選択できるようにするために。

図を描く実習は応用数学・理論物理学科（ＤＡＭＴＰ）の授業で学ぶ学生にとっては標準的な課

題であり、カーター＝ペンローズ図は重力物理学で広く使用されるツールである。難しいのは、この図を新たな問題に適合させなければならないという点だ。そんなわけで学生は、図があらわすであろう数学的解決策を計算するよう求められる。学生たちが計算し、図を描く。新たな問題をホーキングに提示するたび、質問されることを見越して、それに対応した図を彼の眼の前に置く。したがって、思考実験は、外在化された手段の使用に基づいており――あるいはそれによって再活性化され――学生たちがその仲介役を務めている。つまりこれは集団による思考実験なのである。ホーキングは、学生と図の助けを借りて数学的実践の次元を具体化し、可視化する。チャールズ・サンダース・パースは次のように述べている。

人間なら誰でも、現在の手段よりも優れた手段が欲しいと思う。人は欲しいと思った後に、こう自問する。「すでに希望を満たすだけのじゅうぶんな手段があるとしたら、それでも同じようにそれを欲しいと思うだろうか？」その問いに答えるために、人は自分の心の中を探り、私が抽象的観察と呼ぶことを行う。**想像の中である種の概要図、つまり自身の大ざっぱな図を描き、事物の仮想的な状態が絵の中に描かれるためには、どのような修正が必要かを考え、そうしてそれを検討する。つまり、自分が想像したことを観察し、それでも欲しいと思うか、もう一度確かめる。**このような基本的に数学的推論とひじょうによく似たプロセスによって、あらゆる場合の兆候の何が真実かについて、われわれは結論に達することができる[60]（強調は筆者）。

ロットマンは、パースの洞察に従って、数学的推論について次のように述べる。「最低三者が必要な活動である。『人（目覚めている夢想者）』が『主体（夢想者）』を観察している。観察中、『主体』は自分の代理人——『エージェント（イマーゴ）』を思い描いている。『主体』と『エージェント』が似ていることから、『人』は、万一、検討している活動の理想化されていないバージョンが実行された場合、『エージェント』が経験することは『主体』がこれから経験するであろうことだと確信するようになる」[61] ホーキングの場合、ときに学生が「エージェント」の役割を担う[62]。このように、人々がホーキングについて語ること——そして彼自身が語ること（つまり「すべては頭の中にある」）とは裏腹に、ホーキングは誰よりも多くのことを他者へ委任しなければならない。計算し、図を描くのは学生である。彼の障害は集団——学生、方程式、理論化ツール、表現技術で構成される——の存在を浮き彫りにする。これらがなければ、物理学者たちは考えることができないのだ。

逆に言えば、彼は紙、黒板、コンピューターを使って図を描いたり、メモをとったりすることができない——記憶のための場所として有効に使うことができない。この意味で、彼の能力は他の人々よりも分散されていながら、その逆でもある[63]。見てきたように、考える仕事に伴う、書いて、消して、注釈をつけて、といった行ったり来たりの作業は、ホーキングには不可能だ。言い換えれば、彼は考えと、さまざまな物質的媒体のあいだを行ったり来たりしなくても仮説を検討することができる。詳細な部分は排除し、直接解決につながる手段を見つけ、学生が描いた図を介して近道をする。このようにホーキングには、視覚化し、実験し、身ぶりで自分の考えを伝え、対象に関与し、記憶する能力がある——**ただし全員が求められたことをきちんとやればだが**。

ホーキングの身体的状況によって、周りの人々はたくさんの解釈作業を強いられ、「彼が言っていること」の意味を理解し、それを数学的言語に翻訳しなければならないが、そのことによって、ホーキングは会話に加わることができ、その中で「こうだったらおもしろいんじゃないかな……?」と発言することができる。別の言い方をすれば、彼の能力は、すべてを明確にする必要があるため、誰よりも具体化、組織化されている。詳細を論じないということは、他者が部分的に彼の代わりを務めるということである。具体的には、彼の発言を明確化すること、そして、視覚化および物事の全体的把握を可能にするツールを提案するときに、彼の要求を予測することである。この意味で、ホーキングの認知能力（近道をし、つながりを見つけ、「全体的な」視点から見る能力）によるものだと考えられていることは、部分的には、図と、図が可能にしていることによるものだと言える——彼は図をある程度記憶しているが、眼の前で描いてもらう必要もある。同様に、学生による解釈作業のおかげで、ホーキングは物事を暗黙のままにしておくことができる。「こうだったらおもしろいんじゃないかな……?」というホーキングの発言は、彼らがいなければ成立しないだろう。

ゆえに、ホーキングが言うように、言葉だけを使って意思を伝え、イメージを使ってアイデアを考え、思考実験を行い、問題の解決策または解決への道筋を視覚化することが可能だとしても、それは、方程式と図を「彼の眼の前で」視覚化し、アイデアを計算に翻訳（変換）し、論証（証明）を行う能力のネットワークがあって初めて可能なのだ。このネットワークによって、彼は近道を通り、文字どおり「計算の向こうにあるもの」を見ることができる。これらの近道は、ときに学生たちによって計算、描画、図に変換され、彼はそれらを記憶し、自分の用いるツールのセットに取りこむのである。

人類学者としての私の記述によって、ふたたびホーキングの身体の見えないはずの部分——研究室——が、それを構成する関係と習慣（誰が誰で、誰が誰に話し、誰が何を、なぜ、どのようにするのか）を明らかにすることで視覚化されたように、図によって、宇宙とその因果関係すなわち——私が出会ったある物理学者の言葉を借りれば——「誰が誰に話しかけたか、誰が何に話しかけたか、そしてなぜか」を視覚化することができる。(64) さらによいことに、図によって形のない物体（たとえばブラックホール）の形と、形のない主体（物理学者たち——ホーキングと学生たち）の形を同時に視覚化することができた——後者に関しては、動員、表現、実行の方法が、物理学者の推論のタイプ（視覚的か分析的か）によって異なる。だが、本章で明らかにしたと思うが、視覚的推論も分析的推論も、理論的研究に不可欠のものである。

第四章　メディア

一九五七年、ロラン・バルトはその著書『神話作用』の中で、わずか二ページでわれわれの神話的な対象の一つ、アインシュタインの脳を解剖してみせた。「逆説的に言えば」とバルトは述べている。

この最も偉大な知性には最新型の機械のようなイメージがある。あまりにも強力な人間は心理学とはかけ離れたところにいて、もはやロボットの領域に達している。よく知られているように、SFに登場する超人たちはかならず自身について具象化された何かを持っている。アインシュタインもそうである。アインシュタインは通常、その頭脳によって表現される。彼の頭脳は傑作集に収められるような対象であり、まさに博物館の展示物のようなものである。おそらく、数学を専門とするがゆえに、超人はここではあらゆる神秘的な特徴をはぎ取られている。広範な力を持たず、機械的な部分以外に神秘はない。優越者であり、驚くべき器官だが、現実の、生理学的な存在でもある……アインシュタインの神話はアインシュタインを魔力を持たない天才として描いているため、彼の思考は機能的労働として語られる。つまり機械がソーセージを作ったり、トウモロコシをすりつぶしたり、鉱石を粉砕するのと同じことなのだ。彼は、製粉機が小麦粉を作るように、次々に思考を生産していた。彼にとって死は、何にもまして、局所的な機能停止だった。「**最も強力な頭脳が考えることをやめた**」(……)この天才機械が生産するはずだったものは、方程式である。[1]

今日、この頭脳機械はもはや神話ではないように見える。というのは、「話す」「書く」「身体を動かす」といった神経運動機能を部分的に機械すなわちコンピューターを介して実行する科学者が存在するからだ。人々は──アインシュタインのときと同じように──彼のことを天才だと言う。アインシュタインのように、「ホーキングは自分の知識を脳内に集中させる」。アインシュタインのように、「彼は推論の力だけで世界に革命をもたらす」。アインシュタインのように、「彼はこの困難な事業にたった一人で取り組んでいる」。そのいっぽうで、ホーキングは機械のように考えるわけではない。むしろ、彼がつながっている機械──コンピューター──がなければ、あるいは彼の天才を発揮させるために日夜働き続ける集団がなければ、彼は考えることができないのだ。ここに謎がある。アインシュタインの神話は彼の思考を純粋に物質的なものとして想定している。つまり頭脳が機械のように機能する。ホーキングの神話は、アインシュタインのそれとは異なり、彼の頭脳を身体から分離している。機械と他の人間たちからなる拡張された身体とのつながりが絶対不可欠だというのに。だが、看護師の助けがなければ指一本動かせないこの男は、究極の宇宙法則を推論の力だけで理解することができる孤独な天才、という神話的な人物像を体現するまでになっている。本章ではこのパラドックスの構造を検討するため、別の集団の仕事に目を向ける。その集団と

は、メディアである。(2)

集団的身体を集団から離れた頭脳へと変換する

第一幕：新聞

ホーキングはどこにいるのか？　どこに、どのような姿であらわれるのか？　ホーキングが一般向け新聞に登場するとき、私がここまで苦労して説明してきた社会認知ネットワークまたは集団は、「魔法のように」消えてしまう。(3)　あとに残るのは単独の身体のイメージと、メディア・ネットワーク全体の特性すなわちイメージを利用し、循環させ、もともと不動、不可視、不要だったイメージを可視化、可動化するという特性だけである。つまり、この科学者の身体は、もはや機能していないからこそ見えるようになるのである。われわれは、この矛盾に簡単に引っかかり、彼を自己の身体によって課された条件を超越した人として賛美する。同時に、この支配的な考え方は、身体も自己認識も持たない科学者の神話を強化する。(4)　認識論者にとって、スティーヴン・ホーキングは障害者ではない。彼は完璧な科学者であり、声を持たない——あるいはどこからともなく発せられる声を持つ——男であり、機械であり、天使である。

そんなわけでメディアは、科学者自身とともに、この集団的身体を集団から離れた頭脳へと変換する——彼はメディアに自分の身体を利用させることもあれば、させないこともある。この後それを見ていく。言説の方向が転換する基準点は彼の障害である。つまり、障害があるにもかかわらず天才になったのか、それとも障害があるがゆえに天才になったのか？　物理学者ジェレミー・ダニング＝デイヴィーズをはじめとする一部の人々は、「ホーキング現象」について次のような説明を試み、ホーキング教授にはこれといって特別なところはないと考えている。「特別なのはハンディキャップを抱えている、ということだけである。それをメディアが大きく誇張して伝え、ニュートンやアインシュタイン並みの天才科学者に祭り上げてしまった。彼の理論はまだ証明されていないのに」[5]また、ジャーナリストのアーサー・ルーボウは、ホーキングは物理学に革命を起こしたりはしない、ただ私たちに微笑みのイメージを残すだけだ、と書いている。[6]これから見ていくように、その他の人々は、彼のハンディキャップを好ましい要素に変換している。ここで身体は、ほとんどの人にとって、妨げを意味するが、この科学者にとってはそうではない。彼は自分を例外だと考えており、次のような見解に対して喜んで同意する。「スティーヴン・ホーキングは三五歳のとき、重度の身体的ハンディキャップを抱えていたにもかかわらず、世界屈指の理論物理学者としての地位を確立した」[7]ホーキングのハンディキャップを、妨げではなく、能力と創造性の源として扱っている説明もある。もはや他の人々のように日々の世俗的な仕事に煩わされることがないため、ひたすら考えることに集中できる。大いなる普遍的原理とつながる純粋に頭脳だけの存在となっている。[8]人々は彼の並外れた記憶力に感銘を受け、頭の中で交響曲を作曲したというモーツァルトと比較する。たとえば、あるジャーナリストはこう述べる。「最近のセミナーで複雑な数式がまるで五線譜のように黒板いっぱいに書かれているのを眼にした人々は、この比較に納得したことだろう」[9]

スティーヴン・ホーキングは——ただガリレオ、ニュートン、アインシュタインの流れをくむだけではなく——歴史上の偉人たちの累積的な知識を（頭の中に）持っている。ここでホーキングは、ほとんど無形の存在になる。あるジャーナリストが述べているように、彼の頭はほとんど存在しない身体によって支えられている。[10] けっきょくスティーヴン・ホーキングは、彼の研究テーマを通して見られているのである。

相対性理論に時間の遅れという現象がある。物体が光速に近づくと、時間の進むのが遅くなり、ほとんど止まっているように見える、というものだ。ホーキングは著書の中で、ブラックホールに向かって加速するとき、宇宙飛行士がどうなるのか、彼の時間で一瞬が過ぎるうちに、外の世界では永遠の時間が過ぎていくとき、どんな感じなのかを示唆している。**ある意味で、ホーキング自身も一種の時間の遅れを経験している。病気の通常の進行に不可解な遅れが生じた結果、予想された余命より何十年も長生きしているのである。**求める答えはほとんど見えているのかもしれない。しかし、おそらく、事象の地平線も見えているだろう。[11]

こうしてわれわれは、精神／身体の二分を中心に天才が構築されるプロセスと、人としてのスティーヴン・ホーキングが、純粋な、身体のない、頭脳だけの主体へと変換されるプロセスを目撃することになる。この頭脳だけの主体をわれわれは最終的に、彼の研究対象を通して読むことになるのだ。われわれは、ホーキングの弱々しい身体と、集団から離れた頭脳、そして彼が取り組む物理理論の内容のあいだに、次第につながりが形成されていくのを眼にする。[12]

しかし、「天才ホーキング」が集団的構築の成果に見えるいっぽうで、[13]われわれはホーキング本人がこのプロセスに介入するところを眼にすることになる。新聞は科学者の言葉の引用を掲載し、ときにその引用を中心にして紙面を構成する——引用は細かい一語までよく似ている。なぜなら、個人アシスタントが認めたように、現在、彼の一代記の全文が彼のコンピューターに保存されているからだ。第一章で見たように、すべての答えが用意され、使われるのを待っている。この意味で、スティーヴン・ホーキングと話をするのは、彼のコンピューターと話をすることであり、そのコンピューターが提供する彼の伝記は、あらかじめ内容が決まっている。この科学者の自叙伝は、これから先、ほとんど変わることはない。

ホーキングの母親は、息子は自身のことを基本的に他の人間と変わらないと感じている、と思っている。[14]だが彼の元妻は、夫に自分が神ではないことを思い出させることが主な仕事の一つだった、と考えている。[15]これら両極端の見解から、彼が歴史上、最も偉大な科学者たちの伝統を受け継いでいることがわかる。「一六四二年——ガリレオが死去した年——のクリスマスに生まれたニュートンは、キリスト教の暦と啓蒙運動の聖人伝という象徴的な場所を自分で用意した」とリチャード・ヨーは指摘している。[16]ニュートンと同じように、ホーキングも意識的に、スティーヴン・グリーンブラットが「自己成型」と呼ぶものを活用している。「自分を一つの型にはめる力とは、アイデンティティを統御する——他者のアイデンティティを自分のアイデンティティと少なくとも同じ頻度で統御する——より包括的な力の一側面である[17]」マリオ・ビアジョーリはガリレオ研究の中で、この重要な能力をつけくわえている。「私は（この）自己成型のプロセスを強調することによって、さまざまな環境でさまざまな戦術を展開しながらも、つねに自分に忠実だったという既存の『ガリレオ像』を事実だと主張するつもりもないし、その人物像は周囲の状況によって受動的に形作られていると主張するつもりもない。むしろ私が強調したいのは、周囲の環境から見つけた資源を、ガリレオがいかにして利用したか、ということだ。彼はこの資源を利用して、自己の新たな社会職業的アイデンティティを**構築し**、新たな自然哲学を提唱し、それに耳を傾ける宮廷の聴衆を開拓したのだ[18]」

最も偉大な科学者たちの伝統に加わることによって、ホーキングが自己成型と同様の戦略を用いていることがわかる。彼が強調するように――そしてインターネット上の自伝にも書いているように――彼はガリレオの死からちょうど三〇〇年後に誕生した。この話が最初に出てきたのは一九八七年の講演で、次のように語られたときである。「私は一九四二年一月八日に生まれました。ガリレオが亡くなった日のちょうど三〇〇年後にあたります。しかしながら、その日に生まれた赤ちゃんは、ほかに二〇万人くらいはいたでしょう。そのうちの誰かが、のちに天文学に興味を持つようになったかどうか、私は知りません[19]」この逸話は一九九〇年のプレイボーイ誌のインタヴューでも一語一句そのまま引用された。インタヴュー記事の表題は「率直な対話」である（ちなみに、身体を持たない天才の談話が、曲線美のブロンド女性の魅力的な写真に囲まれているというのは、とても効果的だ）。そうして引用が再文脈化された。言うなれば、そのすべての含意を強調することで、ジャーナリストがホーキングとガリレオのつながりを強めると同時に、科学者の地位と彼の理論の影響力を強化することができるように。

記者：幼い頃のことを少しお話しいただけますか、宇宙の神秘に興味を引かれる以前のことを？

ホーキング：はい。私は一九四二年一月八日に生まれました。ガリレオが亡くなった日のちょうど三〇〇年後にあたります。

記者：ガリレオは自分が唱えた宇宙論のために、カトリック教会によって異端者として裁かれ、投獄されました。あなたと何か共通点はあるでしょうか？

ホーキング：はい。しかしながら、その日に生まれた赤ちゃんは、ほかに二〇万人くらいはいたでしょう（笑）。そのうちの誰かが、のちに天文学に興味を持つようになったかどうか、私は知りません。[20]

かつてホーキングの学生の一人だったバーナード・カーも、ホーキングがガリレオに抱いていた親近感の意味を強調する。カーはホーキングとともに飛行機でローマまで出かけたことがあった。「優れた業績をあげた若い科学者」に贈られるピウス一二世メダルをホーキングが受賞することになり、メダルは教皇パウロ六世から直接授与された。

ヴァチカンに行ったとき、彼が文書館に入ってガリレオの撤回文とされる文書を見たがっていたのを憶えています。地球が太陽の周りを回っているという説を撤回するよう、ガリレオが教会から圧力を受けていた当時のものです……教会が最終的に、ガリレオについて間違いを犯したこと、それどころかガリレオが正しかったことを認める声明を出したのは、私たちにとってはちょっとした喜びだったように思います。しかし、教皇が、もしもスティーヴンの発見を本当に理解していたら、それを認めていたかどうか、私には確信がありません[21]。

スティーヴン・ホーキングもそう思っている。彼は次のことに注目している。一九八二〜八三年にカリフォルニア大学のジム・ハートルとともに立てた仮説——宇宙の量子論の枠組みの中に宇宙の状態を計算するための境界が存在しないことに関する仮説——が正しければ、特異点は存在しないことになり、科学の諸法則は宇宙の始まりを含むあらゆることに適用できる。そうなると、彼は宇宙の起源を発見したいという野心を果たしたことになり、ゆえに、ビッグバン研究に関して一九八一年に教皇が出した禁止令に違反することになる。なぜならそれは天地創造の瞬間であり、神の御業であるからだ[22]。

こうしてホーキングは、自分の墓碑銘を次のように書き記すことになる。「ガリレオの死の三〇〇年後に生まれる。彼の『生きた』身体の眼に見える最後の痕跡は、『黄金の書』の中の署名という形で書き記されている。これにより彼は不滅となり、偉人の殿堂入りを果たした」それはホーキングがケンブリッジ大学でルーカス数学教授職に就任した一九七九年のことである。同職は（彼がよく語るように）かつてニュートンが務めていた——それが彼が自筆で署名した最後の時だった[23]。「一九七九年、私はルーカス数学教授職に選ばれました。これはかつてアイザック・ニュートンが務めていた職です。大学の指導教官全員が署名することになっている大きな本があります。私がルーカス教授職に就任してから一年が過ぎた頃、大学は私が署名していないことに気づきました。その本が私のオフィスに運ばれてきて、私はちょっと苦労して署名したのです。それが私が自筆で署名した最後になりました[24]」

彼が病気の身体を公に見せることは、プリズムである。それを通して発見のプロセスが見えると同時に、彼自身と彼のアイデアのあいだのつながりがはっきりと示される。

娘のルーシーが誕生してからまもないある晩、私はベッドに入ろうとしているときにブラックホールのことを考えはじめました。**障害のせいで手間取るため、時間はたっぷりありました。**そして突然、事象の地平線の面積が時間とともに拡大していることに気づいたのです。自分の発見に興奮して、その夜はあまりよく眠れませんでした。事象の地平線の面積の拡大は、ブラックホールにエントロピーという量があることを示唆していました。エントロピーはそこに含まれる無秩序の量を示します。ブラックホールにエントロピーがあるなら、温度もあるはずです。火かき棒を火の中に入れておくと、赤く熱く輝き、放射を行います。しかしブラックホールは放射を行うことができません。なぜならブラックホールからは何も逃げ出せないからです[25]。

ジョン・ボズローが一九八五年に発表したホーキングの伝記では、この発見に関する説明は病気には言及していない[26]。しかし、一九八八年に『ホーキング、宇宙を語る』が出版されると、それ以降はホーキングによる説明が決定版となる[27]。ホーキングがまたしても身体を持たない主体に変換される過程を、われわれは眼にする。たとえば、『ホーキング入門』では、先に引用した一節の最初の二つの文が、ほぼそっくりそのまま再利用されている。「娘のルーシーが誕生してからまもない一九七〇年一一月のある晩、私はベッドに入ってブラックホールのことを考えはじめました。障害のせいで手間取るため、時間はたっぷりありました[28]」ただしこのときは、著者のマッケヴォイが次の一節をつけくわえている。「アインシュタインの『最も幸福な考え』のときと同じように、ホーキングも、このアイデアの芽生えが訪れたときに自分が何をしていたかを憶えている（ここにベッドで眠ろうとするホーキングの絵が描かれている）。**ブラックホールの表面積はけっして減少しない、という図が瞬間的に見えた。紙もペンも、コンピューターも必要なかった――その絵は頭の中にあった**[29]」

けっきょくのところ、ホーキングのハンディキャップと研究テーマ選びのあいだには、明らかにつながりがある。『ホーキング、宇宙を語る』の謝辞の中で、彼は次のように強調している。不運にも運動神経系の疾患にかかってしまったが、それ以外はほとんどすべての面で幸運だった――とくに理論物理学を選んだのは幸運だった。理論はすべて頭の中のことだからだ。おかげで病気は深刻なハンディキャップになっていない、と[30]。だから、ジャーナリストから、病気が研究対象の選択に影響しているか、と質問されたとき、彼はこう答えた。「**そうでもありません。いつの間にか、この分野に進もうと決めていたのです。**唯一、病気が影響しているのは、たくさんの方程式を必要とする問題は扱わない点です。方程式を簡単に書くことができないからです。私は近道を見つけなければなりません[31]」その二年後、本質的には同じ質問――「なぜ理論物理学を専攻しようと思ったのですか？」――に対して、次のように答えている。

病気のためです。自分がＡＬＳだとわかったので、この分野を選びました。宇宙論は、他の多くの分野とは異なり、講義する必要がありません。幸運な選択でした。話すことができなくても深刻なハンディキャップにならない数少ない分野の一つだったからです。さらに幸運なことに、私が研究を始めた一九六二年には、一般相対性理論と宇宙論はまだ発展途上の分野で、競争もほとんどなく、病気は重大な障害にはなりませんでした。たくさんのわくわくするような発見がまだ手つかずのままで、それに取り組む人間も多くありませんでした。その頃に比べると、今はかなり競争が激しくなりました[32]（笑）。

ある程度は実際的な理由によって、病気が研究分野選びの主たる要因になった。「理論物理学を専攻することにしたのは幸運だった。私の病気が深刻なハンディキャップにならない数少ない分野の一つだったからだ[33]」

今ではこの事情の説明がすっかり定着している。というわけで、スティーヴン・ホーキングがガリレオの三〇〇年後に生まれたという事実、自分の病気を知ったときの反応（ワーグナーを聴きながら酔っぱらった[34]）、自分の生存において妻が果たした重要な役割、コンピューターやアメリカなまりに関するジョーク、そして発見に関する彼の説明――これらはすべて「当然のこと」とみなされ、何度もくりかえし使われている。彼自身は駆け引きをして自分の書いたものをメディアに利用させるか、自分の神話の構築に反発、介入するかのどちらかだ。

記者：新聞のインタヴューや、最近のＡＢＣテレビのヒュー・ダウンズが司会を務める番組「20／20」によると、診断を下されたとき、あなたはただあきらめて、数年間、酒浸りだったとか。

ホーキング：話としてはおもしろいですが、事実ではありません……ワーグナーをよく聴くようになりましたが、酒浸りになったというのは大げさですね。問題は、ある記事でそういう話が出ると、おもしろいからといって、それをほかの新聞が丸写しにすることです。何であれ、くりかえし活字になるうちに本当のことになってしまうのです[35]。

　そしてこの発言もまた、何度も引用され、再利用されているうちに、最終的に神話の一部になった[36]。

　同じように、彼はメディアが自分のハンディキャップを中心に天才のイメージを構築することに対する集団的拒否に参加した。「シアトル・パシフィック大学の一年生ケヴィン・バーグは（ある会議でホーキングに）次のような質問をした。『世界一頭のいい人と言われるのはどんな気分ですか？』ホーキングはすばやく単語を選んだ。『メディア（media）』と『ハイプ（hype）』は一文字ずつ書いた。コンピューターの三〇〇語のライブラリーの中にはなかったからだ。『恥ずかしいですね』というのが彼の答えだった。『ばかばかしい、ただのメディア・ハイプですよ（メディアによる誇大な報道）。

彼らはただヒーローを求めているだけで、私は障害を抱えた天才という役割モデル（模範）を務めているのです。たしかに私は障害を抱えていますが、天才などではありません』」ホーキングがこのように宣言した相手は、障害者の聴衆だった。その結果、聴衆が潜在的な天才のレベルに引き上げられるいっぽうで、同時に科学者の威信も高まった。ホーキングはメディアによる自己の変換を完全に受け入れ、その後すぐに、同じ聴衆に向かってこう宣言した。「今日では筋肉の力など時代遅れです。そんなものは機械が提供してくれます。私たちに必要なのは精神の力です。障害を持つ人々ほど、それに適した人々はいません」[37]だから、ホーキングはもはや自分の身体をコントロールできないが、にもかかわらず、自分のイメージと、アイデンティティの構築における自分の身体の役割を十二分にコントロールしている。著作の中でもそうだが（彼は現在、インタヴューの活字化を拒否しているが、発言の引用はまだ使われている）、とくに人前に出るときがそうである。障害者の聴衆の前に出るときであれ、スタートレックや科学ドキュメンタリーに出演するときであれ。

ここまで、アイデンティティ、自我、主体の構築に寄与するいくつかのプロセスをざっと見てきた。それは科学者と同僚たち、科学者とその仕事、科学者と研究対象のあいだに織りあげられた関係を通じたプロセスである。このプロセスは彼の登場の仕方にある程度左右される。つまり、障害と関連して登場するかどうか、どのような場所に登場するか（プレイボーイか、スタートレックか）、どのような人々の前に出るか（科学番組に出るか、障害を持つ人々の前で講演するか）[38]。このプロセスはまた、（何らかの形で）ホーキングの「意向」による集団の動きにもある程度左右される。

しかし、この比較的安定した形態――こうした一連の談話、表現、人前への登場によって構築されたアイデンティティ――は、生身の人間である「本物の、ただ一人のホーキング氏」とのあいだに何か共通点があるのだろうか？　彼に近づいても、彼を単独でとらえることはできないように見える。それどころか、近づくと見失ってしまうのである！　さらに言えば、コンピューターがコミュニケーションを機械化した結果、音声の世界をはなれて、新しいメディア（媒介）を作ろうとする。ホーキング教授は沈黙していると同時に発話している。そうして彼は――どんな人間関係でもそうであるように――自己をあらゆる投影の反射像に変換する。ただし、拡大された状態で。機械はこの男を非人間化するのではなく、彼の主観性を増殖させるのだ。ホーキングと接していると、彼が苦しんでいるのか、退屈しているのか、考えているのか、まったくわからない。映画『ホーキング、宇宙を語る』の監督エロール・モリスは次のようにふりかえる。「スティーヴンがこちらの質問にむっとして、バカなやつだと思っているかどうかは、まったくわかりません。スティーヴンは私のことをバカだと思っている、と私が思っているだけなのか、スティーヴンが私をからかっているのか、あるいは、本当はむっとしているけれども、私にはからかっていると思わせたいのか？……鏡の間です――どんな人との関係でもそうですが、彼の場合は拡大されるのです」ホーキングの研究生の一人、アレックス・ライオンズも同様の話をする。ホーキングはときどき学部のゼミのプレゼンテーションの途中で出て行ってしまうことがある。「怒ったからなのか、話がつまらないからなのか、吸引などの身体的な必要があるからなのか、まったくわかりません」(39)

このように、著作や論文を読んだり、テレビや講演を観たりすればするほど、より安定したイメージと比較的明確に定義された自我が見える。科学者の身体に近づけば近づくほど、彼の分散された身体の延長部分にアクセスする機会が増える。延長部分とはつまりアシスタント、コンピューター、学生のことである。最終的に、その本人に到達したとき、われわれは彼を見つけたと思う。眼の前に彼の身体があるからだ。ところが、そのとき突然、ホーキングの多様性が出現する。要するに、彼に近づくほど、ホーキングの多様性が見えてくる。逆に言えば、彼を構築し、表現するものの多様性に焦点を広げるほど、安定した自我が見えてくる。だが、この仮説は大きな疑問を残す。ではミスター・ホーキング、あなたはどこにいるのですか?

ダブリンで開催されたGR17におけるスティーヴン・ホーキング・ライヴ

二〇〇四年七月二一日午後一時三〇分頃、一般相対性理論に関する大規模な会議GR17を開催中のロイヤル・ダブリン・ソサエティのコンサート・ホールで、スティーヴン・ホーキングは講演を行った。講演は午後二時四五分頃に終わる予定だった。それより前、ホーキングは主催者に連絡し、講演する枠を設けてくれるよう求めていた。自分やその他の宇宙論研究者を三〇年にわたって悩ませてきた問題が解決できたというのだ。その問題とは次のようなものである。ブラックホールは情報を持つ実体を吸いこむ――星であれ人間であれ、組織化された物質を持つものはすべて情報を持つ実体である。その後、ブラックホールは蒸発する――ブラックホールが最終的に蒸発し消滅することを証明したのはホーキングである。ブラックホールが消滅するとき、情報も消滅するのか?

過去三〇年間のホーキングの見解は、情報は消滅する、というものだった。この主題は、理論的宇宙論の深遠な難問の一部であり、この分野のひじょうに多くの人々にとって、その答えは注目の的である。ホーキングの見解については著名な天体物理学者キップ・ソーンも同意見だったが、他の理論物理学者――ジョン・プレスキル――は反対意見だった。ホーキングとソーンは共同でプレスキルと賭けをした。賞品は「情報を簡単に引き出すことができる」百科事典だ。そして今、ホーキングは自分が間違っていたと判断し、負けを認める場としてダブリン会議を選んだのだった。

会議は大規模なものだった――およそ一〇〇〇人の代表者が参加している。ホーキングが登場するというニュースが知れわたると、ほとんどすべての代表者が、大人数の報道陣とともにホールに押し寄せた。外の芝生には衛星アンテナを備えたバンが並んだ。報道関係者のために座席四列が確保された。

予定より一〇分遅れて、車椅子に乗ったホーキングが壇上にあらわれた。頭を力なく椅子の背にもたせかけている。そばには数人の世話係がいる。ステージの隅にはこれからホーキングを紹介するキップ・ソーンと、賞を受けとるジョン・プレスキル、そして専門的な問題をさばくホーキングの学生たちがいる。ステージ奥には大きなスクリーンがあり、ホーキングが操作するパワーポイントのスライドが表示されている。講演の最後に、学生のようなユーモアから今では誰も使わないような古風な英語で書かれた賭けの証文の印刷テキストが映し出されることになっている。「スティーヴン・ホーキングはこれこれを信ずるところであるが……」とかなんとか。ソーンがホーキングを紹介し、経緯を説明した。会場は静まりかえり、講演が始まった。

ホーキングは講演中、終始、微動だにせず座っていた。講演の最後に、報道陣からの質問を受けつけた。質問はソーンが吟味したうえでホーキングに渡された。最初にBBCの記者が次のような質問をし、ソーンの吟味を通過した。パラブ・ゴーシュの質問は次のようなものだった。「あなたの理論は広い意味で何を示唆しているのでしょう。とくに時空の性質、さらには宇宙の起源に関連して説明していただけますか？」

この質問に答えるのにホーキングは二五分以上かかった。その間、大学院生が一連の専門的な問題をさばき、ソーンとプレスキルがありふれた雑談を交わし、その後、少し長い沈黙があった。ソーンが、ホーキングはただ今テクノロジーと格闘中です、と説明した。ホーキングの回答は次のようなものだった。「(聴きとれない人名) と私が宇宙の起源に関して提案した考え方も含めて検討すると、この結果が意味するのは、宇宙ではすべてが科学法則によって決定されるということです」

報道陣からの質問がもう一つ受けつけられた。質問者はニュー・サイエンティスト誌の代表だった。「あなたは三〇年間この問題を考え続け、ついに解決できたと確信なさっているわけですが……だとしたら、次は何を考えるつもりですか？ これから取り組もうとしている新しい問題は何ですか？」この質問に対しては、ホーキングはさほど時間をかけずに、すぐに答えた。「わかりません」このときにはすでに多くの聴衆が席を立っていたが、残っていた人々は声をあげて笑い、手をたたいた——このごく短い答えを深遠なウィットの印として解釈しようとしたのだ。(40)

第二幕：ホーキングのパラドックス〜映画製作

■舞台裏

二〇〇五年、メントーン・フィルムズは「ホーキングの最新の発見」を紹介するドキュメンタリー映画の製作を決めた。ダブリンのGR17で発表されたばかりの発見とともに、論証に取り組むホーキングのありのままの姿をフィルムに収めようというのである。ウィリアム・ヒックリン監督は次のように説明した。「当初の提案は、私たちが（ホーキングと）いっしょに時間を過ごし、その間、彼が新たな論証に取り組み、最終的に**その論証が完成して**映画が終わる、というものでした」[41] メントーン・フィルムズの製作責任者マルコム・クラークがBBCの科学番組ホライズンにこのことを伝えると、すぐに製作に同意する返事が来た。なぜなら、監督が言うように「彼らはスティーヴン・ホーキングに関係あることなら何にでも興味を示す」からだった。[42] ホーキング本人に密着し、研究に取り組む姿を紹介する映画――「舞台裏からホーキングをのぞく、のような……」――そしてある意味で彼の名声に疑問を投げかける映画を作るというアイデアにも、彼らは興奮していた。[43]

要するに、映画の背景にあるアイデアは、彼に近づき、彼に関する周囲の人々の話を聴くことによって、天才を包む謎のヴェールをはぐ、というものだった。フリーランスのプロデューサー兼監督、ウィリアム・ヒックリンが映画のプロデュースと監督を依頼された。この監督に指名される前から、ヒックリンはドキュメンタリー映画製作者として業界では名を知られていた――NASAの土星探査ミッションや伝染病マラリアに関する映画を作っていた――そしてすぐさま引き受けた。

物理学についての映画だからという理由もあるが（「とても難しいが、創造的という点ではとてもおもしろい」）、ホーキング本人と会ってみたい、というのが主な理由だった。「（第一の理由は）スティーヴン・ホーキングに会える！　ということでした」とヒックリンは私に言った。どうしてそれほどホーキングに会いたいのかと尋ねたところ、ヒックリンは驚き、少年時代に観たBBCホライズンのホーキングに関する最初の映画『天才』について語った。

ミアレ：なぜ本人と会いたかったのですか？

ヒックリン：なぜかって？（驚いた様子で）うーん――そうだ、ええと、ほら、あれですよ、いつだったか、ホライズンで放送されたスティーヴン・ホーキングの番組を観たんです。私が一四歳か、いやもっと前だったかもしれない。それで……つまり、彼はいつも……偉大な天才ということになっているわけで[44]……

物理学については何も知らなかったので、ヒックリンはホーキングの研究テーマをある程度理解しておかなくてはならなかった。そこで外部からコンサルタントを呼ぶことにした。一人はジョージ・ハリスという物理学の研究者で、かつてケンブリッジで量子力学と化学を学んでいた。もう一人は、この種の映画製作に参加したことのある物理学者だった。ヒックリンの詳しい説明によれば、彼らは映画製作の準備をまず読むことから始めた。「基本的にはジョージが何かを読み、私も何かを読み、互いにメモの交換みたいなことをしました。誰が何を最初に読んだのかは憶えていませんが……いろいろな伝記を読みました[45]」このような解釈の共同作業を続ける中で、監督と物理学者はマイケル・ホワイトとジョン・グリビンが書いた『スティーヴン・ホーキング――天才科学者の光と影』のような一般向けの本も読み始めた[46]。ヒックリンの場合、インターネット、とくにジョン・バエズの書いた記事も役に立った。バエズはアメリカ人の物理学者で、ホーキングの情報喪失理論に関するブログを持っていた[47]。「あれはじっさいたいへん有益でした。専門用語を使わずに書かれていたからです。でも、少しばかり批判的だった。それも私にはとても役に立ちました。よく憶えています……何が争点なのか、必死で理解しようとしましたよ[48]」

調査を進めていくうちに、映画に対する二つの見方が出てきた。一つは障害を抱えるホーキングが不可能な目標を達成するまでの過程を追う、というもの。もう一つは、彼の初期の研究、すなわち情報喪失パラドックスの最初の定式化と、それに対する彼の解決策を紹介する、というものだった。というわけで、ホーキングがこの世界に入ってまもない頃にいっしょに仕事をした研究者たちにインタヴューする必要があった。ヒックリンによると、ペンローズは多忙のため誰も寄せつけようとしなかった。しかし、重要な情報源の一人に、七〇年代、ホーキングの下で論文を書いていたバーナード・カーがいた。もう一人はレナード・サスキンド。スタンフォード大学の物理学者で、ホーキングとの継続的な議論を概括した新しい本に取り組んでいた。ケース・ウェスタン大学のローレンス・クラウス教授も有力な情報源だった。なぜなら彼は弦理論に反対の立場をとる学者の一人で、ホーキングが何をしているのかを説明することができたからだ。キップ・ソーンもホーキングの仕事のやり方に関する有益な情報を提供してくれた。とくに、ホーキングが情報喪失問題の解決に用いようとしている数学的方法の起源について教えてくれた。ソーンは、いつもと同じように、そして私と話すときもそうであったように、ホーキングの幾何学的に考えるユニークな能力についてふりかえった。ヒックリンは言う。「これに関してはキップ・ソーンがいちばん頼りになりました……ホーキングは方程式を書くことができず、物事を頭の中で概念化しなければならなかった……その結果……じっさいに数式を展開することはできなかったでしょう。数式を展開したのはロジャー・ペンローズだったのだと思います。数学的手法を駆使することにたいへん熟練していました。彼の使った手法がたまたま、より図式的なものだったのです[49]」

ヒックリンとBBCホライズンは、批判的な声を紹介するというアイデアに興奮した。だが、一部の物理学者は、ホーキングについて裏でこっそり話すのはかまわなかったが、カメラの前では絶対に話そうとしなかった。ただしノッティンガム大学のピーター・コールズ教授は例外だった。監督は嘆く。「いつも思った通りの映画を作れるとは限らないのです。ときには、どんな映画になるか、完成するまでわからない、ということもあります――ときには、ごく短期間で完成させなくてはならないこともありますから[50]」

今日ヒックリンは自分の映画を二通りに解釈している。一つ目の解釈は、ホーキングがこの世界に入ってまもない時期に自分を有名にした数学的方法を、一九七〇年代に自ら提起した問題の解決策として用いることによって復元しようとしたことを示す、というもの。二つ目の解釈は、ダブリンでのGR17会議において、ホーキングが飛び入りで大々的に講演を行ったのは、ただ物理学界をあっと言わせて、リーダーとしての地位を回復しようとするためだった、というもの。ヒックリン

はこれを少々不穏当な解釈だと考えている。なぜなら、

じっさいには彼は物理学界から姿を消したことはありません……ただ、この二〇年ほど、とくにこれといって重要な物理学上の主張をしていないでしょう。……しかし……いろいろな人から同じような不満をたくさん聞きました。いつも偉大な天才として取りあげられるけれども、七〇年代後半か八〇年代初頭以来、これと指摘できるような輝かしい成果をあげていないじゃないか、と。うーん、しかし、そのいっぽうで、研究生活の中で一つでも何かを成し遂げたというのは、すばらしいことだ、と言う人もいるんです。たいていの人間にとっては、それだけでもじゅうぶんなのだと[51]（笑）。

だが、最終的にヒックリンは、科学的論争に焦点を当てるのは専門的すぎて一般の人々には不向きだとわかった。そこで、そのやり方はやめることにして、代わりに、物理学界における名声を取り戻そうとするスティーヴン・ホーキングの勇気ある企てに注意を向けることにした——そういう物語にした方がわかりやすいし、エキサイティングだ、とヒックリンは思った。

ご存知のように、彼はもともと七〇年代から優秀な物理学者として広く認められていました……その後、言ってみれば物理学の広報係として世間の注目を浴び、有名人になったものの、物理学界での評判は下がっていきます。あまり大した仕事をしていなかったからです。だから、映

画のアイデアとしては、彼が人生の最後に、物理学界での評判を取り戻そうとする姿を描く、というものだったのです。今にして思えば、うーん、彼がそんなことをしようとしていたのかどうか、本当のところはわかりませんね[52]。

ヒックリンは、ホーキングの名声はある程度は物理学者としての功績によってもたらされたものだと考えているが、同時に、障害のせいでメディアが注目することによってもたらされた部分もあると考えている――こうしたメディアの注目を他の物理学者たちは羨《うらや》み、批判する。興味深いことに、ヒックリン監督は自分がその集団的賛美のプロセスに参加しているとは考えていない。「しかし、一つには著書の評判、もう一つにはメディア・ハイプの影響があると思います。後者は彼がしていることとはまったく関係がないわけで……彼はその恩恵を受けていると思います。だからといって彼を非難することはできません、絶対にね。つまり、彼はその種のメディア・ハイプの恩恵を受けているだけなのです。そしてそのメディア・ハイプは彼の障害などを話題にしてきました[53]」

■ホーキングに会う

伝記やインターネット上の記事を貪欲《どんよく》に読みあさり、親しい人もそうでない人も含めて、どんな形であれホーキングと接したことのある人々にインタヴューをしたのにくわえて、ヒックリンと彼のチームはBBCのアーカイヴも参考にした。アーカイヴは著作権の問題を気にせず利用することができた。彼らはホーキングが学生たちといっしょに映っているBBCホライズンの古い映画をいくつか利用した。そのうちの一つは、おそらくヒックリンが少年時代に大いに刺激を受けた映画だった。映画製作チームは、同じ本を読み、同じ写真を使い、同じ学生、友人、競争相手に話を聴くことによって、本人と同様の資質を持つホーキングを構築、再現する作業を進めた。その資質とはこのようなものである。決意、先見性、幾何学的思考法、ガリレオの死から三〇〇年後に生まれたこと、幼い頃から物理学者になりたいと思っていたこと、病気、余命二年と宣告されたという事実、病状が好転したこと、研究はすべて頭の中で行われるという事実、などなど。アーヴィング・ゴッフマンは伝記の構成について、綿菓子のようなものだと述べている[54]。しかし、ヒックリン監督はホーキングの周囲の人々や本人の談話だけでは満足できなかった。彼の狙いは、「天才の謎を解き」、できるだけ長時間、本人と過ごすことにあった。ホーキングが一週間スペインに出かけると知ったヒックリンは、ホーキングの個人アシスタントに連絡し、同行させてもらえないかと頼んだ。願いは聞き入れられた。しかし、いろいろなことを知りたい民族誌学者の観点からすると、ホーキングと時間を過ごすということは、彼の考えを解釈し通訳する側近たち——アシスタントや学生——と時間を過ごすということだった。「私たちはスペインに同行して、彼と一週間を過ごしました……彼と時間を過ごすのには絶好の機会でしたよ。つまり、**彼の周りの人たちと話をして**、じつにたくさんのことを知ることができたのです——とくにクリストフは彼の一番近くにいたと思います。（……）クリストフはホーキングにとってひじょうに身近な存在のようでした。もちろん研究に関してね。それと、さまざまな事柄について、ホーキングの考えを理解していました[55]」

また製作チームは仕事中のホーキングをフィルムに収めようとした。とくに彼が学生たちと会う日として知られている金曜日の様子を撮ろうとした。しかし、民族誌学者のように、誰が何をしているのかという謎を明らかにしようとした監督は、ここでもまた、ほとんどの仕事を学生がやっていることを知ったのである。

舞台裏という感じの映像を撮ろうとしたんです……彼がどのように仕事をしているのか、まったく見当もつかなかったので。（ミアレ：私もです。そのことには私もたいへん興味があります）。虚心坦懐《きょしんたんかい》に、眼の前で起こったことはすべてフィルムに収めようと思いました。……すると、かなり早い段階で明らかになったのです。**事実上、計算に関して、じっさいの仕事はすべて大学院生たちがやっているということが**……数字を検討し、方程式を解くといった仕事は全部学生がやるのです。学生たちは結果を彼のところへ持っていきます。彼はそれを評価し、それからまた別の指示を出すのです。（これは）行けると思いました……かなりおもしろい場面になると。[56]

映画の撮影中、ホーキングの共同研究者を務めていたクリストフは、計算をしたり、図を描いたりするほかに、ホーキングのダブリンでの講演を準備し、その講演で聴衆からの専門的な質問に答えた。またホーキングとBBCのあいだの仲介役を務め、撮影前、撮影中、撮影後に、ホーキングの研究内容について説明した。映画製作の過程で、クリストフは五回か六回、ホーキング抜きで、ヒックリン率いる製作チームと会い、さまざまな質問を受け、（ホーキングとともに）回答した。[57] クリストフは言う。「みんなが何でもかんでも私に質問するんです[58]」

チームは撮影開始時に、ホーキング本人と何度か会い、具体的な質問をした。そばにはいつも学生のクリストフがいた。ヒックリンは言う。「たしか三回ほど、ホーキングに会って、**インタヴューのようなことをしたんですが**、毎回クリストフも一緒でした[59]」監督は一〇の質問を用意した。ホーキングは当時まだスイッチを使っていたが、それもだんだん難しくなっていた頃で、二問目までしか答えられなかった。論証の進捗状況をどうしても聞きたくなった監督は、論文はいつ完成するのか、と尋ねた。すると待機していた学生が答え、数学的証明を発見するまでには何年もかかるという事実を強調した。だがホーキングは、「映画が完成する」までには、論文は発表されているだろうと約束した[60]。

ヒックリン率いる映画製作チームは、ここでもまた、ＰＡ（個人アシスタント）から聞いていた問題に直面することになる。スティーヴンとは普通の会話ができないとわかったヒックリンは、その場でインタヴューすることは不可能だと判断した。映画の中でスティーヴンにしたい質問を、事前に準備しなくてはならない。ヒックリンは次のように説明する。

じっさいのところ、レナード・サスキンドには二時間くらい、少なくとも一時間以上はインタヴューしました。それでたくさんの素材が得られたので、そこから選ぶことができました。でも……ホーキングについては明らかにそれは無理でした。彼にとってはたいへんな仕事量になるからです。そこで私たちがやったのは……とりあえずフィルムをつないでみて、まさに必要なもの……というか、どこで彼を登場させるべきか、それと、彼にどんなことを言ってもらいたいかを、検討したんです[61]。

時間を節約するため、ホーキングの学生に電子メールで質問を送った。論証作業にはその学生が取り組んでいるようだったので、教授への質問には学生が答えるのだろうと思われた。驚いたことに、ホーキングが自分で回答を書くことを望んでいることがわかった。ここに自己イメージの構築に参加しようとする彼の強い意志を見ることができる。

正直に言うと、質問への回答は全部クリストフに任せるのだろうと思いこんでいたんです。クリストフが回答を書き、ホーキングの承認を得てから返信するのだろうと……ところがそうではなかった……たぶん部分的にはクリストフの手も入っているのでしょうが……じつのところ（ホーキングが）全体を掌握していることに、たいへん驚きました。つまり……何もかもアシスタントに任せて、自分は、オーケー、それでいい、と言うだけならとても簡単なのに、**どうしても自分の言葉で伝えたいという**。だから恐ろしく時間がかかりました[62]。

クリストフは仲介および中継役を担っていた。「**私たち**の書いた……**スティーヴン**の書いた回答を、私が（監督に）送りました[63]」――返事が監督のデスクに届くと、何度か読み直され、検討された。

何度か回答をもらいました。それで……一回か、たぶん二回はみんなで読んだと思います。そのうちいくつかの返事が専門的すぎるということになって、もっと平易な言葉で書き直してもらえないかとお願いしたんです。たしか、こちらから代替案を送ったと思います……（そうしたら）断られた。彼はとても……そこでクリストフに質問を送ったんです。クリストフはスティーヴンと二人で回答に取り組んだ。その後、テキストファイルで送られてきた回答をみんなで検討した結果、やはり専門的すぎるので修正をお願いしたんです。でも、先ほど言ったように、クリストフだけとやりとりできると思ったので、今度は早く終わるだろうと思っていた。ところが（ミアレ：ホーキングが自分で……）そうなんです。やっぱり断られた。じっさいにはクリストフは、個々の質問に対する回答にはあまり関わっていなかったんです……ある意味で、大したものですよ。(64)

ＰＡは、彼女のボスが誤解されるかもしれないと心配だったので、ヒックリンら映画製作チームに念を押した。ホーキングの言ったことを明確に理解できているかどうか、しっかり確認してください、と。ホーキングの言うことに勝手な解釈を加えないよう、とくに気をつけてほしい、と彼女は注文をつけた。この点で、質問への回答がホーキングによって書かれたのち、印刷されて手渡された（ただ音声合成装置を介して発話されたのではない）という事実は、製作チームを安心させた。もっとも監督はほかのところで回答のほとんどを読んでいたのだが。「いくつかは興味深いものでした。以前に聞いたことがあるような話でしたから……本やその他いろいろなところでね。聞いたことのない話もありましたが、それもまあおもしろかった。だって……しばらく調べていくうちに、同じようなことが何度も何度もくりかえし出てくるんです。ああ、これはおもしろい、これは新しい、と思っても、違うものはほとんどない[65]」

ホーキングのアシスタントたちは、いつものように、新しくて興味深いと思った回答を取っておいたのかもしれない。後で再利用できると考えたのかもしれない。GA（大学院生アシスタント）は言った。「（ホーキングが）何かすばらしい発言をしたとき、私たちはそれを書きとめて、どこかに保存しておくようにしています。ジャーナリストからコメントを求められ、関連がありそうなら、それをコメントとして使うのです。うーん、でも、彼は自分の発言をすべて保存しているわけではありません。なぜなら、たぶん、人間とはそういうものではないからでしょう[66]」つねにコンピューターに接続されているとしても、保存されていてもいなくても、新しくても新しくなくても、ホーキングはすべての回答をほとんど最初から書き直すだろう[67]。彼の学生はこのことを裏づける。「一見同じように見えても、まったく同じものではないんです。それに、技術者たちがすでに、あるプログラムを設置しています。自分が書いたものを何もかも使い回すというのは、あまりよいことではありません[68]」そしてこれから見るように、映画製作中、これらの回答は慎重に選択され、編集された。

■撮影と編集：インタヴュー対象者の構築

ホーキングは他者を自分の状態に合わせて適応させる。彼が出演できるようにするため、すべてが事前に計画され、彼にとって都合のいい場所が用意される。しかし、ここでもまた、彼にその場でインタヴューすることが不可能で、質問と回答をすべて事前に用意しておく必要があるのと同様に、彼の撮り方もそれに合わせておかなくてはならなかった。「たぶん一つにはこういうことだと思います。普通、人は会話するとき、そしてインタヴューをするとき、相手の顔を見ます。話している相手の表情を見ます。ところがホーキングの場合、言うまでもなく、話さない[69]」マウスもキーボードも動かせない彼の眼の前で、コンピューターの画面がスクロールし、単語の選択肢が表示される。このときカメラは彼の周りを回って、彼が動いているという印象を作り出す。「すでにそれ以前にスタジオと彼のオフィスで、かなり撮影は進んでいました……いくつかのショットで……移動撮影を使ったのは……少し動きが欲しかったからです。絵としてはその方がおもしろいので[70]」

便宜上、そして撮影現場のスタッフの足音を消すために、インタヴューは二つの段階から成っている。音声と映像は別々に記録されているのだ。静かなる男がカメラの方を向き、あたかもインタヴューを受けているかのように見える場面が最初に撮影され、音声は後でつけくわえられた。そうすることで、答えが彼の口から出ているような印象をあたえる[71]。「おもしろいショットを撮るためには、どうしてもカメラを動かさないといけない。でも、彼が答えているときには**そう**したくなかった。それではうまく行かないと思ったからです。ほら、カメラが動くと、音がしたりするので。彼の顔はほとんど動かないでしょう。そこに回答の音声をかぶせればいい[72]」映像は映像で撮っておいて、**声は別に録音する**、というやり方の方が効率がよかった。

舞台装置は細心の注意を払って選ばれた。それは、エロール・モリスの映画『ホーキング、宇宙を語る』を思い出させる。その映画では、ホーキングは青をバックにして撮影された。監督が好みの背景にイメージを映し出すことができるようにしたのだ。モリスは説明する。「私はスティーヴン・ホーキングを、彼がいる世界、つまり現実の場所ではなく、精神の世界に置くことができる」[73] ヒックリンも同様に、物も人もない、完全に空っぽの白いスタジオで撮ることにした。それはこの世のものとも思えない空間で、ホーキングが天使のように空中を浮遊しているような印象をあたえる。ヒックリンは言う。「ホーキングは少し躊躇《ちゅうちょ》していました。自分が死んで、天国にいるように見えるかもしれないと思ったからです[74]」

ホーキングは撮影に遅刻した。明るい昼の光の代わりに、電気照明を使うしかなかった。監督が言うには、それでは望んだ効果を得られなかった。ホーキングは大幅に遅刻し、早々と帰っていった――フィルムに刻まれた印のように、彼がそこにいた形跡が残されているのがわかる。「とてもきれいなスタジオを選んでありました……美しい日光がたっぷりと入るんです。私たちが到着したときは、絶好の条件だったんですが、残念ながら、彼は二時間半も遅刻した。彼が着いた頃には暗くなりかけていたので、たくさんの人工光を使わなくてはならず、あまりいい効果は出ませんでした。しかし、いくらか撮影はしました……かなり技術を要する撮影で、だいぶ時間がかかりました。撮影が完了する前に彼はうんざりしてしまったようで……ええ……帰ってしまいました[75]」

だが、彼を追いかける前に、フィルムを彼が出て行く数分前に巻き戻してみよう。今度はカメラの動きを追うために。われわれは、車椅子に座ったホーキングを遠くから見ている。そして、太陽の周りを回る地球のように、彼の周りを回る――必要な条件が整えられ、アシスタントや撮影陣が出す音は消えている。彼はまさに空っぽの部屋にたった一人だ。クローズアップ。片方の眼しか見えない。カメラとともにわれわれが焦点を合わせた彼の身体のこの部分は、身体を持たない精神

――天才――をあらわすために選ばれた。「一つには、ホーキングの精神、才能、その他いろいろな魅力がそこにあらわれているからです。だから彼の眼を超クローズアップで撮ることにしたのです。彼の眼にはとても強い力がありました(76)」彼に近づくほど、彼の頭脳と宇宙の働きに迫ることができるかのようである――やがてわれわれはホーキングの青い瞳に吸いこまれ、瞳はブラックホールへと変わる。今やわれわれが星々のあいだの空間を浮遊している。

だが、（一部ではあるが）監督からの質問への回答を自分の掌握下に置こうとするのと同様、――先にも見たように、そしてこれからまた見るように――ホーキングは自己の身体のイメージも掌握下に置こうとする。

その場面について、彼はかなり怪しんでいたようで、自分の眼で見たがりました……いつも私たちが何をやっているのか知りたがりました。そして、いろいろなことに対してノーと言いました。そうやって彼はすべてを掌握していたのです。（ミアレ：たとえばどのようなことにノーと言ったのですか？）たとえば、このアングルはだめだとか、近すぎるとか、そういったことです。眼のクローズアップにもかなり不快感を示していました。本人としては、たぶん、やめてほしいと思っていたのでしょうが、できあがった映画を観るかぎり、不快な感じはしませんよ。とても美しいショットだと思います。だから彼も文句はなかったはずです(77)。

映画のラストでは、ホーキングが学生と仕事をしている姿を見ることができる。彼はここで指で操作するスイッチを使っている。おそらく、このスイッチを使ったのは、これが最後だろう。撮影中、スイッチの使用は中止され、メガネに取りつけた赤外線式瞬きスイッチが採用されたのだ。しかし、彼はこの新しいシステムを使う場面の撮影を拒否した。眼はシンボルだ。眼はたんなるコミュニケーションの手段ではない。最終的に、カメラは主人公の満足と意志の限界を超えてしまったようだが、——それでも試写中に彼が異議を唱えなかったので、映画は承認されたとみなされた——瞬きによってコンピューター上の単語を選択しているときに、眼をアップで撮られることを、彼は拒否するだろう。

ミアレ：映画では、ホーキングが眼を使っているのがわかります。でも、あなたは彼がまだ指を使っているとおっしゃるんですね。それはいったい……

ヒックリン：（監督は驚いた様子で）しかし、眼を使っているところなんかありませんよ！　瞬きスイッチを使うところは撮影を拒否されたんですから。

ミアレ：最後のシーンでは使っていなかった……

ヒックリン：そうです。最後に会ったときには使っていましたが、その場面は撮らせてくれませんでした。今後も使い続けるかどうか、まだ決めていなかったからです[78]。

数コマ後、ホーキングの眼がわれわれの頭の中に刻みこまれた状態で、学生の手が猛烈な勢いで一連の数学の方程式を書いている。それは複雑で階層的な物理学の世界を観客に思い出させる。

私たちはあるシーンを撮りました。木曜日か金曜日の、彼と学生のランチタイム・ミーティングだったと思います。それを撮った後、別のシーンを撮りました。具体的には、クリストフがスティーヴンにあることを説明するシーンです。正直に言うと、それは私たちが前もって用意した、やらせみたいなものです。それでクリストフが説明し、スティーヴンが答えました。その後、ある種の特殊な撮影を行いました。特殊なカメラを使って黒板を撮るのです。ものすごく近くまで寄って撮ります。黒板に寄って、クリストフに何か書いてくれるように頼みました——彼が数式を書き、カメラがチョークを追いかける、というわけです。映画の視覚的な素材を確保するための、これもやらせでした……方程式は一般的な物理学のプロセスを表現するもので、方程式の説明はありません。……まあ、最初は方程式を説明するつもりだったのですが、**最終的に方程式はある種の視覚的隠喩になった**と思います。(79)

ホーキングの眼のような視覚的隠喩は、彼の才能を視覚化する手段である。映像はすでに記録されたので、後はホーキングに語ってもらわなくてはならない。本物らしくするために、映画製作チームは「ホーキングの声」をインターネット上から見つけようとした。声はホーキングそのものだ。極端な話、他人が書いたものをその声で発音したとしても、それはホーキングの発言になる。しかし、ヒックリンは彼の声を見つけることができなかった。

それで彼の声を入れようと思って、インターネット上を探してスティーヴン・ホーキングによく似た音声を見つけようとしたんですが、見つけることができませんでした。(ミアレ：だめだったんですか?) だめでした (笑)。(ミアレ：驚きですね。じっさい、よく似たものが……)。ええ、はいはい、アップルのマック・コンピューターにはよく似た音声が入っていますが、じつは同じではないんです[80]。うーん、だから……たしかに思いました。すでに彼の映像は撮ってあるから、**後は何でも言わせることができると思った**。……思っただけですよ……じっさい、映画の中ではやらなかった。好奇心からやってみようと思ったんですが、現実には無理でした[81]。

ホーキングの「声」を手に入れる——わがものにする——ためには (他の声との違いがわかる人がいるのだろうか?)、回答が「彼の」コンピューターから出てくるようにしなければならなかった。つまり、彼か他の誰かが作動させる必要があった。

基本的に声は彼のスピーカーから出なくてはならず、声を出すのには彼がいなければなりません。ある意味で、そのことによって……彼は声の所有権を持っている。つまり、他人は彼のコンピューターを使うことができない……(ミアレ：ええ、誰か、たとえば大学院生が代わりに答えることができるとしたら、どうなのかと思ってました……)……いやいや、声は車椅子に設置されたコンピューターから出てこなければならない。おそらく、他人がそのコンピューターを使うことはできたでしょう。でも、私が言いたいのは、何らかのプログラムを入手して、そのコンピューターから彼の声を取り出すことは不可能だった、ということです(82)。

監督と音響技師は、録音テープを郵送で送るのは不可能だと知らされた(83)。そこで回答ができたときに、録音するためロンドンからケンブリッジまで足を運んだ。「(ホーキングが) 回答を再生し、それを私たちが録音したのです(84)」

私が最初にウィリアム・ヒックリンに会ったのは、この録音作業のときだった。私は、ホーキングが回答を準備するために、かなり夜遅くまで起きていたことを知った。私がオフィスの入口で待っているあいだ、教授は学生から提案されたいくつかの変更を加えたり、音声合成装置が正しく発音するように特定の単語の綴りを変えたりするのに忙しそうだった。「回答ができあがったのはその日の朝でした。その後、聴いてみると、発音のおかしいところがいくつかありました。たとえば『ガリレオ』という単語は、普通にGALILEOと書くと、「ガライレオ」と発音されてしまうのです。ですから私がうっかりそう書いてしまったり、彼がうっかりそう書いてしまったら……それを聴いた彼から修正を求められます。作業には長い時間がかかります(85)」

監督は後になって教授にいくつか変更を求めたという。言うまでもなく、教授はブラックホールの蒸発を発見した方法について説明を変えようとはしなかった。この回答は映画の最終版には出てこない。こういうとき学生は助け船を出したいのだが、ホーキングがそれを望まないことはわかっている。学生の話では、ホーキングは人前では助けを拒むという(86)。だからこそ彼はいつまでもイコライザーを使いたがるのだ。そうしておけば、他人が自分の代わりに答えることはできない。音響技師がホーキングの声を録音しているあいだ、監督はコンピューターの画面を撮影した。ホーキングのGA（大学院生アシスタント）の一人は言う。「世界中の人々が知っている一種のシンボルですよ、画面上で点滅する緑色の単語は。うーん、彼の声ほど有名ではありませんが、それでも彼がどんな人かをあらわす重要な一部なんです[87]」私がこれまで何千回も眼にしてきた引用が見える。が、少し潤色が施されている。彼と同じ日に生まれた赤ちゃんは、もはや二〇万人ではなく、四〇万人に変わっていた。「私は一九四二年一月八日に生まれました。ガリレオが亡くなった日のちょうど三〇〇年後にあたります。しかしながら、その日に生まれた赤ちゃんは、ほかに四〇万人くらいはいたでしょう。ですから私はそれほど特別だったわけではありません。それでもガリレオには強い一体感を覚えます。ローマを訪れ、教皇からメダルを授与されたとき、私は裁判記録を見せてくれるよう強く求めました。その後まもなく、教会はガリレオの名誉を回復させたのです[88]」

私が立ち去る前、監督は郵送されてきた回答のコピーを私にくれた。今聴いたばかりの話のほかに、もう一つ、なじみ深い決まり文句があった。「ガリレオのように、私も私自身の宇宙理解を成し遂げたいと思ってきました。科学は推論と観察の上に成り立っています。天上の権威者から授けられるものではありません。ガリレオと教会が対立した理由はそこにあります」最終版では、ホーキングと同じ日に生まれた赤ちゃんに関する部分は割愛されている。そうして新たな一節が生まれた。

ナレーター：スティーヴン・ホーキングは一九四二年一月八日に生まれた。

ホーキング：私はガリレオが亡くなった日のちょうど三〇〇年後に生まれました。ガリレオのように、私も私自身の宇宙理解を成し遂げたいと思ってきました。

ホーキングの回答の中に、もう一つ新しい記述を見つけた。これは映画には含まれていない。「現代物理学はまったく新しい概念を導入し、私たちの現実の概念を変えました。その新しい概念に対応する新たな哲学的枠組みが必要です。常識に基づく古い考えは通用しなくなるでしょう」しかし、次のような比較的標準化された一連の記述は、数多く含まれている。

一．この回答は、知的計画の構築や新たな発見に取り組む科学者の、障害を持つ身体という舞台装置を明らかにする。

肺炎にかかる前、私は主に宇宙論すなわち宇宙の起源に取り組んでいました。しかし、この三〇年は、ずっと情報のパラドックスについて考え続けてきました。アルゼンチンの才気あふれる物理学者マルダセナの論文を読み、入院中、ずっとそのことを考え続けていたのです。ほかにすることもありませんでしたからね。そうしてだんだんわかってきたのです。マルダセナ論文のアイデアを敷衍《ふえん》すれば、いかにして情報喪失が起こると同時に起こらないということが可能なのかを明らかにできる、と。

二．次はごくありふれた（ほとんど、どこにでも見られる）記述である。

もしもブラックホールに落ちていく宇宙飛行士を観察したとしても、じっさいにブラックホールの中に入る瞬間を見ることはできません。その代わり、事象の地平線つまりブラックホールの境界に近づくにつれて、宇宙飛行士の腕時計の進み方は遅くなっていくように見え、彼の姿はより赤く、よりぼんやりと見えるでしょう。宇宙飛行士自身は、事象の地平線を越えるとき、とくに何も感じないはずです。しかし、ひとたびブラックホールの中に入ると、もうそこから抜け出すことはできず、すぐに潮汐力によって引き裂かれてしまうでしょう。(89)

三．エネルギーを放射するブラックホールの発見についての説明と、自分はノーベル賞を獲得できるというホーキングの確信（それぞれ『Black Holes and Baby Universes〔ブラックホールと原始宇宙［邦題：ホーキング博士と宇宙］〕』の一〇七および一二〇ページに掲載されている）が述べられる。

当初、ほとんどの人が、ブラックホールからは何も出てこられないと思っていました。しかし、彼らが私の計算をくりかえしやってみたところ、やはり同じ結果が得られたのです。まだ観察によっては確認されていませんが、今では誰もが私の主張を信じています。確認されたときには、私はノーベル賞を受賞できるでしょう。

四．監督がホーキングの話を潤色または割愛する。

ブラックホールには温度があるという私の発見が優れていたのは、何もかもそれできれいに説明がつくところでした。そして、幾何学的な単位で言えば、エントロピーは地平線の表面積の四分の一である、という簡単な方程式につながりました。こうした結果はひじょうにエレガントで、きっと正しいはずです。

エントロピーと面積の関係は、一見無関係だった二つの物理学上の分野を結びつけました。重力と熱力学です。このことは、宇宙のあらゆる現象が深いところでつながっていることを示しています。

ヒックリン：私は、この二つの文を次のように一つにできないだろうか、と考えました。「私の方程式が優れていたのは、何もかもそれできれいに説明がつくところでした。**このとき初めて**重力物理学と量子力学のあいだに関係があることがわかったのです。これは**今なお**二つの分野を結びつける**唯一の方程式**となっています。こうした結果はひじょうにエレガントで、きっと正しいはずです。このことは、宇宙のあらゆる現象が深いところでつながっていることを示しています」

最終版で残されたのは最後の二つのセンテンスだけである。

ホーキング：こうした結果はひじょうにエレガントで、きっと正しいはずです。このことは、宇宙のあらゆる現象が深いところでつながっていることを示しています。

五．幾何学的に考えるユニークな方法とベッドの中での発見の瞬間についての記述。

時間が一つの場所に静止しているブラックホールのような時空では、過去と未来のあいだに一対一の対応（直接の関係）はない、ということがわかりました。しかし他の物理学者たちは、こんな幾何学的な考え方はしなかったので、私の推論を認めませんでした。

ALSが進行し、ペンと紙を使った計算は次第に難しくなっていきました。たくさんの方程式を必要とする問題を避け、幾何学的に視覚化できる事柄に集中しました。さいわい、どれも興味深い問題ばかりです[90]。

発見の瞬間は寝ているときにやってきました。娘のルーシーが生まれてまもない頃のことです。ブラックホールの境界である事象の地平線の表面積がつねに拡大していることに気づいたのです。これは、システム内の無秩序の量を測定するエントロピーにひじょうによく似ています。エントロピーとの他の類似点もすぐに見つかりました。しかし、表面積はエントロピーそのものではありえない。なぜなら、もしそうなら、ブラックホールが熱を放射するはずだからです。しかし、考えられているように、ブラックホールからは何も外に脱出することはできません。

これらの回答のうち映画の最終版に登場するのは最後の一つだけである。

私はこれまでつねに物事の仕組みに関心を寄せてきました。かちかち音がする仕組みが知りたくて、いろいろなものを分解しましたが、それを元に戻すのはあまり得意ではありませんでした。しかし、子供というのはたいていそういうものでしょう。子供たちは、物事がなぜ、どうして、そのようになっているのか、と尋ねます。理解するということは、ある意味で、支配することです。私が一四歳のときから物理学をやりたいと思っていたのは、それが科学の基本中の基本だったからです。

彼を他の多くの人々と同列に扱うような記述はカットされてしまう。彼はもはや他の人々と同じではない、たぐいまれな存在なのだ。しかし、そのために、またしてもオリジナルがコピーになる。そしてもちろん、この言葉は他の場所にあるものだ。なぜそれが「ホーキングの口から出た」ものでなくてはならなかったのだろう。

私はこれまでつねに物事の仕組みに関心を寄せてきました。かちかち音がする仕組みが知りたくて、いろいろなものを分解しましたが、それを元に戻すのはあまり得意ではありませんでした。

理解するということは、ある意味で、支配することです。私は一四歳のときから自分が物理学をやりたいということがわかっていました。なぜならそれが科学の基本中の基本だったからです(91)。

彼の周囲の人々と話し、「ホーキングが語ったことを読む」ことによって、ホーキングがある種の課題について考えていることがわかった、と監督は思っている。そして、それらと同じ要素を用いて伝記の構成を続けている。しかし、そのためにはホーキングのパラドックスを理解する必要がある。説明できるのはクリストフだけである。

ええ、最初に質問をクリストフに送ると、そのままホーキングのところへ届けられました……つまりその……クリストフは一度も言わなかったし、私たちも尋ねなかったのです……この種の質問にスティーヴンがどのように答えるかということを。たぶん、彼を知る多くの人々と話し、すでに発表された彼の文章を読んでいたこともあって、さまざまな事柄に関する彼の意見はわかっていたように思います。私たちはかなり精通していました。ただ、情報喪失のパラドックスの全体像とスティーヴンの新たなアプローチについては、どうしてもクリストフに説明してもらう必要がありました。映画製作中の大問題の一つは、そうしたアイデアをどうやって映像化するかです。じっさいのところ、……あまりうまく映像化できなかったように思います。ひじょうに複雑でしたから(92)。

ヒックリンが言うには、調査に八週間、撮影に二週間、編集に八週間を費やした後、多少は理解できたという。ホーキングの仕事に出てくる数学や物理学ではなく、概念の表現の仕方を、である。それでも彼は、最終的に、ホーキングのアイデアの説明はうまくいかなかったと打ち明ける。監督自身の考えでは、ホーキングのアイデアは映像にならない――視覚化できないという。

思うに……よくわかりませんが、つまりその、複雑すぎてどうしようもないアイデアというものがあるような気がします。その意味を正しく視覚化したり、概念化しようとすると、……あるアプローチと別のアプローチのあいだにとても微妙な違いが生じてしまう。正直に言うと、ちょっとばかげて見える……ある種の映画でなら楽しめますがね。すべてがばかばかしく聞こえてもいいのは、おかしな物理学の世界の中だけです。すべてがホログラムでできていて、最後に壁の向こうで何が起こっているかがわかるような――何が起こっていてもおかしくない世界。そういうアイデアはとてもおもしろいので、最初のうちは楽しいのですが、しかし……けっきょく、そのようなアイデアは一つもない……スティーヴンの……新しいアプローチの中心となるものの中にはない……ですから、彼の新発想の物理学に入っていくのは難しかった……そう思います。(93)

唯一監督がうまくいったと考えているのは、ホーキングの研究における学生たちの役割を表現しているシーンだ。「あそこはクリストフに何度も相談して、いろいろな方法を考えて、……やっとできたところです。会心の出来とは言えませんが、けっきょく……映画は……ホーキングが自分のアイデアに取り組むプロセスを描いたものになりました。（とくに現在）クリストフと一緒に取り組んでいるアイデアです……そういうことだと思います[94]」

ヒックリンは残念に思っている。無理もない。天才の才能が頭脳にはなく、この集団から出てくるものだったからだ。ヒックリンはたえずそのことを口にしているが、それが残念な理由だとは思っていない。ホーキングが遅刻したせいだと思いたがっている。

……前にも言ったように……すべての魅力は（ホーキングの）精神がどのように働いているか、というところにあります……彼と仕事をして思うのは、彼と一緒にいても、あまりそこには近づけなかった。**むしろ周りにいる他の人々と話をすることでしか**近づくことができなかった、ということです。だから、そのプロセスが起こるのを眼にすることができたのは、ほとんど彼がクリストフと仕事をしているときだけでした。正直に言うと、……クリストフは……博士課程の終わり頃で……そのとき、ほとんどのアイデア、ほとんどの発言は、クリストフから出ていました。ですから、そのときのホーキングの精神は、まるで（ミアレ：クリストフ！）ええ、そうです[95]（笑）。

監督はそれでもまだ怪訝《けげん》そうな顔をして次のようにつけくわえる。「**彼の精神がどのように働いているのか、まったくわかりません**。うーん、たとえば、クリストフと一緒に問題に取り組んでいるとき、クリストフが黒板に方程式を書き、何をしようとしているかを説明する……するとホーキングが何か言うわけです。（しかし）**彼の頭の中に考えがあって何かを言ったのかどうかは、私に**

はわからない(96)……」

ここでもまたヒックリンは、学生と共同作業をするホーキングの姿を撮ろうとしつつ、こんなことを考える。ホーキングはひょっとして名目上の指導者なのではないか、と。

ミアレ：じっさいに二人が共同作業をするところを眼にされたのでしょう。映画にもちょっとだけその場面がありましたよ。

ヒックリン：ほんのちょっとです。あまりおもしろくなかったので。ええ。主に私たちが撮ったのは、クリストフが自分のしている仕事を見せ、ホーキングが二、三コメントするという場面でした。

ミアレ：どんなコメントだったか憶えていますか？

ヒックリン：いいえ。

ミアレ：イエスやノーよりは複雑な答えでしたか、それとも……

ヒックリン：そうですね……でも、とても短かった……とても短いコメントでしたよ。つまり、どういうコメントかは憶えていませんが、「間違いないか？」みたいな感じです。ちょっと問いかけるような感じだったのは憶えているんですが……専門的な長い答えではありませんでしたよ。一部はクリストフが言ったことだったようです。クリストフは博士課程に入ったときから彼と共同作業をしていました。そうしてこの問題に着手したわけですが、理解するのに二年かかったそうです。スティーヴンの存在がどの程度なのか、学生との共同作業に名目上の指導者としてどの程度関わっているのか[97]、どの程度一対一の共同作業なのか、私にはわかりません。現場で見たかぎりでは、学生たちとのじっさいのやりとりは、明らかにごく限られたもののようです[98]。

だがヒックリンによると、学生が代わりに物事を実行しているとしても、依然として教授には忠実だという。教授の名前があるからこそ、違う世界を探求できるのだ、と。

しかし……クリストフとはいろいろと話をしましたし、じつは映画製作やその他のことが終わった後にも会っていたんです。愚痴をこぼす機会はいくらでもあった……つまらない仕事ばかりだとか、何もかも自分がやっているんだとか。でも彼は一度もそういうことは言わなかった。彼はいつも……私たち二人でホーキングについて批判めいたことを話したこともあるので、忠実という言葉はふさわしくないと思いますが、それでも彼はホーキングには大いに感服していました。クリストフは、言うまでもなく、ひじょうに頭脳明晰で、ひじょうに高いレベルの研究をしているひじょうに有能な物理学者で、ホーキングと彼の考え方に対して大きな敬意を抱いていました。そして――おそらくほかの誰よりも――ホーキングをよく知っている共同研究者でした。誰でも、ちょっとばかりジャーナリスティックな観点から、ホーキングの研究室に行ってみたい、そうしたら誰かを飲みに連れ出したいと思うでしょう。そのとき、取材される側はきっと「じつはね、ホーキングって、こうなんだよ、ああなんだよ」とか「仕事は全部、私たちがやってるんだ」など言うでしょう。でもクリストフは一度たりともそんなことは言いませんでした。それに……彼はホーキングに助けてもらっているという気持ちが強かった。よくわかりませんが、……ある場所に行くと、何となく違和感を覚えることがあるでしょう。でも、そういうことはなかった。クリストフはこう言っていました。自分が今やっているのはホーキングの仕事だ。ホーキングと一緒にホーキングについての映画を作っているんだ（笑）、と。ホーキングに関わることすべてが、大きな機会をあたえてくれた、とも言っていました。(99)

ヒックリンにとってホーキングを知ることは、その周囲の人々を知ることだった。これはアクター・ネットワーク理論と似ているように見える。つまり、ホーキングとは、彼の身体と精神を構成する異質な諸要素がつながり合って生み出されたものであり、構成プロセスの結果であり、彼の行為の基盤となり、彼を通じて行動する実体のネットワークとは区別がつかない。

私はかなり長い時間、彼の近くにいましたが、今にして思えば、とてもたいへんでしたよ……彼個人がどういう人なのかを知ろうとする者にとってはね。この意味がわかりますか？（ミアレ：はい）。彼はほとんど話しませんが、周囲の人々、彼が雇っている人々……彼の……大学院生アシスタントや卒業後の研究生、そういう人々を知ることで、彼がどういう人なのかが何となくわかってくる……（ミアレ：彼らと話をすることで、という意味ですね）……彼らと話し、ホーキングについての話もする……それから、たまにホーキングが二、三コメントを挟むこともあります……ひじょうに印象に残ったのは、彼がとにかくどんどん前に進もうとすることでした[100]。

しかし、この見方は、彼が他人から何かを言わされることに抵抗を示すことを考慮していない。さらに言えば、ホーキングの個別特異性は、人が期待するような、つまり彼が以前にそうしたような回答をしないときにあらわれる。

その旅行ではスペインの大統領と会見することになっていました……ジュディスが書いたあいさつの冒頭は、とても形式張ったものでした。「親愛なる大統領閣下、お招きにあずかり、たいへん光栄に存じます」とかなんとか。……会見に向かうバンの中で、彼はそのあいさつを完全に書き直しました。とにかくノー、ノー、ノーの連発で、けっきょく、お目にかかれて光栄です、みたいなあいさつになって……あなたのイラクに関するお考えは、ブッシュの考えよりもずっと新鮮です、というような内容もありました。彼は戦争に強く反対していましたから……回りくどい言い方はしたくなかったのでしょう……単刀直入に言おうとしました。報道陣がいることを知っていて、発言が取りあげられることを意識していたのかもしれませんが[101]。

しかし、この逸話は映画には出てこない。ありきたりの場面だけがくりかえされる。『ホーキング、宇宙を語る』を映画化するにあたり、ホーキングの多様性を表現するという課題に突き当たったエロール・モリスは、創造的で勇気ある科学者だけが記憶に残るようにしようと結論した。モリスの言葉によると、「このドキュメンタリーは伝記ではない。進行性の病気を発症した後のホーキングの不屈の精神、自律心、創造性をうかがわせる伝記的スケッチだ」[102]。同様に、ヒックリンは、ホーキングの才能の働きを眼にしていないけれども——天才として描いてはいるが——決意と忍耐力とユーモアによって、彼を記憶することになるだろう[103]。映画の最後の部分でヒックリンが強調しようとしているのは、この決意だった。クリストフがホーキングと仕事を進める場面である。

映画製作を終えて、いちばん印象に残っているのは、彼の驚くべき粘り強さと……不屈の精神です。……やるべきことを実行に移し、やっていることをやり続ける……まったく非科学的な話ですが、まさにそれこそが、彼がまだ生きている理由のような気がします。彼は絶対にあきらめない。もしもあきらめたら……闘い続けるのをやめるのは簡単です。ひどく苦しいことでしょうから[104]。

映画は最後の段階で一部が修正された。学生、監督、ホーキング、コンサルタントのジョージ、製作責任者たちが話し合った結果である。ヒックリンは学生についてこう語る。「編集の最終段階で、私たちが使った表現について、何度かやりとりがありました。『あれは違う、ここがおかしい』ということになったのです。(……) こちらの返答に対して、クリストフからおおむね了承を得ていたはずなんですが、スティーヴンにはいくつか気に入らないところがあったようで、彼が書き直しました」[105] ヒックリンは、ホーキングに関して読んだ資料を基に、彼の言うことが正しいかどうかを判断する。

私と、最終的に関わることになった製作責任者のあいだで、こんなやりとりがありました。彼が内容を書き換えようとして、「ええと、ここはこう書いてもいいだろう、だって……」と言う。そこで私がこう言います。「いや、そこはそう書けませんね。物理学では別の意味になってしまうので」それはしかし、私が何週間も——八週間かそこらですよ——かけて調べて、理解しているから言えたことです……たくさんの本を読みました……おかげで、ほかの人たちがどのように説明しているかがわかりました。思うに理解が深まれば……概念を説明することができる……しかし、そうするための、いわば具体的な仕組みは……整っていなかったのです。[106]

こうして集団による共同解釈作業が続き、物語の構築が進められる。物語は証明のための実験室となった。映画は最終的にホーキングに観てもらうことになっている——製作チームとしては、やはり「ホーキングの言いたいこと」を自分たちが理解しているかどうか確かめておきたかった。これは危険だった。もしも承認されていなかったら、完成は大幅に遅れていただろう。ホーキングと同席した監督は落ち着かなかった。ホーキングに不快な思いをさせたくなかった。映画には少し批判的な内容が含まれていると感じていたからだ。しかし、ウィンク一つで映画は承認された。[107]

第三幕：『ホーキングのパラドックス』ウィリアム・ヒックリン監督作品、メントーン・フィルムズ製作（二〇〇五年）

ナレーターの声が大きくなる。その前に述べられた疑いや疑問がまるで魔法のように消え、ホーキングが紹介される。「世界一有名な科学者」、「真の名声を誇る科学者」、「世界各地を飛び回り、グローバルに活躍する人」、「彼は天才の代名詞になった」。ホーキングは「語る」。自分はこれまでつねに物事の仕組みに関心を寄せてきた、と……「彼はガリレオが亡くなった日のちょうど三〇〇年後に生まれた」……

ストーリーそしてナレーションは大きく円を描き、曲がりくねり、さまようが、そのたびに天才の概念に立ち戻る。ナレーターは説明する。ホーキングはこの世界に入ってほとんどすぐに名声を博し、ビッグバン理論の研究で偉大な科学者としての地位を確立した。だが謎は残っていた。ホーキングはブラックホールに注意を向け、光を当てた。クラウス、ソーン、そしてナレーターがホーキングはなぜブラックホールが宇宙の本質を理解するのに役立つと考えるのかを説明する。ナレーターは言う。このブラックホールが、ホーキングの最も論争を呼んだアイデアにつながるのだ、と。

（ホーキングのコンピューターのクローズアップ）

ホーキング：ブラックホールは空間と時間が終わる場所です。そこでは物質は押し潰されて消滅します。ブラックホールで時間がどのようにして終わりを迎えるのかを理解できれば、ビッグバンで時間がどのように始まったのかを理解するのに役立つかもしれません。

ソーンがスクリーンの中からこちらを見て、一九七〇年代、ホーキングはこの分野の重要人物だったと語る。その直後に、ナレーターが、ホーキングはALSと診断され、余命二年と宣告された、と語る。ホーキングは、本人曰く「この予測を無視する」ことにして、病気を「強み」に変えたのだった。ここで、あるBBCの映像からの抜粋が映し出される。ホーキングと学生たちが見える。ホーキングの眼のクローズアップとともに、今やおなじみとなったキップ・ソーンの話が流れる。ソーンは説明する。ホーキングはその障害ゆえに、物事を頭の中で視覚化するユニークな方法を身につけることができた。ALSを発症していなかった場合よりも、広範な計算ができるようになっている、と。カリフォルニア工科大学のジョン・プレスキルは、空間的関係に対するホーキングの驚くべき直観について語る。カメラがホーキングの眼とブラックホールのあいだを行ったり来たりしているあいだに、こんな説明が入る。ホーキング独自の世界の考え方、世界の見方を通じて、彼――われわれ――は他の誰よりもブラックホールについてよく理解することができる。彼が登場する以前、それはただの解明すべき謎でしかなかった。ALSと診断された後、一〇年が経過するあいだに、ホーキングはブラックホールの働きについてますます理解を深めていった。しかしそれでは飽きたらず、完璧な数学的説明を探求した。これはきわめて複雑だが、ナレーターはさらに説明を続ける。

ナレーター：今こそホーキングの新たな取り組みが本領を発揮するときでした。彼は重力から、素粒子の量子世界を支配する力まで、さまざまな自然の力とブラックホールのあいだの一連の複雑な相互作用を思い描きました。これらすべての異なる相互作用を支配する方程式は、長く複雑なものでした。しかし、現代物理学の偉大な洞察の一つによって、彼は今、すべてを煮詰めてたった一つの方程式にまとめることに成功したのです。（……）素粒子物理学からニュートンまで、ホーキングのブラックホールに関するあらゆる知識が今や、小さいけれども、数学的才能の独創的な一端として、一つに統合されたのです。

プレスキル教授：彼は頭の中でプロセスを視覚化するだけで、正解に到達することができました。驚くべきことです。

ナレーター：それは勝利でした。これによってホーキングの天才としての評判が裏づけられたのです。

ホーキング：**こうした結果はひじょうにエレガントで、きっと正しいはずです。これは自然には深いところで統一性があるということです。**

ナレーターが話を進めて行くにつれ、内容はますます複雑になっていく。それどころかホーキングは、自分の発見の本質には物理学の根幹を問うパラドックスがあることに気づいた。そしてこの発見により、それから三〇年にわたる闘争が始まった。

（時は現代に切り替わる）

ナレーターは言う。ホーキングの発見の意味を理解し、最も激しく反対する立場をとったのは、ほぼサスキンドただ一人だった。その後、サスキンドとナレーターの説明が交互に続き、観る者はそこでホーキングとサスキンドが初めて対面する場面を思い描く。そこは有名な心理学者ワーナー・エアハードの家だった。

（床の上で叫び、身をよじる人々の図）

ホーキングはまさにそこで自分のブラックホール研究について紹介したのだった、とナレーターは結論する。

ナレーター：彼の新しい理論が驚くべきものだということがすぐに明らかになりました――ホーキングは宇宙の一部が消えつつあることを証明できるというのです。これは爆弾発言でした。

サスキンドはこれを、あらゆる物理法則を破るものだと考えた。彼は言う。「私たちは黒板の前にいましたが、あまりのことに電気に打たれたようになり、たいへん困惑しました」

ホーキング：**レナード・サスキンドはとても動揺しました。その部屋で私が言ったことの意味を完全に理解していたのはサスキンドだけだったのでしょう。**

ナレーターは言う。今や「ホーキング以前と以後」が存在するようになった。ホーキング以前は、ブラックホールは黒いと信じられていたが、ホーキング以後は、ブラックホールがエネルギーを放射している可能性が出てきた、と。

ピーター・クラウス、ナレーター、サスキンドの話が続き、ブラックホールの消滅の可能性が量子物理学の法則に異議を唱えるものだということがわかる。さらに言えば、もしも情報が失われるとしたら、日常の世界がきわめて劇的な影響を受ける可能性がある。そこで画面はホーキングに切り替わる。

ホーキング：**科学者は通常、過去と未来、原因と結果のあいだには固有の対応関係があると仮定します。しかし、情報が失われるとしたら、これは当てはまりません。確信を持って将来を予測することはできず、過去に何が起こったのかについても確かなことはわからなくなるのです。**

サスキンドは言う。ホーキングから聞かされたばかりの問題に完全に取りつかれた状態で家に帰った、と。

ナレーターによると、このホーキングの発表は、ちょうど病状が変化した時期と重なるという。ここでイギリスのテレビ局に戻る。そこでホーキングは、アインシュタイン以来、最も重要な物理学者、天才、世界的著名人、ベストセラーの著者として紹介される。さらにはローマ教皇との会見の模様も映し出される。

ナレーター：「科学は神の心を読むべきだ」と語った男。

ピーター・コールズはホーキングを神託を伝える神官にたとえる。情報パラドックスは本当だと主張し続けるうちに、ホーキングの名声は高まっていく、とナレーターは言う。ナレーターが説明するように、これは厄介な理論である。

ナレーター：もしも情報パラドックスが本当だとしたら、ブラックホールはすべての情報を食い尽くすマシン、ということになります。そこで世界中の物理学者たちが、この問題を解こうとするようになります――中でも最も熱心だったのがレナード・サスキンドでした。

ナレーターとサスキンドが交互に説明する。そして、サスキンドが、問題を解決するために、ブラックホールで情報が失われない理由を示そうとしたことがわかる。マルダセナは「反ド・ジッターにおける永久ブラックホール」と題する論文で、この結果を確認している。形勢は逆転し、ホーキングはたった一人でその他全員に立ち向かうことになる。

ナレーター：またしても形成は一変し、ホーキングに不利になりました。ホーキングが間違っている、というのが大方の一致した意見でした。やはり原因と結果は関係していたのです。私たちの記憶は無事でした。しかし、一人だけ異を唱える人がいました。

ホーキングに眼を戻すと、彼が生きるためには妻や看護師に頼らなければならないことがわかる。しかし、弱々しく、孤立無援でも、ヒーローは反撃を開始する。ホーキングは病状が進み、ますます弱っていた、とキップ・ソーンは証言する。ホーキングは「一人では仕事ができない」ため、手伝いをしてくれる若い研究者を募集しなければならない、とナレーターがつけくわえる。学生は言う。あこがれの人と仕事ができるなんて夢のようだ。そして、以前私に言ったように、ホーキングは仕事をするとき、方程式以外の言葉も使っている、と。学生はホーキングの書記役を務めている。アイデアを具体化し、証明作業を行い、天才の思考を必死に解読しようとする。やがてホーキングはマルダセナ論文に反論しようと決める。「スティーヴンに言われました……論文を読んでみろと。読むのにはしばらくかかりました。しばらくと言っても、一年半ですが。理解するのに時間がかかったのです」これといった進展はなかった。だが、悲劇が起こる。ホーキングは重い肺炎にかかり、救急処置室に担ぎこまれる。身体は衰弱し、精神はすでにどこか他の場所にあった。このとき、「あのアイデア」がひらめいたのだという。

ナレーター：ホーキングの身体は深刻なまでに衰弱していました。しかし彼の精神は他の場所にありました。それまでの研究生活を通じて、ホーキングは無限――宇宙の広大さ、時間そのものの始まり――の問題に取り組んできました。しかし、死に瀕していると思われたそのとき、自分の得意とする分野すなわちブラックホールに戻ってきたのです。ホーキングにとって、この自然の究極の破壊的な力は、よく知っている領域です。彼はブラックホールの事象の地平線をぐるりと周り、その深みを探ってきました。ところがこのとき、何か新しいものが見えると感じたのです。三〇年ぶりに、ブラックホールの最大の謎――情報パラドックス――に対する新たな考え方が見えたのです。この新しいアイデアがもし正しければ、ブラックホールに関する世界屈指の専門家としてのホーキングの地位は確かなものになるでしょう。このときもまた、ホーキングは医師の予想を裏切って、三か月もしないうちに退院し、新しいアイデアに取り組みました。

続いてホーキングの頭のクローズアップ、眼のクローズアップ、次に宇宙の描写の後、ふたたび白いスタジオで浮遊するホーキングに戻る。クリストフによれば、戻ってきたホーキングは昼も夜も仕事を続けたという。ホーキングは自分の発見を最も権威ある物理学会で発表したいと考えている、とナレーターが言う。ゲーリー・ホロヴィッツは、ホーキングのような著名な科学者からの要求を断るわけにはいかない、と語る。そして、この章の第二幕が始まったダブリンでのGR17会議へと場面は戻る。

（会議でのホーキングの映像）

ホーキング：**みなさん、聞こえますか？　報告したいことがあります。およそ三〇年前からの理論物理学における大問題を、ついに解決できたようです。**

（ホーキングのクローズアップに続いて、宇宙の描写）

ナレーター：ホーキングのスピーチは、科学の大きなUターンの一つであることがわかりました。けっきょく、情報はブラックホールの中では失われないことを、ホーキングは認めたのです。彼が三〇年間、擁護し続けたアイデアは、最初から間違っていました。しかし、この衝撃の後、話は意外な展開を見せます。ホーキングはサスキンドも間違っていたと主張したのです。その代わり、彼には独自の解決策がありました。しかしその解決策は、聴衆のほとんどを困惑させるものでした。それは、私たちが住んでいる宇宙は、それぞれが異なる歴史を持つ無数の宇宙の一つかもしれない、という理論に基づいていました。ブラックホールが存在する宇宙もあれば、存在しない宇宙もある。ブラックホールのじっさいの影響を理解するには、並行して存在する宇宙をすべて一つに結合しなければなりません。

（ホーキングと彼の頭の映像）

ホーキング：**したがって、ブラックホールが存在する並行宇宙の歴史とブラックホールが存在しない並行宇宙の歴史を全部足し合わせなくてはなりません。ブラックホールのある歴史では情報が失われますが、ブラックホールのない歴史では情報が保存されるのです。**

（ブラックホールのイメージ映像）

ナレーター：実質的に、ブラックホールが存在する宇宙は、ブラックホールが存在しない宇宙によって相殺されることになります。つまり、そもそも情報を閉じこめるブラックホールが存在しなくなるため、情報は消えていなかった、ということです。

ホーキング：**じゅうぶんな時間待てば、ブラックホールのない歴史だけがかなりの数になり、最終的には、情報は保存されます。**

会議が終わり、サスキンドの批判的な発言が紹介され、ナレーターが語り、コールズが登場する。映画の最後のシーンはホーキングの自宅である。クリストフが彼の近くに座っている。二つのキーボードを介して、二人はスクリーンとつながっている。クリストフは教授の考えを解読しようとする。教授を不安そうに見つめる。観客は、一人だけが言葉を発する対話を眼にする。

クリストフ：tですか？

違うようだ。

クリストフ：fですか？
　Infinity（無限）ですか？　Infinite（無限の）ですか？（クリック）
ナレーター：では、ホーキングのこの最新のアイデアは、生涯の業績の最後を飾るのにふさわしいものとなるのでしょうか？　それは彼が今取り組んでいる仕事次第でしょう。
クリストフ：ええと……defined（定義された）ですか？
ナレーター：彼は今、数学的な証明を使ってアイデアを具体化しようとしています。それで批判者を納得させることができれば、生涯最高の輝かしい成果となるはずです。
クリストフ：definedでいいですか？　違う？　すみません。
ナレーター：仕事は一筋縄では行かず、なかなか先に進みません。

クリストフ：described（記述された）ですか？
ナレーター：ホーキングは今、単語をつづるのも難しくなっています。そのためクリストフは教授の考えを予測しようとしているのです。
クリストフ：sを書きますか？
ナレーター：ホーキングは顔のわずかな動きでクリストフに指示します。
クリストフ：sですか？　違う？　すみません。じゃあdですか？　t？　f？　formulated（定式化された）ですか？
レナード・サスキンド教授：彼の提案の詳細がわからないので、どの程度成功を収めるかについてはコメントできません。スティーヴンの新しいアイデアが具体化したときに、何か興味深いものになるだろうとは、現時点では言えないのです。
ローレンス・クラウス教授：このとてつもない問題を提起したのはスティーヴン本人です。それを自ら振り出しに戻して、自分で解決しようというのですから、これほどいいことはありません。
ホーキング：**当分のあいだ、研究をやめるつもりはありません。私は宇宙を理解し、この大きな問いに答えを出したいと思っています。それが今の私の支えになっているのです。**
（**終わり**［**クレジット**］）
製作総指揮、マルコム・クラーク、編集、アンドリュー・コーエン

結論：オフィスからスクリーンまで～ホーキングのパラドックス

思い出してみよう。この映画の目的は、自分の発見を証明しようとするホーキングの姿を、観客が追えるようにすることにあった。また、ホーキングの名声に疑問を投げかける、という意図もあった。監督は、けっきょく、天才が研究に取り組む姿を一度も眼にすることができなかった。少なくとも、監督が過去の類似の映画で見たり聞いたりしたような姿は見られなかった。本当はそのような映画を作りたかったのだが。それどころか、じっさいのホーキングに近づいてみると、天才は本当に実在するのか、という疑問さえ浮かんだ。それでも最終的には天才ホーキングが再現されることになった。ホーキングが映画製作に同意してから**ホーキング**がスクリーンに映し出されるまでに、われわれはいくつもの段階を踏んできた。

われわれは監督率いる映画製作チームが、前章で説明した集団による共同解釈作業を追う過程を見た。映画を作るにあたって、彼らはまずホーキングの仕事を説明する書籍やインターネット上の記事を丹念に調べた。それから、かつてBBCが製作したホーキングに関するドキュメンタリー映画を観て、一部の映像を再利用した。本や映画だけでは満足せず、もっと実像に迫ろうとした。しかし、そのためには、同僚、友人、競争相手に話を聴かなければならなかった。そうした周囲の人々は、ホーキングの仕事を解釈し、統一された多数の資質を再現することによって、同様の解釈プロセスを担っていた。ホーキングを神託を伝える神官にたとえるなど、批判についてもまた同様だった。その後、監督ら映画製作チームは、さらに一歩近づこうとしたが、今度はアシスタントが解釈作業を担当していた。チームはアシスタントたちから、「ホーキングが言おうとしていること」を明確に理解できているかどうか確認するように、彼の考えに勝手な解釈を加えないように、と忠告された。ホーキングのアイデアを説明するうえで最も重要な役割を演じていたのは、言うまでもなくホーキングの学生である。とくに、映画の主題となっている研究はまだ新しく、あちこちで使い古されていないものだったからだ。そして最後に、チームはホーキング本人に会うことができるのだが、人としてのホーキングを知ることは難しい、と嘆くことになる。そしてこのプロセスが終了する前に、監督は結論する。天才ホーキングを知るためには、ホーキングがつながっているネットワークを再現するしかない、と。この展開は、私が本章の前半最後に示したことを思い起こさせる。監督の説明は、じっさい学者の言うこととよく似ている。ホーキングに関する著書やテレビ番組を読んだり観たりするほど、ホーキングのイメージや比較的明確に定義された自我が、安定して見えてくる。科学者の身体に近づけば近づくほど、彼の分散された身体の延長部分――アシスタント、コンピューター、学生――にアクセスする機会が増える。最終的に、ホーキング本人に到達したとき、ついに一人の人間をとらえることができたと思う。眼の前に身体があるからだ。ところが、そのとき突然、ホーキングの多様性が出現する――その証拠に、ヒックリンには彼が誰なのかわからなくなる――ホーキングの意志と決意は理解できるのに。われわれは、近づけば近づくほどホーキングを知ることが難しくなることを悟る。それだけではない。ホーキングはわれわれが思っていた以上に分散していることがわかる。ホーキングの回答が表示されるコンピューターを撮り、同時に彼の顔や微笑みを撮り、その後で彼の声を録音する必要がある。じっさい、人としてのホーキングが、部分を一つずつ積み重ねるようにして再構築されていくように見える。しかし、カメラと監督の動きはちぐはぐだ。それがホーキングのパラドックスなのだ。インタヴューで監督は、ホーキングに近づけば近づくほど、天才の姿を見失ってしまう、と語っている。しかしカメラは、近づけば近づくほど、天才の姿をとらえられる、と主張する。オフィスにいるホーキングの姿が見える。やがてオフィスが消え、本も、論文も、黒板も、学生も消える。今や彼は白いスタジオに浮遊する身体にすぎない。やがてその身体も消え、頭だけの存在になる。そしてとうとう頭も消えて、一つの眼だけになり、やがてその眼も消える。われわれは宇宙にいる。あらゆるメディエーション（媒介物）――彼の周囲の人々、彼を撮影する人々――が消え去る。ホーキングは眼そのものであり、世界に向けられた透明な窓にすぎない。疑問を抱きながらも、監督はナレーターとなって、偉大な科学者が、一人ですべてに立ち向かい、身体を超越し、宇宙へ踏み出していく姿を描く。学生でさえ――ホーキングの研究に大きく貢献していることはすでにわかっている――教授の考えを具体化するただの助手にしか見えない。

だが、さらにまた別のパラドックスがある。監督は、ホーキングを知りたい、もっと近づきたいと言いながら、彼の何を見せたいのかを、すでにわかっているようだ。ホーキング本人を取材しなくても映画はできたのではないか、という印象が残る。ホーキングに関する文章、ホーキングが書いた文章を読んだ監督は、ホーキングがいつ話すか、彼にどんなことを話してもらいたいかを、事前にわかっている。監督はホーキングが何を考えているかわかると言っている。学生が質問に回答するということも予期している。ホーキングの声をインターネット上で見つけようとしている。たとえば、イラク戦争に関する声明を書き直したというような特殊な事柄よりも、すでにわかっている回答を使おうとしている。ホーキングはつねに自分の存在を前面に出すために介入しようとするが、そのような介入はたいてい消去されているようだ——他人が消去する場合もあれば、本人がそうする場合もある。

これまで天才としての才能を構築する集団的作業において、ホーキングがどのような役割を演じているかを見てきた。それは彼が自分の仕事を発表したいという意志以外のところにも見られる。論文は映画の撮影中に完成させると言ってみたり、自分の見せ方を思いどおりにしようとしたり——白いスタジオでの撮影や天才を演じることには同意するが、新しいコミュニケーション・システムは撮らせようとしない、など——さらには自分に関する文章にも介入しようとする。この章の冒頭で、われわれはホーキングの主観性に直面した。すなわち、自分に関する説明や、自分の伝説の標準化において、病気に関する記述が変化している。ここでホーキングは、回答の執筆を学生に任せようとせず、コンピューターにも頼ろうとせず、文章を一から書き直す——コンピューターにはある種の標準化された回答や、たとえば「ガリレオ」のような単語も保存されているのに、である——それらは彼の用語リストに入っているはずなのだ。監督が回答を録音しに来たときも、ホーキングは回答をコンピューターにしゃべらせる仕事をアシスタントに任せようとはしない。それでも、他人が自分の代わりに仕事をすることへの抵抗は、たいてい失敗に終わっているようだ。たとえば、一から書き直したといっても、多くはこれまで彼が書いてきた回答と似たり寄ったりなのである。言い換えれば、新聞や彼のコンピューターの中を探せば見つかるものばかりだということだ。さらに、彼が書いた回答のほとんどは、映画の最終版には収められなかった。じっさい、標準化された回答のほとんど（たとえば、自分は紙も鉛筆も使わずに視覚的に考える、とホーキングが述べているものや、娘のルーシーが生まれた後の発見に関する記述など）は、監督の興味を引かなかった。けっきょく、標準化された回答に関して、どれを使ってどれを使わないかを決めるのは監督である。「ホーキングはガリレオの死からちょうど三〇〇年後に生まれた」という事実は、短縮された形ではあるが、使用される。ホーキングの姿が最終的な編集でカットされ、伝説の中に封じこめられているところもある。たとえば、ホーキングはとても幼い頃から物事の仕組みに関心があったとくりかえし語っているが、そのいっぽうで他の子供たちも同じだったと言って自分の立場を一般化している部分はカットされる。自分を他の人々と対等な立場に置くような文がカットされ、彼は一人の特異な天才として描かれる。そして、自分の履歴を書き直すホーキングの姿は抹消され、引用文はコピーに戻っている。それは他のどこでも見つけられるものだ。

この映画が描いているのは、自分自身を描く天才の姿である。「**ガリレオが亡くなった日のちょうど三〇〇年後に生まれ……**」、「**私はこれまでつねに物事の仕組みに関心を寄せてきました**」。ホーキングによる他の二つの回答は、発見の発表の直後に置かれる。発見の重要性あるいは正しさを強調するためだ。一つは「**こうした結果はひじょうにエレガントで、きっと正しいはずです**」。もう一つはホーキングがサスキンドについて語る言葉。「**その部屋で私が言ったことの意味を完全に理解していたのはサスキンドだけだったのでしょう**」その次の回答は、発見の重要性を説明するホーキングの姿を描く。「**科学者は通常、……と仮定します。しかし、情報が失われるとしたら、これは当てはまりません**」最後の回答では、ホーキングの成果を説明する試みがなされる。その意義を強調するため、ナレーターのコメントが随所に挟まれる。「**したがって、ブラックホールが存在する並行宇宙の歴史とブラックホールが存在しない並行宇宙の歴史を全部足し合わせなくてはなりません**」最後の三つの引用は、一部編集されているが、それまでどこでも発表されていないようだ。映画の放映に関する記事の多くがすでにこれらの引用を再利用している。まさしく、情報はけっして失われることはない……われわれの記憶は無事なのだ。

第五章

ホーキングの存在を読む——控えめな男へのインタヴュー

前の章では奇妙なパラドックスを眼にした。本人に近づけば近づくほど、ホーキングの多様性を目の当たりにする。そして、彼の構成と表象の多様性に眼を向ければ向けるほど、安定した自我が見えてくる。この章で私は、こうした現象を説明するために、研究対象に「ズームイン」し、彼との初めてのインタヴューの詳細を紹介しようと思う。だが、インタヴューの内容にのみ焦点を当てるより、インタヴュー自体の民族誌的考察を述べたいと思う。私が焦点を当てるのはホーキング自身と、コンピューター、そしてホーキングと他者（私を含む）との関係を媒介する知的システムである。そうすることで、ホーキングの拡張された身体の一具体的側面の働きを「ありのままに」説明しようと思う。その拡張された身体はアシスタントと機械によって構成されている。だが、この章ではさらに踏みこんで、相互に関連する次の四つの疑問を提起する。

一．「存在」の概念、人類学者にとってとても大切な「そこにいること」——はこの状況においてどのような意味を持つのだろうか？　その人がそこにいるというだけで、一人の人間（この場合はホーキング）について、より多くのことを知ることができるのだろうか？[1]

二．この方法論的疑問の背後に、もう一つの疑問がある。人間と対立するものとしてのテキストを扱うとき、どのような違いが生じるのか？[2] ホーキングの場合、この問題はよりいっそう複雑になる。というのは、彼と接するということは、ある種の筆記録を扱うことになるからだ。そして私は次のことを明らかにする。われわれは記述と表象の世界から逃れて一人の人間と直接接触するのではなく、解読しがたい身体と、ルーカス数学教授職を務めるホーキングについて書かれたテキストに向き合うことになる――そのテキストはコンピューターのどこかに保存され、ホーキングに関する他の物語が書き加えられるのを待っている。

三．ホーキングの身体はどのような種類の身体なのか？ さらに言えば彼の身体はどこにあるのか？ 私は、ホーキングの能力がどのように外在化され、人間／機械を基盤とするネットワークに組みこまれているかを明らかにしたい。このことが人間スティーヴン・ホーキングと天才物理学者**スティーヴン・ホーキング**としてのアイデンティティを維持する機会を彼にあたえ、同時に生身の身体の存在を消去するのである。このことから、さらに、なぜ、どのようにして、インタヴューそのものが、これらの身体化と脱身体化のプロセスに深く関わることになったのかを説明しようと思う。

四．最後に、機械の役割については、どう言ったらいいだろう？ 機械や器具は身体の透明な延長として表現されることが多いが（たとえばハイデガー、メルロ＝ポンティ、ポランニー）、このケースでは、もっと積極的な役割を果たしている。私は、ホーキングの周囲の機械や器具が、どのようにして会話（相互作用）を可能にし、同様に会話を妨げ、と同時に会話を消し去るかを説明する。この意味で、われわれは「人類学者」と「先住民」の力関係がどのように変化するかを眼にすることになる。言うまでもなく、民族誌学者のフィールドワークとその後の仕事の中心は「テキスト」の確立である[3]。しかし、この場合、インタヴューを執筆し、記録し、編集するのは「先住民」であり、民族誌学者は無力で不安定な存在となる[4]。

最初の接触

一九九八年六月二五日。私が二年以上にわたって面会を求めていた人が、この日ついに会うことに同意してくれた。私がイングランドを去る一週間前のことである。私はどうやら魔法の言葉を見つけたらしい。それはルーカス数学教授職を守る門を通るための鍵だった。それ以前の試みはすべて失敗していた。最初に、教授の発見に胸を躍らせる科学哲学者として彼に（そして個人アシスタントに）手紙を書いたときも、彼のあらゆる動向に注目する「メディア・イベント」に聞き耳を立てる社会学者としてふたたび手紙を書いたときも、いつも答えは「ノー」だった。ノー。教授は多忙だから。ノー。教授は面会を適切ではないと考えているから。魔法の言葉——開けゴマ——は**ルーカス数学教授職**だった。ルーカス教授職の歴史に関する本の一項目を書くよう依頼された私は、再度ホーキングに面会を求めた。(5) 翌日、次のような電子メールが私を待っていた。「ホーキング教授は、ぜひとも貴女にお会いし、当該書籍において貴女がお書きになる章についてお話ししたいと申しております。つきましては、以下のアドレスのホーキング教授の個人アシスタントまでご連絡ください……。教育助手兼ホーキング教授の大学院生アシスタントより」

一九九八年六月二五日午後四時一五分。ケンブリッジ大学応用数学・理論物理学科の待合室は学生でごった返している。ちょうどティータイムなのだ。トーマスに案内されてオフィスに入る——狭いオフィスで、がらんとしている。大きなテーブルが一つあり、左側に大きな黒い箱が二つ、右側にはラップトップとデスクトップ・コンピューターが一台ずつ置かれている。コンピューターに接続された車椅子の絵が壁に掛かっている。トーマスの説明によると、私のために「ツアー」が組まれており、学部のコンピューターの責任者スチュアート・ランキンと、ポール・シェラードが同行するという（シェラードは元はホーキングの学生だったが、現在はホーキングの共同研究者を務め、学部の管理部門も担当している）。ホーキングとアシスタントのトーマスに会うだけだと思っていたので、「ツアー」は予想外だ。さらに驚いたことに、トーマスは、必要ならホーキングの看護師クリスティーンにインタヴューをしてもいいと言ってくれた。だがやはり「技術者たち」の姿はないようだ。

こうして私はトーマス、ランキン、シェラードの三人と次々に会った。数時間が経過したが、まだ教授とは話していない。ツアーが教授のオフィスの開いたドアの前を通りすぎるたびに、その姿を見るだけである。少しじれったくなった私はシェラードに、ホーキング教授にはいつ会えるのですか、ひょっとして今すぐ会うことは可能でしょうか、と尋ねてみた。シェラードはさっと立ちあがり、恐縮した。「もちろんです！　私なんかより、スティーヴン・ホーキングとのインタヴューの方が大事ですからね」彼のオフィスで待ちながら考えた。ホーキングはなぜ私と会うことに同意したのだろう。個人アシスタントは、教授がインタヴューを受けるなんて、めったにないことだと言い切った。私の研究のことをどこかで聞いたのだろうか？　あれこれ自分のことを調べるのをやめさせたいのだろうか？　自分は教授の前でどのようにふるまえばいいのだろう？　これまで彼の神秘のヴェールをはぎとろうとしてきたが、今でもまだひどく気圧されてしまう。(6) どうやって意思を通じ合わせるのだろうか？　彼は人工的な声を使うのだろうか？　シェラードが私のとりとめのない思考を断ち切った。「スティーヴン・ホーキングとの面会の準備が整いました」シェラードに案内されてオフィスに入る。車椅子に座ったホーキングの姿は、デスクに置かれたコンピューターの陰に隠れていて、半分ほどしか見えない。ジーン・ストーンが言ったことを思い出す。「たいていの場合、彼との最初の接触は金属的である」(7)。しかし、私は彼の弱々しさに衝撃を受け、それどころか心を動かされた。教授にあいさつをする。シェラードは、どこに座ろうか迷っている私を見て、スティーヴンに話しかけ、それから私に教授のそばに座るよう促した。インタヴューを録音してもいいか尋ねた。シェラードは問題ないと考えているらしく、そのまま笑顔で部屋から出て行った。背後で看護師が行ったり来たりする音が聞こえる――洗い物や書類の整理などをしているようだ。私は、ルーカス教授職の役割に焦点を当ててインタヴューを進め、私の関心の対象である彼の仕事の方法など個人的な質問はいっさいしないことに決めていた。テープレコーダーのスイッチを入れ、インタヴューを始めた。

ミアレ：教授、お忙しい中、インタヴューをお受けいただき、まことにありがとうございます。インタヴューの目的については、トムからお聞きになっていることと思います。

そこで間を置く。彼の用意ができているのかわからない。何か書いているようだが、どのあたりまで進んでいるのかわからない。しばらく沈黙があった後、インタヴューを再開する。

ミアレ：よろしくお願い……

最初の質問に対する答えが私をさえぎる。どこからともなく声が聞こえる。

ホーキング：**私の発言のプリントアウトをお渡しできます。**

ミアレ：ありがとうございます。そうしていただけると、とても助かります。

それでもインタヴューの最初の部分ではテープ・レコーダーは回り続ける。あとでテープを聴いてみると、コミュテーター（彼が単語をつづるのに使う器具）のカチ、カチという音と、私の質問しか聞こえない(8)。

ミアレ：それで、申しあげたように、私はルーカス数学教授職の歴史に関する本の一項目を書くよう依頼されていて、ホーキング教授に関する章を担当することになりました。この本の狙いは、文化的、知的、技術的な文脈内での教授の役割を考察することにあります。そこで最初の質問です。ルーカス数学教授職を務めることは、なぜあなたにとってそれほど重要なことなのでしょうか？

彼が回答を書き始める。私は自分が大きな声をふりしぼって話していることに気づく（奇妙なことに、彼が話せないことから、耳も聞こえないような気がしたのだ）。車椅子の肘掛けに取りつけられた小型コンピューター上に文章が書きこまれていく（彼の正面の大きな画面にも表示されていたのかどうか、私にはわからない。直接見ることができなかったからだ）。同時に教授の合成音声が文章を読みあげる。私は後でテープを聴くまで、合成音声が文章を読みあげていたことを知らなかった。そのときは、どういうわけか、私には聞こえていなかったのだ。

ホーキング：**なぜ、あなたが？**

ミアレ：なぜ、あなたが？　ああ！　なぜ、私が？

私は驚いた。予想していた質問への答えではなく、私への質問が返ってきたのだ。

ミアレ：なぜかというと、私は科学哲学者、科学社会学者で、オックスフォードのメゾン・フランセーズの研究者として科学史の研究プログラムを進めていて、創造と発見にひじょうに興味があるからです。それで、現在、ある本を執筆中でして……フランスのある発明家について調べました。そして、とても独創的な人だと考えられているあなたの発見に興味を持ち、それで、私がこの章を書くのに適していると言われたのです。

私が話しているあいだ、彼は私の質問への回答に取り組んでいた。私はコンピューター画面に回答がゆっくりと表示されるのを見ることができた。

ホーキング：ルーカス教授職には志願して就任したわけではありません。私はすでにケンブリッジのアド・ホミネム教授職を務めていたので、給料が上がるわけでもありませんでした。

看護師にお茶はどうかと尋ねられた。「いえ、けっこうです。ありがとう」と答えて、回答を読み続けた。

ホーキング：私はこの教授職を、ケンブリッジの外から、たとえばアティヤ（原文 atyia）のような優秀な人を招聘するのに使うべきだと思っていました。[9] 当時の応用数学・理論物理学科長ジョージ・バチェラー（原文 Georges batchelor）から、私が選出されたと聞いたときは少しがっかりしました。私は選挙人たちに、考え直して、アティヤ（原文atyia）のような人を招くべきだと力説しました。しかしバチェラーは、アティヤをルーカス教授職に就任させるという考えに大反対でした。バチェラーはアティヤのことを、純粋な数学者で、物理学者とはいえないと考えていたのです。ルーカス教授職が応用数学から奪われて純粋数学の手に渡ってしまう、と思ったのかもしれません。けっきょく、ある種の支援を受けられるという条件で、就任に同意しました。じつを言うと、ニュートン（原文newton）やディラックと同じ職に就いていると思うと、悪い気はしません。

二時間以上にわたって、質問と回答がやりとりされた。正確に言うと五回である。質問できたのは、本の編集者と一緒に事前に用意しておいた十問のうちの五問である。五つの回答がゆっくりとコンピューター上に書きこまれた。最後に、ホーキングの回答のプリントアウトをもらって帰った。プリントアウトでは、インタヴューを縁取る「おしゃべり」（たとえば最初のホーキングからの質問「なぜ、あなたが？」とか、「私の回答は痛烈で、遠慮のないものになりましたが――その効果を弱めないようにしてください」という主張など）は跡形もなく消えていた。インタヴュー中にコンピューターを介して起こった、あるいはコンピューターによって引き起こされたあらゆる相互作用の痕跡も残っていない。私はそれらをここで思い出し、描写しようと思う。

午後五時三〇分。今、部屋は静まりかえっている。私は教授と二人きりだ。看護師は部屋の入口に座っている。彼女はドアの前を通りかかった誰かに、こんにちは、と言い、トーマスと短く言葉を交わした後、編み物に集中する。ホーキングと私は黙ってコンピューターを見ている。ルーカス数学教授職の知的権威は変化したと思いますか、と質問したところである。彼が回答を書くあいだ、私は待ち、画面上のカーソルの動きを追う。

ホーキング：ニュートン（原文newton）やディラックと同じ職に就いていると思うと、悪い気はしません。しかし……（吸引）。

突然、コミュテーターの「カチカチ」という音がやんだ。彼が回答を書いている途中で、テキストの中にこの言葉が不意にあらわれ、声が言った。「**吸引**」すぐに看護師が来て、クリネックスを取り、彼の口を拭いた。それから小型のバッグを開け、小さな管を取り出すと、教授の首に差しこんで、機械を作動させる。教授の身体が震える。私は部屋から出た方がいいと思ったが、教授は看護師を気にするふうもなく、そのまま回答を書き続けた。

ホーキング：……しかし、本当に難しいのは、ほんの小さな仕事でも、重要なこととして取り組まなければならないところです。

身体の世話をしてもらいながら、彼は目下の仕事を続けることができる。つまりルーカス数学教授としてルーカス数学教授職について書くことができる。

私は新しい質問をする。「ルーカス数学教授職は将来どのようになると想像しますか？」ホーキングは書き始める。

ホーキング：私は、当面のつなぎ役として任命されたものと思っています。ルーカス教授職に期待される水準から見て恥ずかしくない程度の業績を持った人間としてね。しかし、私はあまり長生きしないと思われていて、その時が来たらまた選び直すつもりだったのでしょう。その頃までにはもっとふさわしい候補があらわれているかもしれない、というわけです。だから、選挙人たちをがっかりさせたことは申し訳ないと思っています。ルーカス教授職に就任してから一九年になりますが、定年までのあと一一年間、何としても生き延びるつもりです。それでも、ルーカス教授職を三七年間務めたディラックや、五四年間務めたストークスには負けますが。(脚)。

ふたたび、一つの単語が書いたばかりの文の下にあらわれる。声が言う。「**脚**」看護師が来て、彼の脚をそっとつかみ、ゆっくりと動かす。やがて「椅子の中」という言葉がコンピューター画面にあらわれる（声は聞こえない）。看護師が彼にバッテリーのことかと尋ねる。それから車椅子の肘掛けに取りつけられた小型コンピューターを見た後、車椅子をぐるりと回し、椅子の下にある「モーツァルト」と書かれた大きくて黒い箱を操作し始める。声が言う。「**ノー**」それから「**トムを呼べ**」看護師は出て行き、トーマスをつれて戻ってくる。スティーヴンに何か問題があるらしい、と看護師がトーマスに説明する。彼女はバッテリーだと思っていた。トーマスはコンピューターにさっと眼をやり、その後、車椅子の下の何かを調べる。それから部屋から出て行き、「マーラー」と書かれた大きな黒い箱を持って戻ってくる。車椅子の下の黒い箱を新しいものと交換する。ホーキングはふたたび書き始め、回答を完成させる。

ホーキング：私の後任として優秀な人が選ばれることを願っていますが、今はとてもたくさんの教授がいるので、私のときのようなことはないでしょう。

お疲れでなければ、もう一つ質問したいのですが、よろしいですか、と私は教授に尋ねた。声が言う。「**イエス**」私は質問した。「あなたはニュートンやディラックの名前をよく口にされますが、バベッジについてはどのようにお考えですか？」手の中のコミュテーターがふたたび親指で操作される。言葉が一つ一つ画面上に積み重ねられていく。一五分後、カーソルが動きを止める。回答ができあがったのかどうか、私にはわからない。読んでみる。

ホーキング：先輩諸氏の中にバベッジ（原文 babagge）がいることも、私は誇りに思います。彼はあまり長期間、ルーカス教授職を務めていませんが。私はケンブリッジ大学のために、シリコン・ヴァレーのような場所で、ある程度の額の資金集め（原文 fund rising）をしていますから、コンピューターの父と言われる人が先達の中にいるというのは、気が利いていますね。

午後七時三〇分近くになったので、そろそろ失礼した方がいいでしょうか、と教授に尋ねた。彼が書く。「ええ、私も帰らなくてはなりません」続いて「私の回答は痛烈で、遠慮のないものになりましたが――その効果を弱めないようにしてください」発表する前にお見せしましょうか、と尋ねると、声が言う。「イエス」続けて「論文はいつできあがりますか？」「来年の終わり頃まではかかるでしょう」と私。彼が微笑む（私はその微笑を「あなたは私と同じくらい仕事がゆっくりですね」と言っていると解釈する）。「さようなら。ありがとうございました」と私。彼がコンピューターに書きこむ。「看護師を呼んでください」彼には私がメッセージを読んでいるのがわかるので、音声は出ていない。看護師を呼びに行くが、見つからない。焦る気持ちを抑えつつ、オフィスにいるトーマスを呼びに行くことにする。ドアを開けると、電話中だった。私はトーマスに、ホーキング教授から看護師を呼ぶように言われたが、見つからない、と伝えた。トーマスはすぐに電話を終え、ホーキングの様子を見に行く。私も後に続く。行ってみると、看護師がいた。「あら、私を探していたんですね！」と看護師。看護師が教授に何枚かの写真を見せると、教授が微笑む。よい機会なので、彼の仮説の一つをめぐるキップ・ソーンとの有名な賭けの証文のコピーを見せてもらう。それはオフィスの壁に掛かっていた(10)。私がまだいることに看護師が気づき、何かご用ですかと尋ねる。私は、教授に別れのあいさつと感謝を伝えたい、と告げる。辞去してトーマスに会いに行く。トーマスはちょっと席を離れ、私のインタヴューへの回答を印刷したものを取りに行く。戻ってきたトーマスに、教授は電子メールでの質問に答えることに同意してくれたと伝える。トーマスは、何か必要なことがあれば自分あてにメールをください。ホーキングに回します。それから、ほかに会いたい人がいればインタヴューの手配をします、とつけくわえた。もう帰る時間だ。三時間前に来たときに窓から見えた車はすべてなくなっていた。見えるのは窓に映る自分の姿だけだ。もう日は落ちた。トーマスに別れを告げ、今は誰もいない静かな待合室を通る。応用数学・理論物理学科のドアを閉め、ルーカス数学教授職の本拠である厳重に守られた建物を後にする。その場所は、イングランドの夏の夜の薄明の中で、ふたたび謎に包まれる。一九九八年六月二五日午後八時のことだった。

「存在」を読む：身体とテキスト

ここで前述の場面における、ホーキングの身体の身体的な——隠喩ではない——延長としてのコンピューターの重要な役割を探求したい。とくにコンピューターが占めている場所について見ていく。このとき私はホーキングと向かい合うのではなく、彼と同じように、座って彼のコンピューターを見ている。厳密に言うと、私の身体はコンピューターに向いているが、質問をするとき、顔はホーキングに向いている（どんな相互作用においてもそうするように）。話しかける相手はホーキングであってコンピューターではないのだから。それからわずかに首を回し、顔を身体と同じ向きにしてスクリーンに表示された回答を読む。つまり、それを読んで、彼の望み、意志、思考として解釈する。いっぽうホーキングはじっと座ったままである。彼はコンピューターの延長部分であり、コミュテーターに添えられた指によってコンピューターとつながっている。ときどき、すでにちょっとだけ私の方に傾いている頭をほんのわずかに動かし、話しかける私にかすかな笑みを浮かべる。沈黙した人間の身体すなわち表情で「語る」ことができる（つまり存在し、接触することができる）身体と、ほぼ沈黙した機械の身体[11]――ホーキングが、自分の談話を見えるようにした後に、機械に「語」らせると決めるかどうかによって違ってくる――とのあいだのやりとりを通じて、これら二つの身体の最初のつながりがあらわれてくる。コンピューターがなければ、ホーキングが何を表現したいのか、表現しようとしているのか、私にはまったくわからないだろう。ホーキングがいなければ、コンピューターは声を発せず不可解なままであり、私の存在は場違いなものとなるだろう。[12]しかし、この三角形（ホーキング、コンピューター、私自身）の影響で、相互作用を読むこと――つまり、異なるアクター（行為者）の希望、発言、期待を読むこと――は混乱することばかりである。最初の数分間、ホーキングを見るべきか、彼の前にあるコンピューターを見るべきか、車椅子に取りつけられたコンピューターを見るべきか、迷ってしまった。話しかける声は私には聞こえない。ホーキングが回答を書き終えたのかどうかもわからないし、笑っていいのか、笑うべきか、待っていていいのか、待つべきか、質問を続けてもいいのか、まだそこにいていいのか、立ち去るべきか、といったこともわからないのだ。

自分と同等の能力を持つ人と話すときには当然のようにやっている、会話に調子を合わせるという習慣は、ばらばらに解体され、異なる方法で組み立て直される。ホーキングの特異な状態、彼独特のコミュニケーション様式、それらに不慣れな私、といったものからわかるのは、「通常の」相互作用あるいは会話に関する問題である。[13]われわれはパラドックスに直面する。いっぽうでは、すでに示したように、ホーキングの場合、そのハンディキャップゆえに、通常は科学者の習慣や自己提示の中に隠れているもの、たとえば、アシスタントや、彼がつながっている機械の役割が見えるようになっている。[14] 他方では、彼のハンディキャップは、ある種の要素をも際立たせている。それが存在しないか、彼の「存在」によって修正されているためである。その要素とは、(気づかれないが) 眼には見えているあらゆる社会的相互作用の構成要素、たとえばボディ・ランゲージ、声の抑揚、時間の経過、空間的関係などである。[15] まず時間から始めよう。

会話分析家たちが明らかにしたところでは、「交代で話をするという仕組みは、会話だけでなく、他のさまざまな発話交換システムの基盤となる」。[16]「インタヴュー・システム」の場合、「質問」と「回答」を交代で出す、というのが決まった形式である。今回の状況では、私の最初の質問に対してホーキングの回答が返ってきたのは、私が質問してから一〇分後——私の二つ目の質問の後——で、それを私がもう一度くりかえしているときだった。私の三つ目の質問に対しては、回答ではなく私への質問が返ってきた。通常の質問と回答の順番が逆転しているように見える。[17] これは、「発話交代可能位置において、現在の話し手が発話を停止し、誰も発話を開始しない (または継続しない) とき、途切れが生じる。それに続く無言の空白は、ただの間《ま》以上のもの——間ではなく、中断となる」として知られる状況である。[18] ホーキングの完全なる沈黙は、発話交代可能位置で発生すると、中断になる。これによって会話の流れに途切れが生じる。[19] 交代で話をするという仕組みなので、「もし次に選ばれたら喜んで話をしようとしている参加者は、すべての発話に耳を傾け、自分が次の話し手に選ばれたかどうかを分析する必要がある」。[20] 今回の場合、われわれは話す・聴く・話すという関係ではなく、話す・読む・話す（ときどき聴く）という関係にあり、私は読みながら聴くという奇妙な状況に気づく。「なぜ、あなたが？」というコンピューター上に書きこまれた質問は、彼自身の声でなく、人工的な音声を伴っており、私の眼はこのような相互作用を読みとるように訓練されていないため、私はそれが自分に向けられたものだとわからない。

さらに、身体に刻みこまれた標識の重要性に（それが存在しないことから）気づかされる。この標識によってわれわれは相互作用を開始、継続、終了することができるのだ。(21) メルロ＝ポンティは言う。「身体はわれわれが熟知している一つの現象としてあらわれる。われわれは身体を通じて人間の行動を知覚する……人体として構造化され、より高度に統合されている身体は、有意の行動の眼に見える表現であり、他の『自我＝身体』に容易に伝達することが可能である。そしてその自我＝身体とは、意味の中心であり、互いが出会う地点なのだ。このことはすでに間主体性を示唆している……しかしじっさいのところ、まさに主体の『実現』のためには、出会いが必要であることがわかるだろう(22)」それとは別の言い方で、アーヴィング・ゴッフマンは次のことを明らかにしている。対面での相互作用を構成し、それを可能にするのは、まさに身体的な共存の直接性である。それは相互作用を規定するために身体によって表現される合図や手がかりが使われていることを示唆している、と。(23) ホーキングの場合、「通常は」身体に刻みこまれているすべての標識（身ぶり、視線、姿勢、声の抑揚、沈黙、ため息、咳払い）が欠落している。代わりに、私が出会ったのは、彫像のような身体が浮かべる、おおむね満足そうな微笑みと、機械に固定された談話だった。この談話にはさまざまなサインが差し挟まれている。身体的必要性に関するもの（たとえば「脚」「吸引」）、希望、気分、思考に関するもの（たとえば「願う」「思う」「私は」）、疑問に関するもの（たとえば「なぜ、あなたが？」）、命令に関するもの（「トムを呼べ！」）。最後に、相互作用の重要な要素（とくに交代で話すために）に相互知覚があるが、今回の場合、コンピューターを介しているため、その相互知覚が不可能になっている。互いを見ずに、コンピューターを見ているからだ[24]。

ゴッフマンに従えば、身ぶりは意味を持った動きであり、そこには一般的な意味がある。微笑の持つ意味は日本とアメリカでは異なる。だがそれ以上に身ぶりは、メディエーション（媒介物）を通じてのみ眼に見える現実を明らかにする。人間の現実である。言い換えれば、身体は、自己と他者の定義が刻みこまれた表面となる。相互の自己定義（さらに相互作用の過程におけるこれらの定義に対する非難や承認）の蓄積は、身体と身体の「あいだ」で行われる。その結果、最初の観察でわかったのは、この人間の身体は、他の身体（コンピューター）というメディエーション（媒介物）を通じて、自身についてのみ語り、私については何も語らない、ということだった。そのため、私はどうしていいのかわからなくなる。私の相互作用の相手は身体ではなく、**拡張された身体**なのだ[25]。

言い換えれば、私は以下のようなものに直面する。

一．**「解読しがたい」身体**。われわれの眼は、動き・身ぶり・声を持たない身体を解釈することに慣れていない。身体の動き、身ぶり、声はその人の隠れた部分をあらわにする。それによってわれわれは、相手の意向を察知したり、そこに含まれる、われわれに関するさまざまな情報を読みとることができるのである。

二．**コンピューター**。このコンピューターがあることによって、相互作用を可能にする相互知覚に必要な空間的配置が再構成される。また、書く作業が終わるのを待つ必要があるため、会話のスムーズな流れに必要な時間尺度が壊れる。たとえば、質問しても、すぐに答えは返ってこない。また、まさにホーキング「そのもの」である人工音声が、書かれた談話を読みあげる。書かれたものを読みあげるという行動によって、声が理解を妨げる。声は読みあげているだけで、話しているのではない。最終的に、聴いたり読んだりといった、一般に会話とは無関係と考えられる機能は、同時に行われる。

三．「**読むことが難しい」談話**。ポール・リクールは次のように書いている。

対話は質問と回答のやりとりである。作者と読者のあいだにはこのようなやりとりはない。作者は読者に応答しない。むしろ、本は書く行為と読む行為を二つの側に分けていて、両者のあいだに意思の疎通はない。書く行為に読者は存在せず、読む行為に作者は存在しない。このように、テキストは読者と作者を覆い隠す二重食を引き起こす。その結果、テキストが対話の関係に取って代わる。対話の関係とはいっぽうが話し、いっぽうが聴くという直接つながっている関係のことだ。(26)

ホーキングの場合、談話は書かれてはいるが、書かれた様式が通常とは異なる。通常、書かれたものにはある種の流動性がある。書かれた文章は、生み出された状況から切り離すことができるし、読者の中には「眼に見えない」「未知の」読者が含まれている。しかし、ホーキングの場合、テキストは私に向けられたものであり、私に「話し」かけている。かといって、会話の様式も持っていない。話された談話では、「話す主体の主観的意図と談話の意味が重なり合う。つまり、話し手が言おうとしていることを理解するのと、その人の談話の意味を理解するのとは同じことである……『あなたは何を言おうとしているのですか?』と尋ねるのと、『それはどういう意味ですか?』と尋ねるのは、ほとんど同じことなのだ(27)」しかし、ホーキングの場合、この等価性は破られる。談話は話し手の口から出たものではない。彼の「私」は彼の前——コンピューター画面——にあり、発話順序の交代を示す標識も存在しない。さらにこの場合、書くことで確立されるのは、発話で「語られたこと」ではなく、発話という事象そのものなのである(28)。同様に、この談話には、たとえば電子メールを介したときのような相互作用の様式も見られない。書き手がその場にいて——自分のテキストのすぐそばに——しかも私の隣に座っているのだから。私は、作者の声による句切りを持たないテキストを読まなければならない。しかも脇には沈黙の作者がいる。

「通常は」身体、機械、精神の特性だと考えられているものが、ここでは逆転している。(身体とは異なり)機械には自分で自分を直せないという特性がある。これはまさしくホーキングの身体の特徴だ。精神には思考、言語、欲求を生み出すという特性がある。ホーキングの場合、それらは機械から読みとることができ、機械から出てくる。では、彼の身体はどこにあるのだろうか？

ホーキングの拡張された身体の本来の姿を知る

危機の瞬間が、この問題に最初の光を当てる。ホーキングの身体に何か異常が起こったとき（痛み、不快感）、あるいはコンピューターに異常が起こったとき（故障）、アシスタントたち――インタヴュー中は目立たないように、かなり遠慮がちに控えているが、**つねにそばにいて**、いつでも介入する用意ができている――が、コンピューターおよび音声機能の作動によって動員される。アシスタントたちは、すぐに対応しようと、コンピューター画面に表示された言葉を読んだり、ホーキングの表情を読んだり、ホーキングの周囲のさまざまな装置に触れる。ちょうど医師が患者の身体のさまざまな部位に触れて痛いところを探すのと同じである。ホーキングは他者の身体を指揮する外科医であると同時に、他者によって世話を受ける患者でもある。[29] そうして「修復」されるべき人間または機械の身体部分が特定され（「**脚**」や「椅子の中」）、実行されるべき作業（「**吸引**」や「**トムを呼べ**」）が示される。このプロセスにおいて、ホーキングの声は「**イエス**」「**ノー**」などを示すサインとして働いている。

仕事の分担はかなりうまく体系化されているようだが、仕事を進める中で決められることもある。声が「**脚**」とか「**吸引**」と言う場合、曖昧なところはまったくない。看護師がすぐに対応する。けれども「椅子の中」と言われると、一瞬のためらいがある。看護師は守備範囲を広げてコンピューターを直そうとするが、見たように、ホーキングは彼女がコンピューターに手を出すことを嫌う。それはトーマスの担当領域なのだ。人工音声は重要である。問題が起こったとき、アシスタントの小集団に警告するのに使われるからだ。これによって彼らはかなり大きな自主性を持つことができ、ホーキングをつねに見守っていなくてもすむ。声の警告によって、看護師はホーキングとトーマスのあいだの中継役を務めることができる。同様に、この声を介して、私とのあいだに「通常の」会話らしきものが生み出されるのだ（「**イエス**」、「**ノー**」、「**なぜ、あなたが？**」）。しかしホーキングは、私の質問に正式に答えたり、すぐそばにいるアシスタントとコミュニケーションをとるときには、この声を使わない。つまり、ホーキングとコミュニケーションをとるには、コンピューター上のサインや、ボディ・ランゲージであらわされるサイン（眉や口の動き）を読みとらなければならない――このスキルを彼の周囲で働く人々は時間をかけて身につける。ボディ・ランゲージと正式な文章のあいだには違いがある。それは「話すこと」に関する違いだ。また、われわれは奇妙な逆転があることに気づく。耳の聞こえない人は話す人の唇を読む。しかしここでは、アシスタントがホーキングの表情を読む。トーマスは言う。

トーマス：彼は声を使う必要がないんです、ほんとに。私が彼と向き合っていなかったり、席を立っている場合は別ですが。彼は表情で語ります。私が仕事やその他のことを話すときも、彼のためにスライドを操作するときも、**スティーヴンの代わりに何かを言うことが多いで**

すね。そうして彼がそれはイエスだとか、それはノーだと答える。そういうことが多いんです。……だから、ええ、彼は表情で語るんです。

ミアレ：いつも予測しているということですね！

トーマス：ええ、たくさんの答えがあるわけではありません……たとえば「これは発表しますか？」と尋ねて、彼の反応を見るんです。あるいは彼がミーティングについて話しているとすると、私は「明日ですか？」と問い返します……明日開きたいのか、帰ってから開きたいかのどちらかだということは、はっきりしていますから……彼が何か言うのを待つ必要はありません。時刻についても、私がある時刻を提案して、またほかの時刻を提案する、といったぐあいです……でも、そうですね、そうやってこちらが彼の代わりに何かを言い、彼が表情で意思を伝える、ということが多いです。たいていそんな感じですよ……**こちらが画面を見ているときには、彼は声を使う必要がありません**……見ればちゃんとわかりますからね。

これまで見てきたように、ホーキングの特異な状態は、人間／機械を基盤とする環境の機械化（階層化、標準化、習慣化）を余儀なくさせる。(30) こうした仕事の協調と階層化の背後で危険にさらされているのが、人の命だ。どの仕事でも、対応を誤れば、死につながる恐れがある。(31) 大学院生アシスタントは自分の仕事をこう考えるようになる。責任が重大（最終的には人の命に関わる）であるばかりか、いつでも駆けつけられるようにしておかなくてはならないし（「私たちは一日二四時間体制で待機しています」)、絶えずいっしょにいるというのはたいへんだ、と。もう一つ、危険にさらされているのが、研究を継続し、天才物理学者**スティーヴン・ホーキング**としての地位を維持するホーキングの能力である。

ホーキングの三つの身体

「話したり読んだり書いたりするときに言語を使うことは、自分の身体的技能を拡張して知性ある人間になることだ。言語や、調査の仕方や、道具の使い方を身につけ、それを自分の身体のように意識するようになると、**われわれはそれを内面化し、同時に、自身をその中に内在させる**(32)」

これまで見てきたように、コンピューターがホーキングの身体の一部となっているのは、ホーキングがたくさんのスキルをマスターしているからである。コミュテーターをすばやく操り、巧みな操作で単語を選択して文章を作り、正しいキーを選択して合成音声を作動させる。新しい言語の微妙なニュアンスをすべて習得している人について語るように、ある学生は言う。ホーキングは「まったく『よどみなく』コンピューターを使えるようになっています」、と。思い出してみよう。ホーキングのソフトウェアを設計したウォルター・ウォルトスはコンピューターについて、「じっさい、今では彼の身体の一部だ」と語っていた(33)。

ポランニーは書いている。「われわれが道具を身体に同化させるたびに、われわれのアイデンティティは何らかの変化を起こし、人格は新たな存在の形態へと拡張する(34)」ドゥルー・レダーはメルロ＝ポンティの伝統を受け継いで、次のように示唆している。「身体と道具との真の関係は、その性質上、粗雑な唯物論的関係ではなく、現象学的な関係であり、類比を逆転させて初めて明らかになる。身体は道具のようなもの、なのではなく、道具が第二の身体のようなもの、なのである。道具はわれわれの身体的力に組みこまれ、その力を拡張する」[35]「道具を組みこむことは、拡張された身体を、手足が明白に世界とかみ合うまで、再設計することである」[36]この意味で、この道具すなわち人間の身体の延長は、ホーキングが自分の能力を発揮し、拡張することを可能にする。具体的には、情報を選択し、科学論文を読み、書き、会議の準備を行い、同僚と日常のコミュニケーションをとったり、電子メールで会議をしたり、といった能力をあたえる。ホーキング自身、最近の電子メール経由のインタヴューでこう述べている。「この種のソフトウェアがなかったら、私は連絡手段を断たれ、物理学者としてやっていけなかったでしょう」[37]

しかし、現象学の世界との類似性はここまでである。たしかに、ポランニーにとって、身体は世界を理解するための、何より重要な道具である。「われわれの身体はつねに、周囲の環境を知的かつ実際的に制御する基本的な道具として使われている」[38]「われわれの身体は、知的なものであれ、実際的なものであれ、われわれのあらゆる外的知識を活用するための究極の道具である」[39]とくにこの文脈において、すでに見たように、ホーキングの場合、「周囲の環境を知的かつ実際的に制御する基本的な道具」となっているのはホーキングの生身の身体ではなく、コンピューターそのものなのだ。コンピューターがネットワークの中心となり、そこを通して（ほとんど）すべての相互作用が行われている。そこでは相互作用が可視化され、公開されるのである（コンピューターは、ホーキングの生身の身体、アイデンティティ、アシスタント、コンピューター、私などのうち、適切なところに能力を分散させる）。コンピューターはホーキングと私自身のあいだの相互作用を可能にする（ホーキングは書き、私の質問に答え、会話らしきものを生み出すことができる）。コンピューターはホーキングとアシスタントのあいだの相互作用を可能にする（ホーキングはアシスタントを動員し、この相互作用の円滑な働きを妨げる問題を指摘する）。そしてコンピューターはホーキングとホーキング自身のあいだの相互作用を可能にする（ホーキングは自分の生身の身体について書くことができる）。アシスタントの動員を可能にすることによって、生身の身体および機械を維持することが可能になり、最終的には、テキストを書く能力を維持することも可能になる。

ホーキングが動かせるのは、指一本と、顔の筋肉の一部だけである。システムの構造（コンピューター上に言語があらわれ、構成される方法。たとえば、単語を縦にアルファベット順に並べること、よく使われる語彙《ごい》をひとまとめにすること、考えうる略語、単語予測、インスタント・フレーズ、人工音声）および、それによってホーキングができるようになるあらゆることが、ホーキングの知的能力の拡張と同程度にその構築にも関与している。言い換えれば、これらの道具は、彼の知性を分散させる、たんなる透明な延長部分ではない。というのも、道具は知性の分散を可能にするのと同程度に、知性そのものを構成しているからである。

身体は特権的な道具である。あるいはポランニーとメルロ＝ポンティが言うように、道具と身体の二分法を曖昧にしようとするならば、道具は身体のもう一つの部分でもある。ホーキングの場合、身体は特権的な道具ではなく、道具は身体のもう一つの部分以上のものだ。道具は身体を構成するとともに、身体を存在させるものである。これまで見てきたように、このシステムはホーキングが自分の生身の身体との関係を媒介することを可能にする。具体的には、通常は眼に見えない、ある種の運動神経系機能の働きや不具合を外に取り出す、つまり可視化するのである。コンピューターを介しているため、たとえばコンピューターに「脚」と書くことによって、ホーキングはすぐに生身の身体の痛いところを伝えることができる。合成音声を使えば、看護師の能力を動員することができる。看護師はすぐに対応して、この不具合を解決してくれる。このように生身の身体はコンピューターを介して看護師の介護を受けている。コンピューターには看護師を呼び、問題をピンポイントで知らせる働きがある。このように、これらのさまざまなメディエーション（媒介者）を通じて、この生身の身体の働きが可視化され（観察者であるわれわれにとっても、看護師にとっても）、外在化され、集団化される。そのため、機械と周囲の人々のリレーによって身の回りの世話を受けているあいだ、ホーキングはもはやそのことを意識していない（われわれが食べたものを無意識に飲みこむのと同じである）[40]。この一連のプロセスはさまざまな活動で構成されている。生身の身体の痛みの感覚が「脚」という単語としてコンピューター上に表示され、コンピューターから「脚」という音声が発せられ、看護師が駆けつけ、脚を抱えて持ちあげ、具合のいい位置におろす――これらすべてが、一つの自己修復する身体の動きになっている。ホーキングにとって、この自然な集団化された身体の動きは眼に見えないものとなる。動く能力を持った身体がそうであるように[41]。

いっぽうコンピューターは、機械の身体のあらゆる不具合を可視化することもできる（コンピューターは内省的だ。つまり自分自身について言及する）。たとえば「椅子の中」がその例だ。しかし、これまで見てきたように、ホーキングの生身の身体の不具合は、書くという活動を妨げるものではない。それに対して機械の身体の不具合はあらゆる相互作用の妨げとなる。機械の身体に不具合が起こると、書くことができなくなるだけでなく、アシスタントに指示を出すこともできず、生身の身体も機械の身体も修復できなくなってしまう[42]。拡張された身体の働きをホーキングがコンピューターを介して指揮する様子を観察していると、私は「船に乗りこんだ水先案内人」が現実のものとなってあらわれたように思えてならない。これはデカルトが精神と身体の結合の難しさを述べるときに用いた比喩である。

同様に、これらの痛み、飢え、渇きなどの感覚によって自然が私に教えてくれるのは、私がただ船に乗りこんだ水先案内人のように身体の中にいるのではなく、身体ときわめて密接に結びつき、そしていわば混じり合っており、私の精神と身体はある種、一体化しているということである。というのは、もしそうでないとすれば、身体が傷つけられたときに痛みを感じるはずはなく、私はただの思考するものでしかないからだ。ちょうど水先案内人が、船のどこかが損傷を受けたときに、眼で見て気づくのと同じように、判断力だけで傷に気がつくはずだからである。また身体が食べ物や飲み物を必要としているとき、私はそのことをはっきりわかっているのであって、飢えや渇きという混乱した感覚によって気づかされるわけではない。なぜなら、じつは、これらの飢え、渇き、痛みなどの感覚はすべて、ある種の混乱した思考形式にすぎず、それは精神と身体の結合と、いわば混合から生じたものだからである[43]。

ホーキングは自分の生身の身体で痛みを感じているように見えるが、看護師とトーマス（ホーキングの拡張された身体に不可欠の二人）は、ホーキングがコンピューターという媒介を通じて「ちょうど水先案内人が、船のどこかが損傷を受けたときに、眼で見て気づくのと同じように、判断力だけで傷に気が」ついているのだ、と考えているようである。

ホーキングの生身の身体は、機械を介して自身を展開し、自身を可視化することによって、身体そのものの優越性を構成するものに異議を唱え、それを他の対象から明確に区別する。身体は「彼が世界の他のあらゆる『事物』を意識するのと同じように意識するたんなる対象物」ではありえない。もしそうだとしたら、彼は「『純粋な主体』の地位を占めていたはずである。『純粋な主体』は世界を**観察する**と同時に、自分の身体も**観察する**。そして自分の身体を対象物の世界の一部と考える⁽⁴⁴⁾」。なぜなら「世界を見たり触れたりするかぎり、それゆえに私の身体は見られることも、触れられることも不可能だからだ。身体が対象物になる、つまり『完全に世界の一部になる』ことを妨げている原因は、身体によって対象物が存在するという事実である。何かを見たり触れたりするかぎり、触れられることもないし、眼に見えることもない⁽⁴⁵⁾」まさしく「私は私の身体の**前**にいるのではなく、中にいる、いや私は身体そのものだ⁽⁴⁶⁾」。言い換えれば、知覚する身体はつねに知覚される対象の後ろにある。だから私の身体は、「いつも『同じ側』に出て行き、私はそれを避けて通ることはできない⁽⁴⁷⁾」

ある意味で、ホーキングの生身の身体は、彼の発する言葉として同じテキストにあらわれていると言うことができる。どちらも彼の前にあるコンピューター画面にあらわれる。このような身体の擬物化という作業なしに、ホーキングは自分の身体になることができない。身体は感じられるだけでなく、外的な物として表現されなければ、何もすることができない。ホーキングの場合、対象物としての身体と主体としての身体の区別は消える。対象物としての身体として考えられる生身の身体――つまりその部分同士、あるいはそれ自体と他の対象物とのあいだに外的・機械的関係しか認めないもの――が彼自身の身体となっている。しかし、その彼自身の身体は、主体としての身体つまり『「彼の」存在の中心としての『彼の』身体であり、行動し、知覚する力としての身体であり、主体が世界の一部となるための手段としての身体である」[48]。

そこでわれわれは、身体を特徴づけるある形の不在――存在の動きを眼にする。これについてドゥルー・レダーは別の形で記述している。レダーにとって、身体はつねに存在するが、背景に位置している。第一に、われわれの内側と、さらに、眼に見える外側の一部、たとえば眼の周囲など、は隠されているからだ。第二に、われわれ自身が状況を受け入れられるようになる可能性は、われわれ自身を忘れる形式と関係している。苦痛や不快という状況において、身体はふたたび出現する。このとき身体は「ディス＝アピアランス（異常による出現）」つまり不在の不在という状態に置かれる。ホーキングの場合、不快の瞬間に、身体がふたたび出現するが、それ以上に、身体は自身をホーキングの前に、そして、「彼」と身体の世話をする人々の前に据える。こうして身体が集団化され、世話を受けると、人間と非人間からなる集団はふたたび見えなくなり、「彼の背後に」姿を消す。つまり彼の身体になる。そうして彼の活動はすべて、テキストを書くという活動に向けられる。

自分の身体の物理的な延長としてコンピューターを組みこむことによって、ホーキングは自分の知的能力を発揮し、拡張することができる。彼は周囲の技術的システムの不具合だけでなく、自分の生身の身体の運動神経系機能をも「外に取り出し」て可視化することができる[49]。そして、この集団が円滑に働くために必要な人間の能力を動員することができる。最後に、その結果として、同時にルーカス数学教授としての役割を果たすことができる。つまり、彼は私の質問に答えることによって自分の経歴を書くことができる。具体的には、科学界での彼の役割について、彼の地位の知的権威について、時の経過によるその変化について、後継者に求める資質について、自身の地位の権威に関して同僚たちが果たす役割の重要性について。そこでわれわれはコンピューターを介した活動、維持、「(非) 同時」発話を目撃する。それを行うのは、私が、エルンスト・カントロヴィッチの表現を言い換えて、ホーキングの三つの身体と呼ぶものである。その一。「集団化された**自然の人間の身体**」――この自然の人間の身体はこの集団なしでは機能できない。その二。「自然化された**集団的身体**」(人間の身体／コンピューター／アシスタント)――この集団的身体が「彼の」身体となっている。その三。「**聖なる身体**」――ルーカス数学教授職を務める身体(それは「もう一つの身体とは異なり、『病苦』に見舞われることも、『死』に見舞われることもない。この『身体』に関して言えば、(教授は) けっして死なない[50]」)。

しかし、この拡張された身体の働きに関連した前述のすべての相互作用は、私が手渡された公式のテキストにはまったく存在しない。先に私が示そうとしたように、ホーキングは自分の単一の死すべき存在を、「科学的天才株式会社」とでも呼ぶべきものに組みこんでいる。具体的には、自分の死すべき身体を用いて、同僚たちに肩を並べ、アイデアの生みの親としての地位を確立し、あるいは研究分野の選択を正当化する。だがそれと同時に、死すべき身体のあらゆる物的証拠を消し去る。このテキストの作成にそれが必要不可欠であるにもかかわらず、である。たしかに、ホーキングはソフトウェアの話す機能と書く機能を切りかえることができる。プログラムが文章を書くようにセッティングされているとき、彼の書くものは、ワードプロセッサーと同じように、ファイルに保存される。だが、話すようにセッティングされているときには、書かれ、発話されると、その内容は消去されてしまう。

というわけで、意識を失ったように眠っているコンピューターの記憶装置は、正式に書かれた論文、講演、インタヴューなどの巨大な保管庫だが、「非公式」の相互作用に関わる言葉は消えてなくなってしまう。それはホーキングが保存する価値ありと考えるかどうかで決まる。よって、コンピューターのおかげで、私はこれら三つの身体が（非）同時に機能する様子を「見る」ことができたのだが、その同じコンピューターのおかげで（たとえば、ホーキングが自分の経歴を私に郵送していたら）、三つの身体間に断絶が起こるのを「見る」ことができなかったかもしれない。つまり、ホーキングが、機械を介して、拡張された身体を機能させつつ、私の質問に答えてルーカス数学教授職**スティーヴン・ホーキング**としての自己のアイデンティティを構築し、それと同時に、インタヴューの終わり近くになって、彼の物理的身体、周囲の人々、そしてこの私まで消去する様子は、通常は見えないのである。ホーキングの場合、雑音とインタヴューを可能にした状況は除去される。（すぐ）後に分析者によって除去されるのではなく、インタヴューの最中に除去されるのだ。インタヴューが終わるまでには、ホーキングの回答——彼のコンピューター画面に表示された——は独自の発言としてプリントアウトされていたが、その発言が生み出された元々の状況は跡形もなく消えていた。私のテープレコーダーには私自身の声だけが残った——見えない誰かに質問すると、沈黙が返ってくる。バルトの表現を言い換えれば、この天才機械が生み出すと考えられていたのは、方程式と、(自己を消去する) 人間だった[51](口絵写真6参照)。

結び

こうしてわれわれは奇妙な動きを追ってきた。知覚する主体と知覚される対象とのあいだの一種のやりとり。対象までの正しい距離を定めようとするカメラのような、最高の鮮明さ——完全な透明性——を達成するためのズーム効果。われわれは、ホーキングの安定した表象の多様性と、私と彼との対面での相互作用のあいだの微妙な加減によって、彼のアイデンティティが断片化する様子を見てきた。印象派の絵画のように、距離は、接近することで見失うものを見えるようにしてくれる。ホーキング「についての」多様な物語を階層化することによって、個人の安定したアイデンティティが見えてくる。これは対面での接触では不可能だ。われわれは対象となる主体に近づけば近づくほど、それから遠く離れていく。もはや彼が誰で、どこにいるのかわからない。人間、身体、機械、精神、相互作用、会話、テキスト、発話について考えるとき、通常われわれが用いるすべてのカテゴリーがぼやけて見える。

眼の前にいるホーキングは、想像していた以上にとらえどころがないように見える。その理由は、第一に、すでに示したように、「社会的」身体（自己についてと同様、他者についても多くを語り、自己の定義を重ねる身体）すなわち、いかなる相互作用においても通常は「眼に見える」が「気づかれない」身体の豊かさというものが、ホーキングの場合には「存在しない」からである。第二に、生身の身体の内側の働きは、通常は「眼に見えない」が、ここでは「眼に見える」ようになり、「分散されて」いるからである（「私」と「脚」は同じ談話の中で混じり合い、身体から分離される。それらは彼の前にあり、いっぽう彼の声はまさに「彼そのもの」であり、生身の身体は集団的に世話を受ける）。そして、「遍在」するようになる（相互作用の最中、さまざまなときに出現する）。第三に、機械は、それが可能にする行動の協調によって、相互作用を生み出すとともに、相互作用を妨げる。このとき、アイデンティティの混乱と断片化が発生し、その後に再構成が行われる。ここでわれわれは、この沈黙の身体が組みこまれた機械が、集団的身体の構成要素を可視化し、その一部——アシスタント——を動員して生身の身体と機械の身体を修復するまでの過程を一つ一つ追っていく。そうしてわかったのは、この集団的身体が彼自身の身体（拡張された身体）になっており、同時に、ルーカス数学教授としての聖なる——集団的な——身体の構築を可能にしている、ということだ。最後に、機械——この集団的身体のもう一つの部分——が、ホーキングの生身の身体と、拡張された身体、そして私自身の身体の存在を徐々に消去していく過程も見ることができる。これらはすべて、この相互作用において、彼の聖なる身体の構築に必要な条件なのである。機械は、通常インタヴュー中には見えないものを見えるようにした後、今度は、通常インタヴュー後に見えるものを見えないようにする。すなわち、インタヴューが生み出された状況である。というわけで、機械は相互作用を作り出し、同様にそれを妨げる。そのいっぽうで、相互作用を分解し、同様にそれを作り出す。そして、後に残るのは公開するもの——私に手渡され、コンピューターのどこかに保存されるテキスト——である。テキストはホーキングに関する物語が書き加えられるのを待ち、相互作用の中で私的なものだと判断されたものは消去される。[52] ホーキングはまたしてもわれわれの手からすり抜けてしまったのか？

第六章

永遠の始まりに——ホーキングをアーカイヴ化する

本書全体を通じて、私が言う拡張された身体のさまざまな部分の働きを見てきた。アシスタントと機械（第一章）、学生（第二章）、図（第三章）、ジャーナリスト（第四章）、民族誌学者（第五章）。また、拡張された身体の多様性についても述べた。この多様性はそれぞれ、身体の働きや仕組みを通じて垣間見ることができる。身体はつながっているときもあれば、分かれているときもある。あらわれる身体もあれば、消える身体もある。典型的な身体もあれば、特殊な身体もある。具体的な身体もあれば、抽象的な身体もある。[1] 本章では、もう一つの並行軌道をたどっていく。そこでわれわれはもう一つの世界を訪れる——それはアーキヴィスト（文書館員）の世界であり、ここでもまた、一つの集団が働く姿を眼にすることになる。[2] このホーキング集団が従事しているのは、「ホーキング永久保存資料館《アーカイヴ》」という形で**ホーキング**を構築し「記憶」する仕事である。しかし、何を保存するのだろうか？　これまでホーキング自身が生み出し、ホーキングの周囲で生み出されたものを「何もかも」集めることができるのだろうか？　重要なものは何だろう？　そして重要でないものは？　ホーキングについて、そしてホーキングによって書かれた多数の類似した文章はどうするのか？　すでにすべてがホーキングのコンピューター上にあるのに、それをまた保存する必要があるのだろうか？　あるいは別の言い方をすれば、ほとんどすべてがすでにコンピューターに保管つまり「アーカイヴ」されているのに、どうやってアーカイヴを作るのだろうか？　逆に言えば、電子的資料を保管《アーカイヴ》するとはどういう意味なのだろうか？　さらに言えば、ここで保存資料《アーカイヴ》を構成するのは何だろうか？　こうした疑問への答えを見つけるため、私は人工物、テキスト、イメージが——デジタルと印刷の両方で——広まっていく過程をたどる。それらが作り出される過程についてはすでに前章までに見てきた。私はこれらの資料がどのように解釈され、文脈に取りこまれ、記録され、後世の人々、後世の解釈のために保管されるかを記述していく。これによって、さらに数々の新たな、きわめて具体的な疑問が生じる。それらについてもこの章で扱う。たとえば、アシスタントの手からアーキヴィストの手に渡り、アーキヴィストの手から研究者の手に渡り、やがて一般「大衆」へと広まる過程で、資料はどうなるのだろうか？　ある媒体から別の媒体へ移動するあいだに、資料はどうなるのだろうか？　物理科学からアーカイヴ学へ、さらにアーカイヴ学から人間社会学へ渡っていくあいだに、資料はどうなるのだろうか？　要するに、ホーキングの保管《アーカイヴ》される身体はどのように構成され、保存されるのだろうか？(3)　この存在するが存在しない作者はどのようにして作られるのか？　自己は時空を通じてどのようにして拡張されるのか？　ホーキングは自分の残したテキストを通じてどのようにして再構築されるのか？

ベティ&ゴードン・ムーア図書館

二〇〇一年、ケンブリッジ大学はゴードンとベティ・ムーア夫妻からの寄付によって、総工費七五〇〇万ポンドの新しい図書館を完成した。物理科学、テクノロジー、数学を専門とする図書館で、数理科学センターに隣接している。ゴードン・ムーアは「ムーアの法則」を発見し、一九六八年にインテル社を共同で創業した人物として知られている。ムーアの法則はコンピューターの演算能力の飛躍的な向上を予測した。インテル社はその予測を実現し、同社が一九七一年に発表したマイクロプロセッサーによって情報革命がもたらされた。ホーキングが新しい声を手に入れることができたのはムーア博士のおかげである。「私にもインテル、入ってる」と彼はうれしそうにふりかえる。この新しい声が手に入ったので、「古い」声をロンドンの科学博物館に寄付することができた。同じく、ムーア博士のおかげで、ベティ&ゴードン・ムーア図書館（ザ・ムーア）内のホーキング・アーカイヴという常設展示資料に紙の資料を残すことができるようになった。アイザック・ニュートン研究所の向かい側の建物一階にあるホーキング・アーカイヴは、図書館創設以来、当初からの計画の重要な一部となっている。アーカイヴは進歩の概念を具体例を挙げて示し、そこではホーキングも偉大な科学者たちの長い列に加わっている。と同時にアーカイヴは、ムーアが創始したコンピューター・サイエンスにおける革命の象徴でもある。ムーア図書館の館長は私にこう語った。「ゴードン・ムーアは、かなり大規模な寄付を考えていました。ケンブリッジの真の遺産として末永く受け継がれていくようなものを。そして図書館というアイデアが、彼の心に強く訴えたようです。

（ムーアと）スティーヴン・ホーキングとの関係（を考えると）、……ムーアはスティーヴンの関係資料を、ニュートンをはじめとする、かつて同じ教授職を務めた人々が生きていた環境に持ってくるというアイデアを大いに気に入りました。この図書館が大学図書館の一部であるという事実は、まさにそのアイデアにぴったりです(4)」

ホーキング教授のアーカイヴが大学図書館ではなくムーア図書館に収められるのはきわめて異例のことだ。一部の人々によると、こうした特殊な状況は、図書館の建物の寄付者とも関係があるが(5)、同時に、ホーキングがひじょうに著名な人物であるという事実とも関係がある。さらに、実際的な配慮もある。大学図書館には常設展示の前例がなく、その点、ムーア図書館の方が、常設展示のための設備が整っている。図書館建設を発表するウェブサイトには次のように書かれていた。「この新図書館には、スティーヴン・ホーキング教授が大学に寄贈を申し出た紙および電子資料のアーカイヴが収められる。最初に、紙資料として、ホーキング教授の一九七三年以前の手書き文書や『ホーキング、宇宙を語る』の初期の草稿などが収められる予定である。長期的には、デジタル・アーカイヴを設置し、ホーキング教授が電子媒体に保存した最近の資料を収蔵する。本アーカイヴは、将来の研究のために著名な科学者たちの論文を保存してきたケンブリッジの偉大な伝統を、今後も受け継いでいく(6)」

人類学者たちは、たとえば科学、産業、行政、金融その他、現代世界を構成するさまざまな場所や慣行への扉を開いてきたが、アーキヴィストの仕事について詳細な研究を行った人類学者は一人もいなかった(7)。ある意味で、この仕事——つまりアーキヴィストの仕事——は、まだ書かれていない物語のために資料を提供することである。いっぽう、彼らの業務は、科学の進歩と完全性という啓蒙物語によって理解され、動機づけられている。さらに、民族誌や歴史を記述することについて――つまり集団が共有する記憶について――はいろいろと言われてきたが、歴史が「作られる」過程でのアーカイヴの構成については、あまり知られていない[8]。では、その扉を開けてみることにしよう。今度は研究室ではなく、アーカイヴの扉である。

ムーア図書館館長

ホーキングの資料の「アーカイヴ化」の歴史は、教授がシルヴァー・ストリートの旧オフィスからウィルバーフォース・ロードの新オフィスに移ったときに始まった。移転の際、とくに重要なものだけが新オフィスに運ばれ、その他の大量の資料は後に残された。その後、旧オフィス――同僚たちのオフィスよりずっと広かった――から、二〇年以上も棚に山積みにされていた書類、本、その他の資料がすべて運び出された。これらの資料は箱詰めされ、ムーア図書館の特別な部屋に届けられ、保管された。ムーア図書館館長は笑いながら私にこう語った。「移転とともに、オフィスの残り物がどっと出てきたわけです[9]」のちに科学文書担当の学芸員が補足した。「ちょうどいい機会だったように思います。スティーヴン・ホーキングがオフィスに集めていた資料――というか、ありとあらゆるもの――を保存記録《アーカイヴ》としてどこかに預けるのに。この場合の保存記録というのは**彼が**そう考えるもの……あるいは一般にそう考えられるものを含みます[10]」ムーア図書館にはホーキングの新しいオフィスからも、さらには自宅からも、続々と箱が届いている[11]。そして「もう箱だらけですよ！[12]」今のところ、全部受け入れている。これらの資料はすべて、その出所が綿密に記録されている。たとえば元看護師が、ホーキングにはもう要らなくなったある物を図書館に預けようとする場合、どのルートで、どの仲介者を通じて届けられたかが記録される。

ムーア図書館と中央科学図書館の館長を兼務するケンブリッジ大学の科学担当上級司書には、ホーキングの側近たちと積極的に連絡をとって資料を受け入れる責任がある。しかし、と彼は言う。「連絡の窓口を務めているだけで、長期的な方針についての発言権はないんです……アーカイヴに関してはね。（大学図書館の）文書担当責任者と私とで責任を分担する形になっています。喜んで責任を分担していますよ、資料を公開する準備ができるまで[13]」

ミアレ：一部の資料をアーカイヴではなく図書館で所蔵することは認められるのですか？

館長：交渉中です。文書担当責任者と私が、言ってみれば共同で管理することになります。ですから、最初に会議を開きます。文書担当責任者は当分のあいだ責任が軽減されるのでとても喜んでいますよ。ちょっとだけスペースも広くなるでしょうし[14]（笑）。

第一段階では、資料は箱に入れられたままである。図書館館長は、冗談めかして言う。「安全な環境だといいのですが。（つまり）虫の類に食われたりしないことを願っています[15]」第二段階では、図書館館長は、保存記録《アーカイヴ》として適切な条件下で管理すべき資料を大学図書館のアーキヴィストの手に預けなければならない。つまり、資料は分類され、目録化され、適切な環境にある特殊なタイプの棚に保管される(たとえば、光が当たらず、低温で、湿度も制御されている)。火災や盗難からも守られる。資料の閲覧が許可されたときには、訓練を積み、資格を持ったスタッフの監督下で閲覧することになる。われわれは聖域に足を踏み入れた。そこでは、デリダが言う「アルコン(ギリシアの執政官。その居住地がアーカイヴの語源)」の力――資料の出所、利用、解釈を掌握する力――が行使される。われわれがここで扱うのは、保存すべき一種の「紙の生命体」でもある――それは(まさに文字どおり)ホーキングの聖なる身体(の一部)なのだ[16]。生身の身体は時の経過と衰えによって荒廃が進むが、書籍や文書もまた同じだ。それどころか、虫食いや紙の酸化とは無縁のように思われるDVDやハードディスクといった資料でさえ、時間の経過とともに劣化する。第三段階では、ムーア図書館に何を残すことができるか、大学図書館でどの「オリジナル」を複製して展示できるか、何をデジタル化できるか――あるいはデジタル化すべきか――が判断される。

しかし、資料が公開される前に、ムーア図書館館長はその資料を大学図書館のアーキヴィストが使えるようにしなければならない。つまり、在庫目録を作成しなければならないのだ。館長が最初に感じたのは、ホーキングに**関する**資料の量が、「ホーキングによって生み出された」資料よりも圧倒的に多いということだった。じっさい、ホーキング自身による資料があまりにも少なかったため、大学図書館の文書担当責任者は、その資料をざっと見るなり、アーカイヴを構成するのには不十分だと断言した。「ホーキングは、あまり意味のある永久保存資料《アーカイヴ》を持っていません。すべてが電子的に行われているため、どこまでアーカイヴとして保存すべきか、つまり永久に保存できる状態にすべきか、わからないのです……厳密な意味でのアーカイヴ資料は、本当にごくわずかしかありません[17]」そんなわけで、ホーキングに関する書籍や記事は、このアーキヴィストのアーカイヴには含まれない。その代わり、彼に言わせると、その種の資料は図書館のコレクションになるという[18]。アーキヴィストにとって、アーカイヴに入れるべき資料はホーキングの個人的な文書である。書簡、手書き原稿、タイプ原稿、草稿、出版物の校正原稿、さらに講演原稿など出版されない可能性のある資料だ。ムーア図書館館長は言う。「それはホーキングによって生み出されたものです。助成金申請書……科学論文……『読まれた』論文……そういった資料はたくさんあります。彼によって、彼から生じたもの、（あるいは）彼が答えたものです[19]」科学文書担当の学芸員にとって図書館のコレクションも重要だが、やはり興味の対象はホーキング個人が生み出したものである。「まあ、やはりその、何というか、倉庫にあるものはすべて、基本的には彼が保有する永久保存資料《アーカイヴ》と言えるでしょう……彼の個人的な仕事のコレクションです。しかし、私たちは、さらに一つか二つの区別を設けています。異なるものを扱うには異なるスキルが必要です。個人が生み出した唯一無二のものは、すでに出版されている資料とは異なる方法で扱う必要があるのです[20]」

まず、ムーア図書館館長と司書たちは、届いたものを整理して、この「種々雑多なもの」の中身を確認する。たとえばホーキングに関する書籍や記事。国内外の新聞の切り抜き。助成金申請書、個人的な書簡、ファンレター、二通か三通の手書きの手紙。写真、名誉学位証明書、メダル、その他の証明書、キーズ・カレッジの教授職および研究職を提示する大学からの文書、パスポート、二、三枚のクリスマス・カード、旅の記念品のフォルダー、ガウン、その他いろいろ[21]。

書籍その他の出版物、個人コレクション、手書き原稿などの資料と電子資料とでは、異なるスキルを適用する必要がある。絵や写真の場合には独特の問題がある。フロッピーディスク、磁気メディア、テープにはまた別の問題がある。これらを管理する場合、だいたい五年ごとに新しくしなければならない。そうしないと劣化する可能性が高いからだ。しかし現時点では、そのための準備は整っていない。同様のことは映画に対しても実施しなくてはならない。今のところまだＤＶＤではなく、ビデオテープに保存されている（ＤＶＤにすると、一〇年しかもたないだろう）。科学文書担当の学芸員は言う。「私が毎日扱っている資料の大半は、そのような問題は生じません。紙ですから[22]」

異なるスキルが必要になるということはつまり、資料が異なる部署に割り当てられる可能性があるということだ。アーキヴィストたちはこのことを念頭において手元の資料を分類する。電子資料（ＡＶＩ、ＧＰＧ、ＰＤＦ、ドキュメントファイル、フロッピーディスク、その他の磁気メディア、ビデオテープ、ＤＶＤなど）。ホーキングが書いた、あるいはホーキングに関する印刷物（書籍、記事、雑誌、新聞、新聞の切り抜き）。その多くは電子的な形態でも存在する。そして最後に、書かれたものではない資料、つまり、いわゆる人工物、すなわち、メダル、ガウン、さらに車椅子や音声合成装置も含まれるだろう。さらにコンピューターのプリントアウト、論文の予稿、講演原稿、書簡など、進行中の作業のさまざまな草稿もある。ここでも選別が行われる。

ホーキングについて書かれた本や雑誌の記事は、ムーア図書館のコレクションの一部として集められ、まとめられる。ホーキングの著作やそのさまざまな版を含む出版物は著作目録にまとめられ、

「ホーキング・コレクション」の分類番号を付されて、ムーア図書館に物理的に保管される。ホーキングの著作の外国語版は、図書館館長にとっては、とくに興味深いものである。なぜなら、同じ著作の翻訳版を数多く所蔵する図書館はほかにないからだ。

そう……それがコレクションの重要な目的だと言ってもいいでしょう。ただ問題は……すべてを著作目録に入れるか、それとも一冊だけ入れておけばいいのか、ということです。大学図書館のホーキング・コレクションを完全なものにするには、すべてを入れるべきではないか。そうすべきでしょう。この本がどのように受け入れられているかに関心があるならね……じっさい、先週、ある人から、まだ所蔵していなかった『ホーキング、宇宙を語る』のタイ語版が寄贈されました……ですから、翻訳版について、そしてその中身がどうなっているかについて調べたいと思ったら、すべて一箇所にそろっているわけです(23)。

ホーキングのオフィスから届いた書籍の扱いについては、まだ検討すべき問題がある。これらの書籍の多くは、ホーキングのもとに送られ、棚に置かれていたもので、おそらくホーキングは読んでいない。彼がサインしたのかもしれないが、後で他の誰かによって蔵書の印をつけられただけなのかもしれない。ホーキングの蔵書をどのように解釈したらいいのだろうか？　ムーア図書館館長にとって、答えは「簡単」だ。ホーキング本人に聞いて選別するのだという。

本の中には、彼が学生時代に多大な影響を受けた、明らかに重要なテキストもありますが、ただ送られてきただけで、棚にも入れられずに積みあげられていたものもあります……何か思惑があって本を送りつけてくる人がいるんです。そういう本は包装紙やビニールがついたままになっています。書評のために送られてきて、書評をしなかった本もあります。そういった資料が何もかもごちゃまぜになっているんです。彼のオフィスにあったものが全部。今の段階では、彼のところへ行って、確認する必要があります。「これだけお預かりしていますが、すべて**本当にあなたの蔵書**ですか、それともこれはただの不要な郵便物ですか……取っておく必要のないものですか」といったふうに。シルヴァー・ストリートの旧オフィスにあったものはすべて、取捨選択を検討しなくてはなりません。(24)

文書担当責任者にとって、それは問題ではない。印刷された書籍は、彼が言う永久保存資料《アーカイヴ》には含まれないのだ。

彼のところへは多くの人々から書籍が送られてきました。自分の著作を送ってくるのです……(ムーア図書館には)そうした書籍の膨大なコレクションがあります。しかし、言うまでもなく、そのほとんどを、彼はおそらく読んでいないでしょう。関心もなかったでしょうし(笑)、何の影響も受けていないでしょう。つまり、**彼とはあまり関係がない……そういったものは永久保存《アーカイヴ》資料ではない**ので、ここには来ず、すべてムーア図書館が所蔵することになります。私の知るかぎりではね。もしもそういったものが……ここに来るとしたら、希少本の部署に行くことになります。**私の部署には来ませんよ**。㉕

そして彼はこうつけくわえる。「たとえば、私たちが所蔵しているダーウィンの蔵書はすべて、ダーウィンによる注釈が書きこまれています。全部そうです……注釈のない本は一冊もありません」㉖ダーウィンによる注釈が、ただの蔵書を、永久保存《アーカイヴ》に値する資料へと変えたわけである。しかし、われわれは、本を読むとき、かならずしも書きこみをするわけではない。それにホーキングの場合、本に書きこみたくても、できなかったのである。彼にとって重要な本かどうかを知るには、本人か、彼の仕事を選び、通訳する人々に尋ねるしかない。

わかっているのは、彼の奥さんが私に、これらの本について、彼の代表的な見解とは考えられない、とか、彼が好む事柄に影響をあたえたとは考えられない、と語ったということだけです。そのほとんどが、彼のところに送られてきたもので、かならずしもその主張を支持しているわけではありませんし、まったく関心のない本もあります……ですから、奥さんは否定的でしたよ、こういう……資料を集めることにはね。しかし、いずれにせよ……私の観点からすると無意味な資料です……印刷された本は……永久保存資料《アーカイヴ》ではありません。ここに保存される……ホーキング・アーカイヴのどこにも含まれないのです。㉗

いっぽう科学文書担当の学芸員にとってはこれらの本をホーキングが開いたか開かなかったか、読んだか読まなかったか、これらの本に影響を受けたか受けなかったか、といったことは、重要ではない。重要なのは、これらの本がホーキングのオフィスにあったという事実だ――ホーキングと同じ物理的空間を共有し、誰も積極的にそれらを捨てようとしなかった。何もしないのも、意味のある行動だ。ホーキングにとって、これらの本は、大学図書館に保存し、目録製作者が図書目録を作り、「特別な蔵書コレクション」として認定すべきものなのだ。おそらくムーア図書館で保管することになるだろうが。

図書館としては、スティーヴン・ホーキングが**自分の本棚に並べていた**本のコレクションという点で、価値があると思います……彼のところには膨大な量の本が送られてきたはずです……そして包みを開けずに本棚に置かれた……たしかにホーキングが所有していた。言えるのはそれだけです……彼が受けとったのは間違いない。**彼も、スタッフも、**それを捨てなかったし、図書館かどこかに寄贈したりもしなかった……だからといって、余計な解釈を加えることはできません。つまり、今私が言ったことの大部分は、物理的な事実というか、ある意味で個人の行動にすぎません、そうでしょう？(28)

拡張された身体――個人アシスタントまたは大学院生アシスタント――によって選別も処分もされなかった資料は、「意図的に」取っておかれたもの、必要とされたものと解釈された。ということは、アーキヴィストはスティーヴン・ホーキングのオフィスにあった本のリストを作成する場合、大学図書館の特別コレクションとして分類番号を付すべきなのだろうか？　じっさいに物理的な書籍を保管する必要があるのだろうか？　もしそうだとしたら、どこに保管すべきだろうか？　どうすべきかの判断はまだ下されていない。判断が下されるまでのあいだ、印刷された資料は、ムーア図書館の適切かつ安全な、光のあたらない保管庫のしかるべき文書保存箱に入れられ、保管される。助成金申請書などが入った二〇〜三〇個の箱は大学図書館に運ばれる。ホーキング自身が作成したものの一部だからだ。財政事情は歴史家にとって重要な情報源である。同じく、ホーキングの支援ネットワークがどのように維持されているのかを知ろうとする者にとっても、関心の対象になりうる。この点について言えば、もしも人類学者が歴史家の眼に見えないある種のプロセス——たとえば、ホーキングの文書がどのように処理されるか（あるいは作成されたか）——をたどることができるなら、歴史家もまた民族誌学者の眼に見えないものを見ることができるだろう。すなわち、助成金申請書と、それによって得られた資金である。ムーア図書館館長は言う。「（大学図書館は）そういった資料を扱うのに慣れています。どうすべきかをよくわかっているのです[29]」個人的な文書や普通の書簡（およそ一〇箱分）も、同様に扱われる。「おそらくアーカイヴ化してくれるでしょう。私たちは今、最初の大ざっぱなリストを作成中です。どういう資料があるかを確認するためです……あとは大学図書館に任せることになります[30]」普通の書簡の最新のファイルは、別々の文書保存箱に分類されて収められている（討議資料、旅行・訪問・ブックツアー・インタヴューの予定、「著作」の映画化をめぐる書簡）。

「科学者の」アーカイヴを構成する資料の一部とはみなされないが、ホーキングの仕事の「大衆向け」の側面を示す資料として、ファンレターが何通かムーア図書館で展示される。そこでは著名な天才**ホーキング**と、研究に取り組む科学者ホーキングが、別々の自律的な存在になっているように見える。それはアーキヴィストたちが考えるもう一つの区別を連想させる。すなわち「科学」と「その文脈」の区別である。科学人類学者はここで、単なるアーカイヴの構造ではなく、発達過程にある科学の構造を見て取る。文書担当責任者は私にこう語った。「一般の人からのファンレターを保存しようとは考えていません。あまり興味深いものはありませんし、有名人なら誰でも、その手の手紙をたくさん受けとっています。そういう手紙は**ホーキング**とは関係がない。**有名人だから受けとった**という、ただそれだけのことです。しかし、重要な科学者からの手紙となると、当然、話は違ってきます。他の科学者たちからの手紙は重要です[31]」というわけで、一般の人々からのファンレターは廃棄処分されるか、場合によっては寄付金募集に活用できる可能性もあるので、大学事業部に送られる。

ええ、毎日のように届く、異常な量の奇妙な郵便物の見本があります。その手の見本がたくさんあるんです。基本的には二、三日分ですが、巨大な封筒二つに、奇妙な手紙がぎっしり詰まっています。初期の段階で、彼の個人アシスタントから(尋ねられました)、「本当に、これ全部必要ですか?……**一週間で袋一杯分**とか、それぐらい**来るんですけど**」それで、司書はこう答えました。「いいえ、全部ではなくて、一部を選んで保存し、こういう手紙が届くという見本を展示するかもしれません[32]」

そんなわけで、彼らは手紙その他の普通の書簡に目を通し、ホーキング・アーカイヴで公開したいものを選ぶ。それから、大学図書館と交渉して、適切な保存条件下で保管されているオリジナル資料の複製や複写を送ってもらう。「古い文書を調べて、ここでの展示の目玉になりそうな興味深いものを探します。一部のオリジナルにも目を通します。しかし、おそらく展示するのは複製になるでしょう。この建物は二四時間出入り自由ですし、もっと貴重な資料の警備もありますからね[33]……」

非文字資料つまり人工物（メダル、ザ・シンプソンズに出演したときのホーキングの像など）はムーア図書館に収蔵される。そのような「視覚的におもしろい」資料は、写真やホーキングの出版物とともに展覧会で展示することができる。たとえば手書きの文書のような「オリジナル資料」は複写したものが展示される。人工物、あるいは、それを書き、遠い昔に消え去った身体の名残として。

意思決定プロセスでは、ムーア図書館館長が、決定権を持つホーキングおよびその家族のまとめ役を務めることになる。ホーキングを**ホーキング**たらしめている要素（原稿や論文）の選び方は、ホーキングについてすでに知られている事柄、そしてホーキング（および周りの人たち）が彼をどのように記憶してもらいたいか、に基づいている。たとえばホーキングの妻は、彼の仕事の大衆向けの側面を強調したがるだろうが、ホーキング自身は、科学者としての地位を大事にしたいと思うだろう。マイケル・リンチの言葉を言い換えれば、このアーカイヴは意図的な設計を具現化している、と言えるだろう。つまり「作者の評判を高めるために堅固に構築されている」[34]。ムーア図書館館長は次のように語った。

ホーキング夫人と話し合いを持ちました。今の展示をどうすべきか、意見があるようで、……大衆向けの側面を強調したいとのことでした。ところが彼（ホーキング）としては、自分の成し遂げた最も重要な仕事を展示してもらいたい、そしてその仕事で自分を人々に記憶してもらいたい、と思っているようで……バランスをとる必要があります。展示を観に来た人々にある程度わかるようにしつつ、なおかつ彼の研究内容にも力点をおかなくてはならない。自分はただの大衆向け科学書の著者ではない。最終的に一冊の本だけで人々に記憶されるのは心外だ、というわけです[35]。

ホーキング本人が直接、自分は何によって人々に記憶されたいかを表明しに来たことがある。出版物のリストを持ってあらわれ、自分が最も重要で、影響力の大きいと思うものを選んだ。たとえば、『ホーキング、宇宙を語る』のタイプ原稿（現在、大学図書館だけが保存している資料）や、ホーキング放射の論文をはじめとする、初期の論文のいくつか。

館長：ええ、少しレイアウトを変更して、それを展示しました。論文のコピー……有名な論文のコピーです……（笑……）

ミアレ：本当に展示されてます？

館長：うーん、展示したと思いますよ。[36]

ホーキングがまだ存命であることは、このアーカイヴには明らかに有利である（個人のアーカイヴはたいてい、その人物の死後に作られる）。「ホーキング教授夫妻と相談できるので、かなり楽ですよ……つまり、まだ資料が自宅にあって、夫妻がそれを選別して、届けてくれるのです」とムーア図書館館長は言う。[37] また、これらの文書や物の背景について知るプロセス全般でも有利になる。ホーキングの大学院生アシスタントには山ほど仕事があるが、そのうえさらに、この自己のアイデンティティを記念する集団的プロセスに教授本人が介入するのを手助けする、という仕事が加わった。ムーア図書館館長が私に言うには、まだ自宅にある資料の一部について、ホーキングからその背景を聞くことができるという。「明らかに彼はそれについて知っている人物なんですから。彼がいなかったら、写真なんか全部、謎だらけですよ。会議のときの写真か？　旅行か？　これは韓国？　日本？　これは何年？　そうした類似の資料を区別するのはひじょうに重要なことなんです……しかし、かなり疲れる作業でもあります[38]」

ホーキングはまた、自分の仕事の成果を保存する図書館の建設にあたって、ゴードン・ムーアから資金の寄付を受けるのに一役買った。「ゴードン・ムーアは自分の名を冠した図書館を作るというアイデアが気に入って……何らかの常設展示を強く希望しました。それは好都合でした。そして**スティーヴンが代理人として気を配り、ゴードン・ムーアから資金を得られるように尽力してくれ**

たのです。すべてを中心に集中させた方がよかったので、建物が完成したときに、私たちが資料を収集することにしました。永久保存資料《アーカイヴ》を、あちこちに分散させるのではなく、科学図書館に保存します(39)」

だが、まだ存命の人物と直接やりとりすることで、作業が楽になるいっぽうで、文書や物の円滑な流れが阻害される場合もある。ホーキングはたびたびアーカイヴ化に抵抗しているのだ。

存命の人物のアーカイヴを扱うときは、より細心の注意を要します。**資料を提供してくれるのはいいんですが、やっぱり返してくれと言われることがあるんです。**私たちが保管しているものを、オフィスに置いておきたいと言われることもあります。そうだ、彼は黒板を持っていますよ。彼が学会のためにチョーク用の黒板を提供したところ……（大切に）扱われなかった。会議から戻ってきたときにはチョークだらけになっていて……二五年ほど前のことです。その黒板は彼の旧オフィスから新オフィスに移され、新オフィスからここに来ました。上の階の保管庫に。それからまた中庭を横切って、彼のオフィスに戻っています。そんなぐあいで……きっと、微妙なバランスがあるんでしょうが、当然、返してほしいと言われたら、返すしかありません。今は壁に掛かっています。彼は何となく自分のところに置いておきたいだけなんです。おそらく、最終的にはこの図書館で保存することになるでしょう。アーカイヴ化の対象としては珍しい代物ですからね(40)（笑）。

実質的に、ホーキングが生きているあいだは、アーキヴィストたちが厳密な意味での「アーカイヴ」を扱うことはない。「永久保存資料《アーカイヴ》」は当面は不完全なままである。ホーキングが亡くなり、現在彼が保有する資料のすべてが、目録を作成され、保管庫に入れられて初めて、全体像が「完成」し、「真の」アーカイヴができあがるのだ。[41] 資料の作者の死後もずっとアーカイヴが拡大し続ける様子が思い浮かぶ。隠されていた手紙やその他の文書が新たに見つかり、まとめられ、整理され、アーカイヴに加えられるのだ。ムーア図書館館長は次のように私に語った。「書簡を調べていけば、初期の（彼のコンピューターに関する）資料がいくらか出てくるかもしれません。当然、**資料がすべてそろっているわけではありません**。手放したくない資料——ある種の手紙など——はまだ自分で持っているでしょう。ずっと昔のものとかね。あるいは、現在のファイルでも個人的なものは自宅にあるでしょう[42]」

異例なことだが、資料の一部はムーア図書館に残されることになっている。創設者ムーアのおかげである。ムーアはコンピューター技術によってホーキングが意思疎通することを可能にし、それによって自分のアーカイヴ作りも可能にしただけでなく、それを収める物理的空間まで作ることを可能にしたのである。それどころか、電子メールをプリントアウトし、他の保存資料とともにムーア図書館でファイリングしておけば、大学図書館はそれを利用できる。電子メールがホーキングのオフィスのコンピューターに入ったままだったら、当然、大学図書館はそれを利用できない。最終的には、これは電子アーカイヴの一部になるだろう。現時点では、どれだけ多くの彼の電子メールが残されるかは、誰にもわからない。

最終的に、資料をいつ、どのように利用できるようにするかを決めるのはホーキングである。「もう一つ。その段階では、利用する場合の許容条件を定めなくてはなりません……しかし、言うまでもなく、資料の出所である本人はまだ生きていて、どのような形で利用すべきか、いつ利用できて、いつ利用できないかを決める権限を有しているのです(43)」

普通の書簡の場合、主な構成基準は年代順配列である。この仕事は主に主任司書が担当する。大学図書館、ムーア図書館館長、主任司書の担当する仕事はかなりはっきり分かれている。大学図書館のアーキヴィストたちがムーア図書館からホーキングの資料を受けとるのは、保存する(またはしない)ことが決まった後だ。ムーア図書館館長はホーキングの家族、主任司書、大学図書館のあいだの中継役を果たす。主任司書は館長の監督の下、それぞれの箱の中身の確認、分類、整理、ラベル貼りを担当する。ホーキングに関しては、これまで見てきたように、彼の存在が、保存または展示されるもののじっさいの所在特定、移動、再配置に影響をあたえている。ホーキングには、何を展示すべきか、資料をどのように利用させるべきかについて、ある程度、発言権がある。けっきょく、永久保存資料《アーカイヴ》の一部は依然としてオフィス、自宅、コンピューター内のいずれかに彼が保有しているのだ。アーキヴィストたちによると、ホーキングには、どのような資料をいつ提供すべきかを決める特権があるという。そして言うまでもなく、一度提供した資料を、いつでも返すよう求めることができるのだ。

主任司書

ムーア図書館の主任司書は、アーキヴィストとしての訓練は受けていないが、アーキヴィストになりたいと考えている。現在彼女は、ムーア図書館のホーキング・アーカイヴの責任者だ。図書館の通常の業務もあるが、アーカイヴの方はとくに締め切りがないので、自分のペースで作業を進める。前任の主任司書から引き継いだ仕事を、前任者と同じやり方で進めている。ホーキングの学生たちが、前任者の仕事を引き継いでいたのと同じである。ホーキングの個人アシスタントと同じように、主任司書も、この仕事について「自分一人でできるところ」が気に入っている。彼女に時間の余裕があるとき、ムーア図書館館長がいくつかの箱を上の階から一度に降ろしてきて、彼女のデスクに積みあげる。そこから彼女の仕事が始まる。「**完全に思いつくままに進めています**。（ホーキングの奥さんやアシスタントが）また次々に箱を持ってくることがわかっていますからね。私たちは今、資料を選別しているところです。全部が全部**アーカイヴにとってひじょうに重要なものばかりではないでしょうから**。ですから、うーん……とにかく選別して、じっさいに**保存、展示ができるような興味深いもの**を探しているんです……箱の中に何が入っているのか、見当もつきません」(44)

プログラムを作成するため、ユーザーになりきってみなければならなかったウォルトスとは対照的に（第一章の注117および第三章「無限の空間から宇宙へ、ものを投げこむ」を参照）、彼女は過去の経験を参考にしたり活用したりして、自分なりのカテゴリーや一貫した分類体系を構築する。さらに言えば、彼女自身、学生時代にアーカイヴを利用したことがあったので（歴史学で修士号を取得している）、重要な事柄についてはだいたいわかっているつもりだ。くわえて、上司の指示に従い、著者、出版社、日付、場所などを特定し、書きとめる。しかし、基本的には、「それぞれの箱の中身を論理的に分類し、それがいったい何なのかを解明する」のが彼女の仕事だ。[45] たとえば、同種のものしか入っていない箱は、多種多様なものが入っている箱とは別にしておく（たとえば二〇番の箱がそうだ。クリッピング・サービス会社が収集、コピーした『ホーキング、宇宙を語る』の書評が入っている）。主任司書は言う。「いろいろなものが入っている箱の場合、論理的な、その……カテゴリーに分類します。たとえば書評、記事、写真その他……**今ちょうど、やり終わったところなんですよ**[46]」しかし「それがいったい何なのか」が、いつもすぐに判明するわけではない。地球上で最もよく知られた本の一つを特定するときでさえ、そうなのだ。「たとえばこの分厚い紙の束は、ずっと何なのかわからなかったのですが、最終的に、『ホーキング、宇宙を語る』の原稿であることがわかりました（笑）……各章に表題が付いてなかったんです。ごく初期の草稿で、なくなっている部分もありました。だから、すぐには何なのかはっきりとわからなかったんです……これはタイプ原稿で、ええ、誰かが横に変更を書き加えていますね[47]」

そのうち、さらにいくつかの『ホーキング、宇宙を語る』があらわれた。書き換えられた第一章で、鉛筆書きの注釈が付いている（だが知ってのとおり、ホーキングが書いたものではない）。コピーのコピーで、余白に書きこみがあり、それ以外に、予備のページもある。ムーア図書館館長は言う。「率直な人だったら、『なんだ、ページのコピーじゃないか』と言うでしょうね[48]」文書担当責任者は、たとえば、決定稿以前の、さまざまなヴァージョンの『ホーキング、宇宙を語る』について、索引を見て、重要な資料かどうかを判断し、保存するかどうか決めることができる。もう一つの原本は大学図書館にある。すでに所蔵されているコレクションの唯一の資料である。ゴンヴィル・アンド・キーズ・カレッジの教授で、ケンブリッジ大学副総長から大学図書館理事会の理事長に任命されたアンソニー・エドワーズは、一九九三年、ホーキングに対して、『ホーキング、宇宙を語る』のタイプ原稿を後世のために、ケンブリッジ大で保存できるように大学図書館に寄贈することを検討するよう求めた。エドワーズは書いている。

ご存知のとおり、ニュートンの論文の大部分は大学図書館に所蔵されています。大学図書館は、当然ながら、ケンブリッジの代表的な学者たちの論文が数多く収められている場所です。しかし、ルーカス教授職にあるあなたにこのようなことを要請するのには、それ以上の理由があります。ヘンリー・ルーカスは、今のあなたの教授職を設けただけでなく、すばらしい本のコレクションを図書館に寄贈しました。『ゆえに、先に述べた本を、大したものではないが、大学に寄贈したい。そして、適当だと思われるなら、大学の公開図書館のどこかに置いていただきたい』ルーカスからは四〇〇〇冊もの本が寄贈されました。その中にはガリレオの『天文対話』やハーヴェイの『動物の心臓ならびに血液の運動に関する解剖学的研究』も含まれています。私の提案を受け入れ、『ホーキング、宇宙を語る』をこれらの著作に加えてもよいとお考えいただけるなら、大学、そして高名なる図書館へのすばらしい心遣いとなるでしょうし、このうえなく温かく歓迎され、記録に残ることでしょう[49]。

しかし、文書担当責任者は言う。「私たちのところにあるタイプ原稿は出版社に送られたものなので、中身は刊行された書籍とまったく変わりません。おそらく、学術的に興味深い資料というわけではなく、象徴的な意味の方が大きいでしょう(50)」

主任司書は、個別特異性の問題に直面する——刊行された本とあまりに違うので、同じ本の原稿だと特定できなかった——と同時に、大学院生アシスタント、ジャーナリスト、社会科学者たちと同様、くりかえしの問題にも直面する。(51)アーキヴィストの認識論は歴史的真実性という概念に基づいている——つまり文書の独自性に価値をおく考え方である。しかし、ホーキング・アーカイヴの一部として収集された資料の多くは、反復性、くりかえしの可能性が特徴となっている。たとえば電子的な文書あるいは出版された文書のように、自由かつ無限に複製することが可能なのである。『ホーキング、宇宙を語る』の書評については、主任司書は箱に入れっぱなしにしておくだろう。「ほんとうに同じことのくりかえしです（笑）。たぶん、あの本について言えることは限られているのでしょう。とくに科学者以外の人が書評を書く場合にはね(52)」

では、さまざまな場所で行われた講演はどうするのだろうか？　聴衆に合わせて若干変更が加えられたが、本質的にはどれも同じである。ゆえに、主任司書にとって、その出所をたどり、背景を理解することは難しい(53)。では、こうした講演の文書が生み出された場所をつきとめることができたとして、それによって文書の「信憑性《しんぴょうせい》」について何がわかるのだろうか？　そうした文書を作り出したコンピューターやジャーナリストたちは、脱文脈化という同様の行為を行う——そしてそれに依存している——のである。つまり、引用あるいはスピーチをコピー&ペーストし、他の文脈に翻訳する。あたかもそこで初めて語られたことであるかのように。「とてもくりかえしが多いので、じっさい、どこで行われた講演なのか、特定するのはたいへんです。でも、日付で推定することはできます……まあ、どれもみんな、あれですから（よく似ている）。講演ツアーで一週間のうちにいろいろなところで講演していたのでしょう[54]」反対に、コンピューターの使用は、膨大な量のくりかえしを作り出し、彼女の仕事を難しくしているとしても、同時に、語られたものと書かれたもの、講演と文書の区別を可能にしているという点では、彼女の仕事を楽にしていると言えるだろう。なぜなら、逆説的に言えば、ホーキングはすべてを書かなくてはならないからだ。通常は書くのではなく語るものでも書かなくてはならないのだ。「どこで行われたのか、といったようなことがわからない講演がたくさんあります。しかし……聴衆の前で行われた講演であることははっきりしています。彼が『こんにちは』のようなことを言っているからです[55]」

出所をつきとめるということに関しては、際限なく複製される自伝的記述にも同様の問題が起こっている。「彼が子供時代についての短い自伝を書いているのは知っていました。『ブラックホールと原始宇宙』（邦題『ホーキング博士と宇宙　Black Holes and Baby Universes』）に入っていますが、その後、編集されて長くなったものや短くなったものをくりかえし使っています。ですから私のところには六つか七つ、同じものがあります。違うものもあります。かなり違うものとか、少しだけ違うものとか……ですから、今、整理しようとしているんです[56]」これらの「類似」のヴァージョンを区別したいときはどうするのだろうか？　出所をたどり、つきとめなければならない。つまり、それらにきちんとしたアイデンティティをあたえなければならない。日付を探すだけのこともあれば、日付はわかっていて、場所を探すこともある。そのために彼女はホーキングのウェブ・ページ（ホーキングの大学院生アシスタントが管理している）や論文データベースを利用する。大学図書館の目録も調べる。そこにはホーキングのあらゆる記事・書籍の記録が含まれている。マス・サイン・ネットという学術全般のウェブサイトも使う。ムーア図書館にある彼の著作を調べることもある。

彼女の慎重な姿勢から思い出されるのは、作者を構成するルールについて述べたフーコーの言葉である。「われわれが作者だと考える（あるいは作者としての個人を構成する）これらの個人的側面は、明らかに、つねに多かれ少なかれ心理的な投影であり、われわれのテキストの扱い方を示すものである。われわれは作者を自分と比較し、関連性を引き出し、連続性を見いだし、あるいはそうでないものを除外する。また、これらの活動はどれも、当の言説の時期および形式によってさまざまである。『哲学者』と『詩人』は、同じように構成されているわけではない。一八世紀の作家は、現代の小説家とは異なる形で構成されていた[57]」われわれは今ここで、まさしく、「作者」が構成される様子を眼にしているのである。ムーア図書館館長は言う。

彼女は探偵のような仕事をたくさんやっていました……何か文章を見つけては、こう言うんです。「さて、これは本当はどこで発表されたものかしら？」あるいは、本の一章らしきものがあると、彼女はコレクションの本すべてに目を通して、一致するものを見つけようとします。講演のヴァージョンかしら、それとも、後で本に入った章の草稿かしら？　といったぐあいです。まあ、かなり厄介なものもありますね。公式の出版物リストに載っていないんです。講演の内容は会場によって変わることもありますが、大した違いはありません。ですから、彼女はたいていのものはつきとめましたよ。でも、論文だとしか言えないのです。彼女には、（一九）八八年に発表された論文かどうかはわかりません。(58)

のちに彼は次のようにつけくわえた。

資料についてかなり頭をひねっていました。ある箱に入った資料を調べながら、……これは何だろう、同じものの別ヴァージョンかな？　といったふうに。きっと彼女はひじょうに勘が鋭いのでしょう……すぐにそれが何かを見きわめるのです。……これは何かの別ヴァージョンだ、とか、まったく別のものだ、とか、印刷されたものをすばやく調べて、「これはこの論文の改訂版のようなので、これといっしょに保存しておきましょう」といったぐあいです。だから彼女は出版物の担当になりました(59)（笑）。

というわけで、主任司書が主として扱っているのは印刷された資料のうち、おおむね類似した内容が含まれる著作を調べることによって特定できるものである。しかしながら、彼女がこの仕事を気に入っているのは次のような理由による。「ただ本を読むよりも、まだ未完成な、本物に触れるのが好きなんです。大好きなんです……現物を見るのが(60)」

言い換えれば、手元にあるヴァージョンと一致するものをインターネットや図書館で見つけようとするとき、彼女は、同じ資料がすでに他のどこかで利用可能であるという事実を示している。同時に、逆説的に言えば、まさにこの同じプロセスを通じて、資料の目録を作り、さらなるコピーを生成することによって、彼女は集団的なくりかえしの作業に参加している。第三章で示したように、ホーキングは鉛筆も紙も使わない。だから、通常、書いて考える作業を構成している走り書き、注釈、下書きといった行ったり来たりの作業がない。長年、何もかもコンピューターを介してやらなければならなかった。このことはホーキングだけでなく、次第にすべての学者に当てはまるようになってきている。ここでもまたホーキングの特殊な状況が、知識人たちの習慣を浮き彫りにする。彼らはさまざまな文書の内容をカット&ペーストして新しい話を構成し、異なる聴衆に対して同じ話を使い回し、その講演を記事にしたり、講演、インタヴュー、会議などをまとめて本にしている。(61)つまり、下書きのプロセスをたどれば、通常は、創作のプロセスの「起源」——すなわち「作者」——に近づけるはずなのだが、この場合、われわれは鏡の間に迷いこんでしまう。これはたいていの知識人に当てはまることだ。しかし、ホーキングはその度合いが大きい。彼は、すでに実施した講演や以前に発表した論文の全文をくりかえし、コピーし、カット&ペーストするしかないのである。その形跡はテキストそのものの構成にあらわれる。「基本となるスピーチと、いくつかの修正版が存在すれば、それはもうはっきりしています。しかし、たとえばこの場合——ホワイトハウスでのミレニアム・スピーチですが……『ホーキング、未来を語る』の中の内容が含まれています……それと……前年のサイエンス・ウィークにケンブリッジで行った講演にもよく似ていますね。うーん、しかし、どうも長さが少し違っているようです。別の内容も入っているからでしょう」(62)

誰でも下書きを保存している可能性はあるが、その経過をたどること、すなわち同じ文書の異なるヴァージョンにおける変更点をたどるのはひじょうに難しい。さらに、たいていの場合、「保存」された時点で、その文書の過去——履歴——は削除される。これについて、リリー・コルタンは次のことを思い出させてくれる。「デジタル・データ・バンクはアーカイヴではない。アーカイヴは過去を扱うものであり、記憶のように保存され、実行された行為や完成された思考を後世に伝えるものだ。アーカイヴは、誕生する前から、将来も保存されることが決まっているのである。デジタル・データは、精選されたアーカイヴとは異なり、ひたすら創られるものである。デジタル・データはきわめて寿命が短く、テクノロジーに依存しているため、保存するにしても、創ると同時に保存しなければ失われてしまう[63]」文書担当責任者が私に語ったことは、歴史的記録の意味に対するデジタル・メディアの影響を浮き彫りにしている。「たとえばワード文書の場合、何かを訂正すると、たいてい、……変更履歴が記録されるので、当然、変更点をたどることができます。しかし、そのように設定していない人も多く、そのときは修正しても記録は残りません[64]」

このように、「不変の可動物[65]」（文脈が変わっても解釈が変わらないもの）を組み合わせ、重ね合わせ、並置し、再編成することを通じて——主任司書のたいへんな努力のおかげで——ホーキング固有の特徴があらわれる。科学者や民族誌学者と同じように、司書もまた書かれた言葉を動員、操作することを通じて知識を生み出し、われわれにアーカイヴが計算の中心（情報が集約される中心）であることを思い出させる[66]。司書はホーキングの異なる「講演」を並べることで類似性——段落全体が再利用されている——を明らかにすると同時に、違いも明らかにする。同じ段落が何度も使われていても、異なる理由、異なる文脈で使われている。講演のヴァージョンによって長さがさまざまに異なるので、書き直されていることは一目瞭然だ。

では、ホーキングが異なる日付によく似た講演をしている場合はどうだろう？　その文書は、異なる文脈で——異なる文脈のために——作り出されたという意味で、「オリジナル」とみなされるのだろうか？

（講演録は）プリントアウトされています。たぶん、「サイエンス・ウィーク」で行われた講演」ですね……これがその文書です。彼がそこでスピーチしたことを示す証拠です。あるいは、そう言われています（笑）。**とにかく、そのとき、そこで、そのスピーチをするという計画がありました**から、やはり証拠になります。じっさいに、どのような講演だったかを知るのは難しいですね。そのときのデジタル・テープが利用できないと。テープには当時の様子が記録されています[67]……

「オリジナル」は大学図書館に保存されることになる。そこで、最終的にはコピーされ、デジタル化され、ふたたび集められ、ムーア図書館のホーキング・アーカイヴに展示される。あるいはデジタル化されたものが展示される。そうなると、いつの日か、すべてのコンピューターからアクセス可能になるだろう[68]。じっさい、マイク・フェザーストーンは次のように主張している。

アーキヴィスト、司書、プロの研究者が地図を作成し、アーカイヴの中への旅を記録する。そしてその旅は、資料の可能性についてわれわれが持っているイメージを描き出す。しかし、このような分類の枠組みと地図作成の装置は、大量の不完全な資料の下で分解し、その結果、秩序を求める衝動が無視される恐れがある。このイメージをボルヘスは短編小説『バベルの図書館』で詳述して見せた。この図書館では、複数の言語で翻訳された世界中のあらゆる本が無数の閲覧室に収められている。何百万冊もの本が破壊される可能性があるが、もしそうなったとしても、ほぼ同一の内容の本が何百万冊も利用できる。(69)

しかし、ここでは何が「本物の」資料なのだろうか？　書簡だろうか？　しかし、司書はその作者を特定しなければならないし、そのプロセスで彼女自身の能力を拡張しなければならない。「手紙の相手について調べます。ただグーグルに入力して、多少なりともその人々に関する知識を得るのです。でも、必要だからというより、私自身、関心があるからです。名前さえわかればいいんです。手書きでも判読できればだいじょうぶです。インターネットで名前の綴りを調べます。手紙の中身は読んでもわかりませんから。ええ、手紙の相手が誰なのか、だいたいわかります(70)」インターネットでは何もわからない場合、館長や司書の誰かに尋ねる。「まったく何の手がかりもなくて途方に暮れるということはあまりありませんでした。ちょっとしたことでも、何かしら記録が残っていますから。そこまでして出所をたどるのは私の仕事ではないんですけどね(71)」日付も場所もわからないような場合、まったく何の情報もない、という情報しかないこともある。たとえば、講演などがそうである。問題は、一致するものが見つけられないというだけで、唯一無二のもの——

オリジナル——なのか？　ということである。

手元にある情報はすべて書きとめました……（中には）出所がわからないものや、日付がわからないものがあります。どうしても見つけられなかったのです。できるだけたくさんの情報を提供したいのですが、日付もわからず場所もわからないとなると、お手上げです。たぶん、ちゃんとしたアーキヴィストならどうにかできるのでしょう。ホーキングさんのところに何度も足を運んで、確認するでしょうから。(72)

他の科学者と比較すると、ホーキングの仕事は楽だ、と彼女は言う。「彼女はホーキングが誰なのかもわかっているし、彼の仕事もわかっているから」だ。しかし、皮肉な言い方をすれば、ホーキングが隣に住んでいたとしても、基本的には大差ないのである。彼女はわからないことがあっても、ホーキングに質問しない。それはムーア図書館館長の仕事だ。しかし、館長が質問したとしても、返事がもらえるまでにかなり時間がかかるだろう。主任司書はホーキングのアシスタントに会ったことがあり、必要なら大学院生アシスタントに相談「できる」ことは知っている。しかし、これまでその必要が生じたことはない。「わからないことがあったら、彼（大学院生アシスタント）に尋ねることができます。じつのところ、情報源はここにあるんです。つまりすぐそことということです。難しいことではありません(73)」彼女はそこにあるものが何なのかをつきとめ、すべてをリストにしたうえで、資料を収蔵しなければならない。やはり、出所をつきとめるのは彼女の仕事ではないのだ(74)。ゆえに、彼女が「私は彼と彼の仕事を知っている」と言うとき、それは彼を個人的に知っているということではない。彼の著作『ブラックホールと原始宇宙』を読んだことがある、ということだ。そしてこの基準に従えば、彼女の仕事は彼が書いたものを選び出し、整理することである(75)。

興味深いことに、『スティーヴン・ホーキング――天才科学者の光と影』の共著者の一人グリビンは、本の執筆中、ホーキングとは一度も会わなかったが、ホーキングの秘書から『ブラックホールと原始宇宙』の草稿を渡された。グリビンがホーキング本人に一度も話を聞かなかったのは、ホーキングがすでに別の本の作者のインタヴューを受けていたからだ。グリビンはその本も利用した。こうして主任司書は、この本を基準にして、ホーキングが「以前に」書いたものを特定し、目録を作成し、整理する。と同時に、さらなる複製を作成する(76)。いっぽう、グリビンはこの本を、別のテキストを創造するための基礎として用いる。そしてそのテキストは、ホーキングの伝記の標準化に一役買うことになる。

ミアレ：彼が有名人で、隣に住んでいると、仕事がやりにくいですか、それとも、とくに違いはありませんか？　もしもニュートンの文書だったとしても、同じでしょうか？

主任司書：ちょっとだけ仕事が楽だと思います。ごく大ざっぱにですが、彼の成し遂げたことがわかっていますから……まったく未知の科学者だったら、彼の仕事も、彼が人生のどの段階にあるのかということも、わかるまでにかなり苦労するでしょう。でも、とてもおもしろかったです。『ブラックホールと原始宇宙』を読みました……だから、彼の成し遂げたことを大ざっぱにですが知っています。でも、仕事がやりにくいとは思いませんね……彼が誰だかわかっている分、仕事はやりやすいですよ。有名人だからやりにくいということもないですね……私はここに来たときに、彼がここの教授だということは知っていましたし、初日に彼を見かけたように思います……とてもうれしかったですよ。その後、すぐにまったく普通の生活に入りましたから、それ以上はあまりそういうことは考えませんね。(77)

しかし、何を保存し、何を捨てるかについての最終決定権は彼女にはない。「私は……私には科学的な素養がありませんから。何を収蔵すべきか、私にはわかりません。でも……資料を調べて、完璧に整理する責任はあると思いますが、『それは捨ててもいいでしょう』とは簡単には言えません。だって、私にはまだわからないんですから。今はまだ捨てる段階ではありませんが(78)」

第一章で見たように、大学院生アシスタントは、報道陣からの質問を、類似のものを切り捨てて、少数に絞りこむのが仕事だった。そうすることでホーキングは類似した多数の質問に同時に回答することができた。注目すべきは、提出された——そして回答された——質問は、それまでインタヴューを受けたり、講演を行ったりするたびに、何度もくりかえされてきた質問だということだ。では、アーキヴィストはどうするのだろうか？　三〇もの類似した記事や、言葉遣いがわずかに違うだけの、何度もくりかえされてきた質問と回答をどうすべきなのだろうか？

わかりませんが、一つも捨てたいとは思いません。図書館で働いているからこそわかることですが、あまりすばらしいとはいえないアーカイヴでも、優れた資料がかならず含まれているはずなんです……どうやって判断を下すかはわかりません。**展示されていないかもしれません**。判断が難しいんです。いつか、どこかで、誰かが興味を持つかもしれないんですから。スペースは限られているので、何もかも取っておくわけにはいきません。……だいたいそういうことになります。でも、優れた資料があることは確かです……そうすると、同じ記事のコピーを三〇枚も取っておくのか？　ということになります。わかりませんが、……何かを捨てた後になって、それを必要としている人があらわれたら、最悪でしょう。(79)

社会学者や人類学者のような人は、くりかえしのプロセスがアイデンティティを構築する様子を分析することに興味があるかもしれない。ここでの**アイデンティティ**には興味深い二重の意味がある。集められたテキスト相互の同一性（アイデンティティ）と、表現の多様性の背後にある不変のものとしての作者のアイデンティティ（固有性）の積み重なった意味である。しかし、皮肉なことに、ここで彼らが扱っているのは、生きている人間であり、その人は今も新たなものを生み出している。では、どのような意味で、新しい何かが生み出されているのか。そして、とくにこの文脈において、「すべてを収集する」とはどういう意味なのか（すべてを収集することが可能だとして）。「つまり、生きている人が世界中でひじょうにたくさんのコピーを生み出し続けている現在、じっさいにすべてを収集することは困難でしょう。ですから、積極的にすべてを収集できると主張するつもりはありません。しかし、最終的に彼が重要だと考える資料はかならず保存していきます(80)」

この判断は、ホーキングの推定される重要性を示している（およびアーカイヴの収集・維持のための資金調達の重要性も示している）。だから資料の量はさほど重要な事項ではないようである。もちろん、ムーア図書館館長は、ホーキングに関わる新旧の資料すべてのコピーを収集すると約束するつもりはないけれども、大きな出来事に関する報道のコピーは集めている。たとえばケンブリッジ・ユニオン・ニュースやその他の新聞などの、目にとまった記事だ（たとえば、ホーキングの無重力体験に関するもの）。しかし、大部分は「どんどん積み重なっていくばかりです……来週には誰かがこう言っているかもしれません。『よし、また大掃除をしよう。一〇箱、そちらに預ける必要があります。喜んで受け入れてもらえますね？』いつでもありうることですよ[81]」

個人的な書簡について、どれが重要なものになるか、アーキヴィストはどのようにして知るのだろうか？　保存するか破棄するかを判断するのには、どのような基準があるのだろうか？

難しいですね……だって、もちろん、……ホーキングが若い頃、たとえば将来有望な博士課程の学生か講師だった時代に書いた手紙ですからね。年上の教授たちに助言を求める手紙を何通も書いています。どんな若者たちがホーキングに手紙を書いているか、彼らが将来どんな人物になるか、じっさいのところはわかりませんが、将来とても重要な人物になるかもしれないのです。そういう人が二一歳のときに書いた手紙は、後世の人々にとってはとても興味深いものです。つまり、きっと、彼のところには手紙が殺到しているはずなんです。そうに違いありません。助言を求めてくる人々がいるんです。でも、その人々が将来、興味深い人物になる可能性もあります。

でも、……まあ、そういう例はあまりたくさん眼にしてはいませんが。ほとんどが個人的な手紙です。相手は明らかに知り合いだったり、そういうたぐいの手紙です。でも、手紙が殺到しているのは間違いないでしょう。[82]

しかしながら、私が主任司書にインタヴューしているときには、永久保存される資料はあまりなかった。資料のほとんどが、どこでも見つかるような同じ記事、書籍、雑誌ばかりだった。ホーキングのアイデンティティはどこか別の場所に存在している、という感覚がまだ残っているが、彼が誰なのかを示す、より完全かつ一貫性のある全体像がいつかは見えてくるはずだと彼らは信じている。「**彼のことをもっと知りたい**、もっと調べたいと思っています……小さな断片を集めて、全体像を完全にとらえたい。作業が進むにつれて、できあがっていくでしょう[83]」というわけで、学生たちがステージ上でホーキングの沈黙を埋め、連続性と一貫性を生み出したように、司書もまた年代順配列の観点から、アーカイヴ構築における隙間を埋めることになる。そして歴史家は、いつの日か、彼らの物語を語ることができるだろう――すなわち、今度は彼らが隙間を埋め、文脈を組み立て、文脈における現象を正しく理解し、一貫性を完成させ、作り出すだろう。[84] 主任司書はそのことについて、こう語る。「たぶん、一番いいのは……その物語を研究者に任せることでしょう。アーカイヴを利用する人たちに[85]」ある種の方法でホーキングの資料を再構築するとき、物語を語る道が開ける。「彼の」資料を選別し、目録を作成し、保存することによって、それぞれのアクター（行為者）が、いつかはホーキングの聖なる身体の構築、維持、拡張に参加するのである。

主任アーキヴィスト（大学図書館）

大学図書館の文書担当責任者は、数百年前に亡くなった人々が遺した文書の扱いに慣れている。いっぽう、科学文書担当の学芸員の得意分野はそれとは異なる。学芸員として、いろいろな人から資料の残し方や、まとめて保管する方法、ファイリングの仕方、何を取っておくべきか、といった質問をよく受ける。しかし、ホーキングの資料については、誰もそのようなことを聞きに来なかった。また、私がフィールドワークをしているとき、集団的身体のさまざまな部分同士は、まだそうしたことについて話し合いを始めていなかったようである。「おわかりでしょうが、一方の腕は、もう一方の腕が何をしているのか、いつも知っているわけではありません……それに……ホーキングのコレクションについては、誰も相談に来ていません。科学文書担当の学芸員から見ると……ちょっと不思議ですが……でも、前にも言ったように、私はその内容をまったく知りません……預けられ、受け入れられたのはたしかです。でも、いつ来たのか？　誰が送ってきたのか？　どうやって届けられたのか？　誰が受けとったのか？[86]（笑）」

数か月後、この科学文書担当の学芸員にふたたび話を聞きに行くと、私の存在が彼の好奇心に火をつけていたことがわかった。彼は文書担当責任者とともに、ムーア図書館を訪れ、向こうの担当者に話をつけ、ホーキングの資料を閲覧していたのだ。その後も多くの箱が届き、「アーカイヴ資料」がさらに増えているようだった。私が話を聞きに行ったとき、彼はムーア図書館館長が作成した目録の最終版を受けとったばかりだった。今、彼は目録を手に持ち、私と一緒に初めてその内容を眼にしていた。私は彼に資料の品目を検討してくれるよう頼んだ。さらなる選別のプロセスが始まり、以前に主任司書が提起した疑問への解決策が見つかったようだった。

科学文書担当の学芸員にとって、個人的な文書——ずっと取っておいた自身についての資料——は明らかに重要なものだ。たとえば、新聞の切り抜きには価値がある。「彼ら……家族であれ誰であれ、『ああ、この記事は取っておこう』と言って切り抜いて保管していたものは、保存します。処分するなんて考えもしないでしょう(87)」新聞の切り抜きは「人間という観点」からすると価値があるのだ。

新聞から記事を切り取って……切り抜きを手に入れるというのは、情報を引き出すための、**じっさいの、物理的な行為です**。たぶん、コンピューターが普及する以前にはよく行われていたことです。現在では新聞社の電子アーカイヴがあるので、二年前のタイムズ紙でもすぐに読めるでしょう？　当時の紙面を特定の名前で検索することができます——ホーキングの名前を探すこともできるんです……でも、アーカイヴ（が存在する）以前（の、こうした資料が人の手によって提示されていた時代）には、ただ新聞をめくるだけでその情報を見つけるのは難しかったはずです(88)。

先に見たように、行為の定義は、まさにその行為の不在によって明らかになった（資料が廃棄されないという事実は、その資料が必要とされていることを意味した）。ここではそれとは逆に、行為の痕跡がその物理的存在によって残されている(はさみで切り抜いた跡)。それによってわれわれは、作者の「意図」や「意志」を読みとることができる。資料と「それを引き出した」人を結びつけて考えるからだ(89)。そしてその資料は、その人の所有物として認識される。しかし、その人が物理的にこの行為を実行できるとしても、アシスタントやクリッピング・サービス会社などの媒介を通じて行うことも可能だ。資料の選別、分類、構成、活用といった作業は他者によって物理的に行われるが、この集団による共同作業によって「個人的行為」の性質や定義が変化することはない。科学文書担当の学芸員が語るように、重要なのは「その人が自分についての資料を自分で集めた」ということである(90)。

というわけで、いっぽうでは、一つの主題を中心に収集されたあらゆる新聞記事(たとえば、『ホーキング、宇宙を語る』の書評の入った箱が二〇個)や、さまざまな媒体の同じ内容の記事の翻訳が、「ホーキング・コレクション」の一部として、一箇所にまとめられ、保管されている。これらの資料は、すでに述べた理由によって、個人的なコレクションの一部だと認識されているが、ここに保管されているのは、便利だからという理由もある。じっさい、これらの資料は大学図書館でも利用できる――あらゆる専門誌、雑誌、新聞が保存されているからだ――が、ムーア図書館で調べる方が楽である。ムーア図書館の資料なら、ある記事を見つけるのに新聞に丸ごと目を通さなくてもいい。すでに切り抜きとして保存されているからだ。そのいっぽうで、同じ本が何冊も、あちこちの図書館に再分配されることもある。たとえば、大学図書館は、ホーキング生誕六〇周年会議の内容をまとめた本を、一冊は開架閲覧室に、一冊は特別コレクションの中に所蔵している。図書館は

「ケンブリッジ」の分類にも一冊入れておこうと判断するかもしれない。ケンブリッジの街にも大学にも関係があるからだ。ムーア図書館はケンブリッジ大学出版局に三冊注文している――一冊は中央科学図書館に置く。科学界全体の関心を集めているからだ。もう一冊はムーア図書館が貸し出し用として所蔵する。明らかに数学に関係があるからだ。あとの一冊はアーカイヴに保存する。ムーア図書館館長は言う。「どこにも貸し出さない予備の一冊を保有しています。特別コレクションの一冊だけに頼るわけにはいきません」(91)

新聞の切り抜きがまとめて保存されるのは、自身についての資料を集めたいというその人の個人的欲求を反映させるためである。同様に、一つにまとめられた(たとえばフォルダーに入れられた)資料は、そのままの状態で保存される――ばらばらにできない、全体で一つのものとみなされる。それは全部まとめて一つとして分類したいという個人の欲求に基づくものだ。そうしておけば、それぞれの資料の文脈あるいは前後関係がわかるので、未来の研究者たちは容易にその資料を解釈できるだろう――とアーキヴィストは想定している。(92) それは未発表の資料の一部として大学図書館で保存される。「ええ、当然、興味をそそられますよ。出版社のバンタム社からの手紙とか……ハーモニー・ブックスからの手紙とか。たとえば……ファイル・フォルダーがあって、うーん、何でもいいですけど、なぜか全部一まとめになっていたとしたら、絶対にばらばらにはしません……なぜならそこには何らかの全体性があるからです。彼がまとめて取っておいたのですから」(93) それより前、学芸員は次のように語っていた。「それはアーカイヴの一般原則だと思います……どこでも厳守されているはずですよ……つながりを維持しなければならない……ばらばらにしようとしてはいけないんです[94]」草稿、重要人物に宛てた手紙、ホーキングの署名の入った手紙などの資料はすべて大学図書館で保存される。「この論文の草稿はかなり興味深いですね。えーと、彼の病状を記した書類といっしょに保管されています……でもこっちは、重要人物ばかりですね……こういう名前は……目立ちますね。太字で書いてあるみたいだ……間違いない（笑）。それから……これは彼がプリンストン大のホイーラーに書いた手紙です。二種類ありますね。タイプしたのと手書きのもののコピーです。誰の手書きか？　たぶん秘書でしょう[95]」

スティーヴン・ホーキングが拡張された身体に依存していることは、資料の保存の方法に何か影響を及ぼすだろうか？　ホーキングはどうして自分が資料の作者だと主張できるのだろうか？　興味深いことに、ある意味で、ホーキングが集団から分離された状態を見ることができる。彼が障害者だからではなく、科学者だからである。というのも、科学者の身体の状態は、理論が生み出される方法には何の影響も及ぼさないからだ——理論は精神の産物であって、身体の産物ではない。「それは科学的な活動です。観察、記録、理論化、仮定、それから重要な数学的考察を含めてもいいでしょう。まさしくそれがホーキングのやっていることなんです。健康そのものだったボイルやファインマンも、物理学と宇宙論の分野で同じ目標に向けて努力していたと言えるでしょう。じっさい物理学や宇宙論には何の影響もないんです、毎週二〇キロ歩いていたなんてことは。ホーキングにはそんなことできないんですから[96]」

さらに、文書担当責任者によれば、もしも資料がアシスタントとホーキングの関係の産物だとしても、アーカイヴの一部になるという。同様に、科学文書担当の学芸員にとって、人としてのホーキングは、生身の身体にとどまるものではない。

たとえばアーネスト・ラザフォードのような人は、ほとんど死ぬ間際まで積極的かつ元気に執筆や講演を続けていました。私たちはラザフォードの文章や講演、メモ、書簡など、あらゆるものを保存しています。コレクションを見ていただければわかりますが……ホーキングはたまたま難病を患っていただけで……そのことによって彼の生涯の仕事を保存し、検討する方法が左右されるべきではありません。それから……資料に制限を課そうとして、たとえば、ホーキングが口述筆記した手紙は、じっさいには他者が書いたものだから、「**ホーキングのものではない**」と言う人がいるかもしれません。でも私はそうは思いません。つまり、もっと広く解釈すべきなのです。なぜならこれは私の知るかぎりでは……たぶん私たちは唯一のケースではないでしょう。他の科学者であれ個人であれ、私たちがコレクションを収集したいと思うような人がいるはずです……ホーキングと同じように困難な状況におかれた人が……しかし、めったにあることではありませんよね？　……**ほかのケースは知りませんが、彼はたまたま科学者で、ケンブリッジにいたので**、資料が私たちのところに来たのです。同じような境遇の、たとえば詩人がいるにちがいありません、わかりませんけど[97]……

この学芸員の言葉が一つの疑問を提起する。他の誰かによって（ペンかキーボードを介して）書かれた文章を、ホーキングが書いたものと考えてよいのか。しかし、これもまた科学史においては珍しいことではないし（たとえばボイルやニュートンは口述筆記者を使っていた）[98]、現代の科学界の習慣でもある（第二章参照）。

文書担当責任者にとって、ホーキング・コレクションは、電子的な形式の永久保存資料を大量に扱う初めてのケースである。科学文書担当の学芸員にとって、ホーキングがコンピューターにかなり依存しているという事実は、資料の扱い方を左右するものではない[99]。それは、障害の有無にかかわらず、コンピューター時代に生きるすべての人々に起こりうる共通の問題を浮き彫りにしている。アーキヴィストは、紙の資料なら何十年、何百年も保存できることを知っている。なぜならじっさい彼らはそうしているし、大学図書館に紙の資料が残っているという事実がそれを証明している。では電子資料はどうなのか？　アーキヴィストはこの種の資料をどうやって使えるようにするのだろうか？　どのように保存するのだろうか？　どのようにして確実に利用できるようにするのだろうか？　電子資料をプリントアウトしておく、という方針はない。たとえばCD－ROM資料の内容をすべて印刷しておくわけではない。こうした問題について、まだ答えは出ていない。ホーキングの資料のこのような状況は、科学者としてはさほど珍しいことではない。なぜなら科学者は、最初にソフトウェアやデジタル機器を使い始めた人々だからだ。

誰もがコンピューターに依存しています。健常者であろうが、なかろうが、まったく関係ありません。うーん、だから唯一無二の資料が大量に、ほとんど一箇所に保存されている……個人のハードディスクに。電子メール、手紙、その他……そんな資料を、いったいどうすればいいのでしょう？　しかし、ホーキングの場合も、隣のオフィスにいる人の場合も同じです……毎晩テニスをしている人でも……逆立ちで生計を立てている人でも、誰でも同じなんです。ですから、広範囲に適用できるルールを決めておいた方がいいと思います……あらゆるケースに適用できるような。(100)

科学文書担当の学芸員が科学文書として保管する資料には、広い意味でホーキングが個人的に生み出した可能性のあるあらゆる磁気媒体が含まれる。書簡、論文、その他の文章、個人的な創作物、未発表作品などである。抜き刷りや再度印刷されたものは保存しない。「個人的な創作物」の定義をあまり狭く設定しすぎてはいけない。ここでもまた媒介者、秘書、アシスタント、看護師を介して生み出されたものもあるからだ。しかしながら、一般的に、個人的な創作物は、人間の行動の産物であり、何百ものコピーを印刷できる機械によって生み出されたものではない、と考えられている。

あまり堅苦しく考えてはいけません。この場合、秘書や……看護師を介して生み出されたものでしょうから……そのようなものは人間を示しています。図書館のコレクションのような機械で印刷される何百ものコピーではありません。ですから、個人による唯一無二のものだと考えられれば、私が検討する資料になるでしょう。(101)

この考え方を、ホーキングが生み出す資料に適用するのは難しい。第一に、彼の講演は機械によって何百回も印刷されている。だとすれば、個人的な創作物には含まれないのではないか？　第二に、アーキヴィストは唯一無二のものを求めている。言い換えれば、資料の価値はその個別性――この世に一つしか存在しないこと――にある。ホーキングが生み出す資料とはまったく正反対だ。ホーキングの資料の価値はくりかえしに基づいている。つまり、ホーキングの資料に価値があるのは、「唯一無二」だからではなく、一〇〇万回も複製され、引用されたからなのだ。逆に言えば、一〇〇万回も複製され、引用されたからこそ、「最初の草稿」がオーラを放つのである。[102]

同じように、論文のコピーは、科学文書担当の学芸員にとって興味深いものではない。「唯一無二の資料」を探求する学芸員にとって、オリジナルが紛失したか、「（ホーキングが）保存を望んでいる」からには後世の研究者にとって有益な資料かもしれない、という場合を除いて、あまり価値がない。だから、そのような資料はムーア図書館に保存される。「新聞の切り抜きや、その種の個人的な資料を保管する場所があります。ですから……大量に保存されています――どうかしてオリジナルが破壊されていないともかぎりません……しかし、もしもコピーが三〇枚あったら、たぶん二九枚は処分するでしょう」さらにリスト目を通しながら、彼は言う。

だから、えーと、これなんか（ある資料を指さす）、論文の叩き台となった文書です――重要な資料になりそうです。未発表のものですから、保存することになるでしょう……これは普通の手紙、これも普通の手紙、保存、保存、保存、保存と。この調子だと何箱分にもなりますね[103]……手書きのメモ、タイプ原稿、それからホーキング自身（の写真）はかならず保存します。これなんか、いい写真じゃないですか？　子供たち、同僚、……スタートレックの絵はがき！（笑）……ええ、はい。ひじょうに個人的なものですね？……この手の資料のコピーはどこにも存在しないですよ、どう考えても。そういう資料こそが私たちの得意とするところなんです。それらをきちんと分類整理することができますし、そういう種類の資料をしっかりと目録にすることができます。[104]

ここでもまた、写真は、紙の記録、手書き原稿、タイプ原稿、手書きの実例などとともに、「進行中の仕事」を具現するものとして、アーキヴィストの関心の対象となる。

オフィスの中の写真とか、そういったものがあるでしょうか？　彼がじっさいにどのように仕事をしているのか――つまり、たぶんあるでしょうが、そういう写真があれば、私たちの関心の対象になります。写真は保存します。写真は唯一無二のものとは言えません……ネガがあればいつでも焼き増しができますから。しかし、通常、一枚の白黒写真は、個人的な観点からすると、それ一枚しかないものです。プリントされた写真は……たとえば休暇のときに……あなたが撮った写真はその一枚だけで、同じものはほかにありません、そうでしょう？（……）たぶんネガは紛失しているでしょう。だとすれば、永遠に残る記録です、ちがいますか？　私たちもそれと同じことをしているのです。[105]

デジタル資料を展示する：ホーキング・アーカイヴ

「本物」「原本」「唯一無二」「未発表」と考えられる資料（「草稿」、助成金申請書、写真、個人的な書簡、手書きの手紙）は、大学図書館に収蔵される。いっぽう、収集された出版物は、そのままムーア図書館に保存される（ホーキングに関する本、ホーキングの著書、雑誌記事、現在検討中だが、おそらく新聞の切り抜きも）。ホーキングの電子資料については、まだ検討すべき問題が残っている。Ｄスペースという電子資料専門の保管場所に保存、管理されることになるかもしれない。図書館のデジタル・アーカイヴ・プロジェクトの目的は、組織や個人の永久保存資料《アーカイヴ》を、ケンブリッジ大学関連の資料とともにデジタル化し、ケンブリッジ大学アーカイヴを作ることにある。ムーア図書館館長は言う。「ホーキングの資料の一部を保管することは、私たちにとってうってつけの仕事でもありました[106]」

アーカイヴは二つの部分から構成される。デジタル・アーカイヴは基本的には後世の人々のためのものである。なぜなら、ほとんど閉じたアーカイヴのようなものだからだ。アクセスが保証される資料は、異なるテクノロジー間での変換が可能な形式になっている。初期の段階では、アーカイヴ資料を広く提供する。たとえば大英図書館のように。「ひじょうに単純なことです」とムーア図書館館長はつけくわえる。

メタデータなどのあらゆる情報をつけくわえて、あなたがそれを記述したことを証明できるようにします。すべてをいっぺんにデジタル化するのではなく、ある程度まで、少しずつ小出しにします。それなら既存のプラットフォームでもできるのです。そこには二つの側面があります。永久に保存する側面と、ウェブを通じて広く提供する側面です。プロジェクトは進んでいます。ニュートンの論文を有料で提供することが検討されています。だいぶ進んではいますが、まだデジタル化のプロセスが残っています。大学図書館は今回のデジタル化プロジェクトでも多くの経験を積んでいます。大学、カレッジのあちこちにたくさんの資料がありますし、これからも増えていくでしょう。デジタル化プロジェクトによって、保管コストが下がり、同時に経験も積めるわけです。ですから、資料がデジタル化に適しているなら、デジタル化します。そうしてあらゆる展示物を……デジタルな形で公開するのです。そうなれば、展示物を見るために、わざわざ図書館まで足を運ばなくてもよくなります[107]。

ホーキングの資料を利用して、デジタル・アーカイヴ・プロジェクトを推進し、スポンサーを見つけよう、というわけである。現時点では、予備実験として資料を展示する計画がある。文書部門の責任者は資料の内容をよく知っているので、ムーア図書館は、許可を得て、デジタル展示を始めたいと考えている。ムーア図書館館長にとって、「ホーキング・アーカイヴ展」は**展示資料の表看板**として、寄付者を惹きつける手段になる。館長は言う。「デジタル化プロジェクトの資金獲得のためには、ホーキングの資料のデジタル化がきわめて重要になるでしょう……なぜなら、アイザック・ニュートンよりもずっと多くのマスコミに取りあげられるからです[108]！（笑）」じっさい館長は、著作権に関する問題が片づいたら、プロジェクトに必要な資金の大半は獲得できるだろうと考えている。そうなれば、印刷された資料をスキャナーで読みとることができる。たとえば中国、インド、南米など外国紙の記事である。あまり紙の品質がよくないのだ。「書籍、名誉学位……メダル、その他のものが展示されます。記事やその他の資料を閲覧できますし、一般の新聞のデジタル・コピーには各ページにリンクが付きます……どこにいても閲覧できます。**大学にとってはすばらしいセールスポイントになりますよ**[109]」

この資料は情報源として、ホーキングの存在をたどる方法として利用できる。

「ですから、彼がメキシコにいたことも、次にヴェネズエラにいて、しばらくしてカリフォルニアに戻ったことも、あるときはインドにいたこともわかるんです……私の索引によると、古代の天文台の遺跡を訪れたときの写真があります。そうやって、私たちは彼の行動の一部を知ることができるのです。アーカイヴの中をじっさいに歩き回るわけではありません。でも、私たちはそういうことをやっているんです。つまり日付を用いてすべてを一まとめにする。たとえ間があいていても。これらの新聞を使って、世界中を飛び回ることができるのです[110]。

マイケル・リンチとデヴィッド・ボーゲンによれば、

近年、文書やアーカイヴ全体を複製し、広く提供するための電子的手段が急増したため、研究者しか利用できないという、従来の排他性が崩れ始めている。長距離の移動、学術的資格、人脈などを必要とするかもしれない場所には、デリダの言う「私から公への制度的通路」はもはや含まれていない、あるいは「居場所」がない。必要なテクノロジーやスキルを持たず、利用もできない人々にとっては、ウェブサイトを訪れるのは難しいかもしれない。しかし、他の形式の電子メディアを加えれば、一連の証拠書類を「一般向けアーカイヴ」に変えられる可能性はある。そのアーカイヴをたくさんの人々が訪れ、複製し、広く利用できるのである。[111]

同じように、逆説的になるが、展示が常設になると、より双方向的で、変更可能なものとなるだろう。[112]たとえばHawking. orgのようなサイトでは、発表された論文やホーキングに関する詳しい情報がすでに利用可能だが、そうした単なるウェブサイト以上に、資料の展示は呼び物になる可能性がある。ホーキングのスピーチやさまざまな新聞を通してホーキングの足跡をたどることができるし、さまざまな版の原稿を読むことができる（たとえば『ホーキング、宇宙を語る』）。彼のウェブページの変遷をたどることもできるし、利用可能な資料があれば、ユーザー（一般の人々）がそれをつけくわえる――穴を埋めて全体像を完成させる――こともできる。

私たちはケンブリッジの中でもひじょうに国際的なセクションにいます……隣には数学研究所があります。ですから、さまざまな国々からたくさんの人が来ています。人々がたえず来ては去っていく……「一般の」大学に比べると、入れ替わりが激しいのです……それもあって、ときどき、誰かが別の版を持ちこんでくれて、こう言うのです。「この前このアーカイヴを見たときに閲覧した資料の新しい版を持ってきましたよ」そういう資料はじっさいに訪問者の心を打つのです。訪問者はこう言います。「よし、この前、彼が私の国に来たとき、どうだったか見てみよう」すると、ばっちり、その記事があるのです[113]（笑）。

ホーキング・アーカイヴは、観測気球というよりも、自然に研究者たちを引き寄せるブラックホールになるだろう。

資料をデジタル化し、一般の人々が利用できるようにするという方針に沿って進めていくと、……**内側の引力**が強くなります。つまり資料そのものの引力です。それがさらに多くのものを引き寄せます。それはいいことでもなければ、悪いことでもありません。そうして、ホーキングに関する資料がすべて集まってくる場所になる、とすれば、将来、ホーキングの**研究者が自然に引き寄せられて**やってくるでしょう。この図書館に来れば、あらゆる資料があるからです。ホーキングが作成した資料（間を置いて）、ホーキングに関する資料が、すべて一箇所に集められているのです[114]。

博物館がこの展示と連携する、ということも想像できる。「内部メモによると、彼が以前に使っていた車椅子を保存する部屋があります……大量の資料を蓄積するというのは、長期的に見ると、本当は図書館に適したことではありません。でも、パートナーになる博物館があれば、二者が協力して仕事をすることができます」[115]あるいは、博物館とデジタル展示をヴァーチャルなリンクで結ぶ、ということが想像できる。[116]

というわけで、ホーキング・アーカイヴ／デジタル展示／ヴァーチャル博物館が完成すれば、すべてが一箇所に集められ、集中管理されることになる。ホーキングのさまざまな版の原稿、会議録、講演、書簡、ウェブサイト……車椅子（?）、ひょっとすると音声合成装置（じっさいに声を出すこともできるかもしれない）。こうして収集されたすべてのデジタル資料は、地球上のどのコンピューターからでもアクセス可能になる。一つのまとまりとして利用されることもあれば、さまざまな断片が整理し直され、分類され、再文脈化されて、継続的な解釈作業の一部に組み入れられることもある。[117]リリー・コルタンは次のように主張している。「デジタル化という選択によってアーカイヴ化活動への新たな影響の中で最終的に明らかになるのは、古いけれども、それまで気づかなかった認識である。つまり、アーカイヴが明らかにするのは、すでに終わった過去の社会ではなく、いつものように、そしてレイモンド・ウィリアムズが指摘するように、われわれ自身の、現在の社会である。その社会は、継続的で偶然の作り直しの過程で、さまざまな物語を選別、保存、利用、構成する[118]」ゴードン・ムーアは、ホーキングがコンピューターというアーカイヴ化装置を使えるようにしただけでなく、ムーア図書館を通じて、ホーキングの仕事の成果や（個人的な）所有物を集中管理する場所を提供した。それらの資料は、デジタル化され、再分配され、無数の解釈が可能になる。[119]このアーカイヴ化された身体は、どのような意味で、彼の身体なのだろうか？

ミアレ：ホーキングはこの機械を使って話をしますね。彼自身のボキャブラリーが組みこまれたプログラム（やさまざまな装置）を持っています。そこで疑問に思ったのは、（この機械は）どの程度までアーカイヴに属しているのか、ということです。

アーキヴィスト：そうですね。どちらかというと博物館向きですね（笑）。アーカイヴではなく。[120]

＊

アインシュタインの脳は保存され、解剖され、「通常の」脳とどう違うのかをつきとめるためのさまざまな研究の対象となった。[121] 将来、スティーヴン・ホーキングのコンピューターを研究する考古学者が、その中のさまざまなレベル、堆積物の層、ツール、がらくたを発掘する様子を想像できるだろうか？[122] ルーカス数学教授職の創設者ヘンリー・ルーカスは大学図書館に四〇〇〇冊の本を遺した。未来の考古学者はホーキングがよく使う「四〇〇〇語の用語」を発見できるだろうか？ ホーキングが加えた変更について、ホーキングまたはほかの誰かによって記録が残されているのだろうか？――彼は人や場所の正しい名前を追加したり削除したりしただろう。そうした名前は彼が訪れたさまざまな場所、彼が出会った、あるいは長年共同作業をしたさまざまな人々（たとえば大学院生アシスタントや個人アシスタント、学生、同僚たち）の証拠となるのだ。ホーキングを取り巻く――ホーキングに能力をあたえる――たえず変化する社会技術ネットワークの痕跡は残るだろうか？ そして、ホーキングが自身について語る物語はどうだろう？ ジャーナリストたちからいつもくりかえし投げかけられる質問への回答として、彼やアシスタントのコンピューターに保存されているコメントや引用はどうだろう？　彼のお気に入りの侮辱的表現はどうだろう？　彼の趣味は？　ＥＺ Ｋｅｙｓのファイリング・システムによってアクセス可能な家族に関する情報は？　個人的な用事、好きな食べ物、ジョークなどとは別のカテゴリーを作っているだろうか？　おそらく考古学者は、保存され、アーカイヴ化されたコンピューター上の複雑で時代遅れのシステムを調べることによって、保存されたすべてのファイルの中からホーキングがどのようにして希望する特定のファイルを呼び出したかを推測できるだろう。そしておそらくこう結論するだろう。ホーキングにとっては、新たに作り出すよりも、見つける方が難しかったのだ、と。おそらく、だからこそ、コンピューター上だけでなく、アーカイヴ内のものも含めて、オリジナル資料が不安定だったのだ。草稿、コピー、反復、重複があまりにも多いからである。

考古学者はイコライザーのフォルダーにアクセスするだろうか？「あるファイル」というフォルダーにはテキスト形式のファイルがぎっしり詰まっている――アシスタントによれば、そこには物理学から家族まで、あらゆることに関する、ホーキングにとって重要なものがすべて入っているという。講義やさまざまなスピーチなど、彼が話すこと、することもすべて含まれている。念のため別の安全な場所にバックアップするのにわずか数秒しかかからないので、ファイルとしてはごく小さなものだが、プリントアウトすると、部屋いっぱいにあふれかえるだろう。考古学者は、アシスタントのコンピューターに保存されているホーキングの論文、講義、プログラム、声を発掘することができるだろうか？　図はどうだろう。学生の用紙や頭脳以外の場所に一時的に存在したもの、黒板から消されてしまったものの痕跡を見つけられるだろうか？

さらに言えば、画面やボキャブラリーの構成を見ることによって、ホーキングの頭脳の働きを理解できるだろうか？　ハサミによる切り抜き、一まとめの書類や箱にかかっていたひもなどの痕跡をたどるアーキヴィストとは状況が異なる。考古学者は、ホーキングにとってどのファイルがとくに重要だったのかを推測できるだろうか？——たとえば、よく使うもののファイル名はAで始まることが多く、さほど使わないものはそれ以外の文字で始まることが多い。たしかに、アルファベットの始まりの方に近いファイル名の方が開きやすい。おそらく、アーキヴィストと同じように、削除されていないものは、彼が保存を「望んでいる」ものだと判断できるだろう。やがて考古学者は、一般的な作業における脳の働きを理解できるだろう（脳と眼は、四センテンスからなるグループより、三センテンスからなるグループの方が処理しやすい、とか、単語候補を横表示する場合、アルファベット順よりも使用頻度順にした方が探しやすい、など）。そしておそらく、コンピューターを介して、われわれが認知——分散された認知——についてどう考えていたかを理解できるだろう。そしておそらく、ふたたびこの電子的な遺物を利用して、ホーキングの時代に言語がどのように機能していたかを分析できるだろう。たとえば、最もよく使われる三六個の英単語が画面の下部に表示される。あるいは、私のインタヴュー（第五章）を見つけ、（今あなたが読んでいる）出版物をつきとめたとしたら、これらの研究対象が社会学者にとってどのような意味で重要だったのかを理解できるだろう。

しかし、ひょっとするとホーキングは、これらすべてを保存も展示もすべきではないと判断するかもしれない。彼のアシスタントは言う。「彼のコンピューターを今すぐ提供するのはいい考えではないでしょう。なぜなら、コンピューターにはたくさんの情報が入っていて、私たちとしては、今はまだ全世界の人々に見せたいとは思わないからです。しかし、将来的に公開するのはいいことだと思います[123]」そうした情報が含まれていない現在、「アーカイヴ化」されているのは、彼の著書、彼に関する雑誌や書籍、出版社に渡された『ホーキング、宇宙を語る』のタイプ原稿などホーキングのペルソナ（外的側面）だけである。残りの箱はまだムーア図書館の地下室で待機している。いくつかの箱には、私の写真も何枚か入っていた。さらに言えば、現在、ムーア図書館で展示されているたくさんの書籍の中には『ルーカス数学教授職の歴史――ニュートンからホーキングまで』も見える。[124] ハリエット・ブラッドリーは次のことを思い出させてくれる。「けっきょく、聞こえてくるのは、おそらく、今はなき他者の声ではない。アーカイヴの中に見いだすのは、ほかでもない、われわれ自身なのだ[125]」ここでは、民族誌学者が生み出したものが、文字どおり、アーカイヴ化された身体の一部となっている（口絵写真7参照）。

第七章

考える人——ホーキング、ホ・ー・キ・ン・グ・に会う

まず諸君に注目していただきたいのは、特殊ではあるが、一見したところ、ただ興味深いだけの特徴、つまり、何かをする、というより、何かをしようとする、ということの概念の特徴である。そして最終的に、この特徴が、ただ興味深いだけではないことを諸君に納得していただきたい。それは、われわれの中心的な問題にとって根本的に重要なものである。その問題とは、すなわち、「考える人」は何をしているのか？　ということである。

ギルバート・ライル『考えることについて考えること——「考える人」は何をしているのか？』

哲学者にとって、それは純粋な思索的経験だった。民族誌学者にとっては、思いもよらない美しい光景となった。人間ホーキングと彼の石膏像『考える人』との出会いである。その光景が展開されたのは、ケンブリッジ大学応用数学・理論物理学科（DAMTP）の教授のオフィスでのことだった。ホーキングの像が本人の前に持ってこられたのは、彼に最終判断を下してもらい、鋳造《ちゅうぞう》に回すためである。この石膏像を原型としてブロンズ像が作られ、数理科学センターの庭に設置される。教授のオフィスがあるビルの下だ。この場に招かれたのは、スティーヴン・ホーキング、アシスタントたち、同僚の物理学者二人、彫刻家、像、そして民族誌学者（筆者のこと）である。

この章では、これらのアクター（行為者）たちのあいだに生じた相互作用について説明する。そして次のことを考える。（一）石膏からブロンズになる彫像の物質的特性。（二）移動（相互作用が生じているあいだ、像は移動したり、この集団を移動させたりする。また、建物の内外の他の場所への移動が思い描かれ、思考に投影される。と同時にさまざまな性質を授けられる）。（三）その存在と、それが可能にするもの（ある種の集団的「妄想」。そこではアクターたちが――ホーキング自身を含む――次々に「真実」と「嘘」を比較するジョークを飛ばす）。そうして私は、天才が存在させられ、言葉であらわされ、形作られる過程を追う。**ホーキング**はどこにいるのか？　本物はどこにいるのか？　コピーはどこにいるのか？　オリジナルはどこにいるのか？　複製はどこにいるのか？　誰が誰なのか？　誰が何をしているのか？「考える人」ホーキング／天才／この動くことのできない声を失った男／あるいは彫像は何をしているのか？　本章では、これらの疑問への答えを見つけるため、この場面について「厚い記述」を行う。「厚い記述」とはクリフォード・ギアツの用語だが、忘れてはならないのは、それがギルバート・ライルの『考えることについて考えること――「考える人」は何をしているのか？』に着想を得て生まれた言葉だということだ[1]。

プロローグ

私たちは、主体（……）が対象を作り出す方法について記した神話なら何百となく持っている。（……）ところが、物語のもう一方の側面、つまり対象が主体を形作る方法について述べたものを探し求めても一向に見つからない。（……）後者の歴史を証言するものは文書や言語ではなく、ポンプや石や彫像といった、言葉や感覚を持たない遺物でしかないのである。

ブルーノ・ラトゥール『虚構の「近代」　科学人類学は警告する』（川村久美子訳　新評論、二〇〇八年）

すべてはケンブリッジ大学科学史・科学哲学科から届いた無害な電子メールから始まった。スコットランドのＩＷＣメディア社が、『ホーキング、宇宙を語る』の刊行二〇周年を記念して、スティーヴン・ホーキングのドキュメンタリーを製作することになった、という。監督は、一人の学生が手にあの有名な本を持ってキーズ・カレッジの中庭を横切るシーンを撮りたいと考えていた。その後、彼女がカム川で他の学生たちとボートをこぐシーンも撮影するつもりだった。そのため、二一歳くらいの若い女性が必要だった。表情が自然で生き生きとしていて、スタイルや外見は十人並みが望ましい。電子メールには書かれていなかったが、私はすぐに、ホーキングも登場するのだろうと思った。監督に電話をかけ、撮影を見学する許可を求めようとした。するとアシスタントが出て……すぐに勢いよく切られてしまった。その電話でわかったのは、監督がすでにカム川での撮影を始めていること、ホーキングのオフィスはあまり広くないので、撮影クルーといっしょに部屋に入るのは無理だろう、ということだった。「聖人と話すよりも神と話した方がいい」と思い、第一助監督に会い、ホーキングのＧＡ（大学院生アシスタント）に直接連絡することにした。ＧＡは、いろいろと検討した結果、私に断りの電話をかけてきた。しかし、彼は私を慰めるかのように、次の金曜日にイベントがあるのだが、みんな（アシスタントたち）は私がそちらに参加することに興味を示すかもしれないと言っている、と教えてくれた。すでにロダンと並び称されている彫刻家イヴ・シェパードが、制作したホーキングの彫像を本人に見せに来るという[2]。

実地調査メモ：ホーキング、ホ、、、ーキング、、、に会う

集合時刻は三時三十分だ。私は自転車に乗ってDAMTPの前を通りすぎる。ホーキングが雨の中で待っている。彼の看護師がバンのドアを閉める。こんにちは、とあいさつするが、ホーキングは私を見ていない。私は階段をのぼり、彼はエレヴェーターであがる。私が到着すると、すでに彼はそこにいる。PA（個人アシスタント）がドアのところで彫刻家に話しかけている。二人は気泡シートに包まれたホーキング像の前にいる。PAが写真を撮ろうとする。GAがジョークを飛ばす。「像はまだビニールに包まれたままですよ」PAは私が待っているのを見て、会話に加わるよう促し、彫刻家に、私が……「見学しに」来たことを伝える。

ドアが開く。GAが彫像を教授のオフィスに運びこむ。床に置き、保護していた気泡シートを取り去る。車椅子に座るホーキングの像がそこにある。PA、GA、彫刻家、彼女の連れ、ホーキング、通りかかった二人の物理学者、そして私が彫像を見る。GAが像をホーキングのオフィスに運びこむ前、彫刻家は私に、車椅子を再現するのにものすごく苦労した、と言っていた。彼女は私を例にして説明する。「たとえば、あなたの像を作るとすると、あなたの全身の寸法を取らないといけません。でもこの像の場合は、車椅子の寸法も含めて考える必要があって、そうするとかなり複

雑になります。だから、頭だけ別に作ったんです」彫刻家は材料の扱いにくさについても語る。「なかなか思うようにいきませんよ」どうやら車椅子に乗った姿のホーキング像というのはこれが最初らしい(3)。製作を依頼したのはDAMTPだ。像はDAMTPの前のホーキングのオフィスの下の庭に置かれるそうだ。私が理解したところによると、きょうホーキングに見せられたのは「最初の試作品」にすぎず、最終版がブロンズ像になるのだろう。

ホーキングには像があまりよく見えないようだ。車椅子を彫刻に近づける。像は彼の眼の前にある。だが、後ろの窓から差しこむ光のせいで、見るのが難しい。彼が何か「黒い」ものを要求する。GAが教授の黒いガウンを取ってきて、像の後ろに掛ける。しかし、ホーキングの要求とは違う。彼は像を黒板の前に移動させるよう求める。GAによると、けっきょく普通どおりだという。「いつもあんな感じです。写真を撮ってもらうときは、いつも黒板を背景にしています」像はわれわれの方を向いている。ホーキングは像と対面している。われわれから次々に浴びせられる質問に、彫刻家が答える。どのようにして像を作ったのか。ホーキングの写真を撮り、それを基に制作した。以前にホーキングの像を作った別の彫刻家にいろいろ話を聞いたが、主に「実物を見て」作っているという。ホーキングが何か言う。私はコンピューターの画面を読むことができる。「私の脚に棒が刺さっている」コンピューターを支えるためにはこうしておくしかないのだと彫刻家が説明する。PAが言う。「ホーキング像はこれまでにもたくさん作られてきたようですね。最初はコミュニテーターを右手に持ってました。その次のは左手でした」GAが口を挟む。「メガネに電子装置をつけるべきでしょう。後ろに長いワイヤーをつけて」

「像は屋外に置かれるから、学生たちが膝の上に座ったりしないようにしておかなくてはいけないね」と物理学者の一人が冗談めかして言う。もう一人がつけくわえる。「スティーヴンはかえって喜ぶだろう。とくに女子学生なら！（室内の全員が笑う）」それから、この石膏像をどこに保存するかという話になる。物理学者の一人が提案する。「屋外に置けるだろう」だが彫刻家は、それは無理だと考えている。「崩れてしまいます」「廊下がいいかもしれない」と誰かが言う。「そうだね」と物理学者が冗談めかして言う。「学生たちが、問題の答えが出なくて困ったときは、この像に質問できる！（ふたたび一同爆笑）」「声はどうするの？」もう一人の物理学者が言う。「外でも声が出るようにできるだろう！（笑）」もう一人が言う。「像に電線をつないで、膝の上に座ったやつが感電死するようにしておくんだ（笑）」それからＧＡが冗談を言う。「高さ二〇メートルくらいの像にすれば頭部にレストランができます（笑）」すると物理学者がつけくわえる。「店の名前はＣＯＳＭＯＳ（宇宙）だ！（笑）」

「ああ、そうだ、頭はどうするの？」物理学者の一人が立ち去る前に言う。「やっぱりホーキングは頭そのものでしょう。彼の考えが詰まっているんだから、**もっと大きい方がいいんじゃないですか！**」と彫刻家に言う。さらに言う。「ほんとに、本人と像を比べてみると……」一瞬立ち止まり、それからドアまで行き、またホーキングの車椅子の方に戻る（ホーキングと部屋の奥にある像を見比べる）。像の表情について話す。「ホーキングのいるところから見ると、とても厳しい表情に見えるけど、ドアの方から見ると、優しい表情に見えるね」すると誰かが言う。「ＧＡが光を遮ってるからでしょう」ＧＡが移動する。するとＰＡが像について言う。「ほら、表情が変わった！」ＰＡ

がつけくわえる。「そうだわ、彼がにっこり笑っている像だったら、すてきでしょうね！」それに対して物理学者が言う。「いや、それはまずい。やっぱり真剣な顔をしていないと」ホーキングは像を見つめている――私は困惑している。彼らがホーキングをからかっているのかどうか、わからないからだ。ホーキングがどう思っているのか、私にはわからない。ホーキングがコンピューター上に何か書く。声が言う。「**もしも私が無重力状態にいるとしたら、それが唯一、車椅子を必要としない状態だろう**（一同笑）」この短い発言で会話の方向が変わる。誰かがまた別のジョークを飛ばす。「ブロンズ像がまるで重力子のように回転しながらそこらじゅうを動き回るようにしたらどうかな（笑）」もう一人が口を挟む。「人が中に入れるようにするとか！（笑）」

彫刻家が、もう行く時間だと言い、連れに、ホーキングと像と自分の記念写真を撮ってくれるように頼む。私も彼らの写真を撮る。この相互作用を分析するのに役立つだろうと思うからだ。彫刻家がホーキングにさよならを言う。彫刻家と彼女の連れ、そして物理学者の一人が立ち去る。わくわくする雰囲気が消えていく。部屋に残っていた物理学者がホーキングに尋ねる。今度の木曜日にいっしょにロンドンまで行く気はないか（どうやら重要な会議があるらしい）。「いっしょに来て、何か話してくれるとありがたいんだが」とつけくわえる。スケジュールに問題があるようだ。朝九時には現地に到着していなければならない。ということは、ホーキングは四時か五時には起床する必要がある。ＧＡが後ろでつぶやくように言う。「わかりました。何か再利用できるでしょう」ホーキングが書く。「何かしゃべらないと、ただのお飾りみたいになってしまうからね」物理学者がうなずく。「もちろんそうだとも。**きみにはしゃべってもらわないと！**　来てくれるなら大いに助かるよ」

ホーキングは行くことに同意する。PA、GA、ホーキング、像、物理学者の一人、そして私が残っている。トリニティー・カレッジのニュートン像やその他、著名な科学者たちの像の話になる。「みんな大理石にちがいない」と物理学者が言う。PAが言う。「中でも有名なのがニュートン像ですね」物理学者がPAに、作者は有名な彫刻家か、と尋ねる。重要なことのようだ。そろそろ行く時間だ。ドアが閉まる。後にはホーキング本人とホーキング像だけが残される。私はPAの後について彼女の部屋に入る。それから像について尋ねる。すると、コンピューター上にある複数のホーキング像の画像を見せてくれる。いつの日か、きょう見た像の写真もここに加わるのだ。

像の民族誌的考察

前述の場面から、人間ホーキングと天才**ホーキング**のアイデンティティの創造、媒介、表現、安定化の場としての像の基本的な役割について検討しようと思う。私の分析のキーポイントは、像の物質性、物理的あるいは想像上の移動、そしてそれが引き起こした笑いである。まずは物質性から見ていこう。

材料：石膏とブロンズ

この像は軽い可鍛性《かたんせい》材料すなわち石膏でできている。あちこちに移動できるようにするためである——ホーキングに見せ、彼やアシスタントたちの意見を参考にして修正を加えることができるからだ。石膏像は試作品であり、第一案であり、実験の場である。そこでは、さまざまな異なるシナリオがまだ可能なのだ。変更がある場合、彫刻家の機敏な手によって修正が加えられる。じっさい、求められる変更、つまり集団によって考えられ、提案され、彫刻家によって実行される変更は許容される。あるいは望ましくさえある。いっぽう、下手な扱いをされて不意に衝撃を受けたり、時間が経過したりして、像は変形する可能性がある。だから、届けられるときはビニールシートで保護されている。ビニールに包まれていて見えないのにもかかわらず、人々は早くも写真を撮ろうとする。だが、あらゆるシナリオが可能というわけではない。石膏という材料にもいくつかの制約がある。彫刻家の言葉を思い出していただきたい。彼女は車椅子を彫るのにとても苦労したと語っている。……しかし、ブロンズ——豪華で、堂々として、どっしりとしている——が選ばれたのは、正反対の理由によるものだ。像の最終版は、移動も変更もできなくなる。像は時の試練に耐えなければならない。滅びず、傷つけられず、不変でなければならない。それを可能にするアーカイヴのように。そして同時に人がその周囲を歩き回れるようになる[4]。しかし、好むと好まざるとにかかわらず、何事も以前のままということはなく、永遠に不変のものも、絶対にありえない、ということもない。たとえ最もありそうもないシナリオでも絶対に起きないということはないのだ。無礼な学生たちが像をベンチにしてしまう可能性もある。要するに、像であれ人間であれ、その特性が存在に永遠に埋めこまれているわけではない[5]。

天才

材料につねに眼を向けつつ、今度は廊下からステージつまりホーキングのオフィスに運ばれるときの像の動きを追ってみよう。ここでもホーキングの大学院生アシスタントが付き添っている。ビニールシートが取り去られ、像が姿をあらわす。この最初の試作品は、ホーキングの評価を受けるために提出されたものだ。論証、図、論文、会議、原稿などの場合と同じである。ここでは誰もが彼の承認を待っている。ホーキングは光を気にしている。覆いは取られているが、じっさいには像が見えないのだ。苦労の末、ホーキングの音声合成装置から黒という言葉が発音され、黒い背景の前で見たい、という意味に解釈される。大学院生アシスタントが教授の黒いガウンを取ってくる。彼は自分のガウンを掛けられた像を見つめる。アシスタントと像は自身の姿を見つめる彼を見つめる。

ホーキングにはまだ像が見えない。今度は黒という言葉が、像を黒板の前に置いて見たい、という意味だと解釈される。誰かが私に耳打ちし、そこは彼がいつも写真を撮ってもらう場所だという。「けっきょく普通どおりですね。いつもあんな感じです。写真を撮ってもらうときは、いつも黒板を背景にしています」（大学院生アシスタント）このようにして「報道陣向けにポーズをとる」――「天才ホーキングのとき」――という意味だと私は解釈する。ホーキングはいつも自分がポーズをとる場所に置かれた像を見つめる。これで彼にも像が見えるようになった。彼にとって、もう光は気にならないし、私にとっては、よく比較できるようになった。

アインシュタインの神話や、とくにバルトによるその神話の分析において、黒板は基本的な役割を果たしている。「アインシュタインの写真を見ると、彼は黒板の前に立っていて、その黒板には、いかにも難解な数学記号がびっしりと書かれている。しかし、伝説的人物となったアインシュタインは、さまざまな風刺画に描かれているが、そのような風刺画を見ると、手にまだチョークを持っていて、まっさらな黒板に、何の準備もせずにこの世の魔法の数式を書きあげたところだったりする」[6]バルトは言う。「神話は、さまざまな課題の性質を意識することとしてあらわれる。厳密な意味での研究は、時計仕掛けのようなメカニズムを動かし、完全に物質的な器官の中で行われる。その器官には、サイバネティクス的な複雑さがあり、ただそれだけで奇怪なものである。いっぽう、発見はまったくもって魅力的だ。基本的な要素のように単純である。その本質は、錬金術師の賢者の石や、バークレーにとってのタール水溶液、シェリングにとっての酸素のようなものだ」[7]ここで興味深いのは、像がすることと、「像があらわしている」人物がすることのあいだの奇妙な類似性だ。どちらも数学の公式を書いていない。ホーキングはとうの昔に手を使えなくなっている。すでに見たように、学生をはじめとする彼に付随する集団が、彼の代わりに実行している。彼は手を使って方程式を書いたり、計算をしたりすることができない。この集団がいなければ問題を解くこともできない。この場面では、その集団は消えている。[8]これらの方程式はすべて彼の頭から直接出てきているように見える。**ホーキング**に取って代わった像を見ていると、ホーキング自身もまた像の役を務めていることにあらためて気づかされる（口絵写真9、10参照）。

芸術家

ここでホーキングと像を離れ、集団が質問を浴びせた芸術家に焦点を当てよう。彼女はどのようにして像を作ったかを説明する。大学院生アシスタントは前任者から話を聞いて仕事を学ぶ（たとえば、さまざまな要素を受け持つ——ホーキングの行為主体性とアイデンティティを構築、維持することに参加する機械とマスコミの面倒を見る）。ホーキングについて記事を書くジャーナリストは他のジャーナリストの話を聞いたり記事を読んだりして仕事を学ぶ。アーキヴィストはホーキングによる、またはホーキングに関する他のテキストに基づいてホーキングの文章を選別する。それらと同様に、彫刻家は以前にホーキングの彫刻を制作した彫刻家に話を聞く。さらに「実物をモデルにして」制作している——つまり写真をもとにしている。写真ならホーキングをオフィスから自分のアトリエまで運べる。[9] 最終的には、もちろん集団の意見（ホーキングの意見を含む）と、すでに見たように、材料による制約を考慮に入れる。

コンピューター

ここでホーキングに話を戻そう。ホーキングは特別な役割を果たしている。なぜなら彼はこの像の集団的制作における主体であると同時にアクターなのだから。[10] 彼は自分と像との区別について言及している。「自分の」脚に刺さった棒の必要性について質問しているのだ。この像は厳密な複製ではない。現実のホーキングに棒は存在しないからだ。ホーキングとコンピューターの両方を、支えを追加せずに彫るためには、もっと頑丈な材料を使わなければならない。その点で、これまたブロンズの方が有利である。石膏はもろいので、完璧な表現は不可能だ。この像――車椅子に乗った彼を表現した初めての像だという――は、人々の頭の中でそれ以前に制作されたすべての像と比較される。スイッチを左手に持った像と右手に持った像である。ホーキングの身体は、いくつもの彫像として、その歴史をたどることができる。それは聖なる身体を通じた生身の身体の変化である。[11]模倣が完璧であるためには、つまり、彫像が人物の現在の姿に似ているためには、ホーキングがコミュニケーションに使用している新しいＩＲＳシステムを表現する必要がある。大学院生アシスタントはこう言っている。「メガネに電子装置をつけるべきでしょう……後ろに長いワイヤーをつけて」しかし、彼の手からスイッチが消えたとしても、彫像の手から消えることはないだろう。彼のメガネに取りつけられた新しいシステムは彫像では表現されていない。一般の人々、この場合は彫刻家にとって、それが現在の、そしてこれまでの、おなじみの姿だからだ。それに、新システムを像に表現したとしても見えないだろう。さらに、この像はホーキング自身が、自分をどのように見せたいかを、判断した結果でもある。像は現在の彼の姿とは違うものになるだろうし、最近の身体的変化も考慮されないだろう。[12]像の最終版では、車椅子とスイッチが表現される。こうして**ホーキング**は不滅の存在となるのだ。

女性たち

小説家が登場人物を創造するように、ウォルトスがユーザーの立場になってマシンを設計するように、ホーキングが物体をブラックホールに投げこんで、その特性を発見するように、人々は彫像がブロンズ像として完成し、外に置かれた姿を思い描く。「像は屋外に置かれるから、学生たちが膝の上に座ったりしないようにしておかなくてはいけないね」と物理学者の一人が冗談めかして言う。もう一人がつけくわえる。「スティーヴンはかえって喜ぶだろう。とくに女子学生なら！（笑）」神聖——人の姿をしている——とはいえ、像は実用的なものにもなりうる。ありふれたもの、たとえば学生が使うベンチになる可能性もある。しかし、女子学生が膝の上に乗るなら、男性（！）であるホーキングは喜ぶだろう。このとき像と人は同一化している。[13] こうして神聖なものから機能的なものへと変わった彫像は、この人が女性が好きであることを教えてくれる。それによって人間らしさが見えてくる。彼はスカートを見ると、石のように、あるいはブロンズのように冷たいままではいられないのだ！　人間としての尊厳を持った状態から物体の状態へと変わった彫像は、人々の冗談を通じて、この人が彫像ではない、つまり物体などではないことを教えてくれる（口絵写真11参照）。

神託

そして「場所」が話題の転換点になる。ブロンズ像の将来の置き場所に想像をめぐらせた後、集団は石膏像の置き場所に注意を向ける。表現および実験の場としての役割を終えた後、どこに保存しておくべきだろうか、とある物理学者が言う。もう一人の物理学者が声をあげる。「屋外に置けるだろう！」だが彫刻家がそれは無理だと言う。「崩れてしまいます」もちろんブロンズ像のように屋外に放置することはできない。溶けてしまうからだ。生身の身体とは違って、聖なる身体はけっして死なない、ということを忘れてはならない。石膏像は壊れやすいことから、彼らはホーキングのオフィスの入口近くの廊下に置くことを提案する。そこならずっと置いておけるし、事故に遭うこともない。「だったら廊下がいいかもしれない」と誰かが言うと、物理学者の一人がつけくわえる。「学生たちが、問題の答えが出なくて困ったときは、この像に質問できる！（笑）」このときふたたび、ケストラーが異縁連想（一見関連のないものを関連させること）と呼ぶもの——そこに並んだそっくりな像とホーキングの意図的な混同——が笑いを巻き起こす。このときふたたび、像はここで像のようにふるまっている人について教えてくれる。返答がなかったり、ゆっくりだったり、簡潔すぎるために、ホーキングはある種の預言者となっている。同僚の一人は言った。

> 誰かが彼に質問すると、彼は長い時間をかけて回答を作成します。その回答は簡略化されています。複雑な回答はできないからです。そうして返ってきた回答は、どちらかというと謎めいています。だから、若い学生には難しいと思いますね。なにしろ返ってきた回答が謎だらけなんですから……何とかしてそれを解読しなければならない。難しいでしょうね。あまり理解できないんですから……つまり彼は一種の預言者の役割を果たしているんです。科学の世界では奇妙なこ

とだと思います（……）でも、なぜそのようなことが起こるのかは、わかるでしょう[14]。

大学院生アシスタントは次のように要約する。「スティーヴンの代わりに何かを言うことが多いですね[15]」ホーキングの学生はこのことを裏づけている。「最初の一年半は、スティーヴンの言う一センテンスを理解するのに六か月くらいかかっていました。彼の言っていたことが、やっと六か月後にわかるんです。ほんの少しずつしか追いつけなくて、たいへんでした[16]」

声

ホーキングの沈黙や謎めいた答えが、彼の機械的な声、音声合成装置を思い起こさせる。「声はどうするの？」と物理学者の一人が尋ねる。「外でも声が出るようにできるだろう！（ふたたび笑）」もう一人の物理学者が冗談めかしてつけくわえる。「像に電線をつないで、膝の上に座ったやつが感電死するようにしておくんだ」ホーキングの声について触れることで、アクター（行為者）たちはこの装置がホーキングのアイデンティティに不可欠な部分になっている――一般の人々にとっても、ホーキング本人にとっても、そしてある程度はそれゆえに――事実を強調する。思い出してみよう。合成音声にはアメリカなまりがあるが、ホーキングはけっしてそれを変えようとしない。自分のアイデンティティが失われることを恐れているのだ。しかしその声が像から聞こえてくるのはばかげているように思える。人は、人間が機械的な音声を発するという発想には慣れているが、彫像が音声を発するという発想には慣れていない[17]。

この声もまた、電子機器システムに囲まれて生活しているというホーキングの特徴を強調している。逆説的に言えば、これらの装置は彼が人間だからこそ意味を成している。人は通常、声を持っている。たとえその人の隣から聞こえたとしても、その人の声なのだ。しかし、声を持たない彫像に声を出させると、この媒介が見えてしまうため、笑いが起こる。彫像はしゃべったりしない。表現の正確さと手法には制約がある。だから声は、それを持つ人や物それぞれの特性を取り入れている。しかし、一つ共通点がある。声はその人を守る。ALSを患うアルバート・ロビラードは言う。「『リアルタイム』の声を持たないということは、自分の身体に何かされたときに、身を守る手段がないのと同じだということがわかりました……声を持っているということは、自己について主張する、威嚇《いかく》する、あるいは威嚇に対抗する、でなければ、自己の空間を確保または維持するといった、身を守る手段を持っていることだと、考えるようになりました。私には、私の身体に起ころうとしていることを制御できず、主に私の人格の大部分を構成する相互作用も制御できませんでした[18]」声は彫像も守ることができる。もちろん、このシステムは不届き者を感電死させることによって物を保護する手段にもなりうる。像は電気椅子になるのだ。

頭

そして像は、他の有名な彫像との関連で、もっと大きいものだと想像される。「高さ二〇メートルくらいの像にすれば頭部にレストランができます（笑）」と大学院生アシスタントが冗談を言い、「店の名前はＣＯＳＭＯＳ（宇宙）だ！（笑）」と物理学者が言う。無限の宇宙と完成した人の頭部のこの新たな異縁連想は笑いを巻き起こす。しかし、バルトの表現を使うなら、ホーキングがこのように表現され、あるいは**描かれる**ことはひじょうに多い[19]。ついでに言えば、われわれはこの人が宇宙論の研究者であることを知っている。このジョークが、文字どおりにとらえられているにもかかわらず、彼らが笑うところは興味深い。じっさい、ここで変化が起こる。笑い声が消え、もっと真剣なレベルの話になる。全員が像の頭部と本人の頭に眼を向ける。物理学者の一人が立ち去る前に、彫刻家に向かって大きな声で言う。「ああ、そうだ、頭はどうするの？　やっぱりホーキングは頭そのものでしょう。彼の考えが詰まっているんだから、**もっと大きい方がいいんじゃないですか！**」「水槽の脳」という隠喩が文字どおりのものになる。それが実体化する[20]。この隠喩には身体がある。彫像はこの人に似ていないだろう――像は優れた才能そのものを人の姿として表現する。ブロンズ像の頭は大きくなるだろう。

ここでは、ホーキングのそばにいて、いつも彼のできないことをしている人々が、自分たちの役割を忘れている様子を眼にすることができる。これは、われわれ現代人の最も美しい神話の実現ではないのか？　科学、とくに理論は（ふたたびバルトを引用するなら）、優れた精神の「時計仕掛けのようなメカニズム」、「サイバネティクス的複雑さがあり、ただそれだけで奇怪な完全に物質的な器官」という手段でしか実践できないのではないか？　これまで見てきたように、この頭――純粋なる精神――については、報道記事などから、いろいろなことが明らかになっているが、ここでは文字どおり、その頭が物質として形作られ、物体の形を持つようになる——身体の上に載せられる前に彫られなくてはならない頭。宇宙が詰まっているはずの頭。優れた才能が宿る場所であることを強調するために通常より大きくなる頭。これは『ホーキングのパラドックス』の監督が言ったことを思い出させる。「ホーキングの精神、才能、その他いろいろな魅力がそこにあらわれているからです。だから彼の眼を超クローズアップで撮ることにしたのです。彼の眼にはとても強い力がありました……じっさい完成した作品を観ましたが、とても美しいショットだと思います[21]」

微笑み

今度は「頭」が話題の転換点になる。集団は頭の中の思考ではなく、見た目を比べ始める。「本物の」人間ホーキングと「偽物の」ホーキング像。人は前者の顔を眺め、後者の横顔を眺める。両者は隣り合い——互いを見ている。人々がその周囲を回る。比較の効果によって、本人と像は同時に能力をあたえられ、特性が入れ替わりさえする。

動かず、声も出さない彫像が、真剣な顔から優しい顔になったり、逆に優しい顔から真剣な顔になったりして、生きているように見える。つまり表情が変わる。ホーキングの視点から見ると——彼は前景にいて、像は背景にある——像は厳しい表情をしているように見える。ドアのところから見ると——今度は像が前景にあり、ホーキングが背景にいる——穏やかな表情に見える。光を遮っていた大学院生アシスタントが、場所を移動するように言われる。すぐに像の表情が変わった。突然、生命を得たように見える。[22] 言い換えれば、像に表情や感情があたえられるという変化は、光が差しこんだことや両者が並んでいること、そして人と像、像と人との比較の効果によって生じたものだ。彼は真剣な顔をしている／像も真剣な顔をしている。像は穏やかに見える／彼も穏やかに見える。彼は穏やかに見える／像は真剣そうに見える、などなど。ただし、ホーキングの立場に立って、彼が何を見ているのかを見ようとする場合は別である。

これは奇妙な対称性を示している。というのは、像が感情と能力をあたえられる帰属プロセス――それらは比較や光の加減で形成される――は、能力がホーキングのものだと考えられ、彼の意図が読みとられる過程を思い起こさせるからだ。[23] 彫像と同じように、ホーキング教授は、すべての人間関係がそうであるように、あらゆるものを投影する鏡となるが、彼の場合は拡大される。苦痛を感じ、退屈し、考えているのが、ホーキングなのかどうか、われわれにはわからない。[24] 彫像が教えてくれるのは、この人もまた彫像と同じように読みとられているということだ。だが、それだけではない。彫像がまさに生命を得たそのとき――表情が変わったとき――動かず、声も出さないホーキングが彫像と異なる点は、彼の表情だということを誰かが思い出す！　像の表情が変わったのを見て、個人アシスタントが言う。「そうだわ、彼がにっこり笑っている像だったら、すてきでしょうね！」このことはジョン・グリビンの言葉を思い起こさせる。「この人の心の内を知ることは不可能だ。彼はあまりにも密接に機械とつながっている。一連の冷たい装置のおかげで、彼は動き、話し、呼吸することができるのだ。彼の顔は、どちらかと言えば、表情に富んだ部分である。簡潔な言葉で語る才能はあるけれども、それをのぞけば、顔は彼の心に通じるほとんど唯一の窓だからだ[25]」そして、彼の意図は、彼の表情を通じて、解釈されている。「私が彼と会話しているのを観察していても……私が質問して、『はい、わかりました』と言っているだけのように見えるでしょうね。どうして答えがわかるのかと聞かれますが、わかるんですよ、うなずいたり、首を振ったりしているのが[26]」言い換えれば、彫像の「人間性」がわれわれに思い起こさせるのは、ホーキングの人間性は彼の表情に見いだすことができる、ということである。グリビンが言うように、表情は「彼の心に通じる唯一の窓」である。とくにその微笑みが。

けっきょく、像をその人に似せようとするならば、微笑みを表現する必要がある。逆説的に言えば、似ているところはそこまでにしておかなくてはならない。笑顔のホーキング像の可能性を語るアシスタントの言葉に対して、物理学者の一人が声をあげる。「いや、それはまずい。やっぱり真剣な顔をしていないと」彫像はその人に似ていてはいけないし、人間らしく見えてもいけない。聖なる身体——ルーカス数学教授職の重み——を体現しなければならない。言い換えれば、真剣に見えなければならないし、ニュートンやダーウィンのような偉人や天才たちの伝統にふさわしいものでなければならない。ホーキングは微笑む。しかし**ホーキング**は微笑まない。彫像は彫像らしくふるまうべきであり、人間らしくふるまってはならないのだ。

無重力フライト

そしてわれわれは、会話にはほとんど参加しないホーキングが、新しいコメントを述べるところを目撃する。ホーキングは、もしも彫像が、自分が経験したように、飛んでいるときの姿をあらわしたものなら、車椅子は必要ないだろう、と述べている。彼の声はこう言っている。「**もしも私が無重力状態にいるとしたら、それが唯一、車椅子を必要としない状態だろう！**」彼は、言うまでもなく、二〇〇七年四月二六日に体験した有名な無重力フライトの話をしているのだ。ホーキングは「ヴォミット・コメット（嘔吐彗星）」という飛行機に乗りこんで無重力状態を楽しんだのである[27]。

この短い言葉をきっかけに、会話は新たな方向へ向かう。こうして宙を飛ぶ人／彫像というイメージがこんな発想を呼び起こす。「ブロンズ像がまるで重力子のように回転しながらそこらじゅうを動き回るようにしたらどうかな（笑）」もう一人がつけくわえる。「人が中に入れるようにするとか！（笑）」ここでおもしろいのは、彫像が宙を飛んでいて（だがホーキング本人も宙を飛んだ）、ホーキング／彫像が通常は眼に見えない重力子にたとえられ、それが宇宙船のように人が乗りこめるほど巨大だ、という発想である。われわれは大きさの逆転を目撃する[28]。ホーキングは彼がしていることを通して見られている。たとえば、彼の頭には宇宙が詰まっている、と想像されているように。そしてわれわれは、彼がしていること、彼が取り組んでいることを知る。さらに、どんどん近づいていくという妄想にも気づく（ヒックリンがホーキングの片眼に焦点を合わせようとしたときのように）。最終的には彼の内部にまで入って、謎を解こうとするのだ。

公的人物

最終的に、新たな動きによって像と人は空間的に分離される。直前にホーキングと彫像を比較していた物理学者は、一歩前に出て、今度はホーキングに近づいた。彫像はまだ背景、つまり黒板の前にある。物理学者は像にではなくホーキングに話しかける。ロンドンの会議に参加する気はないかと尋ねる。「いっしょに来て、何か話してくれるとありがたいんだが」と彼は言う。大学院生アシスタントが後ろでつぶやくように言う。「わかりました。何か再利用できるでしょう」

　ホーキングは、一瞬、私には心配そうに見えたが、同意する前から、もう話すことを確約していた。「何かしゃべらないと、ただのお飾りみたいになってしまうからね」お飾りや案山子《かかし》——彫像——のようには見られたくないのだ！　同僚も同意見だ。「もちろんそうだとも。**きみにはしゃべってもらわないと！**　来てくれるなら大いに助かるよ」しかし、いつものように、ホーキング本人が出席するが、すべて細かいところまで事前に準備されることになるだろう。**ホーキング**は、また別の観衆の前で複製——再現されるのだ。彼の言説はコンピューターかアシスタントによって「再利用」され、それもまたすぐ他の人々、つまりジャーナリストたちによって再利用される。ホーキングもオフィスからステージへと運ばれる。声を持つ彫像——先ほどまで飛び交っていたジョークを思い出させる！

結論

この彫像の物質的、隠喩的、集団的構造（ホーキングと彫像がアクターと主体の両方を務める）を追跡することで、人と彫像の比較の効果によって、人、天才、彫像の特性があらわれる過程を見てきた。彫像を通じて、われわれは彫像、人、天才のあいだで特性が入れ替わり、それぞれに属するもののあいだでつねにやりとりが行われるところを目撃する。

次々に出来事が起こる。像が舞台の袖（廊下）から舞台（ホーキングのオフィス）へと運ばれる。着ているもの（ビニールの保護シート）を脱がされ、舞台衣装（彼が教授を務めるときに着るもの：黒いガウン）を着せられる。[29] 窓際から黒板へと動かされることによって、よく見えるようになる、文字どおりにも——光の問題が解決するため——比喩的にも。そこで彫像は、通常ホーキングが天才として立つ場所を占める。ホーキングは彫像の自分自身と異なる点に気づく（像には彼にはないものがある。石膏性の棒が刺さっている）。われわれは、ホーキングの他の彫像と比較することによって、その像が何を表現し（彼がすでに持っていないもの：スイッチ）、何を表現しないか（彼が現在装着しているもの：瞬きスイッチ）を知る。そしてさまざまな想像が膨らむ。別の場所（屋外）に、最終的な形（ブロンズ像）で、天才、神聖な存在（人）として置かれたところが思い描かれ、あるいはベンチや電気椅子など、世俗的なもの（物体）として、ホーキングの声を発したり（発しなかったり）、頭の中に宇宙が詰まっていたり、頭が通常より大きかったり、最終的な置き場所（ホーキングのオフィスのドアの前）に置かれたところが思い描かれる。像は本人と比較される。

もはや光の加減や思考の中ではなく、見た目で比較される。本人とのあいだで特性が入れ替わっている（像は感情をあたえられ、表情を持っている）。像はまた仲間たち、つまり他の天才／彫像と比較され、彫像にしかできないこと（永遠に動かず、真剣な顔をしている）を教えてくれる。最後に像は（本人と同じように）宙を飛び回り、あるいは学部周辺を（宇宙船／重力子のように）飛び回り、ふたたび着地したところで脇に置かれ、本人がステージ正面に来る。もう一度、特性が入れ替わる。ホーキングは自分が彫像のようにならないようにしたいと考えている。像とは違って、「彼は話そうとする」からだ。しかし、彼もまた舞台袖から舞台へと運ばれるだろう。そしてほとんどの講演と同じように、すべてが周到に準備されているだろう。そこでわれわれが眼にするのは、彫像がさまざまな状態に変化すると——石膏からブロンズへ、陰から光へ、不可視から可視へ、聖から俗へ、人から聖へ、人工から自然へ——部屋にいる本人も、ミラー効果によって、さまざまな状態（人／天才／彫像）に変化する様子である。

彫像を、本人のいるべき場所に置いたとき、われわれは天才としてのホーキングは彫像だということを思い出す。ホーキングは、自分と自分そっくりの彫像を見比べるとき、自分が彫像と異なる部分、そして彫像が自分と異なるであろう部分を強調する。物体となった彫像が語るのは、ホーキングが主体である、ということだ。オフィスの外に置かれた彫像が語るのは、ホーキングが彫像のようにふるまう、ということだ。両者が視覚的に比較されると、彫像は生命を得て、ホーキングが彫像と異なるところは、その表情と微笑みだと教えてくれる。同時に、彫像が本人と異なるところも教えてくれる。彫像は微笑んではいけないし、人間らしく見えてもいけない。彫像は彫像らしくなければならない。そしてホーキングは、自分が彫像のように見えることへの不安を表明する。じっさい彼は彫像のようにふるまうことになるのだが。（思考、言葉——ジョーク——、そして外見において）両者が接近するとき、特性の入れ替わりが発生し、われわれは、ホーキングを彫像と区別するもの、ホーキングの彫像を形作るもの、彫像にしかできないことを知る。

鏡として、あるいは否定的な例としての彫像を通じて、われわれはホーキングの特性、あるいは彼特有の事柄を発見した。生身の身体を持ち——脚に棒は刺さっていない——、メガネに赤外線装置が装着されている。女性が好きである。宇宙論に取り組んでいる。彼は頭そのものである。にっこり笑う。機械の声を持っている。宙を飛んだことがある。われわれはまた、ホーキングが、ある種の特性を彫像と共有している、つまり彫像としてふるまうことを知った。彼は「天才」として、自身の意図あるいは能力を持っているが、「数学の方程式を**書くとき**」「学生の質問に**答えるとき**」「**講義を行うとき**」あるいは、報道陣の前でポーズをとるとき、教えるとき、講演するとき、彼は行動の起点にいるわけではない。方程式を書いたり解いたりするのは学生であり、言葉も学生たちから借りている。講演はアシスタントとコンピューターによって事前にプログラムされている。ここでは、オリジナルが作られている。彫像と同じで、オリジナルは偽物だ——ホーキングはほとんど、あるいはまったく何もしていない。オリジナルは鏡だ。人は彼の中に自分自身の言葉を読みとる。オリジナルはコピーだ。ホーキングの言説は、これまでも現在も、そしてこれからも、再利用されたものだ。オリジナルは複製だ。講演者は複製されたものだ。そして最後に、われわれは彫像の最終版にしか見られない特性を発見する。手にスイッチを持ち、ブロンズ製で、頭が大きく、真剣な顔をしている。このコピーがオリジナルだ。天才の姿だ。ホーキングは、この集団の中で、ほとんどしゃべらなかったが、それでも、彫像を移動させ、自分とは異なる外見を批評あるいは想像し、笑いを巻き起こし、両者を見比べさせ、自分が彫像に似ることを恐れることによって、明らかに相互作用を変化させた。

というわけで、石膏像がなかったら、笑いも、ジョークも、本物と偽物の比較も、写真もなく、彫刻家も、民族誌学者もいなかっただろう。少数の物理学者とアシスタントが、自分の仕事をしているだけである。像があってホーキングがいなかったとしたら、たぶん笑いが起こり、ジョークが飛び、本物と偽物が比較され、写真が撮られ、彫刻家、民族誌学者、物理学者、アシスタントが集まっていただろう。しかし、最終版の彫像だったら、違っていたことだろう。

しかし、これは天才ホーキングがランダムな帰属プロセスの産物にすぎないということを意味しているのだろうか？　アクターたちはそんなことを言っているようには見えない。さらに言えば、彼らは異なる発話レベルのあいだをたえず行き来しており、ときにホーキングをからかっているように見えることもあれば――このとき**ホーキング**は像（預言者）である――、敬っているように見えることもある――このときホーキングは精神そのものであり、像の頭は大きくなければならない！　私は立ち去るとき、こう考えずにはいられなかった。物理学者は自分たちの神話を信じているのだろうか？[30]

社会科学は長いあいだ主体を、他者、社会、文化、習慣に従って行動を起こし、言葉を発する静かなる媒介者――彫像――と考えてきた。あるいは逆に、非人間を見て見ぬふりをすることによって、主体に全権力を握らせてきた。ここでは彫像の役割を再考することで、主体の役割を再考することができた。それは任意の主体ではなく、孤独な天才という神話的な姿を体現する主体である。彼は論理的思考のみによって宇宙の究極の法則を把握することができる、知の主体、すなわち考える人である。[31] あるときは男、あるときは天才、あるときは人、あるときは彫像、あるときはアクター、そしてあるときは行為主《アクタン》となるのだ。

結論——くりかえされる疑問～範例から暗号文へ

　われわれの科学的知識に対する伝統的な理解は、孤独な天才、純粋な精神、合理的なアクター（行為者）という概念に基づいている。ある意味で、このことがわれわれを「近代人」にしているのである。われわれは身体を必要としない。場所を定める必要はなく、同僚も必要なく、組織も必要ない。考えるためには、ただ優れた精神を持つことだけが必要だ。科学技術研究という分野は、こうした知識の概念に対抗して、自らを作りあげてきた。さらに言えば、科学技術研究は、科学的知識が（単なる）合理的な個人の精神の産物ではなく、きわめて社会的、物質的なプロセスであることを明らかにしてきた。この点で、科学は他の種類の活動とは異なる。それは社会的、物質的、歴史的な状況に置かれた営みなのだ。本書はこの仮説を検証しようとする試みであった。そしてそのためのケーススタディーとして取りあげたのが、この世で最も特異で、独特で、合理的で、身体を持たないと考えられる人物、スティーヴン・ホーキングだったのである。本書はまた、知の主体をあらためて概念化する試みでもある。

　すでに論じたように、スティーヴン・ホーキングが他の科学者と違うのは、彼が障害を持っているからではない。むしろ、障害を持っているからこそ、科学者というものがどのように働いているかを理解する機会を提供してくれるのである。言い換えれば、ホーキングは、それまで見えなかった科学者たちの集団的、物質的活動を見えるようにしてくれたのだ。それらの活動なしには、科学者は何も成し遂げることができない。この意味で、ホーキングは一つの範例――一つのタイプである。他の科学者たちと違いがあるとしても、本質的なものではなく、程度の違いにすぎない。

より一般的に言えば、最も極端な個性――最小限の行動しかできない人、動くことができず、今は眼でのみコミュニケーションをとる人――が、一つの集団の存在を可視化する。そのことを私は示してきた。この集団を通じて、彼の知性は分散する。あるいは、より正確に言えば、構成され、再構成される。[1] つまり、私がこのプロジェクトを始めたとき、自分は「一人の男性」――「一人の個人」――を研究しているつもりだったし、読者もそう思っただろうが、じつは私が研究していたのは、大きくて複雑な組織だった。[2] ハッチンスがコックピットや船を研究し、グッドウィンらが空港を研究していたのと同じである。違うのは**ホーキングが個人だ**という点だ。別の言い方をすれば、私が主張するように、この個人は集団なのである。

日常的活動、状況的認知、言語、相互作用についての民族誌的研究が本書の着想の重要な源だとすれば、アクター・ネットワーク理論も、偉大な研究者ホーキングの成り立ちを理解する上でひじょうに大きな助けになった。ある意味で、私は彼ら以上にこの理論に共鳴する。なぜなら私は、ホーキングはアクター・ネットワークを実体化し、**血肉をあたえている**、と思うからだ。ホーキングは**文字どおり**、アクター・ネットワークそのものだ。ブルーノ・ラトゥールが用いる、偉大な研究者パストゥールは人間と非人間からなる集団の産物だ、という隠喩に立ち戻るか、あるいは、カロンとローの言葉「偉大な研究者パストゥールは（……）このネットワークの外には存在しない。厳密に言えば、このネットワークが彼の身体と精神を構成している」を引用するならば、[3] ホーキングの場合は、この隠喩が実体化していると言える。さらに言えば、人間と機械からなるネットワークには、ホーキングの知的能力のみならず、彼のアイデンティティと生身の身体までもが組みこまれ、実体化し、分散している。この点で、ホーキングは単なるアクター・ネットワークではない。ハラウェイの用語を使うなら、典型的なサイボーグである。[4] したがって、この世で最も特異で、独特で、合理的で、身体を持たないと考えられる人物は、他の人々が**そうである以上に、遥かに大きな度合いで**ネットワークに組みこまれ、実体化され、分散され、外在化され、媒介されている。

ホーキングとホーキングが、企業、組織、集団、アクター・ネットワーク、サイボーグだとすれば、主体――個人――は失われているということだろうか？　いや、そうではない。それが私の第二の主張である。ホーキングはサイボーグであり、完全に分散されたポストモダン的主体であり、人間と非人間からなるアクター・ネットワークであり、その人間と非人間によって彼の精神、アイデンティティ、身体が構成されているのだから、必然的に主体は見えなくなるはずだ、と結論する人もいるかもしれないが、私の主張は逆である。まさにこの実体化・集団化プロセスがあるからこそ、ホーキングの個別特異性を把握することができるのだ。これは矛盾ではない。むしろ、私は、周囲の人やモノへの能力の（再）分散を、精神的かつ合理的な主体を乗り越える手段として示すことによって、個別特異性や個性の問題を新しい枠組みで見直そうと試みたのである。言うまでもなく、これらの疑問はこのプロジェクトの中心課題だ。つまり、ホーキングがきわめて特異なのは、社会的、物質的世界の外にいる（たとえば水槽の脳のように）からではない。むしろ、きわめて実体化され、集団化され、分散され、つながっているからこそ、きわめて特異なのである。ホーキングは、私が言う「分散・集中型主体」である。[5]

分散・集中型主体の概念は、私の最初の著書『L'Entreprise créatrice（企業発明家）』に由来するものだ。この本は、一九九二年、フランスの大手石油会社（エルフ・アキテーヌ社、現トタル社）での民族誌的調査に基づいたもので、巨大な多国籍企業で働く研究員（フランソワ・モンテル）が創造的なスキルを駆使して作業方法、組織構造、人間関係を発展させ、頭角をあらわしていく過程を追っている。その本の中で私は次のことを主張した。このアクターは、組織、研究対象、同僚などとのつながりが強くなるほど、独創性を発揮する可能性が高まる。そうして独創性が高まるほど、技術開発者として、すなわち、社会的、物質的、文化的な制約を超えて存在する一種の天才として、頭角をあらわしていくように見える。同時に研究対象に「なりきり」、組織を擬人化し、同僚たちの要望や関心に共感することによって、彼は技術開発を行うことができる。さまざまな研究分野の交差点に自分自身を置くことによって、問題をある分野から他の分野へと変換することができ、それによって開発のメカニズムと自分の地位を保つことができる。自分のグループを内側から統合することによって、つまり、グループを創造に参加させ、自分のノウハウをグループに委ねることによって、彼は認識を拡張する。自分が開発したコンピューター・プログラムを、油性液体の分析のさまざまな段階に配置することによって、自分の活動範囲を広げる。博士課程の学生たち——いつか自分の研究室に呼び戻す——を著名な研究所に送りこむことによって、自分の理論に新たな情報を注入し、自分の影響力の範囲を拡大するチャンスを自らつかみとる。要するに、彼は、記号学者風に言えば、自己を複数の場所に配置して、さまざまな異なる空間を占めたからこそ、ノウハウを育て、自分が創造したネットワークの中心に居続け、認識を拡張することができたのだ。彼がネットワークで抜きん出た存在となれたのは、まさにネットワーク内で独特の方法で活動し、研究対象と深く関わり、それまでつながりのなかった事物を変換し、結びつけたからである。さらに言えば、モンテルの場合、技術開発者の身体の存在は、どのようにしてある種の特性が入れ替わり、どのようにして革新のプロセスが働くのかを理解するのに不可欠のものだった(6)。

同様に、スティーヴン・ホーキングも、いつも描かれるような孤独な科学者というより、企業で一〇〇〇人の人々とともに働く技術開発者に近いように見える。さらに、フランソワ・モンテルに比べると、ホーキングの方がはるかに分散している。身体を動かすことができないために、普通は一人の健常者において具体化される数多くの活動が、他者の身体に外在化され、組みこまれ、それゆえに可視化されているからだ。モンテルの場合、私は人と話の動きを追った。ホーキングの場合、私はその他の個別化のメカニズムを強調している(7)。たとえば、ホーキングの個別特異性はメディアのさまざまな報道によって構築されている。その一つである新聞は、彼のアメリカなまりに関する表現、彼の誕生日とガリレオが亡くなった日の偶然の一致、彼の生存における妻の役割などをいつもくりかえし使っている。それと同時に、ホーキングの個別特異性はまた、彼がつながっている人間と機械からなるネットワークの結節点や隙間にあらわれる。たとえば、彼は抵抗する。プログラムを変えようとせず、声を変えようとせず、ウェブページを変えようとしない。気に入らない人のつま先を車椅子でひいたり、イエスかノーかの答えや自分の障害を冗談の種にしたり、仕事を人に委ねようとしなかったりする[8]。

今日、脱中心化された主体という考え方が流行している。その考え方によれば、われわれは誰もが、テクノロジーの中で、テクノロジーを通じて、何らかの形で、つねに結ばれ、拡張され、接続され、分散されている。だとしたら、個人、人、人間、身体はどこにあるのか、あるいはまた、どこで終わるのか、と人は考える。この種の疑問の再概念化を試みるために、私は、すでに示したように、機械、装置、人々の集団の集合体に永久につながっている一人の男に焦点を当てたのである。さらに言えば、ホーキングが一つの企業だとすれば、彼もまた拡張された身体、より正確に言えば、多種多様な拡張された身体を持っている。彼はその拡張された身体の要素であると同時に産物でもある——ゆえに本書の題名『ホーキング・インコーポレイテッド（ホーキング株式会社または組みこまれたホーキング）』には二つの意味があるのだ[9]。

今回の研究で難しかったことの一つは、これらの身体を可視化し、それがどのようにして姿を消し、ふたたびあらわれるかを示すことだった。これがとくに難しかったのは、本当は見えているのに、われわれが見ようとしない傾向があるからだ。じっさい、ホーキングが正確にどこにいるのかを知ることは難しい。そのために第一章で、地球上のある地点から別の地点へ行くまでのあいだに**ホーキング**が再現され、ホーキングの眉毛のわずかな動きが、熱烈なファンばかりの聴衆の前で講演する天才**ホーキング**へと変換されるプロセスをたどったのである。大学院生アシスタント、個人アシスタント、コンピューター、音声合成装置によって構成された世界が姿をあらわした。これらはすべて状況に応じて姿を見せたり消したりした。第二章では、引き続き天才を解体（または再構築）する作業を続けた。すなわち、ホーキングが理論を生み出すことを可能にする能力のネットワークについて説明した。そこでは拡張された身体の別の部分が姿をあらわした。学生／コンピューター／学部／大学、である。第三章では、また別のブラックボックスを開けた。ホーキングの精神である。ここでわれわれは、学生と図の働きを眼にした。ホーキングは学生と図のおかげで、学生と図を通して、無限の宇宙を飛び回ることができるのだ。第四章では、新聞やジャーナリストに焦点を当て、彼らが科学者ホーキングと協力して、誰もが知っている天才のイメージを構築する過程をたどった。第五章では、**ホーキング**に質問／インタヴューし、彼を構成する細分化されたネットワークの中で**天才**の姿を見失った。彼がふたたび姿をあらわしたのは、彼の存在／ペルソナを構築する行為の中でだった。第六章ではホーキングの記憶の保存に取り組むアーキヴィストに眼を向け、この自己のアイデンティティを時間をかけて構築する作業（時に刻む作業、不滅化）に参加した。最終章では、ホーキング像の制作について考察した結果、鏡の間で迷子になり、コピーとオリジナルのあいだを行きつ戻りつした。

このように、本書の各章は、ホーキングの存在、行為主体性、アイデンティティ、能力を生み出すさまざまな要素つまり媒体（媒介者）の活動と協力について記述することに焦点を当てている。さらに各章では、一つの成果が生まれるプロセスを追跡した。講演（第一章）、科学論文（第二章）、思考実験／図（第三章）、ドキュメンタリー映画（第四章）、インタヴュー（第五章）、アーカイヴ（第六章）、彫像（第七章）。最終的に、それぞれの成果には一つの行動が付随していた。ホーキングが話す（第一章）、書く（第二章）、考える（第三章）、いる（第四章）、会話する（第五章）、未来または過去に存在する（第六章）、体現する、または、いる（第七章）。言い換えれば、「彼が講演した」と言うとき、この陳述は、複雑なネットワークの活動による五〇ページ以上にわたる記述という最終的な成果を意味すると同時に、その成果そのものなのである。このことは、あらゆる陳述、あらゆる成果、ゆえに本書の全章について当てはまる。

私は、いつも三つの道——純粋な精神としての天才、純粋な社会的構成としての天才、人間と非人間からなるネットワークの産物としての天才——のあいだを行ったり来たりするのではなく、それとは別の道筋をたどり、新たな方法論を提案しようとした。われわれはホーキングに近づき、やがて遠ざかり、そしてまた近づく。カメラのように動きを追う。ホーキングはときにあらわれ、ときに消える。彼がつながっている集団またはその一部も、ときにあらわれ、ときに消える。天才もときにあらわれ、ときに消える。だから私は、ホーキングとは誰か、ではなく、ホーキングは**どこにいるのか**、を理解しようとした。具体的には、**ホーキング**を構成するさまざまな層を明らかにしようとした。[10]（機械を介さない）対面の相互作用では、ほとんど何もわからない。コンピューター、アシスタント、学生、同僚、図、メディア、分析者、アーキヴィスト、芸術家、彫像をつけくわえると、そこに**ホーキング**がいる。しかし、その隙間に、存在するために戦う男の姿を、今なお見いだすことができる。天才、知の主体、人物、個性、人間が、ゆっくりと、扇形に広げられたトランプのように姿をあらわす。互いに重なっているときもあれば、そうでないときもある。接近できる距離によって、天才が見えることもあれば、見えないこともある。[11] 扱うものの物質的特性によって

——習慣、日々の出来事や活動、デジタル化または印刷された言葉やイメージ——天才が見えることもあれば、見えないこともある[12]。

ある意味で、このアプローチは、近づくことおよび直接会うことはテキストよりも優れている——正確だ——という前提に疑問を投げかける。じっさい、近いことはいつも有利というわけではない。近づいたからといって、かならずしも天才、あるいは人間でさえ把握できるという保証はないのだ。今回のケースでは、まったく逆だった[13]（第五章）。しかし同時に、民族誌的アプローチは不可欠だった。というのは、このアプローチによって私は、肉体、感情、人間と非人間からなる人工器官《プロテーゼ》（機械、装置、言語）、習慣、物語を再導入できたからだ。これらがこの人のみならず（ギアツの「厚い記述」の誕生において、ライルの『「考える人」は何をしているのか？』が果たした役割に倣《なら》えば）考える人をも形作っているのである。その結果、私は、さまざまな実体——日常の営み、口頭および記述による言説——から目を離さないことによって、また、能力の集団化、実体化、分散化（構成と再構成）の働きと、個別特異化の働きの両方を明らかにすることによって、近代性に特有の媒介（あるいはハイブリッド化）と純化の二重プロセスが実行されるのを眼にすることができたのである[14]。さらに言えば、それは近代人であるわれわれ誰もがやっていることではないだろうか？ 管理者や技術者（第一章）、科学者（第二、三章）、ジャーナリスト（第四章）、人類学・社会学者（第五章）、アーキヴィスト（第六章）、芸術家（第七章）の誰もがやっていることではないのか？ われわれは、行動し、実行し、うわべを飾り、噂話《うわさ》をすることによって、ホーキングの能力と、アイデンティティと、身体を集団化し、実体化し、分散化している。同時にホーキングを純化し、個別特異化している。すなわち、われわれは天才を作っている（アシスタントたちは何か月にもわたって作業をするが、講演のときには姿を消す。学生たちは計算を行い、図を描くが、その努力の成果はすべてホーキングのものとされる。ジャーナリストたちは天才を一から再構成する。人間／社会科学者は天才を解体する本を書くが、主体は救う。アーキヴィストたちは細心の注意を払って科学者を彼の文脈から切り離す。同僚の科学者はホーキングをからかういっぽうで、芸術家に彼は天才だから像の頭を大きくするようにと注文する）[15]。こうしてわれわれは、近代人たち――つまり非近代人たち――が神話を構築するプロセスを眼にする。近代人の神話、水槽の脳という神話である。

ホーキングは天才の表象を体現し、さらには科学とはどのようなものか、ということについての従来の考え方――生み出された、あるいは理論上「発見された」理論からなる世界、純粋な精神世界に住む中立で客観的な科学者たちによって作られた世界――を体現しているが、じっさいには、彼は、重複し、相互に接続した一連の集合体の中で実体化され、分散化されている[16]。この動揺――このリミナリティー（日常生活を超えて、どこにも属さない境界状態にあること）は、われわれの科学的合理性の基礎となる基本的な区別の多くに疑問を投げかける。合理的な精神を持つわれわれ「近代人」と、その他の「野蛮な」人々、あらゆる道具を利用する人々の区別。われわれの社会における、理論的に考える人々と手を使って働く人々の区別。科学研究室における、天才とアシスタントの区別。人間と非人間の区別。アシスタントは上司や師匠が事前に考えたことを実行することになっている。すでに見たように、ホーキングの場合、アシスタントはただ実行するどころか、ほとんどすべての仕事をこなしている。彼らは完成させ、分類し、意味を考え、翻訳し、実行する。

われわれはこう教えられている。人間には主観性——自己、意識、合理性——があり、いっぽう非人間は受動的で、中立で、自力運動ができない、と。しかし、ホーキングの場合が明らかに示しているように、たとえば機械は彼の思考を文字にする以上のことをしている。機械は彼に文章を書かせ、あるいは彼といっしょに書いている。彼の文章を完成させ、彼に声をあたえ、イエスかノーかの回答を期待する質問者から逃れるチャンスをあたえ、仕事を中断させ、さらには人々が彼になりきることをも可能にする。ここで声が果たす役割は、書くこと——ロゴス——とは反対ではない。なぜなら書かれた言葉は語られる言葉に先行している（書かれた言葉は語られる言葉だ）からだ。声はアイデンティティの構成にも不可欠だ——声がなければ彼は何も実行できない。声は彼そのものになっている——彼そのものだ——と言ってもいいほどだ。たとえば、アシスタントのオフィスで、彼なしで声を流したときのように。

しかし、ホーキングのケースは一般化できないほど特別というわけではない。それどころか、私が示したように、通常は眼に見えない、あるいは考えつかないことを可視化してくれる。さらに言えば、彼は次のようなことを可視化してくれる。ポップスターや政治家がどのように自分のイメージを操作しているか[17]（第一章）、物理学者たちがどのように学生たちを使って仕事をしているか（第二章）、物理学者には幾何学的に考える人と分析的に考える人がいること（第三章）、メディアがどのようにして物語を再利用するか（第四章）、われわれがどのようにコミュニケーションをとっているか（第五章）、デジタル時代がどのように記録のプロセスを再定義するか（第六章）、対象がどのようにわれわれに物事をさせるか（第七章）、その他いろいろ。この意味で、ホーキングのケースは科学だけにとどまらず、他のさまざまな活動の側面を明らかにする。たとえば、このケースは、抽象化《アブストラクション》「する」とはどういう意味か、とか、経営者であるとはどういう意味か、といったことを理解する助けになる。同じように、分散・集中型主体の概念は、芸術、産業、政治といった分野にも適用可能である。[18]

スティーヴン・ホーキングの生身の身体は、言うまでもなく、機械と人間がひとまとまりになって構成する複雑なネットワークの集合体が収まっている特別な場所である。しかし、彼の存在を構成する要素はすでに分散し始めている。[19] 彼の会議、論文、原稿、映画は、再編成され、分類され、記録され、保存され、ホーキング・アーカイヴとしてまとめられつつある。彫像は、ベティ&ゴードン・ムーア図書館の反対側に設置される予定だ。この図書館にはアーカイヴが収容される。彼の昔の声はすでにロンドンの科学博物館にある。車椅子と古いコンピューターはケンブリッジのウィップル博物館に保存される可能性がある。等々——これらはすべて彼の存在の証となる永遠の痕跡だ。それでも人は、もう一度、こう問わずにいられない。それでは、あなたはどこにいるのですか、ミスター・ホーキング？

エピローグ

きのう、ケンブリッジの街をぶらぶら歩いていると、ホーキングがあらわれた。まるで、この本全体を貫く私の奇妙な疑問を、鼻に手を当ててバカにするか、ウィンクでもするためにあらわれたかのようだった。しかし、もちろん、彼はここにいて、生身の身体で、小さな車に乗り、看護師がいっしょにいて、ケンブリッジの街を動き回っている。図の中の線に沿って動き回るように。彼はここにいる——遙か彼方の宇宙まで出かけないときは——歩道の縁石に沿って車椅子で進む。今やその縁石は彼の身体の形状にマッチしている。つまり拡張されている。応用数学・理論物理学科から出てきたところなのだろう。あの慌ただしい世界を後にしてきたのだ。まもなくバークレーに行くことになっているそうだ。海の向こうのカリフォルニアで多くの人が彼を待っている。人々は彼の訪問の準備を進め、学生全員に『ホーキング、宇宙を語る』を読ませておくと約束した。新聞社には連絡済みだ。あるジャーナリストが私に電話をかけてきた。ケンブリッジ大学の学部棟の裏、ベティ&ゴードン・ムーア図書館の暗い窓を通して、若いアーキヴィストのシルエットが見える。忙しく階段を上り下りし、箱を開け、文書や書類を分類し、「再文脈化」している。明日の朝早く、それらの資料はケンブリッジ大学図書館に送られる。数か月後には、「オリジナル」——歴史家たちの手に残されている——のコピーが、ベティ&ゴードン・ムーア図書館に送り返される。それらは一階に飾られ、好奇心に満ちた一般の人々に公開される。ロンドン科学博物館の二階では、ホーキングの「古い声」が、最新技術の珍品として分類され、暗闇に包まれている。博物館は閉館中だ。数キロ離れたところでは、イヴ・シェパードがふたたびホーキングの頭部を彫り直している。これで三回目だ。同じ頃、ケンブリッジではホーキングが帰宅する。しかし、自宅に長くはとどまらないだろう。惑星地球を離れ、大気圏外を探検する約束をしているのだ。今回は図ではなく、リチャード・ブランソンの会社、ヴァージン・ギャラクティック社が建造中の宇宙船の強力なエンジンの助けを借りる。上の空《アブストラクション》とはこのことだ!

謝辞

本書の執筆にあたっては各方面から多大な支援をいただいた。最初に、欧州委員会人的資本流動化プログラムからマリー・キュリー助成金を得て、ケンブリッジ大学での初期の研究に着手することができた。私を歓迎し、よい刺激となる知的環境を提供してくれたケンブリッジ大学科学史・科学哲学科に深く感謝する。そうした環境がなければ、このプロジェクトの立ち上げは不可能だった。また、その後も研究を継続できたのは、以下の研究機関の支援のおかげである。オックスフォードのメゾン・フランセーズ、オックスフォード大学科学史博物館、ベルリンのマックス・プランク科学史研究所、コーネル大学科学技術研究学科、カリフォルニア大学バークレー校の修辞学、人類学、社会学の各学科、ハーバード大学科学史学科。くわえて、本研究の一部はコーネル大学人文科学協会およびコーネル大学女子校友会からの助成金によって進められた。

本書の制作には多くの人々がさまざまな形で寄与してくださった。この事実はまさに、本書の主な主張の一つ——個人はつねに集団である——を例証している。特に、すばらしいインスピレーションとアドバイスと批評をいただいた以下の方々に感謝したい。ブルーノ・ラトゥール、マイケル・リンチ、サイモン・シェーファー、マイケル・ウィントゥルーブ。さらに、この長い旅の過程で、たくさんの友人、同僚、学生たちから助けを得た。感謝の言葉は言い尽くせないが、この場を借りてお世話になった以下の方々に謝意を表する。マデリン・アクリッチ、ケン・アルダー、マルコム・アシュモア、デヴィッド・ベイツ、ジム・ベネット、ロビン・ボースト、ロバート・ブレイン、マイケル・ブラヴォー、シャーロット・カバッセ、ジミナ・カナレス、ニーナ・カプート、フロリアン・シャルヴォラン、イヴ・コーエン、ローレンス・コーエン、ハリー・コリンズ、オリビエ・ダリゴル、ロレイン・ダストン、アーノルド・デヴィッドソン、リチャード・ドレイトン、ナタリー・デュボア＝ストリングフェロー、ソラヤ・ド・シャダレヴィアン、メラニー・フィーキンズ、マリアン・ファーム、クラウディオ・フォグ、ジョン・フォレスター、マリオン・フルカード、ベアテ・フリッケ、クリストフ・ガルファール、リーザ・ギテルマン、ケン・ゴールドバーグ、ヤン・ゴリンスキ、スデシュナ・グハ、イアン・ハッキング、ミッチ・ハート、コリー・ヘイデン、アントワーヌ・ヘニオン、アニータ・ハール、アルネ・ヘッセンブルッフ、ドン・アイド、シーラ・ジャサノフ、デヴィッド・カイザー、ウルフ・カンスタイナー、ディーヴァ・カスニッツ、ローレン・カッセル、エイヴィン・カーズ、クリス・ケルティ、ケヴィン・ノックス、キャサリン・クドリック、ドミニク・ラカプラ、スヴァンテ・リンドクヴィスト、ジャン＝ピエール・ルミネ、ライル・マッセイ、アンドレアス・マイヤー、チャンドラ・ムカージ、メアリー・マレル、リチャード・ノークス、ステファニア・パンドルフォ、ヴォロロナ・ラビハリゾア、ジェシカ・リスキン、マーガレット・リゴー、ジーン・ロクリン、オリヴァー・サックス、ナターシャ・シュール、サム・シュウェーバー、ジョン・サール、アン・セコード、ジム・セコード、エヴァン・セリンガー、スティーヴン・シェイピン、ラッセル・シャトルワース、オットー・シバム、ピーター・スカフィッシュ、イザベル・スタンジェール、ルーシー・サッチマン、チャリス・トンプソン、キース・トッパー、ジョン・トレッシュ、ハイジ・ヴォスクール、ロイック・ヴァカン、アンドリュー・ワーウィック、ヘイドン・ホワイト、マリオ・ウィマー、アレクセイ・ユルチャク。

アリン・マーティンは本プロジェクト開始時に情報収集を、リズ・リブレクトは私の論文の一部の翻訳を、ローリー・マクラフリンは録音の文字起こしを、スーザン・ストークとピーター・スカフィッシュは原稿の編集を、エリカ・リーは原稿の整理を手伝ってくれた。みなさんにお礼を申し上げる。

本書の内容の一部は以下の場所で発表したものである。コーネル大学、ミシガン大学、ノースウエスタン大学、マサチューセッツ工科大学、ハーバード大学、スタンフォード大学、カリフォルニア大学バークレー校、サンディエゴ校、デイヴィス校、ブリティッシュコロンビア大学、ケンブリッジ大学、オックスフォード大学、マンチェスター大学、ブルネル大学、カーディフ大学、インペリアル・カレッジ、マックス・プランク研究所、パリ国立高等鉱業学校技術革新社会学センター、社会科学高等研究院。これらの場所で開かれた講演、会議、セミナーなどに参加し、感想、意見、批評、関心を寄せてくださったたくさんの方々に感謝したい。

また、本書のための調査で私がインタヴューしたすべての方々に感謝したい。時間をとってたくさんの質問に答えてくださった全員の言葉を引用したわけではないが、誰もが本書の完成にとって重要な役割を果たしている。インタヴューに応じてくれた一人ひとりにお礼を申し上げたい。とりわけホーキング教授は、時間と配慮と洞察を与えてくださった。彼らがいなければ、本書を完成させることはできなかっただろう。

最後に、私の両親、兄、そして夫の家族は本書の出版を眼にすることをけっしてあきらめなかった。信じてくれたことに感謝する。言語と思想を愛するマイケル・ウィントゥルーブは、このプロジェクトのあらゆる段階で私を助けてくれた。彼とマキシム・ウィントゥルーブは、無条件の支援と愛情によって、このプロジェクトの隠れた推進役となってくれた。本書を彼らに捧げる。

本書の一部はすでに発表されているものである。第五章は「ホーキングの存在を読む：控えめな男へのインタヴュー」として、《クリティカル・インクワイアリー》誌第二九巻四号（二〇〇三年）の五七一～五九八ページに、第四章の基礎となる部分は「天使は二つの身体を持つか？ 科学における主観性をめぐる二つの物語：ウィリアム・XとミスターＨの場合」として《ソーシャル・スタディーズ・オブ・サイエンス》誌第二九巻四号（一九九九年）の五五一～五八二ページに掲載された。論文の再録を認めてくださった二誌に感謝したい。

訳者あとがき

サイボーグという概念は、今やSFだけでなく、現実の世界のものになっている。われわれはみな、テクノロジーを介して、何らかの形でつねにつながり、拡張され、ネットに接続され、分散されている。だとすれば、個人としての人や身体はいったいどこに存在するのだろうか。そんな疑問を投げかけ、その答えを探求したのが本書『ホーキングInc.』である。著者のエレーヌ・ミアレが研究対象として選んだのは、つねに機械、装置、人々の集団とつながっている高名な理論物理学者、スティーヴン・ホーキングだ。ミアレはホーキングや彼のアシスタント、同僚、物理学者、技術者、作家、ジャーナリスト、アーキヴィスト、芸術家たちへの広範かつ詳細なインタヴューを基に、ホーキングの生存と研究に不可欠な人・モノ・機械からなるネットワークを再現して見せる。そして、しばしば肉体を持たない合理的な孤高の天才として描かれるホーキングが、じつは、他の誰もがそうであるように、いや、そうである以上に、機械と人の複雑な結びつきに組みこまれ、身体をあたえられ、分散されている事実を明らかにする。各章では、さまざまな要素や媒介物の働きと連携によって、ホーキングの存在、行為主体性、アイデンティティ、能力が形成される過程が描かれる。講演や論文執筆など、ホーキングの日常活動に着目したミアレの民族誌学的分析によって、科学における天才の概念や、その概念と人の個別特異性との関係が見直される。

本書の魅力は何と言っても、動くことも、話すこともできない一人の男が、どのようにして天才物理学者スティーヴン・ホーキングとして活動することができるのかを、つぶさに解き明かしたところにある。論文の執筆、会議や講演、テレビ番組への出演といった活動の舞台裏が詳細に描かれ、彼が人とモノからなるネットワークにどれだけ依存しているかがよくわかる。そして、そうしたネットワークに依存しているという点では、健常者である他の理論物理学者たちも大して変わらない、というのが、本書でくりかえされる主張なのである。

著者のエレーヌ・ミアレは科学人類学、科学社会学、科学史、哲学および科学哲学の分野で活躍する気鋭の研究者であり、これまでコーネル大学、ハーバード大学、オックスフォード大学に奉職し、科学論を研究してきた。その前には博士課程修了研究者としてベルリンのマックス・プランク科学史研究所、ケンブリッジ大学科学史・科学哲学科にも在籍していた。主観性、行為主体性、技術革新、認知など、幅広いテーマで論文を発表している。最初の著書に『L'Entreprise Créatrice（企業発明家）』という、多国籍石油企業（トタル社）の応用研究開発室における発明の実践とプロセスを追った民族誌的研究がある。現在はカリフォルニア大学バークレー校で教えている。

イギリスの理論物理学者スティーヴン・ウィリアム・ホーキングは一九四二年一月八日、英国のオックスフォードで生まれた。一九六二年にオックスフォード大学を卒業後、ケンブリッジ大学大学院応用数学・理論物理学科の研究生となり、一般相対性理論を学ぶ。この時期に難病であるALS（筋萎縮性側索硬化症）を発症するが研究を続行。主に一般相対性理論の分野で理論的研究を行い、ブラックホールの特異点定理で世界的に有名になる。またブラックホールの研究では、そこに入ったものは何も抜け出せないとされていたが、じつは量子効果によって熱が放射されており、そのためブラックホールが蒸発して消滅することもあるという論（ホーキング放射）を展開（一九七四年）。これらはその後、量子宇宙論へとつながっていく。一九七七年にケンブリッジ大学の重力物理学の教授となり、七九年には伝統あるルーカス記念講座数学教授に就任する（二〇〇九年退官）。

最後に、本書を翻訳する機会をあたえてくださった柏書房編集部の皆様に心からお礼を申し上げます。

河野純治

二〇一四年四月

れがなぜいつもホーキングに立ち戻るのかを理解するために、私は各章で、能力を分散化させる働き（たとえば、機械とアシスタントの役割など）を示そうとしたが、同様に個別特異化の働き（説明の画一化、彼の身体の役割など）についても追跡することに努めた。

17　もちろん科学界のスターだが、芸能、芸術、政治、あるいは産業界のスターも同様である。

18　私がこの研究で得た手法や結果は、科学者だけではなく、シャーマン、聖人、精神分析医などへのインタヴューにも使えるだろう。彼らもまた、カリスマ的リーダーや起業家、天才芸術家といった象徴的な人物の出現を説明するための新たな手法を提供してくれるかもしれない。カリスマ的リーダー：(Max Weber, *The Theory of Social and Economic Organization* [New York: Free Press, 1964], 358–72)；起業家：(Joseph Schumpeter, *Capitalism, Socialism, and Democracy* [New York: Harper Perennial, 2008])；天才芸術家：(Svetlana Alpers, *Rembrandt's Enterprise* [Chicago: University of Chicago Press, 1988]; Nathalie Heinich, *La gloire de Van Gogh* [Paris: Editions de Minuit, 1991]; and Antoine Hennion and Joël-Marie Fauquet, "Authority as Performance," *Poetics* 29 [2001]: 75–88; Antoine Hennion, "La présence de Bach," in *Penser l'oeuvre musicale au XXe siècle*, ed. Martin Kaltenecker and François Nicolas [Paris: Centre de documentation de la Musique Contemporaine, 2006], 85–94, and "Soli Deo Gloria," *Gradhiva* 12 [2010]: 42–47).

19　ここでもまた、カントロヴィッチの「王の二つの身体」になぞらえることができる。王が埋葬されたとき、心臓と内臓は切り離され、ほかの場所へ――重要な機関へ分配された。

戦略的手段だったが、それを主要な動機的価値とする流れは弱まりつつある。多文化主義によって、英語圏の一部では、相互依存が自立に代わる重要な価値として認識されるようになった。私が本書で提供するホーキングに関する綿密な調査は、ある代替モデルの実像——および有効性——を示すことで、多くの障害者が目標として努力してきた自立という幻想を打ち砕く。その代替モデルとは、相互依存と協力からなる複雑なシステムであり、スティーヴン・ホーキングはそれを通じて生き、仕事をしている。人はみな、障害者も健常者も同じように、相互依存と協力という複雑なシステムの中に身を置いているとも言える。

9　私はまた、カントロヴィッチの二つの身体という概念も用いている。現に私は、拡張された身体が（ときどき）どのように市民権を与えられ、ホーキングの聖なる身体の構築に関与するかを示した。Ernst Kantorowicz, *The King's Two Bodies: A Study in Medieval Political Theology* (Princeton, NJ: Princeton University Press, 1957).

10　このような層すなわちメディエーション（媒介）は、無限にあるのかもしれない。また、メディエーションという概念で表象を代用することは、表象主義から逃れるひとつの手段である。Karen Barad は、パフォーマティビティ（遂行性）というポストヒューマニスト的概念を用いて、同様の主張をしている。「生き物は（表象以前に）生来の特質をもつ個体として存在するという発想は形而上学的前提であり、これが政治的、言語的、認識論的形態の表象主義信仰の根拠となっている。裏返せば、表象主義とは表象とそれが表象しようとするものとの存在論的区別への信仰である。具体的に言えば、表象されるものは表象というあらゆる営みから独立した状態に置かれる」Karen Barad, "Posthumanist Performativity," *Signs: Journal of Women in Culture and Society* 28, no. 3 (2003): 804. 彼女は続けてこう述べる。「ポストヒューマニスト的記述によって、『人間』と『非人間』というカテゴリーが異なる前提に疑問が投げかけられ、こうした異なる境界を安定化または不安定化させる過程が検討される」(808)。私の発想も彼女と似ているが、私のほうはある意味で、一種の抵抗、すなわち「意志」、「存在」、人間の意図性と同時に発生するエージェンシー（行為主体性）のようなものを再導入している。それは明らかに、あるていど属性の産物だが、他の生き物や物に対して、あるいはそれらを通じて構築される場合もある。

11　彼は頭の切れる天才のときもあれば、そうではないときもあるという意味ではない。

12　私も同伴のアクターたち（ジャーナリスト、映画製作者、彫刻家など）も、おおむね同種の題材に取り組んでいる。つまり、社会学者兼人類学者が優先的に「真実」にアクセスできるわけではない。

13　これはフィールドワークだけではなく、あらゆる相互作用に当てはまる。非常によく知っている相手を理解しているふりができるだろうか、たとえどれだけ身近な存在だとしても。

14　近代性の定義については、以下を参照。Bruno Latour, *We Have Never Been Modern* (Cambridge, MA: Harvard University Press, 1993).

15　ここで言う「われわれ」には、もちろんホーキング自身も含まれる。たとえば彼が、理論物理学を実践するのに優秀な頭以外は必要ないと論じる場合、彼は実際には、私が述べたような機器と学生で構成される複雑な装置に依存している。

16　私はここで、Annemarie Mol が彼女の美しい本 *The Body Multiple: Ontology in Medical Practice* (Durham, NC: Duke University Press, 2002) の中で使っているように、「enactment（実行）」という言葉をぜひとも使ってみたい。「内的な相互作用の問題としての」、「誰かまたは何かが持つ何かではなく、enactment としての」行為主体性の定義については、Barad, "Posthumanist Performativity." を参照。言葉を変えて別の訊きかたをすれば、個人の能力をどこまで外在化させることができるか、と問うことは、モノと分散された能力によってふたたび個別特異性を取り戻せる可能性が開くことになるだろう。彼をとりまくあらゆるモノと人を集団化、具体化、分散化させることができる。われわのわずかなエネルギーしかもたないこの素粒子は検出がきわめて難しい――しかし、われわれは今もまだ探している！」Lisa Wei, "Ask an Astronomer," hosted by Cornell University Department of Astronomy (June 2003), オンラインで閲覧可能。http://curious.astro.cornell.edu/question.php?number=535 (アクセス日：2008年5月15日).

29 これはサッカリーの有名なイメージを思い出させる。"Rex-Ludovicus-Ludovicus Rex: An Historical Study," in William Makepeace Thackeray, *The Paris Sketch Book, by Mr. Titmarsh* (London: Smith, Elder, 1868), 290.

30 Paul Veyne, *Les Grecs ont-ils crû à leurs mythes? Essai sur l'imagination constituante* (Paris: Poche/Seuil, 2000).

31. 知の主体については、以下も参照。Hélène Mialet, *L'Entreprise créatrice: Le rôle des récits, des objets et de l'acteur dans l'invention* (Paris: Hermès-Lavoisier, 2008).

結論――くりかえされる疑問

1 この集合体の大きさと範囲は、取材の場所によって異なる。

2 Edwin Hutchins, *Cognition in the Wild* (Cambridge, MA: MIT Press, 1995), and "How a Cockpit Remembers Its Speeds," *Cognitive Science* 19 (July–September 1985): 265–88; Charles Goodwin and Marjorie Harness Goodwin, "La coopération au travail dans un aéroport," *Réseaux* 15, no. 85 (1997): 129–62. Lucy Suchman, "Constituting Shared Workspaces," in *Cognition and Communication at Work*, ed. Yrjö Engeström and David Middleton (Cambridge: Cambridge University Press, 1996), 35–60.

3 Michel Callon and John Law, "After the Individual in Society: Lessons on Collectivity from Science, Technology and Society," *Canadian Journal of Sociology* 22, no. 2 (1950): 169.

4 Donna Haraway, *Simians, Cyborgs and Women: The Reinvention of Nature* (London: Free Association Books, 1991), 169–81, esp. 177–78.

5 科学技術研究全体の基盤が個々の才能に深く根ざしているかぎり、才能／イノベーションとは何か、(私が「分散・集中型主体」と名づけたものの出現によって) それがどう機能するかを概念化する新たな方法を見つけることは、科学技術における成果の実際的機構や認識にとって大きな意味をもつ。

6 産業界で機能する分散・集中型主体の概念については、以下を参照。Hélène Mialet, *L'Entreprise créatrice: Le rôle des récits, des objets et de l'acteur dans l'invention* (Paris: Hermès-Lavoisier, 2008).

7 「眼に見えない」企業の中で働く有名人ホーキングと、有名な大企業 (全体) で働く無名の応用研究者との比較については、以下を参照。Hélène Mialet, "Do Angels Have Bodies? Two Stories about Subjectivity in Science: The Cases of William X and Mr. H," *Social Studies of Science* 29, no. 4 (1999): 551–82. 分散・集中型主体が身体をもたない合理主義哲学の知の主体を、さらに驚くことに、アクター・ネットワーク理論の知の主体を再生させる過程に関する省察は、以下を参照。Hélène Mialet, "Reincarnating the Knowing Subject: Scientific Rationality and the Situated Body," *Qui Parle?* 18, no. 1 (2009): 53–73.

8 これもまた、障害をもつ多くの人々に当てはまると言えないだろうか？　つまり、ホーキングまたは彼の状態だけがもつ特異性なのだろうか？　私はむしろ、自立のモデルよりも依存のモデルのほうが重要であることを示したい。たとえば、1970年代および80年代、自立は障害者にとって有用な

7　同書、93ページ。

8　これは映画『The Hawking Paradox』以外ではまだ見たことがない。映画には、ひとりの学生が長い方程式を書いている場面が出てくるが、やはりこれもカメラと観客向けに設定されたシーンにすぎなかった。

9　ヒックリンのドキュメンタリー映画づくりにも、これに近い現象が見られる。ヒックリンが、ホーキングは動けないのでカメラのほうが彼の周りを回らなければならなかったと語ったのを思い出してほしい。

10　同じことが像にも当てはまる。

11　カントロヴィッチの言葉を言い換えるとこうなる。ルーカス教授職とは、もしそれが「世襲による組織」ならば、「シェイクスピアの『マクベス』に登場する三人の魔女を連想させる虚構であり……魔女たちは不気味な先王たちの亡霊を次々に呼び出し、最後にあらわれた王の亡霊は手に『鏡』を持ち、そこには連綿と続くマクベスの後継者たちが映し出される」Ernst Kantorowicz, *The King's Two Bodies* (Princeton, NJ: Princeton University Press, 1957), 387.

12　そこには、アシスタントと看護師たちからなる集団化された身体も存在しない。

13　Arthur Koestler は、*The Act of Creation* (London: Arkana, 1989) で異縁連想的行動について述べている。

14　著者によるロジャー・ペンローズへのインタヴュー。1998年6月17日。

15　著者によるトーマスへのインタヴュー。1998年6月24日。

16　Christophe Galfard, in *The Hawking Paradox*, directed by William Hicklin, Horizon Films, 2005.

17　彼の声は神経にさわる声であり、関係者の中には耐えがたいと言う者もいる。

18　Albert Robillard, *Meaning of a Disability: The Lived Experience of Paralysis* (Philadelphia: Temple University Press, 1999), 52.

19　ところが、図を用いることで、ホーキングの頭に宇宙が丸ごと入っていることがあるのは事実である。

20　天分と知的能力の具体化については、以下を参照。Barthes, *Mythologies*; and Michael Hagner, "The Pantheon of Brains," in *Making Things Public: Atmospheres of Democracy*, ed. Bruno Latour and Peter Weibel (Cambridge, MA: MIT Press, 2005), 126–31; and Steven Shapin, "The Politics of Observation: Cerebral Anatomy and Social Interests in the Edinburgh Phrenology Disputes," in *On the Margins of Science: The Social Construction of Rejected Knowledge*, edited by Roy Wallis (Staffordshire: University of Keele, 1979).

21　著者によるウィリアム・ヒックリンへのインタヴュー。2007年1月31日。

22　アシスタントたちは、ホーキングについて思うことを、たえず彼と像に刻み込む。

23　彼の場合、映像がコンピューターで拡大される場合がある。

24　以下におけるエロール・モリスのコメントを参照。Arthur Lubow, "Heart and Mind," *Vanity Fair*, June 1992, 47.

25　Michael White and John Gribbin, *Stephen Hawking: A Life in Science* (New York: Dutton, 1992), 292.

26　著者によるティムへのインタヴュー。1998年6月24日。

27　多くの映画、とくにエロール・モリスの映画では、ホーキングが車椅子で宇宙を飛んでいる姿が描かれる。

28「Weisstein's World of Physics によると重力子は理論上の素粒子であり、重力をもつ質量も電荷もない。[……] 今日現在（2003年6月4日)、重力子が存在する証拠はまだ見つかっていない。ほん

119 とはいえ、いずれヴァーチャル化されても、一般向けの呼び物として、また研究者のための情報源として、従来どおりムーア図書館の一階にも展示されるだろう。なお、数理科学センター の建物は、ケンブリッジの見どころのひとつとなっている。

120 Rudi Laermans と Pascal Gielenは、Boris Groys の研究についてこうコメントしている。「(Groys は) どのようなアーカイヴにも、紙やフィルム、コンピューターやコンピューター・ネットワークといった『キャリア媒体』があると強調する。アーカイヴは記号または記号の集合体で構成され、記号はマテリアル（素材）を運搬するキャリアの存在を示す。アーカイヴにキャリアを含めるのは理にかなっているように思えるが、Groys はこの考えに断固として異を唱える。『本はアーカイヴに含まれないが、テキストは含まれる。キャンバスは含まれないが、絵は含まれる。録画装置は含まれないが、動画は含まれる。[……] アーカイヴのキャリアはアーカイヴには含まれず、アーカイヴの記号を運搬するが、キャリア自体はアーカイヴの記号にはならない。[……] 記号のキャリアは運搬する記号の陰に隠れている。アーカイヴのキャリアは基本的に、見る者の視界から排除される。アーカイヴの媒体面しか見えないので、媒体のキャリアについては推測するしかないのだ』」(Laermans and Gielen, "The Archive of the Digital An-archive," 5).

121 Michael Hagner, *Cerveaux des génies*, tr. Olivier Mannoni (Paris: Éditions de la Maison des Sciences de l'Homme, 2008).

122 Mike Featherstone の表現を借りるなら、アーカイヴは「ひとつのアイデンティティを再構成するための人工記憶装置」として見ることができる (Featherstone, "Archive," 594)。ホーキングのコンピューターは、まさにこの表現を体現している。

123 著者によるサムへのインタヴュー。2007年6月12日。

124 Kevin Knox and Richard Noakes, eds., *From Newton to Hawking: A History of Cambridge University's Lucasian Professors of Mathematics* (Cambridge: Cambridge University Press, 2003). 私はホーキングに関する章を担当した。そこでは、彼への最初のインタヴューで集めた情報の一部を使った。第五章を参照。

125 Harriet Bradley, "The Seductions of the Archive: Voices Lost and Found," *History of the Human Sciences* 12, no. 2 (1999): 119.

第七章　考える人

1 Gilbert Ryle, "The Thinking of Thoughts: What Is 'Le Penseur' Doing?" (Chapter 37 of Gilbert Ryle's collected papers (1971), http://web.utk.edu/~wverplan/ ryle.html.

2 http://www.eveshepherd.com/commissions/Hawking.shtml.

3 私はそう聞いたが、じつは違うようだ。

4 ホーキングのアーカイヴが保管されているゴードン・ムーア図書館は、この像の向かい側にある。

5 決定論的形態への反対論として、以下を参照。Bruno Latour, "Which Politics for Which Artifacts" (*Domus*, June 2004, 50–51):「オスマン様式の建築家たちは使用人とブルジョアを離しておく方法を発見したが、学生たちを階段裏に追いやることになろうとは予想だにしなかった。言い換えれば、テクノロジーには独自の意図や趣旨があり、それによって最善の（または最悪の）意図はいつのまにかどこかへ行ってしまう。リバース・エンジニアリングによってデザインからデザイナーの意図を読み取るのがいつも難しいのは、そのためだ。

6 Roland Barthes, *Mythologies* (New York: Hill and Wang, 1987), 92.

Body," in *Science Incarnate*, ed. Lawrence and Shapin.

97 同上。

98 Steven Shapin, *A Social History of Truth: Civility and Science in Seventeenth-Century England* (Chicago: University of Chicago Press, 1994).

99 科学文書担当の学芸員は、この新しい媒体は自分たちの作業方法に影響を及ぼすだろうと示唆する。しかし、それが彼らの専門分野における慣習や仕事内容に影響を及ぼすとしても、ホーキングの（病気ゆえの）コンピューターへの依存がなぜ彼の研究内容に影響を及ぼすことになるのかは理解できないようだ（著者によるインタヴュー。2007年6月20日）。

100 同上。電子媒体にまつわるこの問題は、コンピューター技術が広く使われるようになる以前からあった。たとえば、Michael Lynchが私に指摘したように、ハロルド・ガーフィンケルのアーカイヴには、ワイヤレコーダー（針金磁気録音機）による重要な録音記録が収められている（1950年代にゴッフマンその他と交わされた会話など）。それらをデジタル化するにはかなりの費用がかかるだろう。どの程度——そしてどのような方法で——ホーキングの声をデジタル化できるのだろうか。

101 著者による科学文書担当の学芸員へのインタヴュー。2007年6月20日。

102 Latour and Lowe, "Migration of the Aura."

103 まるでホーキングが、眼下の書類に目を通しながらイエスと言っているようだ。

104 著者による科学文書担当の学芸員へのインタヴュー。2007年6月20日。

105 同上。

106 著者によるムーア図書館館長へのインタヴュー。2005年8月9日。

107 同上。ホーキングの身近にいるか離れているかで彼に対する見かたが変わってくるのを見てきた。では、彼の遺品が物理的に存在するかどうかで、それはどう変わってくるだろうか。

108 著者によるムーア図書館館長へのインタヴュー。2007年6月18日。

109 同上。

110 同上。

111 Michael Lynch and David Bogen, *The Spectacle of History: Speech, Text and Memory at the Iran-Contra Hearings* (Durham, NC: Duke University Press, 1996), 51.

112「それにはさまざまな資料へのアクセスが必要になるでしょうが、そうした資料はおそらく、自由に利用できるデジタル『展示』には含まれないでしょう。そうしたい人は、やはりじかに足を運ばざるをえないだろうと思います」(ムーア図書館館長から著者への電子メール。2010年2月16日)。

113 著者によるムーア図書館館長へのインタヴュー。2007年6月18日。

114 同上。

115 同上。

116 たとえば2009年には、ダーウィン生誕200年を祝って、大学内の複数の博物館——動物学博物館、地球科学博物館、フィッツウィリアム博物館、大学図書館——で別々に展示がおこなわれた。これに対して、未来のデジタル版ホーキング・アーカイヴの展示物は、ひとつの大学博物館になりうるかもしれない。

117 彼によるテキストと彼に関するテキストを同時に読めるようになるだろう。一次資料と二次資料の区別はなくなっているようだ。同様の状況については、以下を参照。Bruno Latour, "A Textbook Case Revisited: Knowledge as a Mode of Existence," in *The Handbook of Science and Technology Studies*, 3rd ed., ed. Edward J. Hackett, Olga Amsterdamska, Michael Lynch, and Judy Wajcman (Cambridge: MIT Press, 2007), 83–112.

118 Koltun, "Promise and the Threat of Digital Options," 133.

71 同上。

72 同上。ホーキングよりも彼のアシスタントと話すほうが簡単だ。しかし、「本物のアーキヴィスト」である文書担当責任者いわく、アシスタントたちはマジシャンではないから、知らないときは本当に知らない。

73 著者による主任司書へのインタヴュー。2005年8月9日。

74 彼女は大学図書館のアーキヴィストがするだろうと思っているが、彼らにとってどれだけ優先度の高い仕事かはわからない。

75 彼女はおそらく、数々の資料とその一貫性にも言及しているのだろう。

76 もしくは、彼女が違いを生み出す。

77 著者による主任司書へのインタヴュー。2005年8月9日。

78 同上。

79 同上。

80 著者によるムーア図書館館長へのインタヴュー。2005年8月9日。

81 著者によるムーア図書館館長へのインタヴュー。2007年6月18日。

82 著者による主任司書へのインタヴュー。2005年8月9日。

83 同上。ウィリアム・ヒックリンも参照。著者によるインタヴュー（2007年1月31日）で、念願は「ホーキングを理解すること」だと述べた。

84 興味深いことに、アーキヴィストは自身の仕事を、話を語り伝えるというよりも資料を公開するための一手段ととらえていた。Carolyn Steedman はこう語る。「歴史学者はそこにないものを読み取ります。文書の沈黙や不在は、いつも私たちに何かを語りかけてくるのです」（“Something She Called a Fever: Michelet, Derrida and Dust,” *American Historical Review* 106, no. 4 [2001]: 1177).

85 著者による主任司書へのインタヴュー。2005年8月9日。主任司書は、一般向けに展示されるホーキングと歴史学者によって再構築されるホーキングとのあいだに差異を生み出す。

86 著者による科学文書担当の学芸員へのインタヴュー。2007年5月16日。

87 同上。

88 著者による科学文書担当の学芸員へのインタヴュー。2007年6月20日。

89 票からいかに有権者の意図が読み取られたかについては、以下も参照。Michael Lynch, Stephen Hilgartner, and Carin Berkowitz, “Voting Machinery, Counting and Public Proofs in the 2000 US Presidential Election,” in *Making Things Public: Atmospheres of Democracy*, ed. Bruno Latour and Peter Wiebel (Cambridge, MA: MIT Press, 2005): 814–28.

90 著者による科学文書担当の学芸員へのインタヴュー。2007年6月20日。

91 著者によるムーア図書館館長へのインタヴュー。2007年6月18日。

92 ここでもまた、ホーキングの拡張された身体と「有機的」なアーカイヴ記録とのあいだに興味深い類似性が見られる。つまり、「機関または実体との関係から自然に発生している点だ。個々の記録の価値は、それを取り巻くものとの関係にじかに左右される。全体から切り離されれば、その記録は妥当性を失ってしまうのだ。図書館にある出版物は個別に作られているため、それらが取り除かれたり貸し出されたりしても、蔵書の関連性は保たれる」（Sara Schmidt, *Split Personalities: A Librarian in the Archives*, paper presented at the Society of American Archivists, Austin, TX, August 2009).

93 著者による科学文書担当の学芸員へのインタヴュー。2007年6月20日。

94 著者による科学文書担当の学芸員へのインタヴュー。2007年5月16日。

95 著者による科学文書担当の学芸員へのインタヴュー。2007年6月20日。

96 同上。これと大きく異なる解釈については、以下を参照。Andrew Warwick, “Exercising the Student

48　著者によるムーア図書館館長へのインタヴュー。2007年6月18日。
49　大学図書館の Anthony Edwards からの手紙。分類番号MS. Add.9222.
50　著者による文書担当責任者へのインタヴュー。2007年5月18日。おそらくこのバージョンと刊行されたバージョンには違いがある。
51　図書館には『ホーキング、宇宙を語る―ビッグバンからブラックホールまで』の草稿がいくつもあり、この本を元にした講義原稿もある。また、『Black Holes and Baby Universes』の草稿もある。
52　著者による主任司書へのインタヴュー。2005年8月9日。
53　同様に、ムーア図書館館長はこう語る。「ここにはガウン（式服）も一着ありますが、それがどこの大学のもので、彼がどこから持ち帰ったのか定かではありません」（著者によるインタヴュー。2005年8月9日）。
54　著者による主任司書へのインタヴュー。2005年8月9日。
55　同上。
56　同上。スピーチでは、パラグラフも使い回されたに違いない。
57　Michel Foucault, "What Is an Author?" in *Language, Counter-Memory, Practice*, trans. Donald F. Bouchard and Sherry Simon (Ithaca, NY: Cornell University Press, 1977), 127.
58　著者によるムーア図書館館長へのインタヴュー。2005年8月9日。
59　著者によるムーア図書館館長へのインタヴュー。2007年6月18日。
60　著者による主任司書へのインタヴュー。2005年8月9日。
61　たとえばヘーゲル、もっと最近ならばブルデュー、デリダ、フーコーを参照。たとえばデリダの *Archive Fever* は、1994年におこなわれた講義原稿として書かれ、1995年に *Mal d'archive: Une impression freudienne* としてフランス語で初刊行された。これが翻訳され、同年にアメリカの雑誌 *Diacritics* に掲載され、1996年には英語版の論文として単独で刊行された。
62　著者によるムーア図書館館長へのインタヴュー。2007年6月18日。
63　Lilly Koltun, "The Promise and the Threat of Digital Options in an Archival Age," *Archivaria* 47 (Spring 1999): 119. アーカイヴという伝統的な概念にとってのデジタル媒体の意味については、以下も参照。Rudi Laermans and Pascal Gielen, "The Archive of the Digital An-archive," *Image and Narrative: An Online Magazine of the Visual Narrative*, no. 17 (April 2007): www.imageandnarrative.be/.
64　著者による文書担当責任者へのインタヴュー。2007年5月18日。
65　Bruno Latour, "Visualization and Cognition: Thinking with Eyes and Hands," in *Knowledge and Society: Studies in the Sociology of Culture Past and Present*, vol. 6 (1986): 1–40.
66　Bruno Latour, *Science in Action: How to Follow Scientists and Engineers Through Society* (Cambridge, MA: Harvard University Press, 1987).
67　著者によるムーア図書館館長へのインタヴュー。2007年6月18日。テキストとパフォーマンスを区別するのは人間の存在である。
68　これは以下を想起させる。Walter Benjamin's "The Work of Art in the Age of Mechanical Reproduction" (*Illuminations* [New York: Schocken Books, 1968]). しかし、異なる媒体による永続的な翻訳作業がオーラを維持することを示すのがこの本の論旨である。Bruno Latour and Adam Lowe, "The Migration of the Aura; or, How to Explore the Original Through Its Facsimiles," in *Switching Codes*, ed. Thomas Bartscherer (Chicago: University of Chicago Press, 2010).
69　Mike Featherstone, "Archive," *Theory, Culture and Society* 23, nos. 2–3 (May 2006): 593–94.
70　著者による主任司書へのインタヴュー。2005年8月9日。

18 文書担当責任者によれば、ホーキング宛てのファンレターはアーカイヴに収容されない。
19 著者によるムーア図書館館長へのインタヴュー。2007年6月18日。
20 著者による科学文書担当の学芸員へのインタヴュー。2007年6月20日。いっぽうホーキングの個人アシスタントはこう語った。「スティーヴン・ホーキングの身にもしものことがあったら、私の夢は、彼のオフィスを封鎖してすべてを保管することですね」私が文書担当責任者にこの話をすると、彼は次のように答えた。「まあ、たしかに、保管は必要です……鑑定したり……資料を選別したり、ほかにもいろいろあるので……。彼女が言うのは、ある種の聖堂のようなものかもしれません……けれどそうなると、当然ながら、誰も閲覧できなくなります、もし聖堂ならね。そうなったら、話はまったく別ですよね？……ようするに、図書館員としてのわれわれの関心事は、資料を研究用に使えるようにすることですから、だいぶ違うわけです」（著者による文書担当責任者へのインタヴュー。2007年6月20日）。
21 学部のアーカイヴは学部によって維持され、大学によって別に運営されることになるだろう。
22 著者による科学文書担当の学芸員へのインタヴュー。2007年5月16日。
23 著者によるムーア図書館館長へのインタヴュー。2007年6月18日。
24 著者によるムーア図書館館長へのインタヴュー。2005年8月9日。
25 著者による文書担当責任者へのインタヴュー。2007年5月18日。
26 著者による文書担当責任者へのインタヴュー。2007年6月20日。
27 同上。
28 著者による科学文書担当の学芸員へのインタヴュー。2007年6月20日。
29 著者によるムーア図書館館長へのインタヴュー。2005年8月9日。
30 同上。
31 著者による文書担当責任者へのインタヴュー。2007年5月18日。
32 著者によるムーア図書館館長へのインタヴュー。2005年8月9日。
33 同上。
34. Michael Lynch, "Archives in Formation: Privileged Spaces, Popular Archives and Paper Trails," *History of the Human Sciences* 12, no. 2 (1999): 69.
35 著者によるムーア図書館館長へのインタヴュー。2005年8月9日。
36 著者によるムーア図書館館長へのインタヴュー。2007年3月30日。
37 著者によるムーア図書館館長へのインタヴュー。2005年8月9日。
38 同上。
39 著者によるムーア図書館館長へのインタヴュー。2007年3月30日。この発言に反して、資料の大半は大学図書館に保管されることになるだろう。
40 同上。物をアーカイヴに収容するのは異例だが、「スペースがこれだけあるので、二階に展示できますし、このへんの部屋を使ってもいいですし……。盗難に気をつけなければならないものは、鍵をかけてやや厳重に保管できるでしょう」
41 同様に、ホーキングの判断で、保管された資料が彼の存命中に利用可能になることも考えられる。
42 著者によるムーア図書館館長へのインタヴュー。2005年8月9日。
43 著者によるムーア図書館館長へのインタヴュー。2007年3月30日。
44 著者による主任司書へのインタヴュー。2005年8月9日。
45 同上。
46 同上。
47 同上。

51 私に渡されたテキストはつまり、二重に実体から切り離されている。一方では、これが生み出された状況は消去されたが、このアポリア（論理的難問）は、テキストが首尾一貫したものとなるために無を――つまり、それを生み出した状況を参照するよう求める。他方、テキストはルーカス数学教授職として歴代の先達たちに名を連ねるスティーヴン・ホーキングに関するものであり、彼が科学的理論を生み出すかぎり、特異な個人的状況はもはや意味をもたない。

52 私はこのテキストを、本章のほか既刊の "Is the End in Sight for the Lucasian Chair?" の執筆にも用いた。

第六章　永遠の始まりに

1 前章で示したように、拡張された身体はホーキングの聖なる身体の構築に応じて、組み込まれる。

2 ユーザーの判断で記事や講義、インタヴューを保存する一方、「非公式」な相互作用の痕跡は残さないホーキングのコンピューターと同じように集団が機能しているのがわかる。

3 アーカイヴされる身体という概念が出現したいわれについては、以下を参照。Mario Wimmer, *Archivkorper: Eine Geschichte historischer Einbildungskra.* (Constance: Konstanz University Press, 2012).

4 著者によるムーア図書館館長へのインタヴュー。2005年8月9日。

5 ホーキングを最先端テクノロジーの象徴として見るかぎり、学術的関連性がある。

6 ケンブリッジ大学における図書館新設の承認については、以下を参照。http://www.maths.cam.ac.uk/Friends/newsletters/news5/.

7 Annelise Riles, ed., *Documents, Artifacts of Knowledge* (Ann Arbor: University of Michigan Press, 2006). これは例外である。この論文集の筆者の一部は（大部分は）、さまざまな状況における記録習慣を研究する人類学者たちだが、その中で図書館のアーキヴィスト（記録保管係）の仕事に注目する者はひとりもいない。

8 民族誌の記述と歴史の記述については、以下を参照。James Clifford and George Marcus, eds., *Writing Culture: The Poetics and Politics of Ethnography* (Berkeley and Los Angeles: University of California Press, 1986); Clifford Geertz, *Works and Lives: The Anthropologist as Author* (Stanford, CA: Stanford University Press, 1988); Hayden White, *Metahistory: The Historical Imagination in Nineteenth-Century Europe* (Baltimore, MD: Johns Hopkins University Press, 1973); Dominick LaCapra, *Writing History, Writing Trauma* (Baltimore, MD: Johns Hopkins University Press, 2001).

9 著者によるムーア図書館館長へのインタヴュー。2005年8月9日。

10 著者による科学文書担当の学芸員へのインタヴュー。2007年6月20日。

11 決まった選択方法がある。ホーキングが興味のないものはアーカイヴに収容される。

12 著者による主任司書へのインタヴュー。2005年8月9日。

13 著者によるムーア図書館館長へのインタヴュー。2007年6月18日。

14 著者によるムーア図書館館長へのインタヴュー。2005年8月9日。

15 著者によるムーア図書館館長へのインタヴュー。2007年3月30日。

16「紙の生命体」という表現は、以下から借用。Mario Wimmer, "Die kalte Sprache des Lebendigen: Zu den Anfängen der Archivberufssprache," in *Sprachvollzug im Amt Kommunikation und Verwaltung im Europa des 19 und 20 Jahrhunderts*, ed. Peter Becker (Bielefeld, Germany: Transcript, 2011).

17 著者による文書担当責任者へのインタヴュー。2007年5月18日。

生の中心じゃない。ある時点で、障害は人生の最重要項ではなくなり、深刻な不便さのひとつにすぎなくなりました。それがたまにひょっこり頭をもたげてくるんです、自分では取れないものが必要になったときに」

41 この点は、ドゥルー・レダーの次の言葉と合致する。「私は自分の身体を意識しないが、たいていは自分が眠るベッドや着る服、朝食のときに座る椅子、職場に運転していく車も意識しない。私は身体、服、家具、部屋、家、街に住み、たえまなく拡大する円の中で、自分の肉体の特徴をくりかえしている。そのため、消滅するのはたんに私の表面を覆う器官ばかりではなく、私が住む身近な世界全体なのだ」(Leder, *Absent Body*, 35).

42 「この透明性はけっして完全ではない。Ihde が指摘するように、そこにはつねに「エコー・フォーカス」(*Technics and Praxis*, 7)、すなわち私の体の境界にある機器に対する意識下の認識がある。なお、とくに不具合が生じた場合、そのツールはテーマの中心になりうる」(Leder, *Absent Body*, 179, n. 69)。「ツールを組み込むさい、それによる並列組み込みが一連の予期せぬ結果を生むことがある。Ihde が言及しているように、あらゆる機器は、人間本来の能力に「増幅／減少」のための構造を与える（*Technics and Praxis*, 9–10, 21–26)。たとえば電話機は、声の増幅によってコミュニケーションを可能にする一方で、会ってじかに見たり触れたりする機会を減少させる。そうした変化の結果、各テクノロジーは相互作用の方法を改良するための「意図的傾向」をもたらすようになる (42–44)。" (Leder, *Absent Body*, 181, n.72; 同様の論議は以下も参照。Don Ihde, *Bodies in Technology* [Minneapolis: University of Minnesota Press, 2002], chap. 1)、このことから、私とホーキングとのコミュニケーション方法の問題点が示唆される。

43 René Descartes, *The "Meditations" and Selections from the "Principles" of Philosophy*, trans. John Veitch (Chicago: Open Court, 1913), 94.

44 Barral, *Merleau-Ponty*, 94. また、ポランニーによれば、「われわれは、自分たちの身体が世界において特別な位置を占めていることにも気づかなければならない。われわれが自分の身体そのものを対象物として見ることはけっしてない」(Study of Man, 31); また、こうも述べる。「身体の中にとどまることで、われわれは明らかに、そこから外のものに目を向けることができる。一方で、外部の観察者は、身体を対象物または機械としてとらえ、その中で起きていることに目を向ける傾向がある」(*Knowing and Being*, 148).

45 Merleau-Ponty, *Phenomenology of Perception*, 92.

46 同書、150ページ。

47 Maurice Merleau-Ponty, *The Structure of Behavior*, trans. Alden L. Fisher (Boston: Beacon Press, 1963), 213.

48 Louis-Marie Morfaux, *Vocabulaire de la philosophie et des sciences humaines* (Paris: Armand Colin, 1980), 67, s.v. *corps* (英訳は著者).

49 彼は生身の身体の不具合を可視化するが、飲食の必要性といった通常の必要性もすべて可視化する。

50 Ernst H. Kantorowicz, *The King's Two Bodies: A Study in Medieval Political Theology* (Princeton, NJ: Princeton University Press, 1957), 13. カントロヴィッチはこう付け加える。「ところがおもしろいことに、生身の王における政治的身体の『化身』は、自然的身体がもつ人間としての不完全性を排除するのみならず、ひとりの人間である王に『王』として、すなわち肉体を超えたものとしての『永遠性』をもたらす」(13)。また、肉体的、精神的、社会的現象のあいだに断絶が見られる。たとえば自己構築という現象の場合、「通常」は「ひとつの」身体に刻みこまれるか、あるいはひとつの身体によって「同時に」表示される。

家の表現であれ)、どんなコミュニケーションも（初対面の相手との偶然の会話であれ、恋人どうしの親密な会話であれ)、元を正せば、相手を知り、互いに知り合うことで種の意識を定義したいという基本的な欲望から発している」Tarde はさらに、こう付け加える。「次に当然の流れとして、会話は『種の意識』を定義するのみならず、それを生み出し、強調し、拡張し、深めていく。問題は意識の境界を顕在化させることではなく、無限に広げていくことなのだ」Gabriel Tarde, *L'opinion et la foule* (Paris: Presses Universitaires de France, 1989), 62 (英訳は著者).

26 Paul Ricoeur, *Hermeneutics and the Human Sciences: Essays on Language, Action and Interpretation*, trans. and ed. John B. Thompson (Cambridge: Cambridge University Press, 1981), 146–47.

27 同書、200ページ。

28 同書、199ページ。リクールはこれに対して、書くことで固定されるのは発話という事象ではなく、発話で「語られた内容」だと反論する。

29 Stefan Hirschauer, "The Manufacture of Bodies in Surgery," *Social Studies of Science* 21 (May 1991): 279–319.

30 人は誰しも、多かれ少なかれ定型化された環境に囲まれていると言えるだろう。それでもやはり、健常者はその環境の中でいくらか自由に舵取りができるように思える。ホーキングはこのマイクロ環境、私がいま説明した拡張された身体からけっして抜け出すことができない。

31 この意味で、手術に関する Hirschauer の論文（"The Manufacture of Bodies in Surgery")、とコックピットの機能に関する Edwin Hutchins の論文（"How a Cockpit Remembers Its Speeds," *Cognitive Science* 19 [July–September 1985]: 265–88)、さらにホーキングに関する本章とのあいだには明らかな類似性がある。

32 Michael Polanyi, *Knowing and Being*, ed. Marjorie Grene (Chicago: University of Chicago Press, 1969), 148.

33 著者によるウォルト・ウォルトスへのインタヴュー。2000年12月22日。

34 Michael Polanyi, *The Study of Man: The Lindsay Memorial Lectures* (Chicago: University of Chicago Press, 1959), 31.

35 Drew Leder, *The Absent Body* (Chicago: University of Chicago Press, 1990), 179, n. 70.

36 Leder, *Absent Body*, 34. Polanyi, *Knowing and Being*, 145; and Maurice Merleau-Ponty, *Phenomenology of Perception*, trans. Colin Smith (London: Routledge and Kegan Paul, 1962), 143; また、道具の例についてハイデガーの議論は、Martin Heidegger, *Being and Time*, trans. John Macquarrie and Edward Robinson (New York: Harper & Row, 1962), 95–107. Don Ihde は、同様の現象についてこう説明する。「このような関係を「具体化関係」と呼ぶことにする。その関係において、機械はある種の部分的透明性を示すため、それ自体が対象化またはテーマ化されることはない。しかし、私が世界のほかのものを経験するとき、機械はそこに取り込まれている」*Technics and Praxis* (Dordrecht, Holland: D. Reidel, 1979), 8, 引用は以下による。Leder, *Absent Body*, 179, n. 69 (n. 44も参照).

37 Stephen Hawking, (引用は以下を参照) Colker, "Giving a Voice to the Voiceless," *Los Angeles Times*, May 13, 1997, 8.

38 Michael Polanyi, *Study of Man*, 31.

39 Michael Polanyi, *The Tacit Dimension* (Garden City, NY: Doubleday, 1966), 15.

40 記憶と無意識的行為の関係を探ればおもしろいだろう。以下は、四肢麻痺患者であるデヴィッドが、2000年12月におこなったインタヴューで私に語った内容を忠実に写したものである。「僕はつねに障害者としての自分を経験しているわけではありません。障害を自覚してはいるけれど、それが人

Deaf and Blind (Philadelphia, PA: Temple University Press, 1994).

14 科学的事実の構築においてアシスタントや機械の役割が見えなくなるのは、ひとつには、ホーキングのレトリックに関係がある。そのとき彼は、生み出された事実の唯一の作者として自己を構築する。一方、事実を客体化させようとする科学的慣習そのものとも関係がある。しかし、動く身体をもつ科学者ならばふつうは身体という殻に隠されているものが、ホーキングの場合は障害ゆえに外在化する。そして彼の場合、通常は眼に見えるものが意図的に隠されていたり、通常は存在するものがその性質上隠れていたりもするのである。

15 この文章が完成したあとで、私はアルバート・ロビラードが書いた非常に興味深い本を発見した。(*Meaning of a Disability: The Lived Experience of Paralysis* [Philadelphia, PA: Temple University Press, 1999]). ALSを患うロビラードは、病気が日常の相互作用に与える影響を――エスノメソドロジーのツールを使って――説明する。私が相互作用を読み取ることができない者の視点から発見したものは、彼が毎日の相互作用にともなう困難や孤立感を通じて発見したものと同じだった。それは、眼を合わせることの役割、彼が言う会話の「リアルタイム」性、そして大まかに言えば、身体と声を使って社会的環境への参加を創出し維持することである。

16 Harvey Sacks, Emanuel A. Schegloff, and Gail Jefferson, "A Simplest Systematics for the Organization of Turn-Taking for Conversation," *Language* 50, no. 4 (1974): 696–735.

17 「なぜ、あなたが?」という問いは、私の質問に答えるための時間稼ぎのトリックとも解釈できる。これは会話中に生じる空隙を埋める。ちょうど会議の途中で、ホーキングが質問への回答を作成するあいだ、アシスタントたちが彼のコンピューターの機能を説明するのと同じだ。ここではまた、ある意味で彼の反応は機械と同じではないとも言える。やはり、ホーキングはチューリング・テストに合格できないだろう。質問に答えるのに時間がかかりすぎるため、その場にいない人は、人間というよりは機械とコミュニケーションしているように感じるかもしれない。

18 Sacks, Schegloff, and Jefferson, "Simplest Systematics," 714.

19 別の見かたをすれば、彼の沈黙は実際的な意味で重要である。この沈黙が、意味を予測し創造するよう人々を促すからだ。

20 Sacks, Schegloff, and Jefferson, "Simplest Systematics," 727–28. Charles Goodwin, *Conversational Organization: Interaction between Speakers and Hearers* (New York: Academic Press, 1981), and "Co-Constructing Meaning in Conversations with an Aphasic Man," *Research on Language and Social Interaction* 28, no. 3 (1995): 233–60.

21 ここで重要なのは、身ぶり言語に注目する研究者たちは、隠れているために気づかれていない「言葉のトリック」の存在を明らかにする点だ。私の場合、トリックの存在に気づくのは、それが存在しないからだ。改まった言葉はこのように、身ぶり言語とは完全に切り離されている。

22 Mary Rose Barral, *Merleau-Ponty: The Role of the Body-Subject in Interpersonal Relations* (Pittsburgh, PA: Duquesne University Press, 1965), 92–93.

23 Goffman, *Presentation of Self.*

24 Adam Kendon, "Some Functions of Gaze Direction in Social Interaction," *Acta Psychologica* 26, no. 1 (1967): 22–63.

25 「M. Gidding によれば、[と Gabriel Tarde は述べる] 二人の人間が会ったときに交わす会話は、互いの『見つめあい』を補足するものにすぎない。そうすることで、人は相手が同じ社会的グループに属しているかどうか見極めようとする」彼はこうも述べる。「われわれは、自分が何かについて話すのはそれに関心があるからだという幻想を抱き、そう信じこむ。同様の幻想で最も甘美なものが、芸術のために芸術を信奉するというものだ。だが実際は、どんな表現も(凡人の表現であれ、芸術

第五章　ホーキングの存在を読む

1　ある意味で、私がこの文脈で問おうとしているのは、その分野で優位性を獲得しつつある一種のイデオロギーと、それにともなう経験の直接性、相手とじかに対面することで分析者がものの本質にアクセスしやすくなるという考えである。その考えは私にもしっくりくるが、「真の姿」に到達するために、ひとりの人間を構成するさまざまな層を排除する可能性があるとして、すでにゴッフマンによって疑問視されている。Erving Goffman, *The Presentation of Self in Everyday Life* (Garden City, NY: Doubleday, 1959).

2　この問題は、歴史学的方法論と人類学の関係についてのある省察と関連づけられるだろう。Paul Ricoeur, "What Is a Text? Explanation and Understanding," and "The Model of the Text: Meaningful Action Considered as a Text," in *Hermeneutics and the Human Sciences: Essays on Language, Action and Interpretation*, trans. and ed. John B. Thompson (Cambridge : Cambridge University Press, 1981. 該当ページはそれぞれ145–64、197–221ページ). また第六章も参照。

3　このイデオロギーに対する批評、すなわち人類学者が生み出す表象（入念な現地調査記録、正確な地図、結果の詳述など）は透明だとする主張については、以下を参照。James Clifford, "Introduction: Partial Truths," in *Writing Culture: The Poetics and Politics of Ethnography*, ed. James Clifford and Georges E. Marcus (Berkeley and Los Angeles: University of California Press, 1986), 1–26.

4　たとえば Isabelle Stengers を参照。彼女は人間科学研究の対象者に、分析者が使うツールに疑問を呈する権限を与えるよう提起している。*Pour en finir avec la tolérance, Cosmopolitiques* vol. 7 (Paris: Editions La Découverte/Les Empêcheurs de penser en rond, 1997).

5　Hélène Mialet, "Is the End in Sight for the Lucasian Chair? Stephen Hawking as Millennium Professor," in *From Newton to Hawking: A History of Cambridge University's Lucasian Professorship of Mathematics*, ed. Kevin Knox and Richard Noakes (Cambridge: Cambridge University Press, 2003), 425–59.

6　神秘化と恐れの関係を分析してみるのもおもしろいだろう。

7　Gene Stone,（引用は以下を参照）Arthur Lubow, "Heart and Mind," *Vanity Fair*, June 1992, 44–53. ストーンはフィルムインタヴューを書き起こし、以下の本にまとめあげる作業を担当した。*A Brief History of time: A Reader's Companion* (New York: Bantam Books, 1992).

8　コミュテーターは、ホーキングの指の湾曲を増幅させて音声化する。

9　私の質問へのホーキング教授の回答は文字化され、そのままプリントアウトされた。私は変更や修正をいっさい加えず、彼の綴りをそのままにしている。口絵写真6は、プリントアウトを複写したもの。

10　Kip Thorne, *Black Holes and Time Warps: Einstein's Outrageous Legacy* (New York: W. W. Norton, 1994), 481–82.

11　かなり騒々しい機械もある。

12　電子メールでやりとりしたのならば別だが。Harold Garfinkel, *Studies in Ethnomethodology* (Cambridge: Cambridge University Press, 1967).

13　人を不安にさせる日課をともなう Garfinkel の有名な違背実験と同様に、ホーキングの分裂もまた、スムーズな社会的相互作用／会話に必要な条件や分裂状態そのものに関する何かを露呈させる。それはまた、ホーキングが「誰」であるかは、彼との一対一の関係というミクロ社会学における差異を反映し、とくにコミュニケーションのこのプロセスでは親しみやすさが重要であることを物語る。たとえば以下を参照。David Goode, *A World without Words: The Social Construction of Children Born*

グは主張する。方程式を書くのは彼にとって容易ではなく、直感的に感じるものもないと語っている。彼は方程式の代わりに図を使って考えるのが好きなのだ」(*Stephen Hawking*, 130). John Noble Wilfordはこう書いている。「『私は多くの方程式をともなう問題は避けるか、あるいは幾何学的な問題に置き換えます』ホーキングは最近、そう語った。『そうすると頭の中で思い描くことができるのです』と」(“Scientist at Work: Stephen Hawking—Sailing a Wheelchair to the End of Time,” *New York Times*, March 24, 1998).

91 「子供のころ、私は両親にとって悩みの種でした。かちかち音がする仕組みが知りたくて、しょっちゅういろいろなものを分解していたからです。もちろん、元に戻せない場合がほとんどでしたが、ものの仕組みがわかれば、ある意味、それを支配したように感じていたのです」(David Filkin, *Stephen Hawking's Universe: The Cosmos Explained* [New York: Basic Books, 1998], ホーキングによる前書き xiii);「私はつねに、ものがどう動くのかに強い関心をもち、仕組みを知るためによく分解していましたが、元に戻すほうはあまり得意ではありませんでした……しかし13歳か14歳頃から、自分は物理学の研究をやりたいのだとわかっていました。なぜならそれが科学の基本中の基本だったからです」(Hawking, *Black Holes and Baby Universes*, 11);J:では、将来何がしたいかを早い時期から決めていたのですか? SH:はい。12歳のときから科学者になりたいと思っていました。そして宇宙論は科学の基本中の基本に思えました」(Hawking, “Playboy Interview,” 66).

92 著者によるウィリアム・ヒックリンへのインタヴュー。2007年1月31日(強調は著者)。

93 同上。

94 同上。

95 同上。

96 同上。

97 最終章で見るように、名目上の指導者と見なされている懸念があるとき、ホーキングはこの表現を使う。

98 著者によるウィリアム・ヒックリンへのインタヴュー。2007年1月31日。

99 同上。

100 同上。

101 同上。

102 Lubow, “Heart and Mind,” 46.

103 ホーキングのユーモアは、彼が組み込まれたシステムの所産として見ることができる。実際、Sacksが言及しているように、相互作用ができない(つまり言葉でのやりとりができない)とすれば、これが会話に加わる唯一の方法である。Harvey Sacks, *Lectures on Conversation*, vol. 1 (Malden, MA: Blackwell, 1992).

104 著者によるウィリアム・ヒックリンへのインタヴュー。2007年1月31日。

105 同上。

106 同上。

107 舞台裏:ヒックリンが私にこう語る。ホーキングは映画の最後の批判が気に入らないようだったが、クリストフはきわめて正当だと感じていた。ともかく、科学の説明のしかたには彼も文句がなかったようだ、と。のちにクリストフが私に語る。ホーキングは映画を気に入ったと思うが、彼としては科学の説明のしかたが気に入らなかった、と。

が書いた内容をすべて把握しているかもしれないが、自分が書くものをホーキングがすべて記憶しているわけではないと言った。

68 著者によるクリストフへのインタヴュー。2005年7月8日。

69 著者によるウィリアム・ヒックリンへのインタヴュー。2007年1月31日。

70 同上。

71 ある意味、彼らはすでに構築されたひとりの人間を再構築しようとしているのだ。

72 著者によるウィリアム・ヒックリンへのインタヴュー。2007年1月31日。

73 James Delingpole, "Limelight," *Evening Standard*, June 27, 1990 の Errol Morris の引用を参照（Michael White and John Gribbin, *Stephen Hawking*, 283 所収）。

74 著者によるウィリアム・ヒックリンへのインタヴュー。2007年1月31日。

75 同上。

76 同上。

77 同上。

78 同上。

79 同上（強調は著者）。

80 彼らはエロール・モリス監督と同様、オリジナルに忠実であることにこだわっている。監督は映画『ホーキング、宇宙を語る』で、ホーキングの車椅子の完璧なレプリカを一から作製した。

81 著者によるウィリアム・ヒックリンへのインタヴュー。2007年1月31日。

82 同上。

83 ヒックリンは、これは技術的問題でもあると考えているようだ。つまりホーキングのコンピューターではできないのだ、と。彼のアシスタントが私に語ったところでは、ホーキングは自力でやりたかったのだ。

84 著者によるウィリアム・ヒックリンへのインタヴュー。2007年1月31日。

85 著者によるクリストフへのインタヴュー。2005年7月8日。

86 私がクリストフに、ホーキングが仕事しているところをぜひ見てみたいと言うと、彼はこう答えた。「いま見たじゃありませんか」

87 大学院生アシスタントのサムが、EZ Keys とイコライザーについて語る。2007年6月12日。

88 書かれたものをウィリアム・ヒックリンより2005年に入手。綴りのまちがいやタイプミスには修正を加えていない。それが書き手の存在を示し、「同様の」発言との違いを浮き彫りにするからだ。

89 もうひとつのありふれた記述は、1969年のWheelerによるブラックホールの命名に関するものだ。「ブラックホールという言葉は、John Wheeler によって1969年に作られました。それまでは崩壊した物体、あるいは凍った星などと呼ばれていたものに、その名が与えられたのです。じつに目覚ましい前進でした。ブラックホールという言葉は人々の想像力をとりこにしたばかりでなく、物体が崩壊したあとにできる穴にも目を向けさせました。穴は、崩壊する物体の性質とは関係なくできるのです」(Hawking, *Black Holes and Baby Universes*, 116).

90 「私は方程式にはあまり関心がありません」と現在のホーキングは言う。「難しくて私には書けないというのもありますが、おもな理由は、直感的に方程式には感じるものがないからです。そのかわり、私は図示された言葉で考えます」(William H. Cropper, *Great Physicists: The Life and Times of Leading Physicists from Galileo to Hawking* [Oxford: Oxford University Press, 2001], 453; Hawking in "A Brief History of a *Brief History*," *Popular Science*, August, 1989, 70 からの引用による)。Kitty Ferguson はこう書いている。「頭の中で方程式をあやつる彼の能力は、頭の中で交響曲を一曲まるごと作りあげたモーツァルトと比較されるが、自分はそれほど方程式が好きではない、とホーキン

彼らは Kitty Ferguson の著書を使った。「彼女は確かに情報を得ていた――ホーキングは、われわれには語らなかったことを彼女に語ったからだ。彼にはもういちどそれをくりかえす時間がなかった。というわけで、そういう意味で、われわれは彼女に遅れを取っていた」(同上)。

47 私はこの記事も使った。http://math.ucr.edu/home/baez/README.html.

48 著者によるウィリアム・ヒックリンへのインタヴュー。2007年1月31日。

49 同上。

50 同上。

51 同上。

52 同上。

53 同上。しかしわれわれは、じつはホーキングが自身のイメージづくりに非常に積極的であることを知る。

54 アーヴィング・ゴッフマンは、こう付け加える。「個人のアイデンティティは、その個人はあらゆる他者と区別できるという仮定につながり、区別する手段のまわりには社会的事実を連ねた記録がまとわりつき、綿菓子のようなべたべたする物体となり、そこへさらに伝記的事実が付着していく」(*Stigma: Notes on the Management of Spoiled Identity* [Englewood Cliffs, NJ: Prentice-Hall, 1963], 57).

55 著者によるウィリアム・ヒックリンへのインタヴュー。2007年1月31日。

56 同上。

57 ここで思い出すのは、ALS患者で社会学の教授でもあるアルバート・ロビラードの言葉である。「アシスタントたちは私の脚であり、腕であり、全身です。彼らは信頼できる同僚でもあります。たとえば、私は彼らを使って、唇で示す文字をコンピューターに入力します。しかしそのほかにも、彼らは図書館へ行き、郵便を取りにいき、映像機器を手に町のさまざまなシーンを収録し、ページをめくり、資料をそろえ、書類に私の名前をサインし、私に付き添って委員会や授業に出て通訳し、私の代わりに電話で話し、専門会議の前に私の論文を読み、ファイルの維持管理をし、客があれば通訳し、私を車から降ろし、オフィスの椅子に座らせたり降ろしたりし、私が学生に指導するさいに通訳し、口の吸引をし、何をすればいいか思い出させてくれ、私的な用事もこなしてくれます。そのうえさらに、彼らは私が信頼を置く人たちであり、物事をうまくやる方法を教えてくれる存在でもあります。アシスタントはたんなる使用人ではありません。また、学生たちと私のあいだにもたえず言葉のやりとりがあります、彼らの人生や私の人生についてのやりとりが(会話のほとんどは下品なゴシップだとしても)」Albert Robillard, *Meaning of a Disability: The Lived Experience of Paralysis* (Philadelphia, PA: Temple University Press, 1999), 162.

58 著者によるクリストフへのインタヴュー。2005年7月8日。

59 著者によるウィリアム・ヒックリンへのインタヴュー。2007年1月31日。

60 同上。

61 同上。

62 同上。

63 著者によるクリストフへのインタヴュー。2005年7月8日。

64 著者によるウィリアム・ヒックリンへのインタヴュー。2007年1月31日。

65 同上。

66 著者によるサムへのインタヴュー。2007年6月12日。

67 ホーキングが自分をガリレオと比較するくだりで、彼がなぜコンピューターから発言を引っ張り出して再利用しなかったのかとクリストフに尋ねたとき、彼は驚いたような顔をして、ホーキングが過去にも同じ発言をしたとは知らなかったと答えた。彼はさらに、人類学者である私はホーキング

若き博士課程の学生として論文のテーマを探していた彼が、ペンローズの物体の重力崩壊に関する研究と出会った経緯を語る。

31 Appleyard, "Master of the Universe," 29 (強調は著者).

32 Hawking, "Playboy Interview," 68 (強調は著者).

33 Hawking, *Black Holes and Baby Universes*, 23.

34 「早死にするかもしれないという見通しに、彼は2年間にわたって無気力状態におちいった。その間はほとんど研究をせず、かなりの時間をクラシック音楽――おもにワーグナー――を聴いたりSF小説を読んで過ごしていた。彼はまた、『大酒を飲む』ようにもなっていった」(John Boslough, *Stephen Hawking's Universe* (New York: Avon Books, 1985), 15.

35 Hawking, "Playboy Interview," 66–68.

36 Hawking, *Black Holes and Baby Universes*, 23; Ferguson, *Stephen Hawking*, 41:「彼は惨めに大学の寮の部屋にひきこもったのだが、こう主張する。『雑誌の記事に書かれている、私が酒浸りになったという話は大げさですね。いささか悲劇の主人公の気分で、ワーグナーに聴き入っていたのです』」

37 ここで挙げた二つの発言は、以下からの引用。"The Smartest Person in the World Refuses to Be Trapped by Fate," *Morning News Tribune*, July 2, 1993; http://weber.u.washington.edu/d27/doit/Press/Hawking3.html.

38 Inguun Moser and John Law, "Good Passages, Bad Passages," in *Actor Network Theory and After*, ed. Law and Hassard (Oxford: Blackwell, 1999), 199–220; and John Law and Inguun Moser, "Making Voices: New Media Technologies, Disabilities and Articulation," in *Digital Media Revisited: Theoretical and Conceptual Innovation in Digital Domain*, ed. Gunnar Liestøl, Andrew Morrison, and Terje Rasmussen (Cambridge, MA: MIT Press, 2003) 491–520.

39 発言はいずれも以下からの引用。Lubow, "Heart and Mind," 47.

40 未発表の長文記事からの抜粋。Harry Collins はその中で、このイベントを宗教儀式と比較している。草稿を見せてくれた Harry Collins に感謝する。

41 著者によるウィリアム・ヒックリンへのインタヴュー。2007年1月31日。

42 同上。

43 同上。

44 同上。

45 同上。

46 グリビンが科学関連の章（偶数の章）を書き、ホワイトが人生にまつわる章（奇数の章）を書いた。当初グリビンはコンサルタントとして加わったのだが、その後共著者となった。ホーキングがケンブリッジ大学のポスドク（博士課程修了後の研究者）だったころ、グリビンは博士課程にいた。二人は一緒に研究したこともなければ友達どうしでもなかったが、グリビンはホーキングとその研究を知っていた。グリビンが執筆に加わる条件のひとつが、ホーキングが気にするどうか確認することだった。ホーキングの答えはノーだった。彼自身は忙しくて関われないが、グリビンならば彼の研究を解釈できるだろうからよかった、とホーキングは言った。「そういうわけで、ホーキングに積極的に加わってもらうことはできなかったが、われわれが本を書くことを気にしていなかったのは確かだ」(著者によるジョン・グリビンへのインタヴュー。1997年9月16日)。ホワイトはホーキングの同僚たちへのインタヴューの多数をおこない、おそらく彼の家族からも話を聞いただろうが、ホーキング本人へのインタヴューは一度もおこなっていない。彼らはいくつか参考資料を提供された。『Black Holes and Baby Universes』に掲載されたエッセイの数々、ホーキングの病気に関する小冊子、その他の未発表資料である。「彼は資料を精査しなかった。どんどん進めてくれと言っただけだった」

George Johnson, "What a Physicist Finds Obscene," *New York Times*, February 16, 1997, 4:「ホーキング博士は、自分がガリレオの命日に誕生したこと（占星術的にきわめて重要な一致である）、また、かつてアイザック・ニュートンがケンブリッジ大学で務めていた役職を、今まさに自身が務めていることを告げていた」

21 Hawking, ed., *A Reader's Companion*, 119.

22 同書、120–21ページを要約。

23 グリーンブラットはこう語る。「こうした人物にとっての自己成型には、少なくとも部分的には自己の外側に位置する絶対的な力または権力、神、聖典、教会や法廷、植民地行政または軍事行政機関などへの恭順をともなう」(*Renaissance Self-Fashioning*, 9).

24 Hawking, ed., *A Reader's Companion*, 151–52.

25 同書、92ページ（強調は著者）。ここに引用した最初の二つの文は、実質的に以下に記載された文のくりかえしである。Stephen Hawking, *A Brief History of Time* (New York: Bantam Books, 1988), 113:「しかし、娘のルーシーが誕生してからまもないその年の11月のある晩、私はベッドに入ろうとしているときにブラックホールのことを考えはじめました。障害のせいで手間取るため、時間はたっぷりありました」。Hawking, *Black Holes and Baby Universes*, 18:「1970年のある晩、私はベッドに入りながらブラックホールのことを考えていました。娘のルーシーが誕生してまもないころでした。突如として、私はペンローズと一緒に開発した特異点を証明するためのテクニックの多くが、ブラックホールにも応用できるかもしれないと気づいたのです。具体的には、事象の地平線の面積、すなわちブラックホールの境界が時間とともに縮小することはないのではないかと……興奮のあまり、その夜はあまりよく眠れませんでした」Tim Radford, "Book Thoughts: Master of the Universe," *Guardian*, December 30, 1988. Ferguson は以下を引用し、こう語る。Hawking, *A Brief History of Time*, 99,「彼の筆致は崇高なまでの自信に満ちている。『しかし、その年の11月下旬のある晩、ちょうど娘のルーシーが誕生してまもないころ、私はベッドに入ろうとしながらブラックホールのことを考えはじめました。障害のせいで手間取るため、時間はたっぷりありました』そしてわれわれは、1グラムの数分の一よりもわずかに大きい質量をもつ原初のブラックホールからの放射で終わる思索に入り込む」Kitty Ferguson, *Stephen Hawking: Quest for a Theory of Everything* (New York: Bantam Books, 1992), 72. ジェーン・ホーキングにとって「スティーヴンの夜の日課は時間のかかるものでした。身体が不自由なせいばかりでなく、意識がたえずほかのどこかに、たいていは相対性理論の問題に向いていたからです。ある晩、彼はベッドに入るのにいつも以上に手間取っていました。翌朝になってようやく、その理由がわかりました。その晩、パジャマを着ながら頭の中でブラックホールの形を思い描いていた彼は、ブラックホール研究における主要な問題のひとつを解いたのです」Jane Hawking, *A Life with Hawking*, 176.

26 John Boslough, *Beyond the Black Hole: Stephen Hawking's Universe* (London: Collins, 1985), 63–64.

27 例外的に、このバージョンは『Black Holes and Baby Universes』には登場しない。

28 創作で構成されるレパートリーとしての談話の役割については、以下を参照。Mialet, *L'Entreprise créatrice*, and "Do Angels Have Bodies? Two Stories about Subjectivity in Science: The Cases of William X and Mr. H," *Social Studies of Science* 29, no. 4 (1999): 551–82

29 Joseph P. McEvoy and Oscar Zarate, *Introducing Stephen Hawking* (New York: Totem Books, 1995), 124 (強調は著者).

30 Hawking, *Brief History of Time*, 49; chap. 2, n. 5:「天体物理学者になるのは……簡単かもしれない、すべては頭の中のことだから。身体能力は必要ない」(Stephen Hawking, http://www.Hawking.org.uk/index.php/about-stephen/questionsandanswers). ホーキングはさらに、病気を宣告された直後、

l'acteur dans l'invention (Paris: Hermès-Lavoisier, 2008), and "Making a Difference by Becoming the Same," *International Journal of Entrepreneurship and Innovation* 10, no. 4 (2009): 257–65.

13 天才の集団的構築については、以下を参照。Geoffrey Cantor, "The Scientist as Hero: Public Images of Michael Faraday," in *Telling Lives in Science: Essays on Scientific Biography*, ed. Richard Yeo and Michael Shortland (Cambridge: Cambridge University Press, 1996), 171–95; Richard Yeo, "Genius, Method, and Morality: Images of Newton in Britain, 1760–1860," *Science in Context* 2, no. 2 (1988), 257–84; Nathalie Heinich, *La gloire de Van Gogh: Essai d'anthropologie de l'admiration* (Paris: Editions de Minuit, 1991).

14 Stephen Hawking, ed., *Qui êtes vous Mr Hawking?* (Paris: Odile Jacob, 1994), 204. この本は、エロール・モリス監督の『ホーキング、宇宙を語る』として映画化された。編集はホーキング、企画はジーン・ストーンによる。私が引用したのは、合衆国で刊行された英語版からである。Stephen Hawking, ed., *A Brief History of Time: A Reader's Companion*, prepared by Gene Stone (New York: Bantam Books, 1992), 171. この本（以下、『Reader's Companion』）に記載されたホーキングの言葉はすべて、以下に転載されている。Stephen Hawking, *Black Holes and Baby Universes and Other Essays* (New York: Bantam Books, 1993); ホーキングの言葉の一部は、以下からの引用。*A Brief History of Time* (New York: Bantam Books, 1988).

15 Lubow, "Heart and Mind," 53; "Stephen Hawking," *Guardian*, April 19, 1993.

16 Yeo, "Genius, Method, and Morality," 258.

17 Stephen Greenblatt , *Renaissance Self-Fashioning: From More to Shakespeare* (Chicago: University of Chicago Press, 1980), 1. ニュートンの自己成型については、以下を参照。Patricia Fara, *Newton: The Making of Genius* (New York: Columbia University Press, 2002); and Robert Iliffe, "'Is He Like Other Men? The Meaning of the *Principia Mathematica*, and the Author as Idol," in *Culture and Society in the Stuart Restoration: Literature, Drama, History*, ed. Gerald MacLean (Detroit, MI: Western University Press, 1995), 159–76.

18 Mario Biagioli, *Galileo Courtier: The Practice of Science in the Culture of Absolutism* (Chicago: University of Chicago Press, 1993), 5.

19 国際運動ニューロン疾患学会での講演（チューリッヒ、1987年）。Hawking, ed., *A Reader's Companion*, 4; and Hawking, *Black Holes and Baby Universes*, 1. この講演のテキストは、1991年8月の話題に付随するものとして『Black Holes and Baby Universes』に掲載されている。

20 文頭の「はい」と「(笑)」が、臨場感や実際に会話しているような印象を与えるのは興味深い。Stephen Hawking, "Playboy Interview: Stephen Hawking—Candid Conversation," *Playboy*, April 1990, 64. "The Observer Profile: Stephen Hawking, Brief History of Genius," *Guardian*, September 10, 1995, 5:「1942年1月8日が、歴史上最も偉大な学者であるイタリアの科学者ガリレオ・ガリレイが亡くなってちょうど300年目にあたる日であり、スティーヴン・ウィリアム・ホーキングが戦争と世界的規模の衝突によって引き裂かれたこの世に誕生した日でもあることは、よくある幸運な偶然のひとつだろう。しかし、ホーキング自身が指摘しているように、その日に生まれた赤ん坊はほかにも約20万人いるのだから、やはりそれほど驚くべき偶然ではないのかもしれない」(John Gribbin and Michael White, *Stephen Hawking: A Life in Science* [New York: Dutton, 1992], 5). Jane Hawking, *A Life with Hawking: Music to Move the Stars* (London: MacMillan, 1999), 201:「ガリレオは1642年1月8日に亡くなった。その年にニュートンが生まれ、それから300年後の同じ日にスティーヴンが生まれた。スティーヴンはガリレオを自分のヒーローに選んだ」。477:「アイザック・ニュートンが生まれた1642年はガリレオが亡くなった年であり、スティーヴンが生まれる300年前に当たる」

比べて格段に洗練されているとされているのだ。その一方で、西洋社会は荒野の「原始人」よりもはるかに進化しているものとして言及される。ホーキングはペンと紙を使って文字を書いたり図を描くことができないため、彼のやりかたは、記憶を入念にたどることで思想を── 神学大全を──組み立てたトマス・アクィナスや、記憶を頼りに道筋を見つける現代のアマゾンの部族のやりかたに似ていなくもない。Mary Carruthers, *The Book of Memory: A Study of Memory in Medieval Culture* (Cambridge: Cambridge University Press, 2008); and Jack Goody, *The Domestication of the Savage Mind* (Cambridge: Cambridge University Press, 1977).

64 著者によるクリストフへのインタヴュー。2007年2月16日。

第四章　メディア

1 Roland Barthes, *Mythologies* (New York: Hill and Wang, 1987), 68–69.

2 「このテキストと比喩の宝庫は、ハードディスク、刊行物、テレビ、映画といった、保管と伝達という異なる働きをもつ媒体によって、一般向けの談話の内外で機能する」このコメントを寄せてくれたLisa Gitelmanに感謝したい。

3 彼の私生活と看護師の役割についての若干の詳細は残る。コンピューターは一般に、作業ツールというよりはコミュニケーション手段として受け止められている。

4 Schaffer, "Genius in Romantic Natural Philosophy," in *Romanticism and the Sciences*, ed. Andrew Cunningham and Nick Jardine (Cambridge: Cambridge University Press, 1990), 82–98 ; and William Clark, "On the Ironic Specimen of the Doctor Philosophy," *Science in Context* 5, no. 1 (1992): 97–137.

5 Jeremy Dunning-Davies, "Popular Status and Scientific Influence: Another Angle on 'The Hawking Phenomenon,'" *Public Understanding of Science* 2, no. 1 (1993): 85–86.

6 Arthur Lubow, "Heart and Mind," *Vanity Fair*, June 1992, 44–53, paraphrasing from 53.

7 Ian Ridpath, "Black Hole Explorer," *New Scientist*, May 4, 1978, 307.

8 「真の知識を得るプロセスの助けまたは障害となった身体状況について語る」ためのレパートリーの分析については、以下を参照。*Science Incarnate: Historical Embodiments of Natural Knowledge*, ed. Lawrence and Shapin (Chicago: University of Chicago Press, 1998), とくに、Steven Shapin, "The Philosopher and the Chicken: On the Dietetics of Disembodied Knowledge," 21–51, and Janet Brown, "I Could Have Retched All Night: Charles Darwin and His Body," 240–88.

9 Ridpath, "Black Hole Explorer," 308, n. 7. しかし、それが科学だという事実は本質的に変わらない。別の科学ジャーナリストは私にこう言った。「もしホーキングが作曲家だったなら、あなたは彼を研究対象にしていないと思いますよ。ホーキングが頭の中で曲を作って、ほかの誰かあるいはコンピューターに書き取らせている、というのならおもしろいかもしれない。だが、そうなればまた別だ。人々は、科学は文化のほかの側面とは違うと考えているのです」(著者によるジョン・グリビンへのインタヴュー。1997年9月16日)。

10 Bryan Appleyard, "A Master of the Universe," *Sunday Times Magazine* (London), June 19, 1988, 26.

11 Jerry Adler, Gerald C. Lubenow, and Maggie Malone, "Reading God's Mind," *Newsweek*, June 13, 1988, 36 (強調は著者).

12 作品を通して作者が見えてくるという事実は、創作の一部をなす帰属のプロセスだと私は考える。この点については以下を参照。Hélène Mialet, *L'Entreprise créatrice: Le rôle des récits, des objets et de*

史的偶然性を取り込むだけではなく、より端的に言うなら、あらゆる象徴の物質性とそれらを操る人間の有体性に注意を向けさせる』。[……] 言い換えれば、『図は知覚と切っても切り離せないものであり、実際の姿との接触にもとづいてのみ、われわれはその姿の理想像と認識的または数学的に関わりをもつことができるのである』」(強調は著者) Rotman, "Thinking Dia-grams," 401, and "Figuring Figures"; また、以下も参照。Châtelet, *Figuring Space.*

53 Ochs, Jacoby, and Gonzales, "Interpretive Journeys," 152, 164.

54 同書、170–71ページ。研究者と研究対象との一体感のプロセスについては、以下を参照。Hélène Mialet, *L'Entreprise créatrice: Le rôle des récits, des objets et de l'acteur dans l'invention* (Paris: Hermès-Lavoisier, 2008); and Evelyn Fox Keller, *A Feeling for the Organism* (San Francisco: W. H. Freeman, 1983).

55 著者によるティムへのインタヴュー。1998年6月24日。

56 構築とリアリズムの関係については、以下を参照。Kaiser, "Stick-Figure Realism." Lynch, "Discipline and the Material Form of Images." モデルについては以下を参照。Ian Hacking, *Representing and Intervening: Introductory Topics in the Philosophy of Natural Science* (New York: Cambridge University Press, 1983).

57 著者によるクリストフへのインタヴュー。2007年2月16日(強調は著者)。

58 Harry M. Collins, *Artificial Experts: Social Knowledge and Intelligent Machines* (Cambridge, MA: MIT Press, 1990), chap. 5.

59 ここでは、ファインマンの視覚化への強い思い入れとのおもしろい比較ができる。ファインマンはそれについて、Sam Schweber にこう述べている。「僕が大満足したうれしい例が、液体ヘリウムの問題だ。それが気に入っている理由は、かなりの時間をかけてそいつを図に描いて、方程式をいっさい書かずに全部やったから。あのとき僕は膨大な量の物理学の問題を**楽々とこなしていた**。文字で書き記す方法なんかわからなかったし、ひたすら図を描きつづけるしかなく……数学的に取り組めるものも何もなかったから」(強調は著者)。Silvan S. Schweber, *QED and the Men Who Made It: Dyson, Feynman, Schwinger, and Tomonaga* (Princeton, NJ: Princeton University Press, 1994), 466. Roger Penrose, *The Emperor's New Mind: Concerning Computers, Mind and the Laws of Physics* (New York: Penguin Books, 1989), especially 548–50.

60 Charles Sanders Peirce, (以下の引用を参照) Brian Rotman, "The Technology of Mathematical Persuasion," in *Inscribing Science: Scientific Texts and Materiality of Communication*, ed. Timothy Lenoir (Stanford, CA: Stanford University Press, 1998), 65. Nancy Nersessian, "In the Theoretician's Laboratory: Thought Experimenting as Mental Modeling," *Proceedings of the Biennial Meeting of the Philosophy of Science Association* 2 (1992): 291–301.「状況を想像または図示せよという指示は与えられていないが、実験者の質問に応じてどのように推論したかという問いに対して、被験者のほとんどは描写された状況を『見る』またはそこに『身を置く』方法を用いたと報告している。つまり、読者は自身を『観察者』と見なしているのである。状況に対するそうした見かたが『空間的』すなわちグローバルな視点であるのか、それとも『透視画法的』すなわち特定の視点から見たものであるのかについては、目下研究中である」295.

61 Rotman, "Thinking Dia-grams," 397.

62 ホーキングは結果が正しいから学生に計算しに行かせるのをやめるのではなく、彼が学生に計算しに行かせるのをやめるから結果が正しくなるのだ。

63 現代性は多くの場合、空間的および時間的距離の観点から考慮される。一方において、現在のわれわれは以前よりもはるかに進化していると考えられている。つまり、われわれの認識能力は昔に

研究をしないのは、その図を容易に使えないからではないだろうか。

35 Kaiser, *Drawing Theories Apart*.

36 ライプニッツもまた、連綿と続く計算によってぼやけてしまうものを、即座に——かつ視覚的に——「書き表す」手段をいかに見つけるかという同様の課題に取り組んだ。Matthew Jones, *The Good Life in the Scientific Revolution* (Chicago: University of Chicago Press, 2006). この点を指摘してくれたデヴィッド・カイザーに感謝したい。

37 Brian Rotman, "Figuring Figures" (MLA円卓会議で提出された論文 "Between Semiotics and Geometry: Metaphor, Science, and the Trading Zone," Philadelphia, PA, December 28, 2004), 10 (強調は著者)。

38 著者によるカイザーへのインタヴュー。2006年3月9日。

39 Sam Schweber は、私にこう指摘した。「ツールとして考えた場合、キップ・ソーンに言わせれば、ファインマン図は局部的メソッドです。摂動的メソッドを視覚的に翻訳したものなのです。その有用性はおもに、図を使って検討中のプロセスへの(数値的)寄与を計算する理論家の能力に依存しています。もっとも、何次数の摂動理論に寄与する図でも容易に描けるのですが——任意の次数への寄与を総計するだけでプロセスが洞察できるので。ですから、木下東一郎のすごいところは、考慮すべき1000あまりのファインマン図を強力なコンピューターに評価させ、摂動理論で電子の磁気モーメントを次数八まで計算する能力なのです。明らかに、これはホーキングにはできなかったでしょう」(著者宛ての電子メール。2009年7月8日)。

40 著者によるクリストフへのインタヴュー。2005年7月8日。

41 著者によるクリストフへのインタヴュー。2006年10月11日。

42 著者による Alan Guth へのインタヴュー。2005年3月。

43 著者による Felicity Mellow へのインタヴュー。2001年3月。

44 Rotman, "Figuring Figures," 3.

45 著者によるクリストフへのインタヴュー。2006年10月11日(強調は著者)。

46 同上。

47 Ochs, Jacoby, and Gonzales, "Interpretive Journeys." 仮想的経験、より具体的には仮想的目撃という概念については、以下を参照。Steven Shapin and Simon Schaff er, *Leviathan and the Air-Pump: Hobbes, Boyle, and the Experimental Life* (Prince ton, NJ: Princeton University Press, 1989); Michael Wintroub, "The Looking Glass of Facts: Collecting, Rhetoric and Citing the Self in the Experimental Natural Philosophy of Robert Boyle," *History of Science* 35 (June 1997): 189–217.

48 著者によるクリストフへのインタヴュー。2005年7月8日。

49 Châtelet, *Figuring Space*, 11.

50 著者によるウォルトスへのインタヴュー。2000年12月22日。

51 著者によるクリストフへのインタヴュー。2005年7月8日。

52 これは思考実験についてクーンが述べていることに反する——彼は思考実験には身体の働きは不要だと言っているからだ。身体と機器が思考実験に果たす不可欠な役割および実験装置としての思考実験については、以下を参照。David C. Gooding, "What Is Experimental about Thought Experiments?" in *Proceedings of the Biennial Meetings of the Philosophy of Science Association* 2, no. 2 (1992): 280–90. ブライアン・ロットマンは次のように指摘する。「図は——実際にページに描かれたものであれ、頭に思い描いたものであれ——『身体の所産』である。図は実在として生み出され、維持され、『視覚的/動的存在である人間』との関わり、さらに文化を担う世界におけるわれわれの経験との関わりにおいてのみ意味を獲得する。そのため、『図はすべての文化的活動につきものの歴

in Scientific Practice (Cambridge, MA: MIT Press, 1990).

17 Michael Wintroubは、王室の儀式と棚にずらりと並ぶめずらしい品々が、換喩的に世界を王の目に触れさせる力について同様の主張をしている。*A Savage Mirror: Power, Identity and Knowledge in Early Modern France* (Stanford, CA: Stanford University Press, 2006), 172.

18 無限性の概念については、以下を参照。Brian Rotman, *Ad Infinitum . . . the Ghost in Turing's Machine: Taking God out of Mathematics and Putting the Body Back In* (Stanford, CA: Stanford University Press, 1993).

19 著者によるAlan Guthへのインタヴュー。2006年3月10日。それらの図はメルカトルが確立した原理を借用したものだ、とブランドン・カーターはふりかえる。著者によるブランドン・カーターへのインタヴュー。2007年4月11日。

20 著者によるクリストフへのインタヴュー。2007年2月16日。

21 著者によるAlan Guthへのインタヴュー。2006年3月10日。

22 著者によるクリストフへのインタヴュー。2005年7月8日。

23 著者によるクリストフへのインタヴュー。2007年2月16日。図はヒューリスティック（発見的）なツール（すなわち、正しい質問をするための一手段）として使われるほか、問題解決にも使われているようだ。

24 人工物が認識能力に果たす役割については、以下を参照。Bruno Latour, "Le travail de l'image ou l'intelligence redistribuée," *Culture Technique*, no. 22 (1991): 12–24; Lucy A. Suchman, *Human-Machine Reconfigurations: Plans and Situated Actions*, 2nd ed. (Cambridge: Cambridge University Press, 2007); Edwin Hutchins, "How a Cockpit Remembers Its Speeds," *Cognitive Science* 19, no. 3 (1985): 265–88; and *Cognition in the Wild* (Cambridge, MA: MIT Press, 1995); Charles Goodwin, "Practices of Seeing, Visual Analysis: An Ethnomethodological Approach," in *Handbook of Visual Analysis*, ed. Theo Van Leeuwen and Carey Jewitt (London: Sage, 2000), 157–82; Donald Norman, *Things That Make Us Smart: Defending Human Attributes in the Age of the Machin*e (Reading, MA: Addison-Wesley, 1993).

25 Gilles Châtelet, *Figuring Space: Philosophy, Mathematics and Physics* (Dordrecht, Holland: Kluwer Academic Publishers, 2000); 特にKenneth J. Knoespelの前書きを参照。

26 同書、10ページ。

27 著者によるクリストフへのインタヴュー。2005年7月8日（強調は著者）。

28 David Kaiser, "Stick-Figure Realism: Conventions, Reification, and the Persistence of Feynman Diagrams, 1948–1964," *Representations* 70 (Spring 2000): 62. 物理学における教授法の役割と歴史については、以下を参照。Kaiser, *Drawing Theories Apart*, War-wick, *Masters of Theory*.

29「図の読み方がわからない人も、たいていすぐに読めるようになります。『魔法』ではないので。実際に見てみると、思ったほど複雑ではありません。じつにシンプルです」（著者によるクリストフへのインタヴュー。2005年7月8日）。

30 著者によるクリストフへのインタヴュー。2007年2月16日。

31 著者によるクリストフへのインタヴュー。2006年10月11日（強調は著者）。

32 著者によるクリストフへのインタヴュー。2005年7月8日。

33 同様の逆転、すなわち公のものである知識の幾何学的形態がいかに個人的なものになるかついては、以下を参照。Peter Galison, "The Suppressed Drawing: Paul Dirac's Hidden Geometry," *Representations* 72 (Autumn 2000): 145–66.

34 ファインマン図は自身の研究に役立たないので使わないとホーキングは言うが、彼がこの領域の

no. 1 (1994): 182–202.

7 H. M. Collins, "The Seven Sexes: A Study in the Sociology of a Phenomenon, or the Replication of Experiment in Physics," *Sociology* 9, no. 2 (1975): 205–24; and *Changing Order: Replication and Induction in Scientific Practice*, 2nd ed. (Chicago: University of Chicago Press, 1992); Peter Galison, *How Experiments End* (Chicago: University of Chicago Press, 1987); Simon Schaffer, "Glassworks: Newton's Prism and the Uses of Experiment," in *The Uses of Experiment: Studies in the Natural Sciences*, ed. David Gooding, Trevor Pinch, and Simon Schaffer (Cambridge: Cambridge University Press, 1989), 67–104.

8 この点については、数学はプラトン主義的リアリズムの一形態である（つまり、数学的対象は頭では理解できるが、なんら人類文化の恩恵を受けていない）とする従来のとらえ方に対する Brian Rotman の批評、さらに数学を「言語活動のひとつ」ととらえる Lej Brouwer の考え方を参照。Brian Rotman, "Thinking Dia-grams: Mathematics, Writing, and Virtual Reality," *South Atlantic Quarterly* 94, no. 2 (1995): 391.

9 Ursula Klein, ed., *Tools and Modes of Representation in the Laboratory Sciences* (Dordrecht, Holland: Kluwer Academic Publishers, 2001); David Kaiser, *Drawing Theories Apart: The Dispersion of Feynman Diagrams in Postwar Physics* (Chicago: University of Chicago Press, 2005); Andrew Warwick, *Masters of Theory: Cambridge and the Rise of Mathematical Physics* (Chicago: University of Chicago Press, 2003); Andrew Pickering, "Against Putting the Phenomena First: The Discovery of the Weak Neutral Current," *Studies in History and Philosophy of Science* 15, no. 2 (1984): 85–117; and *The Mangle of Practice: Time, Agency, and Science* (Chicago: University of Chicago Press, 1995); Andrew Pickering and Adam Stephanides, "Constructing Quaternions: On the Analysis of Conceptual Practice," in *Science as Practice and Culture*, ed. Andrew Pickering (Chicago: University of Chicago Press, 1992); Elinor Ochs, Sally Jacoby, and Patrick Gonzales, "Interpretive Journeys: How Physicists Talk and Travel Through Graphic Space," *Configurations* 2, no. 1 (1994): 151–71; Reviel Netz, *The Shaping of Deduction in Greek Mathematics* (Cambridge: Cambridge University Press, 1999); Claude Rosental, *Weaving Self-Evidence: A Sociology of Logic*, trans. Catherine Porter (Princeton, NJ: Princeton University Press, 2008); Christian Jacob, ed., *Lieux de savoir: Les mains de l'intellect* (Paris: Albin Michel, 2011).

10 著者によるクリストフへのインタヴュー。2005年7月1日。

11 著者によるブランドン・カーターへのインタヴュー。2007年4月11日（強調は著者）。

12 Stephen Hawking, http://www.Hawking.org.uk/index.php/about_stephen/questionsandanswers.

13 言葉は機械または学生たちによって彼に与えられる。

14 キップ・ソーンによれば、「ペンローズ、ホーキング、Robert Geroch、Georges Ellis らの物理学者が、位相幾何学と幾何学とを組み合わせた、相対性の計算全般に使える強力なツールを開発した。そのツールは、今で言うグローバル・メソッドである」*Black Holes and Time Warps: Einstein's Outrageous Legacy* (New York: W. W. Norton, 1994), 465.

15 著者によるクリストフへのインタヴュー。2005年7月8日。

16 Bruno Latour and Steve Woolgar, *Laboratory Life: The Social Construction of Scientific Facts* (Beverly Hills: Sage, 1979); Michael Lynch, "Discipline and the Material Form of Images: An Analysis of Scientific Visibility," *Social Studies of Science* 15, no. 1 (1985): 37–66; and "The Externalized Retina: Selection and Mathematization in the Visual Documentation of Objects in the Life Sciences," *Human Studies* 11, nos. 2–3 (1988): 201–34; Michael Lynch and Steve Woolgar, eds., *Representation*

が途中で口をはさんできてペンローズの「思考の流れ」を「分断」するからだ。(著者によるペンローズへのインタヴュー。1998年6月17日)。
68 著者によるトーマスへのインタヴュー(強調は著者)。
69 同上。
70 同上。
71 著者によるキップ・ソーンへのインタヴュー。1999年8月26日(強調は著者)。
72 著者によるテュロックへのインタヴュー。
73 著者によるトーマスへのインタヴュー。
74 著者によるクリストフへのインタヴュー。2005年7月2日。
75 同上。
76. 著者によるスティーヴン・ホーキングへのインタヴュー。1999年7月7日。メタファー(たとえばgetting stuck〔行き詰まる〕など)の役割については、以下を参照。Georges Lakoff, *Women, Fire, and Dangerous Things: What Categories Reveal About the Mind* (Chicago: University of Chicago Press, 1987).
77 著者によるクリストフへのインタヴュー。2006年10月11日。「とくにこれと決めた課題はありませんでしたが、自分がかなり哲学的で深いものをやりたいのはわかっていました。すると彼は、最終的に取り組むことになったものよりもずっと難しい課題を提示してきました。もっとも、共同作業をしてきた過去10人の学生たちにも、彼は同じことをしたはずです。全員が受け入れたでしょう。けれど実際は、それよりも易しい課題に取り組むことになるんです。あまりにも膨大で、あまりにも広範囲なので」
78 著者によるレイモンドへのインタヴュー(強調は著者)。
79 著者によるラファエルへのインタヴュー。
80 同上(強調は著者)。
81. 著者によるクリストフへのインタヴュー。2006年10月11日。
82. 註13を参照。
83 著者によるウォルトスへのインタヴュー。2002年11月27日。

第三章 図

1 著者によるジム・ハートルへのインタヴュー。1996年6月。
2 同上。
3 著者によるキップ・ソーンへのインタヴュー。1999年8月26日。
4 同上。
5 David Filkin, *Stephen Hawking's Universe: The Cosmos Explained*, with a foreword by Stephen Hawking (New York: Basic Books, 1998), xiv (強調は著者).
6 Louis Quéré によれば、認識の新デカルト的パラダイムは次のように要約することができる。認識は頭の中でおこなわれる、外の言葉を頭の中で描写するという操作の産物であり、考えることは計算することである。ホーキングは最初の二つの主張を支持しているようだが、三番目とは距離をおいている。新デカルト的パラダイムおよびそれに対する批評については、以下を参照。Louis Quéré, "La situation toujours négligée," *Réseaux* 15, no. 85 (1997): 163–92. 計算と知的能力との複雑な関係の歴史については、以下を参照。Lorraine Daston, "Enlightenment Calculation," *Critical Inquiry* 21,

51　同上（強調は著者）。

52　同上。

53　ここで私が引き合いに出しているのは、あの有名なライヘンバッハの発見の文脈と正当化の文脈の区別である。カール・ポパーが以下で用いている。Karl Popper, *The Logic of Scientific Discovery* (London: Hutchinson, 1972) and *Conjectures and Refutations: The Growth of Scientific Knowledge* (London: Routledge and Kegan Paul, 1969).

54　Jack Goody, *The Domestication of the Savage Mind* (Cambridge: Cambridge University Press, 1977).

55　著者によるラファエルへのインタヴュー（強調は著者）。

56　ホーキングはこのプログラムを自身のウェブページで使っていると言うが、そうではなさそうだ。彼の秘書が学部のほかの教授たちの仕事をするさいに使用する。そこからも、ホーキングが他の理論家たちの仕事に向けて開かれた窓のような存在であることがわかる。

57　研究大学の組織については、以下を参照。"Research Schools, Historical Reappraisals," ed. Gerald L. Geison and Frederic L. Holmes, special issue of *Osiris*, 2nd series, 8 (1993). ここには、「アイデアをもつ」教授と詳細な計算や実証作業をおこなう技術者とのあいだの階層的関係が見られる。これはポパーの「発見の文脈」すなわちアイデアが生まれる自由な想像力の領域と、そのアイデアが試される（歪曲される）「正当化の文脈」（註53を参照）との区別を反映している。同様にLorraine Dastonは、19世紀には想像力と計算が性の概念によって屈折させられていたことを示している。特殊な才能の持ち主と天才は想像力と結びつけられ、一方で計算は自動機械と機械的手順に格下げになったと彼女は主張する。「計算は退屈で根気のいる、反復的で実入りの悪い肉体労働のイメージを帯び、知的能力の最低ランクに位置づけられた。それゆえに、かつて活気あふれる想像力とせわしない頭脳活動でさげすまれた女性たちが、重要な天文学や統計学のプロジェクト向けの作表やデータまとめといった単調な作業をおこなう『計算所』に配属されることになったのは驚くに当たらない。そうした状況は第二次世界大戦の終わりまで続いた」"Enlightenment Calculation," *Critical Inquiry* 21, no. 1 (1994): 182–202, at 186. Lorraine Daston, "Condorcet and the Meaning of Enlightenment," *Proceedings of the British Academy* 151 (December 2007): 113–34. 並外れた能力をもつと考えられるホーキングの学生たちにはまったく当てはまらないが、ここでは学生と教授、身体と精神とのあいだに、従来の階層性をはっきりと設定している。

58　著者によるレイモンドへのインタヴュー。

59　著者によるラファエルへのインタヴュー。

60　著者によるペンローズへのインタヴュー。1998年6月17日。

61　著者によるトーマスへのインタヴュー。

62　著者によるティムへのインタヴュー。

63　著者によるトーマスへのインタヴュー。

64　この作業が与えるさまざまな効果が、本書の各章に見られる。

65　さらに言えば、障害が強いる状態によって、ホーキングは計算を実行するよりもむしろ視覚化しなければならない（第三章を参照）。それはまた、彼がしていることを「われわれ一般市民」が把握できる唯一の方法でもある。これについて、グリビンとホワイトはこう述べている。「彼の研究はスティーヴン・ホーキングを成す主要部分だが、きわめて漠然とした絵文字のような言葉以外の形でそれを理解できる人間はごくわずかしかいない」(*Stephen Hawking*, 292).

66　著者によるトーマスへのインタヴュー。

67　著者によるティムへのインタヴュー。これとは対照的に、ペンローズはコミュニケーションのとりかたゆえにホーキングとの共同作業は難しいと感じている。書くプロセスに時間がかかるうえ、彼

Metaphysics 21 (September 1967): 13–32.

33 そういう意味で、彼は孤独な研究者とは対極にいる。ホーキングの元教え子のひとりはこう語る。「よく思うんですが、科学者たちは……象牙の塔にこもりすぎです。[……] 彼にはハンディキャップがあって……学生たちが手伝っている、その事実が彼らに特別な関係を与えるので……そこをうまく利用できる。そういうやりかたは、ほかの人たちが相手ではもっとずっと難しいでしょう」(著者によるレイモンドへのインタヴュー)。

34 著者によるティムへのインタヴュー。

35 知識を生み出す過程で不可欠な（そして常にではないが見過ごされがちな）技術者たちの役割については、以下を参照。Albert Robillard, *Meaning of a Disability: The Lived Experience of Paralysis* (Philadelphia, PA: Temple University Press, 1999); Shapin, *Social History of Truth*, chap. 8; Otto Sibum, "Reworking the Mechanical Equivalent of Heat," *Studies in History and Philosophy of Science* 26, no. 1 (1995): 73–106; Michael Lynch, Eric Livingston, and Harold Garfinkel, "Temporal Order in Laboratory Work," in *Science Observed*, ed. Karin Knorr Cetina and M. Mulkay (London: Sage, 1983), 205–38; Karin Knorr Cetina, *Epistemic Cultures: How the Sciences Make Knowledge* (Cambridge, MA: Harvard University Press, 1999).

36 ケンブリッジ大学に特有な数学の慣例の歴史については、以下を参照。Warwick, *Masters of Theory*.

37 著者によるティムへのインタヴュー。

38 著者によるクリストフへのインタヴュー。2006年10月11日。この場面に限って言えば、ホーキングに関するテュロックの言葉と結びつけることができる。「ええ、必要なのは原則をきわめて明確に理解することです。彼には原則があります。その原則が、異なる場面で何度も何度も、何度もくりかえし使われるのです」(著者によるテュロックへのインタヴュー)。

39 著者によるラファエルへのインタヴュー。

40 著者によるティムへのインタヴュー。

41 類推的論法がホーキングの宇宙論的思考に果たす役割については、以下を参照。Gustaaf C. Cornelis, "Analogical Reasoning in Modern Cosmological Thinking," in *Metaphor and Analogy in the Sciences*, ed. F. Hallyn (Netherlands: Kluwer Academic Publishers, 2000), 165–80.

42 Thomas Kuhn, *The Structure of Scientific Revolutions* (Chicago: University of Chicago Press, 1962); Michael Polanyi, *The Tacit Dimension* (Garden City, NY: Doubleday, 1966).

43 異なる種類の課題と成果としての科学実践との関連性の考察については、以下を参照。David Kaiser, ed., *Pedagogy and Practice of Science: Historical and Contemporary Perspectives* (Cambridge, MA: MIT Press, 2005).

44 著者によるクリストフへのインタヴュー。2005年7月2日（強調は著者）。

45 ブラックホールのパーコレーション、量子宇宙論、情報消失、弦理論はどれも量子重力の問題である。つまり彼らは、一般相対性理論と量子力学を統合しようとしている。

46 前記註38を参照。なお、彼はかなり長期にわたって同じテーマに取り組んでいる。Gary Gibbons and Stephen Hawking, *Euclidean Quantum Gravity* (Singapore: World Scientific Publishing, 1993).

47 科学の教授法における必読書の創造、役割、および永続性については、以下の記事を参照。Olesko, "Foundations of a Canon," 323–57, esp. 325.

48 著者によるティムへのインタヴュー（強調は著者）。

49 トーマスの研究は、量子宇宙論に関するラファエルの研究を発展させたものである。

50 著者によるトーマスへのインタヴュー。

で、午前11時に出勤する。午前の治療があるからだ。

15 Reginald Golledge, "On Reassembling One's Life: Overcoming Disability in the Academic Environment," *Environment and Planning D: Society and Space* 15, no. 4 (1997): 391–409. 以下も参照。Robert Murphy, *The Body Silent* (New York: W. W. Norton, 1987).

16 著者によるバーナード・カーへのインタヴュー。1996年7月16日。

17 Gribbin and White, *Stephen Hawking*, 158. 仕事と私生活の境界がいかに曖昧かがわかる。以下も参照。Steven Shapin, *A Social History of Truth: Civility and Science in Seventeenth-Century England* (Chicago: University of Chicago Press, 1994), chap. 8.

18 著者によるレイモンドへのインタヴュー。

19 著者による個人アシスタントへのインタヴュー。1996年7月30日（強調は著者）。

20 著者によるレイモンドへのインタヴュー。第六章で見るように、プリンストンからの手紙はアーカイヴで発見される。Brandon Carter は、プリンストンにおける John Wheeler の重要な役割を認めている（著者によるインタヴュー。2007年4月11日）。

21 著者によるレイモンドへのインタヴュー。

22 私がインタヴューした当時、アーカイヴはロスアラモスにあったが、今はコーネル大学にある。

23 著者によるテュロックへのインタヴュー（強調は著者）。

24 著者によるラファエルへのインタヴュー。1996年7月17日。

25 とはいえ、依然として一対一の能力の委任はあるようだ。「まあ、今ならおそらく……誰かに見せてもらわなくても、彼はウェブを使って自分でやれるでしょう。もっとも、誰かを使うかもしれませんが。そのほうが速いですから」（著者によるレイモンドへのインタヴュー）。

26 著者によるトーマスへのインタヴュー。1998年6月30日。彼はこう語っている。「私には、いまの彼、つまり有名人である彼に対する固定観念はありません」（著者によるトーマスへのインタヴュー）。しかしながら、彼らはみな、ホーキングの名声が自分の就職に役立つことを知っている。物理学を離れる場合はなおさらである。

27 著者によるティムへのインタヴュー。1998年6月24日。

28 同上。

29 実験物理学の分野でも同様の慣行があることはよく知られている。Kathryn Olesco は、ドイツの物理学者フリードリッヒ・コールラウシュの場合を例にとって示している。「研究における［学生たちの］役割はパートナーであり、コールラウシュの報告書からわかるように、彼らのアイデンティティが研究者として一時的に統合されることもあるていどあった。（報告された「意見」はコールラウシュのものだったが、実際の作業は共同で行われた）。つまり、学生は実際に研究者になる前に研究者の役目を果たす機会を得たことになる。教育上、自分が研究者であるかのように行動することは、研究者になるための重要なステップである」Kathryn Olesko, "The Foundations of a Canon: Kohlrausch's Practical Physics," in *Pedagogy and Practice of Science: Historical and Contemporary Perspectives*, ed. D. Kaiser (Cambridge, MA: MIT Press, 2005), 323–57, at 341.

30 共同作業と個人的なコミュニケーションが理論物理学に果たす重要な役割については、以下を参照。David Kaiser, "Making Tools Travel: Pedagogy and the Transfer of Skills in Postwar Theoretical Physics," in *Pedagogy and Practice of Science: Historical and Contemporary Perspectives*, ed. D. Kaiser (Cambridge, MA: MIT Press, 2005), 325.

31 著者によるテュロックへのインタヴュー。

32 Hubert Dreyfus, *What Computers Can't Do: A Critique of Artificial Reason* (New York: Harper & Row, 1972), and "Why Computers Must Have Bodies in Order to Be Intelligent," *Review of*

第二章　学生たち

1　Kip S. Thorne, *Black Holes and Time Warps: Einstein's Outrageous Legacy* (New York: W. W. Norton, 1994), 419 (強調は著者).

2　科学的研究における手を使った記述の役割と重要性については、たとえば以下を参照。Bruno Latour, "Visualization and Cognition: Thinking with Eyes and Hands," in *Knowledge and Society: Studies in the Sociology of Culture Past and Present* 6 (1986): 1–40; David Kaiser, *Drawing Theories Apart: The Dispersion of Feynman Diagrams in Postwar Physics* (Chicago: University of Chicago Press, 2005); Andrew Warwick, *Masters of Theory: Cambridge and the Rise of Mathematical Physics* (Chicago: University of Chicago Press, 2003).

3　Brian Rotman, *Mathematics as Sign: Writing, Imagining, Counting* (Stanford, CA: Stanford University Press, 2000), 34.

4　たとえばAndrew Warwickは、紙やペンが使われる以前の18世紀におけるケンブリッジ大学の数学の「一級学位合格者」と数学的研究を調査した。*Masters of Theory* を参照。

5　Stephen Hawking, http://www.Hawking.org.uk/index.php/aboutstephen/questionsandanswers (強調は著者).

6　John Gribbin and Michael White, *Stephen Hawking: A Life in Science* (New York: Dutton, 1992), 60 (強調は著者).

7　理論と実践との誤った二分については、以下を参照。Bruno Latour, "Sur la pratique des théoriciens," in *Savoir théoriques et savoirs d'action*, ed. Jean-Marie Barbier (Paris: Presses Universitaires de France, 1998), 131–46. David Kaiser はこれを「理論の実践」と呼ぶ。*Drawing Theories Apart.* また、以下も参照。Warwick, *Masters of Theory*, particularly chapter 1.

8　Hélène Mialet, "Do Angels Have Bodies? Two Stories about Subjectivity in Science: The Cases of William X and Mister H," *Social Studies of Science* 29, no. 4 (1999): 551–82.

9　ここではおそらく、最近の科学技術研究における成果の全体に言及できるだろう――このことについてはこの分野の意見はほぼ一致している。しかしながら、科学的知識の集団化および具体化に関する成果は、理論科学よりも実験科学のほうがはるかに発達している。Warwick, *Masters of Theory*, とくに chapter 1; and Andrew Pickering and Adam Stephanides, "Constructing Quaternions: On the Analysis of Conceptual Practice," in *Science as Practice and Culture*, ed. Andrew Pickering (Chicago: University of Chicago Press, 1992).

10　著者によるリンデル・ベルへのインタヴュー。1996年6月12日。

11　著者によるニール・テュロックへのインタヴュー。1999年7月1日。

12　著者によるレイモンドへのインタヴュー。1999年3月7日。この学生はまた、ホーキングがどうやって情報を集められるのか不思議に思っている。自分はたとえば空港で新聞に目を通したりできるが、ホーキングにはそれができないのに、と彼は言う。

13　身体のメタファーについては、以下におけるパストゥールの描写を参照。Michel Callon and John Law, "After the Individual in Society: Lessons on Collectivity from Science, Technology and Society," *Canadian Journal of Sociology* 22, no. 2 (1950): 169. 発行された版では表現が異なる。私はドラフト版を使用している。Michel Callon and John Law, "Agency and the Hybrid Collective," *South Atlantic Quarterly* 94, no. 2 (1995): 481–507; and Bruno Latour, *The Pasteurisation of France* (Cambridge, MA: Harvard University Press, 1988).

14　たとえば、教授でありALS患者でもあるアルバート・ロビラードのスケジュールはまったく同じ

116 自己のテリトリー性の概念や、物がいかに拡張された自己の一部になるかについては、Erving Goffman, *The Presentation of Self in Everyday Life* (Garden City, NY: Doubleday, 1959)。

117 ウォルトスは、未来のユーザーになりきってプログラムを開発しなければならなかった(第三章で見るように、ホーキングがブラックホールの機能を理解するのに略図を用いるのとよく似ている)。「ユーザーが何をしたいかを知り、椅子に腰かけて実際にやってみれば、よくできた部分だけでなく、じれったい部分や非効率な部分もわかる。そうすれば改善方法が見つかる」(著者によるウォルトスへのインタヴュー。2000年12月22日)。人工物へのユーザーの表現の刻印については、以下を参照。Madeleine Akrich, "The De-scription of Technical Objects," in *Shaping Technology/Building Society: Studies in Sociotechnical Change*, ed. Wiebe Bijker and John Law (Cambridge, MA: MIT Press, 1992), 205–24.

118 ボキャブラリーは同様の障害をもつ他者にも適応している(「吸引をお願いします」など)。コンピューターは、ホーキング固有のボキャブラリーを記憶することもできる(たとえば彼は、アシスタントや行く場所、会う相手の名前を用語リストに追加・削除できる)。

119 この有能な集団なくして**ホーキング**は存在しない。その一方で、ホーキングのパーソナリティにも集団を機能させるきわめて特異な何かがあるのであり、もちろんこうした不変の可動物も完全に不変ではなく、わずかな変更が生じれば、それがまた標準化されていくのである。

120 ホーキングの場合、人間と機械への能力の委任のみならず、役割の委任も見られる点が興味深い。つまり、有能な看護師たちが彼に代わって会話をする。彼の前妻は、自分は子供たちの母親であり父親でもあると感じていたと語った。役割、認知能力、身体的役割、彼のまわりではすべてが再分散化している。しかし、この極端な分散化によってこそ個別特異性が出現するのである。他の障害者に比べて、彼が受けるケアのレベルは格段に高い。特別扱いされている。平均的な(つまり、さほど有名ではない)障害者の男性よりも働かなければならないからだ。

121 Russell Shuttleworth はいう。「しかし、もういちど強調しておかなければならないのは、シンプルな日常業務にもやはり相互主観的な力が存在し、道具という組みこまれた身体的拡張部分とは異質なものにする点だ。ところが、個人アシスタントがついうっかり自分の志向性が身体化された習慣に戻ってしまうと、この相互主観性が崩壊しかねない。たとえば深夜で疲れているときに、雇い主のひとりの歯を磨こうと歯ブラシを手に取ってハミガキをつけたとたん、まちがって自分の口に突っ込んでしまうことが何度かあった」("The Pursuit of Sexual Intimacy for Men with Cerebral Palsy," PhD diss., University of California, San Francisco and Berkeley, 2000, 106).

122 このような形の抵抗は、同様の状況にあるほかの人々にも典型的に見られる。Albert Robillard, *Meaning of a Disability: The Lived Experience of Paralysis* (Philadelphia, PA: Temple University Press, 1999); and Michel Callon and Vololona Rabeharisoa, "Gino's Lesson on Humanity: Genetics, Mutual Entanglements and the Sociologist's Role," *Economy and Society* 33, no. 1 (2004): 1–27.

123 彼が示す抵抗は、Laurent Thevenot が「親密型」と呼ぶものに似ていると分析できるかもしれない。"Pragmatic Regimes Governing the Engagement with the World," in *The Practice Turn in Contemporary Theory*, ed. Theodore R. Schatzki, Karin Knorr Cetina, and Eike von Savigny (London: Routledge, 2001), 56–74.

124 著者による個人アシスタントへのインタヴュー。1996年7月30日。

125 Gribbin and White, *Stephen Hawking*, 268. ホーキングの交流のしかたがいかに不作法ととられかねないかは、五章でもっと具体的に述べる(たとえば、彼は自分を怒らせる——あるいは苛立たせる——相手の足を車椅子で轢くことで怒りを表明する)。

126 著者によるクリスへのインタヴュー。1999年6月30日。

……どっちみち、もう知名度はかなり高いんですが」(著者によるクリスへのインタヴュー。1999年7月20日)。

102 同上。

103 同上。この発言は、ホーキングがルーカス教授職としての就任講義でおこなったもの(1980年4月29日)。

104 同上。前もって完璧に準備されていようと、すでに述べられた内容であろうと、発言は「彼の口」からなされなければならない。アシスタントが言うように、ホーキングは答えられる。意見はどうでもいいのだ。信憑性の概念については、以下も参照。Steven Shapin, *A Social History of Truth: Civility and Science in Seventeenth-Century England* (Chicago: University of Chicago Press, 1994).

105 著者によるクリスへのインタヴュー。1999年7月20日。

106 同上。

107 同上。ホーキングが『ザ・シンプソンズ』への登場を承諾した理由を知っているかと尋ねると、アシスタントの答えはホーキングがジャーナリストに与えた回答を下敷きにしたものだった。「スティーヴンは実際、サンデー・タイムズ紙でその質問に答えているんです。なんて答えたか憶えていませんが、探せば正確な言葉がわかりますよ」とクリス。ところが、のちに彼はこう言う。「理由は二つ三つありました。答えはまちまちです……誰に訊くかによって」(同上)。

108 以下は、著者が記者会見を録音して書き起こしたものである。

109 この回答は、ホーキングがホワイトハウスでおこなった「想像力と変化:次の千年における科学」と題する講演に酷似しているように思える。「1980年に、今後20年間で完全な統一理論が発見される可能性は五分五分だろうと私は言いました。以来、われわれは大きな進歩を遂げましたが、まだ道なかばのようです。[……] しかし、私は21世紀末までには発見されると確信していますし、それよりもずっと早いかもしれません。五分五分の確率で今後20年以内に発見されるほうに私は賭けます」ゆえに、この回答はルーカス教授職の就任講義の内容とも似ている。

110 この引用文がそのままの形で出てくる場所はほかになさそうだ。おそらく一から書かれたのだろう。ホーキングにはほとんど時間がなかったため、おそらく一部は再利用されたものだろう。

111 同上。

112 David Whitehouse, "Hawking Searches for Everything," *BBC News Online*, July 21, 1999, http://news.bbc.co.uk/2/hi/science/nature/400204.stm. Burt Herman, "Hawking Awaits Unified Theory Proof," *Associated Press Online*, July 21, 1999, http://www.highbeam.com/doc/1P1_23166588.html; Stephen E. Jones, "Re: Hawking Awaits Unified Theory Proof," August 6, 1999, http://www.asa.chm.colostate.edu/archive/evolution/19990810035.html; "Hawking Awaits Unified Theory Proof," *Florida Today*, July 23, 1999, http://www.floridatoday.com/space/explore/stories/1999b/072399b.htm.

113 Bruno Latour and Steve Woolgar, *Laboratory Life: The Social Construction of Scientific Facts* (Beverly Hills, CA: Sage, 1979).

114 ホーキングが使う、たとえばEZ Keysなどのプログラム、つまり同じフレーズを何度でも好きなだけ(対話者が発話を統合できるかぎりずっと)くりかえせるものと、同じ発言を無限にくりかえすメディアマシンとを対比することができる。「われわれがなにかを言ったとき、よく聞いていなかったために相手が「えっ?」と聞き返してくることはよくある。その場合はもういちど言わなければならず、新しいセンテンスを言いかけていないかぎり、もういちどはじめから言える。たとえば私が「明日の朝は何をするの?」と言いたかったとすれば、そのプロセスをくりかえす」(著者によるウォルトスへのインタヴュー。2000年12月22日)。

115 *Deseret News* (Salt Lake City), July 21, 1999.

言って、この件に関するスティーヴンの意見を伝えることはできないし……伝えるつもりもありません。あなたが本当に彼の意見を求めているとはとても思えないから……あなたの目的は何か別のことだ」(同上)。ホーキングへのファンレターに関しても同様の展開が見られる。

87 ホーキングの名前で署名することがあるかどうか大学院生アシスタントに尋ねたところ、彼はこう答えた。「まあ、ちょっとした詐称です」(著者によるクリスへのインタヴュー。1999年6月30日)。のちにクリスは、ウェブ上でそう明記されていると述べる。私が確認したときは、もっとあいまいな表現に見えた。

88 同上。

89 同上。電子メールの大半は、アシスタントから、またはホーキングの妻経由で送信される。ウォルトスはこう語る。「彼もメールを使えるが、私はたいていエレインを通じて接触する。彼は一緒に研究している仲間と物理学中心のメールをやりとりしていて、それ以外の背景的な仕事はエレインやサポートスタッフに任せているんだと思う。彼にとって、物理学以外はすべて背景なんだ」(著者によるウォルト・ウォルトスへのインタヴュー。2002年11月27日)。アシスタントたちも同じことを言うが、彼らには自分の役割が見えていない。

90 著者によるクリスへのインタヴュー。1999年6月30日。

91 同上。

92 同上。

93 同上(強調は著者)。

94 同上。クリスはまた、最近ホーキングのメールアドレスをウェブ上で公開したと語った。「スティーヴンの公式なメールアドレスです。『どうすればスティーヴンにメールを出せますか?』と問い合わせるメールがしょっちゅう僕宛てに送られてくるので」おもしろいことに、人々はホーキングの「公式アドレス」にメールを送るようになったが、返信するのは今も大学院生アシスタントである。

95 同上。「ドイツのある会社が……『スティーヴンの声』を所有しているんです。その音声の権利を持っているんです、彼らが作った声で、著作権があるので。インテル社がそのX氏の声を購入し、カードからソフトウェアに変換し、どんなふうに聞こえるかの一例ができたわけです。[……] かなりのプランニングが必要で法的処理もいろいろありました……いずれその声が届くでしょう」

96 同上。ホーキングがボイス・シンセサイザーを使って話す部分は、その部分の字体を変更して明示する。

97 著者によるトーマスへのインタヴュー。1998年6月24日。

98 Jane Hawking, *Music to Move the Stars: A Life with Stephen* (London: Macmillan, 1999), 523–24 (強調は著者).

99 ホーキングのアシスタントは、こう回想する。「スティーヴンは僕に、何かをするので車椅子を充電してほしいと言いました。ようするに、すぐに駆けつけなければならなかったんです。[……] もっとも、そんなのはしょっちゅうなんです。たいしたことじゃありませんでしたが、僕が言われたとおりにしなかったら大変なことになっていたかもしれません。充電はむしろ予防策、あとで困ったことにならないための準備でした。スティーヴンはそのあとコンピューターのバッテリーを持って晩餐会に行くことになっていたからです。どう見てもあるていどの時間しかもたないバッテリーなので、ちゃんと動くように手はずを整えておかなければならないんです」(著者によるクリスへのインタヴュー。1999年6月30日)。

100 著者によるトーマスへのインタヴュー。1998年6月24日。

101 スティーヴンのホワイトハウス訪問を手配したのは、CUDO(ケンブリッジ大学事業部)である。ホーキングのアシスタントはこう語った。「すべてはケンブリッジ大学の知名度を上げるためです

67 だが、GAは毎年変わる。しかし秘書が言うには、それほど単純ではない。大学の予算次第で事情が変わってくるからだ。

68 著者によるトーマスへのインタヴュー。1998年6月24日。

69 著者によるクリスへのインタヴュー。1999年6月30日。

70 アシスタントのコンピュータースキルを判定する学部のコンピューター責任者がDAMTPのウェブページの責任者でもある点は興味深い。ホーキングのオフィシャルページは、ブラックホールに関する「一般向け」解説サイトにリンクしている。そこでは専門家と一般人の理解に境界はない。

71 現大学院生アシスタントは学部学生会の会長、前任者はクイーン・メイ・ボール（五月祭のダンスパーティー）の実行委員長だった。

72 著者によるクリスへのインタヴュー。1999年6月30日。

73 著者によるトーマスへのインタヴュー。1998年6月24日。どういう人に自分の後任になってほしいかと個人アシスタントに尋ねると、彼女はこう答えた。「そうですね、私なりに考えはありますけど、それはあまり関係ないと思います。うまくやっていけそうな相手かどうか最終的に決めるのはホーキング教授ですから」（著者による個人アシスタントへのインタヴュー。1999年7月1日）。

74 著者によるクリスへのインタヴュー。1999年6月30日。第二章で見るように、ホーキングによれば、彼も同じような仕事のしかたをする――つまり、異なる問題を同時に処理するのだ（著者によるスティーヴン・ホーキングへのインタヴュー。1999年7月1日）。

75 著者によるトーマスへのインタヴュー。1998年6月24日。アーサー・ケストラーは次のように述べている。「われわれは人生の中で問題に直面すると、過去に同様の問題に対処できたときの規則体系に従って、その問題に取り組もうとする。これらの規則は、棍棒をふるうことから、言語概念、視覚形態、数学的実在物を駆使することまで、さまざまである。同じ課題に直面しても、単調な環境の比較的変化がない状況下では、その対応は型にはまったものとなり、柔軟な技能は硬直したパターンに堕し、人はますますロボットに似てくる。そうなると固まった習慣に支配されて、行動も発想も狭い範囲から出ることはない。その人は機関車の機関士にたとえられるかもしれない。列車を決まった時刻表に従って、固定されたレール上を走らせるしかないのである」（*The Act of Creation* [London: Arkana, 1989], 119).

76 著者によるクリスへのインタヴュー。1999年7月23日。

77 著者による個人アシスタントへのインタヴュー。1999年7月1日。

78 著者によるクリスへのインタヴュー。1999年6月30日。

79 同上（強調は著者）。

80 著者によるクリスへのインタヴュー。1999年7月20日。

81 著者によるクリスへのインタヴュー。1999年7月23日。

82 著者によるクリスへのインタヴュー。1999年6月30日（強調は著者）。

83 同上。

84 同上。

85 同上。ここでは、大学院生アシスタントと学生による翻訳作業と、コンピューター責任者による翻訳作業とを対比できるかもしれない。註70を参照。

86 同上。人々はなんにでもホーキングの意見を求めてくる。「この件であなたがなぜホーキング教授のサポートを必要とするのか、よくわからないのですが。彼は家庭用照明の分野に関してはまったくの素人です。[……] それは、試作品を作って製造業者にアイデアを売り込むのがいいんじゃないでしょうか。[……] すると今度は、しぶとく僕宛てにこう返信してきました。「だけど、ぜひともホーキングの意見を聞きたいんだよ！』そう言われてもね、知ったこっちゃありません！（笑）はっきり

53 著者によるウォルトスへのインタヴュー。2000年12月22日。同じように、アシスタントに「一般相対性理論グループ」の長としてのホーキングの仕事ぶりについて尋ねたところ、彼はこう答えた。「彼がグループを率いています。スーパーコンピューター「COSMOS（コスモス）」の運用についても指揮しています。ですから、何かを購入する場合も、資金計画を決めるのは彼ですよ。計画書を書くのではなく、計画案を承認し、サインするんです。ええ、それが彼の仕事ですから――**たぶん、会社の取締役の役割に近いと思います……責任者ではあるけれども、何もかも自分でする必要はないんです**」（著者によるクリスへのインタヴュー。1999年7月23日。強調は著者）

54 著者によるウォルトスへのインタヴュー。2002年11月27日。以下も参照。Charles Thorpe and Steven Shapin, "Who Was J. Robert Oppenheimer? Charisma and Complex Organization," *Social Studies of Science* 30, no. 4 (August 2000): 545–90:「彼は近代初期の理想的な紳士のように、苦もなく自然に優越性を示す技術、いわゆるスプレツァトゥーラを会得した人物だと考えられていた。自分の権威を示し、自分の期待することを伝えた。ウィグナーは書いている。『とても易々と、自然に、両眼と、両手と、うっすらと火のついたパイプだけで』」(574)。

55 公式の職務説明書によると、個人アシスタントは、「じゅうぶんな一般教養」が求められ、「GCSE（一般中等教育修了試験）などの数学と英語の成績がAレベルであることが望ましい。毎分60語程度の優れたタイピング・スキル、毎分120語の速記（望ましいが必須ではない）、ワープロ、電子メール、表計算、データベースなどの優れたITスキルが必要。この職務に就く者は、成熟したものの見方ができ、実務経験と数学の基礎知識があり、対人関係の経験が豊かで、優れた交渉力を有していなければならない。この職務に就く者は、高度な柔軟性を発揮し、誰の監督も受けず、率先して業務に取り組むことができなければならない。この職務に就く者は、圧力下にあっても物事に対処でき、優れた組織力を有し、（さらには）車を運転でき、ケンブリッジを離れて（必要に応じて海外へも）旅行する能力がなければならない。上級レベルでの5年間の経験が必要」。（DAMTP、欠員ポストの学内募集。1999年6月4日）

56 ここでは、彼女がホーキングの表情を読む方法と、ホーキングのコンピューター画面の1行目に類似点が見られる。彼女が言うには、ホーキングの返答はイエス、ノー、たぶん、待って、だそうである。ホーキングの画面の1行目にある言葉は「了解」「イエス」「ノー」「たぶん」「わからない」「ありがとう」である。

57 著者による個人アシスタントへのインタヴュー。1996年7月30日。

58 彼女によると、ホーキングはたいていノーと答えるそうである。「でも、とてつもなく時間がかかるというわけではありません。答えがイエスでないかぎりはね、……イエスだと、かなり時間がかかるでしょう。なぜなら……細かいことまですべて調べる必要があるからです」（同上）。

59 同上。

60 ここで「事前にプログラムされている」という言葉を使うのは、準備の徹底ぶりと、その過程に含まれる制約を示すためである。ホーキングに限らず、私は他のアクターの慣習をあらわすのにも同じ言葉を使う。

61 著者による個人アシスタントへのインタヴュー。1996年7月30日。ここではなぜホーキングがインスタント・フレーズ機能を使えないのか、彼女がどの程度まで誇張しているのか、不明である。

62 同上。

63 同上（強調は著者）。

64 同上（強調は著者）。

65 著者による個人アシスタントへのインタヴュー。1999年7月1日。

66 著者によるデヴィッドへのインタヴュー。1998年8月1日。

これについてウォルトスに意見を求めると、次のように認めた。「大量生産するようなシステムではなく、ホーキングのためだけに組み立てられた『一回限り』のユニットです」（著者によるウォルトスへのインタヴュー。2002年11月27日）

39 著者によるウォルトスへのインタヴュー。2000年12月22日。

40 同上。さらに以下も参照。Moser and Law, "Good Passages, Bad Passages," n. 14.

41 もちろん、椅子に設置されたワイヤレス・ネットワークも使わなくてはならない。

42 著者によるウォルトスへのインタヴュー。2000年12月22日。ウォルトスはさらに次のように説明する。新しいスイッチの実装は困難で時間のかかるプロセスなので、ホーキングが「どうしても」システムを変更しなければならないような差し迫った状況でないかぎりは行わない。たとえそのような場合であっても、ホーキングがそうした変更作業をスケジュールに割りこませるのは難しい（同上）。

43 現在は両方とも彼の眼の動きに反応する。

44 著者によるクリスへのインタヴュー。1999年6月30日。

45 著者によるクリスへのインタヴュー。1999年7月23日。ある意味で、ホーキングは看護師たちにとって研究対象となる。つまり、看護師たちはホーキングの立場で考え——彼の身になって、彼が求めるものを感じ取り、あるいは推測しようとする。

46 おもしろいことに、ウォルトスはアシスタントたちの仕事を完全に機械的なものとしてとらえている。とりわけ、ホーキングがコンピューターを介して意思を伝えるときにはそうだ。彼にとって、アシスタントはただそこにいて、プリンターに紙を補給してくれる存在にすぎない。「スティーヴンは、いまではかなりの部分を自力でこなせます……インターネットを通じた世界とのコミュニケーションやアクセスに関しては」（著者によるウォルトスへのインタヴュー。2000年12月22日）。

47 Harold Garfinkel, *Studies in Ethnomethodology* (Cambridge: Cambridge University Press, 1967), 76–103. 人と人、あるいは人と機械との相互作用における充足感の役割については、以下を参照。Harry Collins, *Artificial Experts: Social Knowledge and Intelligent Machines* (Cambridge, MA: MIT Press, 1990), and "The Turing Test and Language Skills," in *Technology in Working Order*, ed. Graham Button (London, NY: Sage, 1993), 231–45; Lucy Suchman, *Human-Machine Reconfigurations: Plans and Situated Actions*, 2nd ed. (Cambridge: Cambridge University Press, 2007); Donald MacKenzie, *Knowing Machines: Essays on Technical Change* (Cambridge, MA: MIT Press, 1996), 131–59; Joseph Weizenbaum, "ELIZA: A Computer Program for the Study of Natural Language Communication between Man and Machine," *Communications of the ACM* 9, no. 1 (1966): 36–45; and Sherry Turkle, *Life on the Screen: Identity at the Age of the Internet* (New York: Touchstone, 1997), 102–24.

48 著者によるクリスへのインタヴュー。1999年6月30日。

49 著者によるウォルトスへのインタヴュー。2000年12月22日。

50 White and Gribbin, Stephen Hawking, 121を参照。グリビンは、ホーキングに関する最初のテレビ・ドキュメンタリーの脚本と監督を担当したフィッシャー・ディルクの発言を引用している。ディルクによると、ホーキングは自分が「普通に」扱われることを望んでいた——「普通に会話する」ことを望み、「『イエス』と『ノー』だけで答えさせられる」ことを望まなかった。

51 「日常生活の交渉における相互主体的共用資源」としての習慣の基本的な役割については、以下を参照。David Goode, *World without Words* (Philadelphia, PA: Temple University Press, 1994). 環境の機械化については、以下を参照。Ruud Hendriks, "Egg Timers, Human Values and the Care of Autistic Youths," *Science, Technology and Human Values* 23, no. 4 (1998): 399–424.

52 遂行性という概念については、以下を参照。J. L. Austin, *How to Do Things With Words* (New York: Oxford University Press, 1965).

19 著者によるウォルトスへのインタヴュー。2000年12月22日。
20 2000年版ワーズ・プラス社パンフレット、5ページ。
21 著者によるウォルトスへのインタヴュー。2002年11月27日。
22 同上。
23 ここでもEZ Keysの性能について述べている。「もちろん、視覚的な表示、追加された機能、事前構成など、すべてが遙かに効率的なのに、なにしろ彼は頑固なんです！」(同上)
24 ウォルトスから著者への電子メール。2002年11月11日。
25 著者によるウォルトスへのインタヴュー。2000年12月22日。
26 同上。
27 同上。「もっと語彙を増やしたいとか……もっと長い講演原稿を読めるようにしたいとか……昔は記憶容量に限界がありました……保存できる原稿の長さは決まっていたのです。それより長い講演をする場合、原稿をいくつかに分割しなければなりませんでした。そう、たとえば10年前の古いコンピューターでは、ひとつの原稿から次の原稿に切り替えるプロセスに2、3分はかかります。だから、かなり長い間《ま》があいてしまった……何年か前に、彼がバークレーの2000人以上の聴衆を前に講演するのを見たことがあります……。淀みなく流れていた話の途中で2、3分も中断するというのは、聴衆をかなり混乱させる出来事です」(著者によるウォルトスへのインタヴュー。2000年12月22日)「昔は、コンピューターの性能による制約がありましたが、現在では記憶容量はまったく問題になりません。だからここ数年、彼からその種の要望はありません。彼が必要とする語彙をすべて記憶させてもまだ余るほどのじゅうぶんな記憶容量が確保されています」(同上)
28 同上。
29 著者によるウォルトスへのインタヴュー。2002年11月27日。
30 著者によるウォルトスへのインタヴュー。2000年12月22日。
31 同上。
32 著者によるウォルトスへのインタヴュー。2002年11月27日。
33 著者によるウォルトスへのインタヴュー。2000年12月22日。
34 同上。
35 http://www.damtp.cam.ac.uk/user/Hawking/1996. イギリス版は彼のウェブサイトから消えている。http://www.Hawking.org.uk/index.php/disability/disabilityadvice.03/03/2011. 同じように、『Black Holes and Baby Universes』の中でホーキングは次のように述べている。「しかしながら、今ではもう、この声こそが自分の声だと思っている。イギリス人らしい発音をする声を提供されたとしても、変えるつもりはない。もし変えたりしたら、自分が別の人間になったように感じるだろう」(26)。
36 生きられた身体／自己と障害の意味と経験に対するテクノロジーのさまざまな形の貢献については以下を参照。Debora Lupton and Wendy Seymour, "Technology, Selfhood and Physical Disability," *Social Science and Medicine* 50, no. 12 (2000). これらの著者によれば、障害を持つ人々は、自分が「違って」見えるようなテクノロジーを使うことを避ける。しかしここでは違いが（自己の一部として同化しているので）望ましく、価値あるものと考えられている。
37 著者によるウォルトスへのインタヴュー。2002年11月27日。
38 以下を参照。Nelly Oudshoorn and Trevor Pinch, *How Users Matter: The Co-Construction of Users and Technology* (Cambridge, MA: MIT Press, 2003). ゴードン・ムーア名誉会長によると、「このマシンには商業的可能性がなく、使用するのはおそらくホーキングだけだろうと考えられた」。以下を参照。Ron Kampeas, "Hawking Goes Online with New Computer," *Seattle Times*, March 22, 1997.

12　著者によるウォルト・ウォルトスへのインタヴュー。2002年11月27日。
13　同上。
14　たとえば「会話」のメニューでは「お願いですから最後まで言わせてください！」といった文が使える（著者によるウォルトスへのインタヴュー。2000年）。いっぽう「侮辱的表現」には、たとえば「何という間抜け」とか「脳味噌が火薬だとしたら、お前なんか自分の鼻も吹き飛ばせやしないぞ」といった言い回しが用意されている。Colker, "Giving a Voice to the Voiceless." を参照。メニューの一つに「侮辱的表現」があるという事実は、何が個人を構成するかについて、われわれが期待すること（すなわち、抵抗する能力）を示している。この点については以下を参照。Ingunn Moser and John Law, "Good Passages, Bad Passages," in *Actor Network Theory and After*, ed. John Law and John Hassard (Oxford: Blackwell, 1999), 196–219.
15　ウォルトスは長年にわたって単語予測の問題と格闘してきたことを詳しく語っている。「私たちは、もう何年も大幅な改善につながるようなアイデアを考え出せずにいます。ところどころで小さな改善はしています……しかし、略語、単語予測、インスタント・フレーズ、標準ソフトウェアへのアクセスが大幅に改善されてから、少なくとも5年から10年が過ぎています。だから、このプログラムをこれ以上よくする方法を考え出すのはひじょうに難しい。単語予測をより高度に自動化するとか、……話していることをコンピューターに理解させるとか。まだまだ実現は遠い……しかし、現在、音声認識技術はかなり進んでいます。もっとも、ホーキング本人には何の役にも立ちません。彼は声を出せないのだから。……しかし、もしもコンピューターがホーキングの会話相手の言葉を聴き、何の話をしているのか理解できれば、より高度に自動化された予測ができるかもしれません。私がここでブラックホール、放射、クエーサーなどに関する論文を執筆していたら誰かが入ってきて『夕食は何にしますか？』と尋ねたとします。もしもコンピューターがその誰かの声を聴き、「夕食」という言葉に反応できるとしたら、どうでしょう。これから食事の話になるということを認識して、こう言うかもしれません。『会話の内容が変わりますので、クエーサー、ブラックホール中心の語彙から、食事に関する語彙に切りかえてください』これは実現するとしてもかなり先の話です。[……]現在はユーザーが語彙を切りかえるようになっていますが、これが自動化できれば、すばらしいことです」(著者によるウォルトスへのインタヴュー。2000年12月22日)
16　同上。
17　同上。ウォルトスによると、EZ Keysを使えばホーキングはもっと速く話せるという。1分間に話せる語数は定まっていない。ホーキングは自分のホームページで「1分間に15語だ」と述べている。ジョン・グリビンは著書の中でこう述べている。「ホーキングは自分が1分間に約10語話せることがわかった。『ちょっと遅かった』とホーキングは言った。『とはいえ、自分はゆっくり考えるので、それでちょうどよかった』」Michael White and John Gribbin, *Stephen Hawking: A Life in Science* (New York: Dutton, 1992), 236.（邦訳『スティーヴン・ホーキング――天才科学者の光と影』マイケル・ホワイト／ジョン・グリビン著、林一／鈴木圭子訳、早川書房、1992年)。この最後の引用は次の本でも再使用されている。Kitty Ferguson, *Stephen Hawking: Quest for a Theory of Everything* (New York: Bantam Books, 1992). 引用がどのように再使用され、再文脈化されるかについては第四章で考察する。この繰り返しのプロセスは、ホーキングをホーキングたらしめるもの――すなわち彼の身体的、知的、個人的資質――の出現と安定に重要な役割を果たしている。
18　略語機能があるのはEZ Keysだけである。ウォルトスは言う。「スティーヴンがEZ Keysのこの機能を使っているかどうかわかりませんが、たぶん使っているでしょう。80年代半ばからEZ Keysのセールスポイントのひとつになっています（元はWSKE――ワーズ・プラス・スキャニング・キーボード・エミュレーター――と呼ばれていた)」(著者によるウォルトスへのインタヴュー。2002年11月27日)

and Oscar Zarate, *Introducing Stephen Hawking* (New York: Totem Books, 1995); Kip Thorne, *Black Holes and Time Warps: Einstein's Outrageous Legacy* (New York: W. W. Norton, 1994); Michael White, and John Gribbin, *Stephen Hawking: A Life in Science* (New York: Dutton, 1992).

28 天才ホーキングについて言及するときは、このように、**ホーキング**と書くことにする。

29 Ernst Kantorowicz, *The King's Two Bodies: A Study in Medieval Political Theology*. Princeton, NJ: Princeton University Press, 1957.

第一章　アシスタントと機械

1 アシスタントの中には、ホーキングが使用する支援技術の設計者も含めている。

2 私がこの章のための民族誌的研究を進めていた当時（1999〜2002年）、ホーキングは指を使っていた。現在は眼を使っている。後に見るように、彼が使用する装置の構成は、彼の身体的必要性が変化するにしたがって変わっていく。

3 Stephen Hawking, "Prof. Stephen Hawking's Disability Advice," http://www.Hawking.org.uk/index.php/disability; Stephen Hawking, "Prof. Stephen Hawking's Computer Communication System," http://www.Hawking.org.uk/index.php/disability/thecomputer.

4 Hawking, "Hawking's Disability Advice."

5 Hawking, "Hawking's Computer Communication System." ウォルトスがソフトウェアを設計し、デヴィッド・メイソン（ホーキングの二番目の妻エレインの元夫）がハードウェアを担当した。ウォルトスがデヴィッド・メイソンと出会ったのはエレインを通じてだった。メイソンがホーキングに装置の使い方を教えた。その後メイソンは、ワーズ・プラス社のイギリスにおける代表となる。

6 ここで説明しているプログラムは、今日のテクノロジーの先駆けとなったものだ。その点、読者にはなじみ深いもののように見えるだろう。われわれは今や——電子メール、フェイスブック、ツイッター、携帯メールなどを通じて——ますます書くことに頼るようになっている。スティーヴン・ホーキングはこれらのテクノロジーをごく初期の頃から使用していた。じっさい、彼はこれらのテクノロジーおよび書くためのテクノロジーそのものに全面的に依存している。ゆえにホーキングの例は、最新の社会技術と著述の実践を知る興味深い機会となる。

7 著者によるウォルト・ウォルトスへのインタヴュー。2000年12月22日。ウォルトスや大学院生アシスタントはプログラムのデモンストレーションを試みるたびに、どちらも間違った字をクリックしていた。

8 ソフトウェア開発者たちは、デヴィッド・ビューケルマンらによる拡大・代替コミュニケーション分野の研究成果を利用した。日常会話で最もよく使われるフレーズや単語に関する研究を参考にして、どのフレーズや単語をプログラムに入れるかを決めたのである。以下を参照。David Colker, "Giving a Voice to the Voiceless: Technology—Software Enables Severely Disabled People to Communicate By the Touch of a Button," *Los Angeles Times*, May 13, 1997, 8.

9 EZ Keysの場合、単語予測データベースは最大で5000語まで搭載可能で、変更を加えて新しい語彙を載せることも簡単にできる。単語完成機能には一般的に使用されている（つまり日常会話で誰もが使う）単語が含まれ、いっぽう単語予測機能には、とくにホーキングが使用する単語が含まれる。

10 著者によるウォルト・ウォルトスへのインタヴュー。2000年12月22日。

11 ワーズ・プラス社パンフレット：*Catalog of Products, Alternative and Augmentative Communication, New Products!* (2000), 5.

主体は主観性を欠いている。デカルトにとっては透明な、カントによれば非個別化された、ポパーの中では真空の主体である。たとえば以下を参照。René Descartes, *Méditations métaphysiques* (Paris: Flammarion, 1979), and *Discours de la méthode—pour bien conduire sa raison et chercher la vérité dans les sciences,* (*plus*) *la dioptrique - les météores et la géométrie qui sont des essais de cette méthode* (Paris: Fayard, 1987); Immanuel Kant, *Critique of Pure Reason*; trans. and ed. Paul Guyer and Allen Wood (Cambridge: Cambridge University Press, 1999); Karl Popper, *Objective Knowledge: An Evolutionary Approach* (Oxford: Clarendon Press, 1972). Evelyn Fox Keller, "The Paradox of Scientific Subjectivity," in *Rethinking Objectivity*, ed. Allan Megill (Durham, NC: Duke University Press, 1994): 313–31; Henry Michel, *Généalogie de la psychanalyse* (Paris: Presses Universitaires de France, 1985), 61: "Une subjectivité privée de sa dimension d'intériorité radicale, réduite à un voir, à une condition de l'objectivité et de la représentation." Allan Megill, "Introduction: Four Senses of Objectivity," in *Rethinking Objectivity*, ed. Allan Megill (Durham, NC: Duke University Press, 1994), 1–20, at 10:「カテゴリーの普遍性——すべての理性ある人々によって共有されていること——を重視する者は、カントを絶対的客観性の理論家だと考える。絶対的客観性とは、個々の特異性をすべてはぎとられた客観性のことである」

24 ここでは意図的に、専門家、知識人、科学者、人間を単数形で、素人、労働者、技術者、非人間を複数形で書いてある。

25 この意味で私は次のように主張したい。哲学と社会学は、正反対の理由で、科学者の状況的身体の必要性を否定する。科学社会学者が「科学者の状況的身体の必要性を否定する」などと言うのを聞いて驚く読者もいるかもしれない。なにしろ科学の社会的・文化的研究のこれまでの主な貢献の一つは、科学情報を環境に「再度取りこむ」ことだったからだ。たとえば以下を参照。Christopher Lawrence and Steven Shapin, eds., *Science Incarnate: Historical Embodiments of Natural Knowledge* (Chicago: University of Chicago Press, 1998). それでも私は次のことを強調しておきたい。科学的知識が社会に再度取りこまれる場合（たとえば合理主義的／個人主義的な科学の概念に対する解毒剤として）、特異な能力に恵まれた身体の「状況的かつ個別的な」特徴は、「集団性」の中で溶けて消滅するか、たとえば「暗黙知」として「ブラックボックス化」する傾向がある。この点については以下を参照。Hélène Mialet, "Reincarnating the Knowing Subject: Scientific Rationality and the Situated Body," *Qui Parle?* 18, no. 1 (2009): 53–73. ハラウェイの「状況におかれた知」の概念については以下を参照。Charis Thompson, *Making Parents: The Ontological Choreography of Reproductive Technologies* (Cambridge, MA: MIT Press, 2005), chap. 2, ここでチャリスは次のことに気づいた。「部分性、身体化、そして『モバイル・ポジショニング（動的位置設定）』は、位置ではなく動きを基盤とする最近のフェミニスト認識論と感覚を共有している……ハラウェイの『状況におかれた（situated）』という言葉には多少静的な響きがあるけれども」(49)。「ブラックボックス」としての暗黙知批判については、科学史家オットー・シバムが生産的身体の力の再導入の問題を取りあげている。以下を参照。"Les gestes de la mesure: Joule, les pratiques de la brasserie et la science," *Annales Histoire, Sciences Sociales*, nos. 4–5 (July–October 1998): 745–74. 身体と身体化の区別については以下を参照。Katherine Hayles, *How We Became Posthuman: Virtual Bodies in Cybernetics, Literature, and Informatics* (Chicago: University of Chicago Press, 1999).

26 とはいえ、伝記を書くための新しい方法につながる可能性はある。

27 John Boslough, *Stephen Hawking's Universe: Beyond the Black Holes* (London: Fontana, 1984); Kitty Ferguson, *Stephen Hawking: Quest for a Theory of Everything* (New York: Bantam Books, 1992); Jane Hawking, *Music to Move the Stars: A Life with Stephen* (London: Macmillan, 1999); Joseph P. McEvoy

14　たとえば以下を参照。Latour and Woolgar, *Laboratory Life*; Michael Lynch, *Scientific Practice and Ordinary Action: Ethnomethodology and Social Studies of Science* (Cambridge: Cambridge University Press, 1993), and *Art and Artifact in Laboratory Science: A Study of Shop Work and Shop Talk in a Research Laboratory* (London: Routledge and Kegan Paul, 1985); Karin Knorr Cetina, *Epistemic Cultures: How the Sciences Make Knowledge* (Cambridge, MA: Harvard University Press, 1999); Andrew Pickering, *The Mangle of Practice: Time, Agency and Science* (Chicago: University of Chicago Press, 1995).

15　したがって、たとえば物理学者とパン屋のあいだには、実行される認知操作について言えば、根本的な相違はない。相違は主として彼らが扱う対象に由来するのだ。

16　ブルーノ・ラトゥールは次のように述べている。「ANTにおけるアクターは記号論的な定義——アクタン——である。つまり、行動するもの、もしくは他者から行動することを認められているものである。それは、個々の人間のアクターにも、人間一般にも、特別な動機がまったくないことを意味している。アクタンは、行動の源であることが認められているならば、文字どおり、何でもありうる。ANTに批判が向けられるとすれば、それは逆に、人間の能力のモデルを提供することへの完全な無関心を意味している」"An Actor-Network Theory: A Few Clarifications," paper presented at the Center for Social Theory and Technology workshop, Keele University, UK, May 2, 1997, 4.

17　一般化された対称性の原理については、幅広く議論が重ねられてきた。たとえば以下の論文を参照。Harry Collins and Steve Yearley, "Epistemological Chicken"; Michel Callon and Bruno Latour, "Don't Throw the Baby Out with the Bath School! A Reply to Collins and Yearley," in *Science as Practice and Culture*, ed. A. Pickering (Chicago: University of Chicago Press, 1992); また、デヴィッド・ブルアとブルーノ・ラトゥールの議論は以下の3つの記事を参照。David Bloor, "Anti-Latour"; Bruno Latour, "For David Bloor and Beyond: A Reply to David Bloor's 'Anti-Latour'"; David Bloor, "Reply to Bruno Latour" (記事は、*Studies in History and Philosophy of Science* 30, no. 1 〔1999〕: 81–112, 113–29, 131–36 所収)。Pierre Bourdieu, *Science de la science et réflexivité* (Paris: Editions Raisons d'Agir, Collection "Cours et Travaux," 2001); Hélène Mialet, "The 'Righteous Wrath' of Pierre Bourdieu," *Social Studies of Science* 33, no. 4 (2003): 613–21 も参照。

18　たとえば以下を参照。Harry Collins, *Changing Order: Replication and Induction in Scientific Practice*, 2nd ed. (Chicago: University of Chicago Press, 1992); and Barry Barnes, *Scientific Knowledge and Sociological Theory* (London: Routledge and Kegan Paul, 1974).

19　この引用はのちに発表された次の論文の草稿からのものである。Michel Callon and John Law as "After the Individual in Society: Lessons on Collectivity from Science, Technology and Society," *Canadian Journal of Sociology* 22, no. 2 (Spring 1950): 169. 発表された版は表現が異なっている。私は草稿版を採用した。

20　Donna Haraway, *Simians, Cyborgs and Women: The Reinvention of Nature* (London: Free Association Books, 1991).

21　そのとおり、とわれわれは言う（彼も言う）。なぜなら理論物理学を行うためには、身体を持つ必要はなく、優れた精神だけがあればよいからだ。

22　多くの者にとって、存在すること、あるいは知ることは、することと同義である。（ごく一部の例として、以下の人々がそうである。Andrew Pickering, John Law, Michel Callon, Bruno Latour, Antoine Hennion, Judith Butler, Karen Barad, and Donna Haraway）。ゆえに、「する」とはどういうことかを理解することがきわめて重要である。

23　もちろん、合理主義の伝統において、知の原動力が主体に刻みこまれているとするならば、この

原註

はじめに

1 John Locke, *An Essay Concerning Human Understanding* (London: Oxford University Press, 1988), 160.

2 同書、162.

3 同書、163–64ページ。

4 最初の症状が現れた後、医師は彼に余命2年と伝えた。だが、現在、この病気とのつきあいは40年以上に及んでいる。

5 Jeremy Hornsby and Ian Ridpath, "Mind over Matter," *Telegraph Sunday Magazine*, October 28, 1979, 44.

6 John Boslough, "Stephen Hawking Probes the Heart of Creation," *Reader's Digest*, February 1984, 39.

7 Leon Jarroff, "Roaming the Cosmos," *Time*, February 8, 1998, 34.

8 Jerry Adler, Gerald C. Lubenow, and Maggie Malone, "Reading God's Mind," *Newsweek*, June 13, 1988, 36.

9 Michael White and John Gribbin, *Stephen Hawking: A Life in Science* (New York: Dutton, 1992), 135.

10 サイモン・シェーファーは、「天才」という語が18世紀後半の自然哲学者に対してどのように適用されていたかを明らかにしている。シェーファーによれば、ロマン主義の天才は、並外れた、神秘的とも言える力を有しており、その力は自然哲学者が自然を予測し、自然の秘密を発見することを可能にした。以下を参照。Simon Schaffer, "Genius in Romantic Natural Philosophy," in *Romanticism and the Sciences*, ed. Andrew Cunningham and Nick Jardine (Cambridge: Cambridge University Press, 1990), 82–98. スティーヴン・シェイピンは孤独をテーマとする重要な小論を書いている。"The Mind Is Its Own Place: Science and Solitude in Seventeenth-Century England," *Science in Context* 4, no. 1 (1991): 191–218.

11 Shapin, "The Mind Is Its Own Place," 210. 職業としての科学の概念の変化については、以下も参照。*The Scientific Life: A Moral History of a Late Modern Vocation* (Chicago: University of Chicago Press, 2008).

12 たとえば以下を参照。Steven Shapin, *A Social History of Truth: Civility and Science in Seventeenth-Century England* (Chicago: University of Chicago Press, 1994); Otto Sibum, "Reworking the Mechanical Equivalent of Heat," *Studies in History and Philosophy of Science* 26, no. 1 (1995): 73–106; Bruno Latour and Steve Woolgar, *Laboratory Life: The Social Construction of Scientific Facts* (Beverly Hills, CA: Sage, 1979); Simon Schaffer, "Making Up Discovery," in *Dimensions of Creativity*, ed. Margaret Boden (Cambridge, MA: MIT Press, 1994), 13–55.

13 Karl Popper, *The Logic of Scientific Discovery* (London: Hutchinson, 1972), and *Conjectures and Refutations: The Growth of Scientific Knowledge* (London: Routledge and Kegan Paul, 1969).

Veyne, Paul. *Les Grecs ont-ils crû à leurs mythes? Essai sur l'imagination constituante.* Paris : Poche/ Seuil, 2000.

Warwick, Andrew. *Masters of Theory : Cambridge and the Rise of Mathematical Physics.* Chicago : University of Chicago Press, 2003.

Weber, Max. *Theory of Social and Economic Organization.* Trans. A. M. Henderson and Talcott Parsons. New York : Free Press, 1964.

Weizenbaum, Joseph. "ELIZA : A Computer Program for the Study of Natural Language Communication between Man and Machine." *Communications of the ACM* 9, no. 1 (1966) : 36–45.

White, Hayden. *Metahistory : The Historical Imagination in Nineteenth-Century Europe.* Baltimore, MD : Johns Hopkins University Press, 1973.

White, Michael, and John Gribbin, *Stephen Hawking, A Life in Science.* New York : Dutton, 1992.

Wilford, John Noble. "Scientist at Work : Stephen Hawking— Sailing a Wheelchair to the End of Time." *New York Times*, March 24, 1998.

Wimmer, Mario. *Archivkorper : Eine Geschichte historisher Einbildungskra..* Constance : Konstanz Univesity Press, 2012.

———. "Die kalte Sprache des Lebendigen : Zu den Anfängen der Archivberufssprache." In *Sprachvollzug im Amt Kommunikation und Verwaltung im Europa des 19 und 20 Jahrhunderts*, ed. Peter Becker. Bielefeld, Germany : Transcript, 2011.

Wintroub, Michael. "The Looking Glass of Facts : Collecting, Rhetoric and Citing the Self in the Experimental Natural Philosophy of Robert Boyle." *History of Science* 35 (June 1997) : 189–217.

———. *A Savage Mirror : Power, Identity and Knowledge in Early Modern France*, Stanford, CA : Stanford University Press, 2006.

Yeo, Richard. "Genius, Method, and Morality : Images of Newton in Britain, 1760– 1860." *Science in Context* 2, no. 2 (1988) : 257–84.

Princeton, NJ : Princeton University Press, 1994.

Shapin, Steven. "The Mind Is Its Own Place : Science and Solitude in Seventeenth-Century England." *Science in Context* 4 (1991), 191–218.

———. "The Politics of Observation : Cerebral Anatomy and Social Interests in the Edinburgh Phrenology Disputes." In *On the Margins of Science : The Social Construction of Rejected Knowledge*, ed. Roy Wallis. Staffordshire : University of Keele, 1979.

———. *The Scientific Life : A Moral History of a Late Modern Vocation.* Chicago : University of Chicago Press, 2008.

———. *A Social History of Truth : Civility and Science in Seventeenth-Century England.* Chicago : University of Chicago Press, 1994.

———, and Christopher Lawrence. "Introduction." In Lawrence and Shapin, *Science Incarnate*, 1–19.

———, and Simon Schaffer. *Leviathan and the Air-Pump : Hobbes, Boyle, and the Experimental Life.* Princeton, NJ : Princeton University Press, 1989.

Shuttleworth, Russell. "The Pursuit of Sexual Intimacy for Men with Cerebral Palsy." PhD diss., University of California, San Francisco and Berkeley, 2000.

Sibum, Otto. "Les gestes de la mesure : Joule, les pratiques de la brasserie et la science," *Annales Histoire, Sciences Sociales* 4–5 (July–October 1998) : 745–74.

———. "Reworking the Mechanical Equivalent of Heat." *Studies in History and Philosophy of Science* 26, no. 1 (1995) : 73–106.

Steedman, Carolyn. "Something She Called a Fever : Michelet, Derrida and Dust." *American Historical Review* 106, no. 4 (2001) : 1159–80.

Stengers, Isabelle. *Pour en finir avec la tolérance.* Vol. 7 of *Cosmopolitiques.* Paris : Editions La Découverte/ Les Empêcheurs de penser en rond, 1997.

Stone, Allucquère Rosanne. "Split Subjects, Not Atoms; or, How I Fell in Love with My Prosthesis." *Configurations* 2, no. 1 (1994) : 173–90.

Suchman, Lucy. "Constituting Shared Workspaces." In *Cognition and Communication at Work*, ed. Yrjö Engeström and David Middleton, 35–60. Cambridge : Cambridge University Press, 1996.

———. *Human-Machine Reconfigurations : Plans and Situated Actions.* 2nd ed. Cambridge : Cambridge University Press, 2007.

Tarde, Gabriel. *L'opinion et la foule.* Paris : Presses Universitaires de France, 1989.

Thackeray, William Makepeace. *The Paris Sketchbook, by Mr. Titmarsh.* London : Smith and Elder, 1868.

Thévenot, Laurent. "Pragmatic Regimes Governing the Engagement with the World." In *The Practice Turn in Contemporary Theory*, ed. Theodore R. Schatzki, Karin Knorr Cetina, and Eike von Savigny, 56–74. London : Routledge, 2001.

Thompson, Charis. *Making Parents : The Ontological Choreography of Reproductive Technologies.* Cambridge, MA : MIT Press, 2005.

Thorne, Kip S. *Black Holes and Time Warps : Einstein's Outrageous Legacy.* New York : W. W. Norton, 1994.

Thorpe, Charles, and Steven Shapin. "Who Was J. Robert Oppenheimer? Charisma and Complex Organization." *Social Studies of Science* 30, no. 4 (2000) : 545–90.

Turkle, Sherry. *Life on the Screen : Identity at the Age of the Internet.* New York : Touchstone, 1997.

———. *The Logic of Scientific Discovery*. London : Hutchinson, 1972.
———. *Objective Knowledge : An Evolutionary Approach*. Oxford : Clarendon Press, 1972.
Quéré, Louis. "La situation toujours négligée." *Réseaux* 15, no. 85 (1997) : 163–92.
Ricoeur, Paul. *Hermeneutics and the Human Sciences : Essays on Language, Action and Interpretation*. Trans. and ed. John B. Thompson. Cambridge : Cambridge University Press, 1981.
———. "The Model of the Text : Meaningful Action Considered as a Text." In Ricoeur, *Hermeneutics and the Human Sciences*, 145–64.
———. "What Is a Text? Explanation and Understanding." In Ricoeur, *Hermeneutics and the Human Sciences*, 197–221.
Ridpath, Ian. "Black Hole Explorer." *New Scientist*, May 4, 1978, 307–9.
Riles, Annelise, ed. *Documents : Artifacts of Knowledge*. Ann Arbor : University of Michigan Press, 2006.
Robillard, Albert. *Meaning of a Disability : The Lived Experience of Paralysis*. Philadelphia, PA : Temple University Press, 1999.
Rosental, Claude. *Weaving Self-Evidence : A Sociology of Logic*. Princeton, NJ : Princeton University Press, 2008.
Rotman, Brian. *Ad Infinitum . . . The Ghost in Turing's Machine : Taking God Out of Mathematics and Puttng the Body Back In*. Stanford, CA : Stanford University Press, 1993.
———. "Figuring Figures." Paper presented at an MLA round table conference entitled "Between Semiotics and Geometry : Metaphor, Science, and the Trading Zone." Philadelphia, PA, December 28, 2004.
———. *Mathematics as Sign : Writing, Imagining, Counting*. Stanford, CA : Stanford University Press, 2000.
———. "The Technology of Mathematical Persuasion." In Lenoir, *Inscribing Science*, 55–69.
———. "Thinking Dia-Grams : Mathematics, Writing, and Virtual Reality." *South Atlantic Quarterly* 94, no. 2 (1995) : 389–415.
Ryle, Gilbert. "The Thinking of Thoughts : What Is 'Le Penseur' Doing?" In Gilbert Ryle's collected papers, 1971. Online at http://web.utk.edu/~wverplan/ryle.html.
Sacks, Harvey. *Lectures on Conversation*. Vol. 1. Malden : Blackwell, 1992.
———, Emanuel A. Schegloff, and Gail Jefferson. "A Simplest Systematics for the Organization of Turn-Taking for Conversation." *Language* 50, no. 4 (1974) : 696–735.
Schaffer, Simon. "Genius in Romantic Natural Philosophy." In *Romanticism and the Sciences*, ed. Andrew Cunningham and Nick Jardine, 82–98. Cambridge : Cambridge University Press, 1990.
———. "Glassworks : Newton's Prism and the Uses of Experiment." In *The Uses of Experiment : Studies in the Natural Sciences*, ed. David Gooding, Trevor J. Pinch, and Simon Schaffer, 67–104. Cambridge : Cambridge University Press, 1989.
———. "Making Up Discovery." In *Dimensions of Creativity*, ed. Margaret Boden, 13–55. Cambridge, MA : MIT Press, 1994.
Schmidt, Sara. *Split Personalities : A Librarian in the Archives*. Special Collections Librarian, Schreiner University, Kerville, Texas.
Schumpeter, Joseph. *Capitalism, Socialism, and Democracy*. New York : Harper Perennial, 2008.
Schweber, Silvan S. *QED and the Men Who Made It : Dyson, Feynman, Schwinger, and Tomonaga*.

Parle? 18, no. 1 (2009) : 53–73.
———. "The 'Righteous Wrath' of Pierre Bourdieu." *Social Studies of Science* 33, no. 4 (2003) : 613–21.
Michel, Henry. *Généalogie de la psychanalyse*. Paris : Presses Universitaires de France, 1985.
Mol, Annemarie. *The Body Multiple : Ontology in Medical Practice*. Durham, NC : Duke University Press, 2002.
Morfaux, Louis-Marie. *Vocabulaire de la philosophie et des sciences humaines*. Paris : Armand Colin, 1980.
Moser, Ingunn, and John Law. "Good Passages, Bad Passages." In *Actor-Network Theory and After*, ed. John Law and John Hassard, 196–220. Oxford : Blackwell, 1999.
Murphy, Robert F. *The Body Silent*. New York : W. W. Norton, 1987.
Nersessian, Nancy. "The Theoretician's Laboratory : Thought Experimenting as Mental Modeling." *Proceedings of the Biennial Meeting of the Philosophy of Science Association* 2 (1992) : 291–301.
Netz, Reviel. *The Shaping of Deduction in Greek Mathematics*. Cambridge : Cambridge University Press, 1999.
Norman, Donald. *Things That Make Us Smart : Defending Human Attributes in the Age of the Machine*. Reading, MA : Addison-Wesley, 1993.
Ochs, Elinor, Sally Jacoby, and Patrick Gonzales. "Interpretive Journeys : How Physicists Talk and Travel Through Graphic Space." *Configurations* 2, no. 1 (1994) : 151–71.
Olesko, Kathryn. "The Foundations of a Canon : Kohlrausch's Practical Physics." In Kaiser, *Pedagogy and Practice of Science*, 323–57.
Oudshoorn, Nelly, and Trevor Pinch. *How Users Matter : The Co-Construction of Users and Technology*. Cambridge, MA : MIT Press, 2003.
Penrose, Roger. *The Emperor's New Mind : Concerning Computers, Mind and the Laws of Physics*. New York : Penguin Books, 1989.
Pickering, Andrew. "Against Putting the Phenomena First : The Discovery of the Weak Neutral Current." *Studies in History and Philosophy of Science* 15, no. 2 (1984) : 87–117.
———. *The Mangle of Practice : Time, Agency and Science*. Chicago : University of Chicago Press, 1995.
———, and Adam Stephanides. "Constructing Quaternions : On the Analysis of Conceptual Practice." In *Science as Practice and Culture*, ed. Andrew Pickering, 139–67. Chicago : University of Chicago Press, 1992.
Pinch, Trevor. "Giving Birth to New Users : How the Minimoog Was Sold to Rock and Roll." In Oudshoorn and Pinch, *How Users Matter*, 247–70.
———, and Wiebe E. Bijker. "The Social Construction of Facts and Artefacts; or, How the Sociology of Science and the Sociology of Technology Might Benefit Each Other." *Social Studies of Science* 14 (August 1984) : 399–441.
Polanyi, Michael. *Knowing and Being*, ed. Marjorie Grene. Chicago : University of Chicago Press, 1969.
———. *The Study of Man : The Lindsay Memorial Lectures*. Chicago : University of Chicago Press, 1959.
———. *The Tacit Dimension*. Garden City, NY : Doubleday,1966.
Popper, Karl. *Conjectures and Refutations : The Growth of Scientific Knowledge*. London : Routledge and Kegan Paul, 1969.

CA : Stanford University Press, 1998.

Locke, John. *An Essay Concerning Human Understanding*. London : Oxford University Press, 1988.

Lubow, Arthur. "Heart and Mind." *Vanity Fair*, June 1992, 44–53.

Lupton, Debora, and Wendy Seymour. "Technology, Selfhood and Physical Disability." *Social Science and Medicine* 50, no. 12 (2000) : 1851–62.

Lynch, Michael. "Archives in Formation : Privileged Spaces, Popular Archives and Paper Trails." *History of the Human Sciences* 12, no. 2 (1999) : 65–87.

———. *Art and Artifact in Laboratory Science : A Study of Shop Work and Shop Talk in a Research Laboratory*. London : Routledge and Kegan Paul, 1985.

———. "Discipline and the Material Form of Images : An Analysis of Scientific Visibility." *Social Studies of Science* 15, no. 1 (1985) : 37–66.

———. "The Externalized Retina : Selection and Mathematization in the Visual Documentation of Objects in the Life Sciences." *Human Studies* 11, nos. 2–3 (1988) : 201–34.

———. *Scientific Practice and Ordinary Action : Ethnomethodology and Social Studies of Science*. Cambridge : Cambridge University Press, 1993.

———, and David Bogen, *The Spectacle of History : Speech, Text and Memory at the Iran-Contra Hearings*. Durham, NC : Duke University Press, 1996.

———, Eric Livingston, and Harold Garfinkel. "Temporal Order in Laboratory Work." In *Science Observed*, ed. Karin Knorr Cetina and Michael Mulkay, 205–38. London : Sage, 1983.

———, Stephen Hilgartner, and Carin Berkowitz. "Voting Machinery : Counting and Public Proofs in the 2000 US Presidential Election." In *Making Things Public : Atmospheres of Democracy*, ed. Bruno Latour and Peter Wiebel, 814–28. Cambridge, MA : MIT Press, 2005.

———, and Steve Woolgar, eds. *Representation in Scientific Practice*. Cambridge, MA : MIT Press, 1990.

MacKenzie, Donald. *Knowing Machines : Essays on Technical Change*. Cambridge, MA : MIT Press, 1996.

MacLean, Gerald, ed. *Culture and Society in the Stuart Restoration : Literature, Drama, History*. Detroit, MI : Western University, 1995.

McEvoy, Joseph. P., and Oscar Zarate. *Introducing Stephen Hawking*. New York : Totem Books, 1995.

Megill Allan, ed. *Rethinking Objectivity*. Durham, NC : Duke University Press : 1994.

Merleau-Ponty, Maurice. *Phenomenology of Perception*. Translated by Colin Smith. London : Routledge and Kegan Paul, 1962.

———. *The Structure of Behavior*. Trans. Alden L. Fisher. Boston : Beacon Press, 1963.

Mialet, Hélène. "Do Angels Have Bodies? Two Stories about Subjectivity in Science : The Cases of William X and Mr. H." *Social Studies of Science* 29, no. 4 (1999) : 551–82.

———. *L'Entreprise créatrice : Le rôle des récits, des objets et de l'acteur dans l'invention*. Paris : Hermès-Lavoisier, 2008.

———. "Is the End in Sight for the Lucasian Chair? Stephen Hawking as Millennium Professor." In Knox and Noakes, *From Newton to Hawking*, 425–59.

———. "Making a Difference by Becoming the Same." *International Journal of Entrepreneurship and Innovation* 10, no. 4 (2009) : 257–65.

———. "Reincarnating the Knowing Subject : Scientific Rationality and the Situated Body." *Qui*

Koestler, Arthur. *The Act of Creation*. London : Arkana, 1989.

———. *Le cri d'Archimède*. Paris : Calmann-Lévy, 1960.

Koltun, Lilly. "The Promise and the Threat of Digital Options in an Archival Age." *Archivaria* 47 (Spring 1999) : 114–35.

Kuhn, Thomas. *The Structure of Scientific Revolutions*. Chicago : University of Chicago Press, 1962.

LaCapra, Dominick. *Writing History, Writing Trauma*. Baltimore, MD : Johns Hopkins University Press, 2001.

Laermans, Rudi, and Pascal Gielen. "The Archive of the Digital An-archive." *Image and Narrative : An Online Magazine of the Visual Narrative* (April 2007). Online at www.imageandnarrative.be/.

Lakoff, Georges. *Women, Fire, and Dangerous Things : What Categories Reveal About the Mind*. Chicago : University of Chicago Press, 1987.

———, and M. Johnson. *Metaphors We Live By*. Chicago : University of Chicago Press, 1979.

Latour, Bruno. *An Actor-Network Theory : A Few Clarifications*. Paper presented at the Center for Social Theory and Technology workshop, Keele University, UK, May 2, 1997.

———. "For David Bloor and Beyond : A Reply to David Bloor's 'Anti-Latour.'" *Studies in History and Philosophy of Science* 30, no. 1 (1999) : 113–29.

———. *The Pasteurisation of France*. Cambridge, MA : Harvard University Press, 1988.

———. *Science in Action : How to Follow Scientists and Engineers Through Society*. Cambridge, MA : Harvard University Press, 1987.

———. "Sur la pratique des théoriciens." In *Savoir théoriques et savoirs d'action*, ed. Jean-Marie Barbier. Paris : Presses Universitaires de France, 1998.

———. "A Textbook Case Revisited : Knowledge as a Mode of Existence." In *The Handbook of Science and Technology Studies*, ed. Edward J. Hackett, Olga Amsterdamska, Michael Lynch, and Judy Wajcman, 83–112. 3rd ed. Cambridge, MA : MIT Press, 2007.

———. "Le travail de l'image ou l'intelligence redistribuée." *Culture Technique* 22 (1991) : 12–24.

———. "Visualization and Cognition : Thinking with Eyes and Hands." *Knowledge and Society : Studies in the Sociology of Culture Past and Present* 6 (1986) : 1–40.

———. *We Have Never Been Modern*. Cambridge, MA : Harvard University Press, 1993.

———. "Which Politics for Which Artifacts ?" *Domus*, June 2004, 50–51.

———, and Adam Lowe. "The Migration of the Aura; or, How to Explore the Original Through Its Facsimiles." In *Switching Codes*, ed. Thomas Bartscherer. Chicago : University of Chicago Press, 2010.

———, and Steve Woolgar. *Laboratory Life : The Social Construction of Scientific Facts*. Beverly Hills, CA : Sage, 1979.

Law, John, and Inguun Moser. "Making Voices : New Media Technologies, Disabilities and Articulation." In *Digital Media Revisited : Theoretical and Conceptual Innovations in Digital Domains*, ed. Gunnar Liestøl, Andrew Morrison, and Terje Rasmussen, 491–520. Cambridge, MA : MIT Press, 2003.

Lawrence, Christopher, and Steven Shapin, eds. *Science Incarnate : Historical Embodiments of Natural Knowledge*. Chicago : University of Chicago Press, 1998.

Leder, Drew. *The Absent Body*. Chicago : University of Chicago Press, 1990.

Lenoir, Timothy, ed. *Inscribing Science : Scientific Texts and the Materiality of Communication*. Stanford, ed. Martin Kaltenecker and François Nicolas, 85–94. Paris : Centre de documentation de la Musique Contemporaine, 2006.

———. "Soli Deo Gloria. Bach était-il un compositeur." *Gradhiva* 12 (2010) : 42–47.

———, and Joël-Marie Fauquet. "Authority as Performance : The Love of Bach in Nineteenth-Century France." *Poetics* 29 (2001) : 75–88.

Hicklin, William. *The Hawking Paradox*. Directed by William Hicklin. Horizon Films, 2005.

Hirschauer, Stefan. "The Manufacture of Bodies in Surgery." *Social Studies of Science* 21 (May 1991) : 279–319.

Hutchins, Edwin. *Cognition in the Wild*. Cambridge, MA : MIT Press, 1995.

———. "How a Cockpit Remembers Its Speeds." *Cognitive Science* 19, no. 3 (1985) : 265–88.

Ihde, Don. *Bodies in Technology*. Minneapolis : University of Minnesota Press, 2002.

———. *Technics and Praxis*. Dordrecht, Holland : D. Reidel, 1979.

Iliffe, Robert. "'Is He Like Other Men?' The Meaning of the *Principia Mathematica*, and the Author as Idol." In *Culture and Society in the Stuart Restoration : Literature, Drama, History*, ed. Gerald MacLean, 159–76. Detroit, MI : Western University Press, 1995.

Jacob, Christian, ed. *Lieux de savoir : Les mains de l'intellect*. Paris : Albin Michel, 2011.

Jarroff, Leon. "Roaming the Cosmos." *Time*, February 8, 1998.

Jones, Matthew. *The Good Life in the Scientific Revolution : Descartes, Pascal, Leibniz, and the Cultivation of Virtue*. Chicago : University of Chicago Press, 2006.

Kaiser, David. *Drawing Theories Apart : The Dispersion of Feynman Diagrams in Postwar Physics*. Chicago : University of Chicago Press, 2005.

———. "Making Tools Travel : Pedagogy and the Transfer of Skills in Postwar Theoretical Physics." In Kaiser, *Pedagogy and Practice of Science*, 41–74.

———, ed. *Pedagogy and Practice of Science : Historical and Contemporary Perspectives*. Cambridge, MA : MIT Press, 2005.

———. "Stick-Figure Realism : Conventions, Reification, and the Persistence of Feynman Diagrams, 1948–1964." *Representations* 70 (Spring 2000) : 49–80.

Kampeas, Ron. "Hawking Goes Online with New Computer." *Seattle Times*, March 22, 1997.

Kant, Immanuel. *Critique of Pure Reason*. Trans. and ed. Paul Guyer and Allen Wood. Cambridge : Cambridge University Press, 1999.

Kantorowicz, Ernst H. *The King's Two Bodies : A Study in Medieval Political Theology*. Princeton, NJ : Princeton University Press, 1957.

Keller, Evelyn Fox. *A Feeling for the Organism*. San Francisco : W. H. Freeman, 1983.

———. "The Paradox of Scientific Subjectivity." In Megill, *Rethinking Objectivity*, 313–31.

Kendon, Adam. "Some Functions of Gaze Direction in Social Interaction." *Acta Psychologica* 26, no. 1 (1967) : 22–63.

Klein, Ursula, ed. *Tools and Modes of Representation in the Laboratory Sciences*. Dordrecht, Holland : Kluwer Academic Publishers, 2001.

Knorr Cetina, Karin. *Epistemic Cultures : How the Sciences Make Knowledge*. Cambridge, MA : Harvard University Press, 1999.

Knox, Kevin, and Richard Noakes, eds. *From Newton to Hawking : A History of Cambridge University's Lucasian Professors of Mathematics*. Cambridge : Cambridge University Press, 2003.

———. "Practices of Seeing, Visual Analysis : An Ethnomethodological Approach." In *Handbook of Visual Analysis*, ed. Theo Van Leeuwen and Carey Jewitt, 157–82. London : Sage, 2000.

———, and Marjorie Harness Goodwin, "La coopération au travail dans un aéroport." *Réseaux* 15, no. 85 (1997) : 129–62.

Goody, Jack. *The Domestication of the Savage Mind*. Cambridge : Cambridge University Press, 1977.

Greenblatt, Stephen. *Renaissance Self-Fashioning : From More to Shakespeare*. Chicago : University of Chicago Press, 1980.

Hacking, Ian. *Representing and Intervening : Introductory Topics in the Philosophy of Natural Science*. New York : Cambridge University Press : 1983.

Hagner, Michael. *Cerveaux des génies*. Trans. Olivier Mannoni. Paris : Éditions de la Maison des Sciences de l'Homme, 2008.

———. "The Pantheon of Brains." In *Making Things Public : Atmospheres of Democracy*, ed. Bruno Latour and Peter Weibel, 126–31. Cambridge, MA : MIT Press, 2005.

Haraway, Donna. *Simians, Cyborgs and Women : The Reinvention of Nature*. London : Free Association Books, 1991.

Hawking, Jane. *Music to Move the Stars : A Life with Stephen*. London : Macmillan, 1999.

Hawking, Stephen. *Black Holes and Baby Universes and Other Essays*. New York : Bantam Books, 1993.

———. "A Brief History of a Brief History." *Popular Science*, August 1999, 70–72.

———. *A Brief History of Time*. New York : Bantam Books, 1988.

———, ed. *A Brief History of Time : A Reader's Companion*. Prepared by Gene Stone. New York : Bantam Books, 1992.

———, with Leonard Mlodinow. *A Briefer History of Time*. New York : Bantam Books, 2008.

———. "Imagination and Change : Science in the Next Millennium." VHS tape. Millennium Evenings at the White House.

———. "Playboy Interview : Stephen Hawking-Candid Conversation." *Playboy* 37, no. 4 (April 1990) : 63–74.

———. "Prof. Stephen Hawking's Computer Communication System." Online at http://www.hawking.org.uk/index.php/disability/thecomputer.

———. "Prof. Stephen Hawking's Disability Advice." Online at http://www.hawking.org.uk/index.php/disability.

———, ed. *Qui êtes vous Mr Hawking?* Paris : Odile Jacob, 1994.

———. *The Universe in a Nutshell*. New York : Bantam Books, 2001.

Hayles, Katherine. *How We Became Posthuman : Virtual Bodies in Cybernetics, Literature, and Informatics*. Chicago : University of Chicago Press, 1999.

Heidegger, Martin. *Being and Time*. Trans. John Macquarrie and Edward Robinson. New York : Harper & Row, 1962.

Heinich, Nathalie. *La gloire de Van Gogh : Essai d'anthropologie de l'admiration*. Paris : Editions de Minuit, 1991.

Hendriks, Ruud. "Egg Timers, Human Values and the Care of Autistic Youths." *Science, Technology and Human Values* 23, no. 4 (1998) : 399–424.

Hennion, Antoine. *La passion musicale*. Paris, Métailié : 2007.

———. "La présence de Bach." In *Penser l'oeuvre musicale au XXe siècle : Avec, sans ou contre l'Histoire?*

———. *Méditations métaphysiques*. Paris : Flammarion, 1979.

Dreyfus, Hubert. *What Computers Can't Do : A Critique of Artificial Reason*. New York : Harper & Row, 1972.

———. "Why Computers Must Have Bodies in Order to Be Intelligent." *Review of Metaphysics* 21, no. 1 (1967) : 13–32.

Dunning-Davies, Jeremy. "Popular Status and Scientific Influence : Another Angle on 'The Hawking Phenomenon.'" *Public Understanding of Science* 2, no. 1 (1993) : 85–86.

Fara, Patricia, *Newton : The Making of Genius*. New York : Columbia University Press, 2002.

Featherstone, Mike. "Archive." *Theory, Culture and Society* 23, nos. 2–3 (2006) : 591–96.

Ferguson, Kitty. *Stephen Hawking : Quest for a Theory of Everything*. New York : Bantam Books, 1992.

Filkin, David. *Stephen Hawking's Universe : The Cosmos Explained*. New York : Basic Books, 1998.

Foucault, Michel. "What Is an Author?" In *Language, Counter-Memory, Practice*, ed. Donald F. Bouchard, trans. Donald F. Bouchard and Sherry Simon, 113–38. Ithaca, NY : Cornell University Press, 1977.

Galison, Peter. *Einstein's Clocks, Poincaré's Maps : Empire of Time*. New York : W. W. Norton, 2003.

———. *How Experiments End*. Chicago : University of Chicago Press, 1987.

———. "The Suppressed Drawing : Paul Dirac's Hidden Geometry." *Representations* 72 (Autumn 2000) : 145–66.

Garfinkel, Harold. *Studies in Ethnomethodology*. Cambridge : Cambridge University Press : 1967.

Geertz, Cliff ord. *Works and Lives : The Anthropologist as Author*. Stanford, CA : Stanford University Press, 1988.

———. "Thick Description : Toward an Interpretative Theory of Culture." In *The Interpretation of Cultures*. New York : Basic Books, 1973.

Geison, Gerarld L., and Frederic L. Holmes, eds. "Research Schools, Historical Reappraisals." Special issue, *Osiris* 8 (1993).

Gibbons, Gary, and Stephen Hawking. *Euclidean Quantum Gravity*. Singapore : World Scientific Publishing, 1993.

Gidding, Franklin Henry. *The Principles of Sociology : An Analysis of the Phenomena of Association and Organization*. London : Macmillan, 1896.

Goffman, Erving, *The Presentation of Self in Everyday Life*. Garden City, NY : Doubleday, 1959.

———. *Stigma : Notes on the Management of Spoiled Identity*. Englewood Cliffs, NJ : Prentice-Hall, 1963.

Golledge, Reginald. "On Reassembling One's Life : Overcoming Disability in the Academic Environment." *Environment and Planning D : Society and Space* 15, no. 4 (1997) : 391–409.

Goode, David. *A World without Words : The Social Construction of Children Born Deaf and Blind*. Philadelphia, PA : Temple University Press, 1994.

Gooding, David. "What Is Experimental about Thought Experiments?" In *Proceedings of the Biennial Meetings of the Philosophy of Science Association* 2, no. 2 (1992) : 280–90.

Goodwin, Charles. "Co-Constructing Meaning in Conversations with an Aphasic Man." *Research on Language and Social Interaction* 28, no. 3 (1995) : 233–60.

———. *Conversational Organization : Interaction between Speakers and Hearers*. New York : Academic Press, 1981.

———, and John Law. "Agency and the Hybrid Collective." *South Atlantic Quarterly* 94, no. 2 (1995) : 481–507.

———, and Vololona Rabeharisoa. "Gino's Lesson on Humanity : Genetics, Mutual Entanglements and the Sociologist's Role." *Economy and Society*, 33, no. 1 (2004) : 1–27.

Cantor, Geoffrey. "The Scientist as Hero : Public Images of Michael Faraday." In *Telling Lives in Science : Essays on Scientific Biography*, ed. Richard Yeo and Michael Shortland, 171–95. Cambridge : Cambridge University Press, 1996.

Carruthers, Mary. *The Book of Memory : A Study of Memory in Medieval Culture*. 2nd ed. Cambridge : Cambridge University Press, 2008.

Châtelet, Gilles. *Figuring Space : Philosophy, Mathematics and Physics*. Dordrecht, Holland : Kluwer Academic Publishers, 2000.

Clark, William. "On the Ironic Specimen of the Doctor of Philosophy." *Science in Context* 5, no. 1 (1992) : 97–137.

Clifford, James. "Introduction : Partial Truths." In Clifford and Marcus, *Writing Culture*, 1–26.

———, and George Marcus, eds. *Writing Culture : The Poetics and Politics of Ethnography*. Berkeley and Los Angeles : University of California Press, 1986.

Colker, David. "Giving a Voice to the Voiceless." *Los Angeles Times*, May 13, 1997.

Collins, Harry M. *Artificial Experts : Social Knowledge and Intelligent Machines*. Cambridge, MA : MIT Press, 1990.

———. *Changing Order : Replication and Induction in Scientific Practice*. 2nd ed. Chicago : University of Chicago Press, 1992.

———. "The Seven Sexes : A Study in the Sociology of a Phenomenon, or the Replication of Experiment in Physics." *Sociology* 9, no. 2 (1975) : 205–24.

———. "The Turing Test and Language Skills." In *Technology in Working Order*, ed. Graham Button, 231–45. London : Sage, 1993.

———, and Steve Yearley. "Epistemological Chicken." In *Science as Practice and Culture*, ed. Andrew Pickering, 301–26. Chicago : University of Chicago Press, 1992.

Cornelis, Gustaaf C. "Analogical Reasoning in Modern Cosmological Thinking." In *Metaphor and Analogy in the Sciences*, ed. F. Hallyn, 165–80. Netherlands : Kluwer Academic Publishers, 2000.

Cropper, William H. *Great Physicists : The Life and Times of Leading Physicists from Galileo to Hawking*. Oxford : Oxford University Press, 2001.

Daston, Lorraine. "Condorcet and the Meaning of Enlightenment." *Proceedings of the British Academy* 151 (December 2007) : 113–34.

———. "Enlightenment Calculation." *Critical Inquiry* 21, no. 1 (1994) : 182–202.

Derrida, Jacques. *Archive Fever : A Freudian Impression*. Trans. Eric Prenowitz. Chicago : University of Chicago Press, 1996.

Descartes, René. *Discours de la méthode pour bien conduire sa raison et chercher la vérité dans les sciences, (plus) la dioptrique-les météores et la géométrie qui sont des essais de cette méthode*. Paris : Fayard, 1987.

———. *The "Meditations" and Selections from the "Principles."* Trans. John Veitch. Chicago : Open Court, 1913.

参考文献

Adler, Jerry, Gerald C. Lubenow, and Maggie Malone. "Reading God's Mind." *Newsweek*, June 13, 1988, 36–39.

Akrich, Madeleine. "The De-scription of Technical Objects." In *Shaping Technology/ Building Society : Studies in Sociotechnical Change*, ed. Wiebe Bijker and John Law, 20–24. Cambridge MA : MIT Press, 1992.

Alpers, Svetlana. *Rembrandt's Enterprise : The Studio and the Market*. Chicago : University of Chicago Press, 1988.

Appleyard, Bryan. "A Master of the Universe." *Sunday Times Magazine*, June 19, 1988.

Austin, J. L., *How to Do.Things with Words*. New York : Oxford University Press, 1965.

Barad, Karen. "Posthumanist Performativity : Toward an Understanding of How Matter Comes to Matter." *Signs : Journal of Women in Culture and Society* 28, no. 3 (2003) : 801–31.

Barnes, Barry. *Scientific Knowledge and Sociological Theory*. London : Routledge and Kegan Paul, 1974.

Barral, Mary Rose. *Merleau-Ponty : The Role of the Body-Subject in Interpersonal Relations*. Pittsburgh, PA : Duquesne University Press, 1965.

Barthes, Roland. *Mythologies*. New York : Hill and Wang, 1987.

Benjamin, Walter. "The Work of Art in the Age of Mechanical Reproduction." In *Illuminations*, 217–51. New York : Schocken Books, 1968.

Biagioli, Mario. *Galileo Courtier : The Practice of Science in the Culture of Absolutism*. Chicago University of Chicago Press, 1993.

Bloor, David. "Anti-Latour." *Studies in History and Philosophy of Science* 30, no. 1 (1999) : 81–112.

———. "Reply to Bruno Latour." *Studies in History and Philosophy of Science* 30, no. 1 (1999) : 131–36.

Boslough, John. *Beyond the Black Hole : Stephen Hawking's Universe*. London : Collins, 1985.

———. "Stephen Hawking Probes the Heart of Creation." *Reader's Digest*, February 1984, 39–45.

———. *Stephen Hawking's Universe*. New York : Avon Books, 1985.

———. *Stephen Hawking's Universe : Beyond the Black Holes*. London : Fontana, 1984.

Bourdieu, Pierre. *Science de la science et réflexivité*. Paris : Editions Raisons d'Agir, Collection "Cours et Travaux," 2001.

Bradley, Harriet. "The Seductions of the Archive : Voices Lost and Found." *History of the Human Sciences* 12, no. 2 (1999) : 107–22.

Buchler, Justus, ed. *The Philosophy of Peirce : Selected Writings*. London : Routledge, 1940.

Butler, Judith. *Gender Trouble : Feminism and the Subversion of Identity*. London : Routledge, 1990.

Callon, Michel, and Bruno Latour. "Don't Throw the Baby Out with the Bath School! A Reply to Collins and Yearley." In *Science as Practice and Culture*, ed. Andrew Pickering, 343–68. Chicago : University of Chicago Press, 1992.

Callon, Michel, and John Law. "After the Individual in Society : Lessons on Collectivity from Science, Technology and Society." *Canadian Journal of Sociology* 22, no. 2 (1950) : 165–83.

装丁・本文設計　トサカデザイン（戸倉 巌、小酒保子）

◉著者紹介

エレーヌ・ミアレ *Hélène Mialet*

パリ第一大学修了。コーネル大学、ハーバード大学、オックスフォード大学などで教鞭を取り、現在はカリフォルニア大学バークレー校で教えている。主観性や認知に関する研究など、幅広い分野で活躍。主な著作に『L'Entreprise Créatrice, Le rôle des récits, des objets et de l'acteur dans l'invention』などがある。

◉訳者紹介

河野純治（こうの・じゅんじ）

1962年生まれ。明治大学法学部卒業。翻訳家。主な訳書に『一四一七年、その一冊がすべてを変えた』（柏書房）『アフガン侵攻1979-89 ソ連の軍事介入と撤退』（白水社）『ピュリツァー賞受賞写真全記録』（日経ナショナルジオグラフィック社）『趙紫陽極秘回想録　天安門事件「大弾圧」の舞台裏!』（光文社）などがある。

ホーキングInc.《インク》

2014年6月10日　第1刷発行

著者　エレーヌ・ミアレ
訳者　河野純治

発行者　富澤凡子
発行所　柏書房株式会社
東京都文京区本郷2-15-13
〒113-0033
電話（03）3830-1891（営業）
（03）3830-1894（編集）

組版　高橋克行　金井紅美
印刷・製本　中央精版印刷株式会社

ISBN978-4-7601-4410-5